인종 : 철학적 입문

Race: A Philosophical Introduction (1st edition)
by
Paul C. Taylor

인종 : 철학적 입문

폴 C. 테일러 지음
강준호 옮김

서광사

이 책은 Paul C. Taylor의
Race: A Philosophical Introduction (1st edition)
(Polity Press Ltd., 2004) 를 옮긴 것이다.

인종: 철학적 입문
폴 C. 테일러 지음
강준호 옮김

펴낸이 — 김신혁, 이숙
펴낸곳 — 서광사
출판등록일 — 1977. 6. 30.
출판등록번호 — 제 6-0017호

(413-832) 경기도 파주시 교하읍 문발리 534-1
대표전화 · (031)955-4331 / 팩시밀리 · (031)955-4336
E-mail: phil6161@chol.com
http://www.seokwangsa.co.kr

제1판 제1쇄 펴낸날 · 2006년 12월 10일

ISBN 89-306-0216-9 93100

역자 서문

우리는 우리 자신을 규정하는 수많은 사실과 그 의미에 둘러싸여 있다. 나는 동북아시아에 위치한 대한민국의 수도인 서울에 살고 있으며, 대학에서 철학을 가르치고 술은 별로 좋아하지 않는다. 이 사실은 나에게든 다른 사람에게든 여러 방식으로 해석될 수 있는 의미를 가진다. 서울에 산다는 것은 대한민국의 평균적인 성인들이 인식하고 있는, 예컨대 평균 소득과 지출이 상대적으로 높은 지역에 살고 있다는 경제적 의미를 가질 수도 있다. 대학에서 강의를 한다는 것은 일정한 지적 문화적 성향을 가진 집단에 속해있다는 의미를, 그리고 술을 좋아하지 않는다는 것은 사회생활이 별로 원만하지 못하다는 의미를 가질 수도 있다. 이 외에도 나를 규정하는 것처럼 보이는 여러 사실이 있으며 그것은 나름대로의 의미를 가진다.

그런데 마치 나를 규정하는 것처럼 보이는 사실들 중의 하나로서 — 결코 어떤 거부감을 느껴서는 아니지만 — 내가 잘 언급하지 않거나 언급할 필요가 있다고 생각해보지 않은 것은 내가 황인종 혹은 아시아인이라는 사실이다. 어줍게 "단일민족" 혹은 "순수혈통" 논의에 편승하고 싶은 마음은 없지만, 적어도 우리나라 사람들이 인종적 "다름"과 그 의미에 대해 다른 어느 나라의 사람들보다 둔감하다는 것은

— 칭찬은 아니지만 — 사실이다. 또한 이러한 성질의 다름이, 가장 대표적인 예로 미국이나 영국에서처럼, 사회적 차별의 원리로 작용하지 않는다는 것도 사실이다. 그런 연유에서인지 번역서든 저서든 국내에서 인종 문제에 — 특히 철학적으로 — 접근한 책을 발견하는 것은 쉽지 않다.

그럼에도 분명한 것은 인종 문제에 대한 이해는 특히 그 문제로 심각한 고민에 빠져있는 국가들과 사회들과 문화들에 접근하는 가장 중요한 통로라는 것이다. "인종 문제"라 하면 누구나 제일 먼저 떠올리는 미국의 경우, 인종적 사고와 관행은 미국의 사회·정치·경제·문화를 가르는 가장 핵심적인 축이며, 따라서 그것들에 대한 이해는 미국 내에 있는 여러 인종들 간의 갈등과 역학 관계를 정확하게 관찰할 수 있게 해준다. 하지만 또 하나 주목해야 할 것은 미국은 가장 대표적인 사례일 뿐 인종 문제의 유일한 사례가 아니라는 사실이다. 예컨대 유럽의 식민지였던 국가들은 모두 어떤 식으로든 인종 문제를 안고 있으며, 이 책에서 언급되겠지만 그 문제가 결코 간단하지 않다.

《인종: 철학적 입문》은 저자 폴 C. 테일러가 미국 흑인으로서의 개인적 경험과 인종주의의 역사에 대한 명료한 분석을 바탕으로 저술한 철학서다. "근대" 인종 문제의 종주국은 영국이라고 할 수 있지만, 심각성 면에서는 미국이 단연 앞선다고 말할 수 있다 — 이것도 물론 칭찬이 아니다. 이를 반영하듯이, 미국에서의 인종 문제 연구는 양적으로 압도적일뿐만 아니라 전문성 면에서도 상당한 성취를 이룩했다. 그리고 철학적 접근 방식들도 다양화되어 고금의 형이상학적·윤리학적 사상들의 상당 부분을 인종 문제로 끌어들이고 있다. 이 책은 이 다양화된 철학적 접근 방식들에 대한 간략한 소개와 평가를 포함하면서, 저자 자신의 접근 방식인 "근본적 구성주의"의 방향으로 독자들을 유도한다.

이 책을 읽으면서 명심해야 할 두 가지 사항들이 있다. 첫째, 이 책이 입문서라는 사실이다. 내가 말한 것처럼 인종에 대한 현대의 철학적 접근 방식들은 너무나 다양화·전문화되어, 현재 어느 정도 영향력을 미치고 있는 접근 방식들과 그것들 간의 상세한 쟁점들을 한 권에 모두 담는 것은 불가능하다. 예컨대 인종에 대한 형이상학적 접근으로서 가장 논란이 많은 두 입장들은 "객관적 실재론"과 "구성적 실재론"이라고 할 수 있다. 테일러는 이 책의 중간부분에서 이 두 입장들을 간략하게 소개하고 평가하면서, 자신의 입장에 가까운 구성적 실재론에 대해서는 비교적 상세하게 설명하지만 — 비난하려는 의도는 아니지만 — 객관적 실재론의 입장에 대해서는 너무 쉽게 처리하는 감이 없지 않다.

둘째, 이 책이 철학서라는 사실을 유념해야 한다. 인종 문제를 다룬 저서들의 일정부분은 개인적 경험을 바탕으로 문학적 창작성을 가미한 책들이고, 이것들 중의 몇몇이 번역되어 국내에 소개되어 있다. 다시 이러한 문학적 성향의 책들 중에는 인종차별주의에 대한 고발성을 띠거나 개인적 감상들을 전개하는데 그치는 것들도 있으며, 대중성의 강조로 논리성과 철학적 설득력을 결여하는 경우도 없지 않다. 어쨌거나 이 책은 이러한 성향의 책들과는 분명히 다르다는 것이다. 입문서의 취지를 살려 최대한 명료하고 쉽게 설명하려하나, 역시 고급의 철학적 입장들을 포함하는 만큼 마냥 재미있어 하면서 읽을 수 있는 책은 아니다 — 이것도 전혀 비난은 아니다. 그럼에도 역자로서가 아니라 여러분과 마찬가지로 한 사람의 독자로서, 이 책을 읽어보라고 권하고 싶다. 여기에는 꽤 많은 역사이야기가 있고 가끔씩 사랑이야기도 나온다.

상투적인 말로 우리는 "지구촌" 혹은 "세계화시대" 혹은 "21세기"에 살고 있다. 그런데 지구 저편에서는 아직도 우리가 자신들 앞으로 지나가면 우리가 잘 이해하지 못하거나 원하지 않는 의미를 담아서 우리를 "아시아인" 혹은 "황인종"이라고 — 혹은 자기들끼리만 통하는 더 경멸적인 용어로 — 부르거나 생각할 사람들이 있다는 사실에 대해서 어떻게 생각하는가? 처음에 나열한 나를 규정하는 사실들과 그 의미들은 내가 노력에 의해 성취한 것도 있고 어떤 의미들은 더 노력하여 바꿀 수도 있는 것들이다. 그러나 노력해도 어쩔 수 없는, 나의 타고난 피부색과 외모에 자신들 멋대로의 의미를 부여하는 사람들에 대해 우리는 어떻게 반응할 수 있는가? 그들에게도 똑같이 해주면 그만인가? 아니면 이제 인종 같은 것은 서로 생각하지 말고 살자고 그들을 설득할 것인가? 이러한 물음들에 대해서 우리와 이 책의 저자를 비롯한 백인이 아닌 미국인들의 입장은 크게 다르다. 오랜 인종차별의 역사를 통해 그 기본적인 틀이 형성된 국가에서는 당장 인종적 사고를 멈추자는 제안은 실현가능성이 희박할뿐더러, 오히려 그렇게 하는 것은 기왕에 형성된 인종차별적 국가의 틀을 고착화하게 될 것이라는 것이 저자의 생각이다. 따라서 인종적 사고는 아직 필요하다.

저자는 어디까지나 철학적 입장에서 인종 집단과 민족 집단의 개념적 구분을 강조하지만, 혈통·조상·생김새 등의 요소들에 공히 연관되어있다는 점에서 인종 문제는 종종 민족 문제와 중첩된다. 이렇게 민족 문제와의 연관성까지 고려할 때, 인종은 분란을 일으키는 소수 몇 나라의 문제가 아니라 전 지구적 문제다. 최근 2-30년 동안 일어난 가장 참혹한 유혈 분쟁들의 상당수가 인종 혹은 민족 집단들 간의 분쟁이었다는 사실을 기억해야 한다. 우리나라 역시 이러한 분쟁으로부터 완전히 자유롭지 못하다. 예컨대 우리나라와 일본 사이의 각종 분쟁은 단순히 이해관계가 엇갈리는 두 정치국가들 사이의 분쟁 이상의 의미를 갖고 있다. 마치 일본과의 관계가 우리나라 정치·경제·사회·문화의 역사와 현재를 조명하는 유력한 방법일 수 있듯이, 인종 문제는 세계 많은 나라들의 속사정을 비춰볼 수 있는 유력한 방법이다.

부족하나마 국내에 소개될 인종에 대한 유일무이한 철학적 입문서를 내 손으로 번역할 수 있게 되어 기쁘다. 나에게 이 책을 소개해주고 번역할 기회를 준 서광사 김찬우 부장님에게 감사한다. 그리고 제1장의 번역 초고를 읽어 준 박혜인, 이희연 학생에게도 고마운 마음을 전한다.

2006년 여름
옮긴이 강준호

차례

저자 서문

이 책은 2001년 9월 11일의 사건들 직후에 형체를 갖추기 시작했다. 공중 납치된 제트 여객기들이 그 무서운 짓을 행한 직후, 미국의 대중 담론은 정의, 안전, 그리고 때로는 보복에 대한 요구들로 가득 찼다. 이 요구들은 적절한 대응에 대한 범국가적 토론으로만 이어진 것이 아니라, 연합통신 기자들이 전한 것처럼, "종교나 국가적 기원을 불문하고 중동 사람과 남아시아 사람처럼 생긴 사람들"에 대한 자경단원들의 빈번한 공격으로 이어졌다.[>1] 이 책은 이러한 반격의 표적들을 골라내는 성질의 사고에 — 내가 인종적 사고(race-thinking)라고 부를 것에 — 관한 것이다.

나는 곧바로 인종적 사고가 항상 그러한 불행한 결과로 이어지는 것은 아니며, 정의를 위한 투쟁에서 우리에게 어느 정도 쓸모가 있으리라고 주장할 것이다. 그러나 인종적 사고를 효과적이고 적합하게 사용하려면 우리는 그것이 무엇이며 그것이 어떻게 작용하며 어떻게

>1 Deborah Kong, "America' s Sikhs Become Targets," *Seattle Post-Intelligencer*, September 18, 2001 (http://seattlep-i.nwsource.com/national/apus_story.asp?category=1110&slug=Attacks%20Backlash).

우리가 그것에 대해 지금 우리가 생각하는 방식대로 생각하게 되었는가를 이해할 필요가 있다. 그렇지 않으면 우리는 그것을 비효과적이고 부적합하고 무례하게 사용할 것이다. 우리는 계속해서 우리가 적이라고 간주하는 사람들과 비슷하게 생긴 사람들을 심문하고 투옥할 것이다. 그리고 우리는 바라는 대로 생기지 않았거나 우리에게 익숙한 방식으로 옷을 입거나 말하거나 생활하거나 예배하지 않는 사람들에게 강한 충격을 미치는 도덕적 비극들을 무시할 것이다 — 설령 그 비극들이 우리의 소행이고 그것이 3000명 이상의 사람들을 죽인다 하더라도 말이다. >2

내가 염두에 두고 있는 방식의 이해를 구하려는 시도는 각별히 철학적인 노력이다. 오직 철학자들만이 그렇게 해 왔다거나 그렇게 할 수 있다는 뜻이 아니라; 그것이 보통은 서양철학을 그 최상의 상태로 정의하는 성질의 활동이라는 뜻이다. 오랫동안 철학자들은 우리는 우리가 안다고 생각하는 것만큼 알지 못한다는 사실을 지적하는데 열중해 왔다 — 완전하게 친숙한 개념들과 표현들을 사용할 때조차 우리는 흔히 우리가 정말 무엇에 대해 말하고 있는지를 모른다는 것을 보여주려고 했다. 플라톤은 소크라테스가 예를 들어 "경건"과 "정의"에 대한 정의들로 사람들의 골머리를 썩이는 것을 보여 준다; 그리고 미국의 고전적 실용주의자들은 우리가 "진리" 및 "경험"과 같은 개념들을 잘못 사용하는 경향이 있다고 훌륭하게 역설했다. 무엇이 인종보다 더 명확할 수 있겠는가? 그런데 사람들이 그것에 살짝이라도 압박을 가하자마자, 그것보다 더 머리 아픈 것이 있겠는가? 기이

>2 역자주] 9.11 테러에 의한 사망자 수가 대략 3000명에 달하는 것으로 보도되었다.

하게도 혹은 어쩌면 그다지 기이하지 않을지도 모르지만 철학자들은 상대적으로 인종에 무관심해 왔다. 사회학자들과 인류학자들과 다른 부류의 사람들은 꽤 오랫동안 인종에 대해 사색해온 반면에, 겨우 지난 몇 해 전부터 K. 앤터니 아피아, 린다 마틴 알코프, 데이비드 테오 골드버그와 같은 사람들이 인종적 사고에 대한 사색으로부터 제기되는 독특한 철학적 물음들을 다루어 왔다.

이 철학적 물음들을 두 넓은 범주로 나누어보자. 약간의 오해를 불러일으키겠지만, 이론의 영역이라고 간주할 수 있는 첫 번째 범주는 형이상학 및 인식론과 관계를 갖는다. 그것은 다음과 같은 물음들을 포함한다: 인종과 인종적 정체성은 존재하는가? 만약 그렇다면, 그리고 특히 우리가 근대 유전학의 증거를 취한다면, 그것들은 무엇일 것인가? 인종 현상들을 연구하는 적합한 방법론은 무엇인가? 이 현상들이 국가나 민족이나 계급이나 사회적 성처럼 인종이 아닌 어떤 다른 개념을 통해 분석될 수 있는가? 그리고 어떻게 인종적 정체성은 자아와 그 자아의 세계 지각에 연관되는가?

인종에 대한 철학적 물음들의 두 번째 범주는, 역시 약간의 오해를 불러일으키겠지만, 실천의 영역으로 간주될 수 있으며 대체로 가치와 관계를 갖는다. 그것은 다음과 같은 물음들을 포함한다: 어떤 경우에 — 예컨대 어떤 사회적 선(善)의 분배를 목적으로 — 사람들을 인종에 근거하여 구별하는 것이 도덕적으로 허용가능한가? 만약 그것이 설마 허용가능하다면, 어떤 근거에서 정당화될 수 있겠는가? 인종적 정체성은 한 개인의 자기이해에 얼마만큼의 관계를 가질 것인가? 그리고 인종적 정체성은 한 개인의 세계 지각에 얼마만큼 관계를 가질 것인가?

《인종: 철학적 입문》은 이러한 이론적·실천적 물음들에 대한 가장 유력한 대답들을 개관할 것이며, 내가 가장 설득력 있다고 느끼는 대답들을 점잖게 권할 것이다. 처음 세 개의 장들을 포함하는 제1부는 위에서 윤곽을 그린 이론적 물음들을 논할 것이다. 제1장은 논의의 범위와 내가 사용할 접근 방식을 간단히 말함으로써 무대를 설치할 것이다. 여기서 나는 인종적 사고란 무엇을 뜻하며, (존 듀이의 말을 바꿔, 만약 우리의 관심사가 낱말들이 아니라 사물들이라면, 예컨대 어째서 인종에 대한 철학적 검토가 인종적 사고 및 인종적 말과 더불어 시작될 수 있는지에 대한 물음을 포함하여) 인종에 대한 철학적 검토가 무엇을 포함하는지를 설명할 것이다. 그리고 여기서의 논의가 얼마만큼 지엽적인 동시에 포괄적인지를, 바꿔 말하면 얼마만큼 21세기 초의 미합중국에 맞춰진 동시에 언제 어디서나 일어나는 인종적 사고의 현상들에 관련되어 있는지를 설명할 것이다.

제2장은 인종적 사고에 대한 세 가지의 예비적 도전들을 고찰한다. 이 도전들을 "예비적"이라고 일컬은 까닭은 이 도전들을 충족시키거나 그것들이 충족될 수 있음을 보여줘야만 흥미로운 철학적 물음들 중의 많은 것들을 제기할 수 있기 때문이다. 이 도전들은 인종적 말에 참여하는 것은 인종차별주의로 이어지고, 생물학에서의 진보는 인종 개념의 어리석음을 분명하게 보여주며, 그리고 — 계급과 카스트와 같은 — 다른 개념들도 인종 개념이 편리하게 우리에게 가리켜주는 세계의 어떤 양상이든 충분히 포착할 수 있다고 단언한다.

제3장은 인종 형이상학의 물음들에 대한 주요 대답들을 관찰함에 의해 이 책의 제1부를 마감한다. 여기 내가 염두에 두고 있는 물음들 중의 몇 가지가 있다: 인종들은 존재하는가? 만약 그것들이 존재한다면 그것들은 어떤 것일 것인가? 그리고 만약 그것들이 존재하지 않는다면, 인종적 말은 무엇을 위한 혹은 무엇에 부응하는 것인가? 다

양한 철학자들과 철학적 성향을 지닌 인종 현상 연구가들이 이 물음들에 대한 대답들을 제안하거나 전제해 왔다; 불행하게도 그들의 대답들 중의 대부분은 불완전하거나 그렇지 않으면 미심쩍은 것들이다. 나는 나 자신의 견해를 제공함으로써 그들을 돕고자 시도할 것이며, 그 견해를 "근본적 구성주의"(radical constructionism)라고 지칭할 것이다. (만약 여러분이 전에 인종이론을 공부해 봤다면, 이것을 인종화 이론의 형이상학적 표현이라고 생각하길 바란다. 만약 여러분이 전에 철학을 공부해 봤다면, 이것을 만약 존 듀이가 흑인이었다면 그가 인종에 대해 말했을 법한 이야기라고 생각하길 바란다. 만약 여러분이 어느 것도 공부해 본 적이 없거나, 혹은 어떤 다른 이유에서 인종 이론도 철학도 여러분에게 아무 의미가 없다 해도 상관없다. 그것이 이 책의 나머지 부분들이 있는 이유다.)

처음 세 장들의 작업을 수행하는 과정에서, 나는 몇 번이고 경험적으로 세상사가 어떠하며 어떻게 그렇게 되었는지에 대해 이야기할 기회가 있을 것이다. 나는 이러한 경험적 문제들에 대해 새로운 분석들을 제공하려고 의도하지 않는다; 바라건대 그저 한 권의 유용한 철학적 에세이 속에 신뢰할만한 분석들을 끌어 모으려고 의도할 뿐이다. 나는 역사가들이나 사회학자들의 방식보다는 역사주의적 사회철학자들이 하는 방식으로 경험적 세부 사항들에 의존할 것이다. 이는 내가 그다지 자주는 아닐 테지만 필요로 할 때 꽤나 재미없겠지만 아마 지식을 넓혀주는 통계들을 사용할 것이라는 뜻이다. 이는 또한 주로 제2장과 제3장에서 나오는 역사적 설명들이 공간과 전문지식의 부족이라는 이유로 어쩔 수 없이 인상주의적일 것이라는 뜻이다. 인종의 역사에 관심을 가진 작가들의 수가 꾸준히 늘어나고 있으며, 앞으로 나올 내용에서 나는 그들 중 많은 사람들에게 조언을 구할 것이다. 나로서는 정치 사회의 탄생에 대한 존 로크의 설명으로부터 근대 인종차별주의의 진화에 대한 코넬 웨스트의 설명에 이르기까지 철학자들이 늘 해왔던 일을 행할 것이다: 나는 보다 큰 그림을 그리기 위해 역사적 사건과 동향을 이용하는 대단히 관념화된 이야기들을 제공할 것이다.

이 책의 제2부는 제4장에서 시작하며, 제4장은 나중으로 미뤄두거나 회피할 몇몇 쟁점들을 제기함에 의해 추상적인 숙고로부터 응용윤리학으로 단절 없이 이행할 것이다. 인종적 말이 인종차별주의로 이어지는가에 대한 제2장의 논의를 완결한 이후, 우리는 미국 표준의 인종적 말에서 망각된 사람들과 개체군들(populations) 중의 일부를 살펴볼 것이며, 인종적 정체성 확인의 실존주의적·현상학적 함축들 중의 일부를 검토할 것이다.

제5장은 인종 관련 사회 문제들 중의 몇몇 현저한 사례들을 논의함으로써 이 책을 마감한다. 나는 차별수정조치, 인종 프로파일링(racial profiling), 그리고 내가 "혼인선택"(conjugal choice)이라고 일컬을 부담들에 초점을 맞출 것이다.[>3] 이는 이 문제들이 가장 강하게 흥미를 돋우거나 중요하기 때문이 아니라, 그것들이 친숙하며 무엇보다도 계몽적이기 때문이다. 이 장의 근본 쟁점은 점점 확산되고 있는 피부색 무차별(color blindness) 규범의 범위와 의미에 연관되어 있으며, 이 쟁점들 각각은 그 규범의 주요 특징들을 뚜렷하게 밝힌다.

내가 여기서 착수하고자 하는 것과 같은 논의들은 내가 생각하기

>3 역자주] 각종 영한사전에는 "Affirmative Action"이 "차별철폐조처"라고 나오는데, 이에 대해 "역차별"이라는 반론, 차별구조를 기만적으로 은폐하거나 고착화한다는 반론, 특히 그 근본 목적이 지금까지의 차별에 의한 결과들을 수정·보완하는 것이라는 점을 감안한다면, "차별철폐조처"라는 번역은 온당하지 않다.

에 그것들이 실례로 예증되는 우화들에 의존할 수 있을 때 훨씬 더 분명하게 설명된다. 우화들을 언급하면서 내가 염두에 두는 것은 현대 분석 철학자들이 "사유 실험"(thought experiment)이라고 부르는, 즉 불필요한 부분을 제거하고 명료화한 고안물들만이 아니라, 플라톤·니체·사르트르·듀보이스와 같은 인물들이 매우 남다른 효과로 서로 다르게 이용했던, 어느 정도 살이 붙은 이야기 방식의 설명들이다. 곧 드러나겠지만 나는 또한 랭스턴 휴즈가 아프리카계 미국인의 삶에 대해 본질적으로는 정치적이지만 틀림없이 철학적인 물음들을 극화하기 위해 사용했던 그 재치 넘치면서도 짤막한 "심플 이야기"를 염두에 두고 있다. 이 걸출한 작가들이 세운 기준을 맞추겠다는 환상은 없다; 그러나 논증과 숙고와 개념들이 사람들의 구체적인 삶에서 담당하는 역할을 보여주려고 시도하고 싶다. 그리하여 나는 각 장을 두 아프리카계 미국인 남자들의 짤막한 대화로 시작할 것이다: 두 남자들은 내가 "제이제이"라는 이름으로 명명할 제시 B. 셈플 주니어와 그의 친구 보이드>4이다.

>4 역자주] 제시 B. 셈플(Jesse B. Semple)은 랭스턴 휴즈(Langston Hughes)의 단편들에 나오는 인물로서 "심플"(Simple)이라는 별명을 갖고 있다. 바로 위에서 언급한 "심플 이야기"는 제시 B. 셈플을 주인공으로 삼은 이야기로, 인종차별 및 여러 토픽들에 대한 해학적이면서도 그의 별명만큼 직설적인 화법으로 이 캐릭터는 전국적인 대중의 인기를 모았으며 브로드웨이 연극으로도 올려졌다. 이 책의 각 장의 첫 부분에 나오는 대화들은 각 장에서 다룰 주요 논제들에 맞게 꾸며진 "심플 이야기"의 패러디라고 말할 수 있다. 셈플은 흑인 남성들의 전형적인 외모와 그들의 1940년대식의 현실인식을 표상하는 것으로 설정된다. 따라서 이 책에서 셈플의 이름이 언급된다면, 이 설정을 바탕으로 이해하면 된다.

감사의 말

수많은 사람들과 기관들이 이 책의 출판을 가능하게 해주었지만, (원컨대) 그들 중 몇몇은 내가 빠뜨리고 언급하지 못하더라도 용서해 주길 바란다. 이 책에서 시험된 시각은 내가 르모인 대학, 켄터키 대학교, 워싱턴 대학교에서 사회철학과 인종이론 과목을 가르치면서 계발한 것이다. 따라서 나는 세 학교 모두의 학생들에게 빚을 진 셈이며, 특히 제니퍼 페티트, 노아 퍼셀, 재스민 위버, 그리고 스테파니 맥니스에게 큰 빚을 졌다. 나는 각 학교가 제공한 연구지원에 감사한다. 특히 워싱턴 대학의 월터 쇼팬 심슨 인문학센터의 1999-2000년 학회에 참여하는 데 지원받은 특별 연구비에 대해 감사한다. 니킬 싱과 알뤼스 와인바움을 비롯하여 우리 워싱턴 대학에서 열린 "이론과 실천에서의 흑인 정체성" 세미나에 참가한 다른 사람들; 켄터키에서 열린 사회이론위원회의 "백인성" 심포지움의 참가자들; 특히 켈리 엘리스를 비롯한 애팔래치아의 시인들; 미셸 번바움, 수잔 보르도, 하워드 맥게리, 론 말론, 마이클 루트, 앤 라이언, 그리고 코넬 웨스트를 비롯한 여러 다른 개인들을 포함하여, 많은 사람들이 대담을 통해 나를 인도하고 밀어주었다. 린다 마틴 알코프와 찰스 밀스는 초고에 대해 유용한 논평과 동시에 도움이 되는 격려를 보내주었다. 폴리티 출판사의 편집진은 내가 기대할 수 있었던 것 이상으로 지원해주고 인내해 주었으며, 진 밴 알테나의 꼼꼼한 원고편집은 많은 경우들에 내가 정말로 하려고 했던 말이나 해야만 했던 말들을 하도록 도와주었다. 언제나 나를 후원해주는 워싱턴 대학과 켄터키 대학의 학과장, 켄 클래터바우와 돈 하워드에게; 사유를 진지하게 생각하는 것이 무엇을 뜻하는지를 나에게 항상 일깨워준, 누이 모나 필립스에게; 이 아이디어들을 누구보다도 많이 들어주고 이해해 주고 격려해 준, 에디 글라우드에게; 그리고 이 아이디어들이 이 책 위로 옮겨지는 동안 나를 지그시 참아 준, 아내 윌나 줄미스트에게 특별한 은혜를 입었다.

제1부

이론

제1장

인종적 사고란 무엇인가

제이제이: "자리타는 제정신이 아니야."

(제이제이는 내 옆자리에 주저앉아 바텐더를 향해 손을 흔들었다. 그는 자기가 늘 마시던 것과 내가 마시던 것을 한잔 더 주문하고 나더니, 뭔가를 기대하는 눈빛으로 나를 쳐다보았다.)

제이제이: "내가 무슨 말을 했더라?"

보이드: "또 그 자리타 얘기지. 이번에는 그녀가 무슨 짓을 했지?"

제이제이: "아, 그렇지. 나는 그 여자에게 질려버렸어. 우리 우정은 정말 완전히 끝이야. 들어봐. 며칠 전 밤에 그녀가 우리 집에 와서 BET에서 방영하는 비디오를 보고 있었어. 너는 흑인 오락 방송이라고 해야 알겠지."[1]

보이드: "BET가 뭔지는 나도 안다."

제이제이: "그래? 그렇다면 너도 이제 공식 니그로 카드를 가져도 되겠는데. 어쨌거나. 뉴스쇼가 나오고 그들은 머얼리 에버스-윌리엄스와 이야기하고 있었어.[2] 나는 그 여자가 하는 말을 들으려고 귀를 기울이면서 TV를 쳐다보고 있었는데, 자리타가 '저 사람 누구야?' 라고 묻더군. 그래서 나는 '저 여자는 NAACP의 대표였지' 라고 대답했어. 그렇게 우리는 잠시 TV를 시청하고 있었는데 이번에는 자리타가

NAACP를 가리키면서 '그게 뭔데?' 라고 묻더군. 그래서 내가 '미국에서 가장 중요한 민권단체' 라고 대답하니까, 그녀는 '아, 그들. 네 말을 처음에 못 들었어' 라고 말하더군. 잠시 조용하더니 그녀가 이번에는 '근데 저 사람들 무슨 이야기를 하고 있는 거야?' 라고 묻더라고. 마치 자기는 거기 앉아서 나랑 같이 그 뉴스쇼를 보고 있지 않은 것처럼 말이야.

나는 이제 기의 질린 나머지, '내가 어떻게 알겠냐? 너는 계속 떠들어' 라고 했지. 하지만 그녀가 화를 내려는 것처럼 보여서, 잽싸게 '저 사람들은 인종 관계인지 뭔지에 대해 말하고 있는 것 같다' 고 대답했지. 그랬더니 그녀는 마치 내가 무슨 산스크리트어를 말하고 있는 것처럼, 혹은 마치 우리가 철학 수업에서 배웠던 꾸며낸 이야기들 중 하나에 나온 중국에서 온 보트에서 금방 내린 것처럼, 그냥 잠시 나를 쳐다보더군. 그 이야기들 기억해?"

보이드: "꾸며낸 이야기가 아니라, 사유 실험이라는 거야."

제이제이: "뭐든지 간에. 그렇게 그냥 나를 쳐다보고 있더니 마침내 그녀가 '어떤 종류의 관계?' 라고 묻는 거야."

보이드: "흐음, 그녀가 또 네 말을 못 들었나보군."

제이제이: "그땐 나도 그렇게 생각했지. 그래서 '인종 관계' 라고 다시 말해주면서, '인종' 이라는 낱말에서 호되게 소리를 질러서 더 이상 나에게 아무것도 묻지 말라는 것을 그녀가 인식하도록 해 주었지. 그런데도 확실히 그녀는 멈추질 않더군. 그녀는 '경주? 달리기 경주 같은 거야?' 라고 묻더군. 그녀를 무시하려고 해봤지만, 그녀는 계속 묻는 거야. 몇 번이고 되풀이해서, '말해 봐, 제이제이. 말해 봐, 제이제이.' '말해 봐. 인종이라니 무슨 뜻이야?' 너도 그녀가 어떤지 알잖아."

(내 반응을 기다리기 위해 잠시 멈췄다가, 제이제이는 이어서 이렇게 말했다.)

제이제이: "이제 말해 봐. 어떻게 미합중국의 성인 여성이 '인종'이 무슨 뜻인지도 모를 수가 있지?"

보이드: "그래서 그것이 네가 그녀와 더 이상 친구가 아니라고 말하는 이유냐?"

제이제이: "아니, 그건 아니야. 나는 그저 TV를 볼 때 누가 말하는 것을 싫어할 뿐이야."

>1 역자주] BET는 Black Entertainment Television의 약자로 미국의 흑인 시청자들을 대상으로 하는 방송을 가리킨다. 흑인 뮤직비디오를 비롯하여 흑인 감독이나 주연의 영화들과 흑인 공동체의 뉴스들을 집중적으로 방영한다.

>2 역자주] 머얼리 에버스-윌리엄스(Myrlie Evers-Williams)는 1933년 미국 미시시피주 빅스버그에서 태어난 아프리카계 미국인 민권운동가로서, NAACP의 최초 전임(專任) 의장이었다. NAACP란 'The National Association for the Advancement of Colored People'의 약자로 '전미유색 인종지위향상협회'라고 번역된다. NAACP는 듀보이스(W.E.B. Du Bois)가 이끄는 흑인청년 단체의 나이아가라 운동과 이에 관심을 가진 백인단체가 통합하여 1909년에 창설되었다. 유색 인종 및 흑인의 헌법상의 인권보장과 지위향상을 위해 설립된 미국의 인종혼합 단체로 모든 개인의 정치적·교육적·사회적·경제적 평등권을 확보하고 인종간의 증오와 차별의 철폐를 기본 임무로 삼는다. 본부는 LA에 있으며, 홈페이지(http://www.naacp.org)를 통해 자세한 내용을 살펴볼 수 있다.

1.1 인종 언어

제이제이가 암시적으로 남겨둔 바를 규명해보자: 그랬을지도 모르지만, 자리타는 인류의 본질적인 단일성을 주장하기 위해 인종이란 낱말을 모르는 척하고 있었던 것이 아니다. 그리고 (이 문제는 그렇다 치고) 그녀는 영어를 완벽하게 구사할 수 있는 충분한 능력을 갖고 있다. 그녀는 그저 "인종"이란 낱말의 뜻이 무엇인지를 모를 뿐인 것 같다.

이것을 상상할 수 있는가? 21세기 미합중국에서 어떤 사람이 인종 언어를 말하는 법을 배우지 않고도 성인이 될 수 있었다는 것을 상상할 수 있겠는가? 내가 "인종 언어"에 대해, 인종적 말(race-talk) 혹은 인종적 사고(race-thinking)라고 명명할 것에 대해 이야기하는 것은 부분적으로 인종 개념을 둘러싼 의미들의 복합체가 마치 하나의 언어처럼 체계적이라는 사실을 일깨우기 위한 것이다. 그러나 내가 인종적 말에 대해 이야기하는 것은 인종 개념을 둘러싼 의미들의 복합적인 체계가 보다 더 독특한 다른 방식으로, 예컨대 누군가는 자리타처럼 인종적 말에 대해 그다지 잘 모를 수도 있다고 생각하기 어렵게 만드는 방식으로, 하나의 언어와 닮았다는 사실을 지적하기 위한 것이기도 하다.

우선 무엇보다도 언어는 우리의 주위에 있는 현상이다; 그것은 우리를 완전히 둘러싸고 있다. 언어는 인간 문화와 인식의 매체다. 그리고 다른 손가락과 맞붙일 수 있는 엄지손가락과 함께, 언어의 사용은 우리 스스로를 다른 동물들로부터 구별할 수 있게 하는 독특한 능력의 발단 혹은 열매다. 우리는 언어로 사고하며 언어로 희롱하고 기도하고 변명한다; 어떤 사람은 우리는 우리의 언어 속에서 산다고 말할 수도 있으며, 이와 걸맞게 우리는 보통 자라나면서 자신의 모국어를 거의 순식간에 배워버린다.

이와 유사하게 인종적 말도 우리를 완전히 둘러싸고 있다. 그것은 시민권·가족·교육·범죄·빈곤·오락·섹스를 비롯하여 그 외에도 훨씬 더 많은 것들에 대한 우리의 관념들에 은밀하게 주입된, 근대 서양 사회와 문화의 주요 매체들 중의 하나였다. 그것은 이와 같은 관념들이 미합중국이라는 토양에서 만들어지게 된 독특한 방식들의 필수조건인 동시에 결과다. 이것들 중의 어느 것에 대해서든 조금이라도 안다면, 어떻게 자리타는 인종에 대해 그렇게 모를 수 있는가?

언어가 우리의 사회적 환경의 한 포괄적 특징인 것은 부분적으로 그것이 또한 해석의 도구이기 때문이다: 그것은 세계에 대한 우리의 경험을 모양 짓는다. 사고한다는 것은 대략 세계를 점유하는 대상들과 사건들을 분류하고 이해하기 위해 개념들을 사용한다는 말이다. 언어는 개념들의 저장소로 쓰임으로써 이 과정을 촉진한다. 그리고 그 저장소의 내용물은 우리가 세계를 경험하는 방식에 직접적인 영향을 미친다. 우리가 외국의 관습이나 친숙하지 않은 대상들을 — 말하자면 그것들에 대응하는 우리 고유의 명칭이 없는 관습들이나 사물들을 — 알면서도 부정확한 유비들을 통해 기술하는 경우가 얼마나 흔한지를 생각해보라: 저 의복은 마치 스커트 같고, 오직 남자들만 입는다; 저 동물은 마치 사슴 같고, 절대 뿔을 갈지 않는다; 성인식은 고교 무도회에 가는 것하고 비슷하지만, 다만 그것은 완전한 사회적 허가를 받은 것으로서 우리가 전희(前戱)라고 부를만한 복잡한 절차를 포함하고 의식화(儀式化)한다 — 게다가 거기에는 (누군가 그것을 아쉬워한다는 말은 아니지만) 춤이 없다. 우리는 우리의 언어가 제공하는 렌즈를 통하여 세계를 바라본다. 또한 우리는 — 킬트, 영양, 성인식과 같이 ― 우리에게 친숙하지 않은 것들을 ― 스커트, 사슴, 고교 무도회와 같이 ― 가능한 한 우리에게 더욱 친숙한 것들로 변형시키려는 경향이 있다.

인종적 말도 지독하게 해석적이다. 이에 대한 가장 명백하고 뚜렷한 증거는 인종적 고정관념화 현상, 즉 인종적으로 규정된 집단들의 행태에 대한 지나치게 경직된 일반화에 의존하는 현상이다. 이 현상은 인종 프로파일링에 대한 논쟁의 형태로 최근 공개 토론의 중심에 이르렀지만, 그것은 지난 40여 년 동안 우리의 대중적 감수성의 일부가 되어왔다. 오늘날 우리는 사람들을 다양성 교육에 파견하며, 차별의 (우리 모두가 아주 흔하게 그렇게 지칭하는 것들의) 도덕적 잘못을 공공연하게 선언한다. 그리고 우리는 인간 개인들의 복잡성과 독특함을 비천한 호칭들로 규정된 단순한 해석적 골격으로 환원시키는 증오성 발언을 어떻게 처리해야 할지 난감하다. 만약 자리타가 이러한 사실들을 알고 있다면, 그녀는 인종에 대해 뭔가를 아는 것이 거의 틀림없다.

우리 경험의 모양을 결정할 뿐만 아니라, 언어는 우리 경험에 의해 그 모양이 결정되기도 한다: 그것은 단지 해석의 도구일 뿐만 아니라 표현의 도구이기도 하다. 극지방에 사는 사람들은 얼은 상태의 강우(降雨)에 대해 다른 지역의 사람들보다 더 많고 더 다양한 경험을 가질 수 있을 것이다. 결과적으로 그들의 언어는 나는 그저 눈이라고 부를 온갖 것들을 기술하기 위해 대단히 다양하고 구별적인 어휘들을 가질 수 있을 것이다. 만약 내가 먼 옛날부터 적도의 해면에서 살아온 공동체에서 태어나고 자라났다면, 나는 얼은 상태의 강우에 대응하는 낱말을 전혀 갖지 못할 수도 있다(이 경우에 내가 할 수 있는 말이라고는, "그것은 마치 비와 유사하지만 …" 정도다). 나의 언어는 그 모양을 결정한 상황들의 표현이며, 위와 같은 성질의 상황에서는 나 자신의 모양을 결정한 상황들의 표현이기도 하다.

언어와 마찬가지로 인종적 말도 표현적이다 — 역시 지독하게 그러하다. 예를 들어, 인종적 말은 옛날 미합중국 영토의 어떤 거주자들을 인간 이하이며 그러므로 소유물로나 취급당하는 것이 적당하다고 간주하는 동시에, 다른 어떤 거주자들을 (단순히 인간 이하가 아니라면) 원시적인 인류의 표본이나 문명의 진보에 의해 멸절되거나 잊혀버리는 것이 당연하다고 간주했던 그러한 상황들의 표현이다. 인종적 말은 19세기에 미국으로 건너온 새로운 이주민들이 자신들이 백인임을 주장하면서 시민권 신청서를 밀어 넣었던 상황의 — 1940년대 할리우드 영화(마이클 커티즈 감독의 『밀드레드 피어스』)의 한 등장인물이 "나는 자유인이고, 백인이고, 그리고 스물 한 살이다"라고 외치면서 자신의 일에 대한 어머니의 간섭을 떨쳐버리려 했던 상황의 — 표현이다. 만약 자리타가 미국의 역사와 문화에 대해 조금이라도 안다면, 그녀가 인종에 대해 조금이라도 아는 것은 거의 확실하다.

또한 언어는 직관적이거나 실천적이다. 언어의 사용은 **사실**을 아는 것이라기보다 **방법**을 아는 것이다. 우리들 대부분은 모국어를 꽤 능통하게 구사할 수 있으며, 어린 나이에도 인상적일만큼 규칙적으로 완전히 독창적이면서도 이해할 수 있는 문장들을 구성하는 규칙들과 정의들의 직관적 파악력을 계발한다. 그러나 특히 어린 나이에는 우리들 중 거의 아무도 우리가 문법 교과서에서 발견하는 규칙들과 정의들을 분명하게 말하지 못한다. 마찬가지로 대부분 사람들은 인종에 대해 말할 때 우리가 뜻하는 바나 우리 스스로 뜻한다고 여기는 바를 알고 있다. 설령 그들이 우리들 대부분과 마찬가지로 우리가 왜 그러한 방식으로 인종에 대해 말하는지 별로 확신하지 못하거나,

우리가 인종에 대해 그러한 방식으로 말해선 안 된다고 생각하더라도 말이다. 이 공통의 지식은 이론적이라기보다는 압도적으로 실천적이다. 우리는 사람들을 분류하는 방법과 때때로 그들에게 반응하는 방법을 알고 있거나, 그들에게 반응하는 방법에 대해 인종적 사고가 말해주는 바를 알고 있다; 그러나 우리가 이러한 실천들의 배후에 있는 원칙들과 정의들을 파악하는 힘은, 그 실천들이 그렇듯이, 기껏해야 불명확하다. 설령 자리타가 미국의 인종유형 도식 속에서 시크족의 위치를 정할 방법을 잘 모르더라도, 유대인이나 라플란드인을 개별 인종으로 간주해야 할지에 대해 확신하지 못하더라도, 그녀는 정말 사회적 현상으로서의 "인종"이 지칭하는 바를 모를 수 있는가?

만약 자리타의 문제가 단지 인종적 말의 문법이나 내가 "인종적 신원 확인의 관행"이라 칭할 것을 좌우하는 원칙들에 대해 명료한 이해가 부족한 것이라면, 그 문제에 대해 누구도 그녀를 비난하기는 어려울 것이다. 일례로 그 관행들은 지독하게 일관적이지 않다. 시간이나 공간에 의해 혹은 시간과 공간 모두에 의해 갈라져있는 서로 다른 사회들은, 만약 그것들이 인종적 정체성을 지정하고자 한다면, 동일한 개인을 서로 다른 인종으로 지정할 수도 있다. 또한 역사는 그 관행들을 뒷받침하기 위해 다양하게 호소되는 원칙들이 사실과 일치하지 않거나 부도덕하거나, 혹은 양자 모두인 경향이 있음을 보여준다. 그저 세계는 인종적 사고가 요구하는 식으로 움직이지 않는 것처럼 보이며, 그리고 세계를 그러한 식으로 움직이려고 시도하는 사람들은 아무리 좋게 말하더라도 옳지 못하게 처신하는 경향이 있다. 마지막으로 대략 지난 두 세기 동안 정치적으로 중요한 인간 집단들에 대한 수많은 견해들이 전개되고 정교하게 발전했다. 그리고 이 견해들은 자주 부분적으로 중복되거나 주목을 받기 위해 경쟁한다. 여기서 나는 민족·국적·사회적 성·카스트·계급·성적 지향성과 같은 개념들을 염두에 두고 있으며, 이 개념들은 인종 및 여타의 개념들과 더불어 내가 "사회적 정체성"이라 칭하려는 것을 규정한다. 우리는 사회적 정체성에 대해 상당히 정교한 이해를 갖게 되었는데, 주로 오늘날의 사회적 상황들이 보다 더 정교한 것을 요구하고 있기 때문이다. 여전히 우리는 이 용어들을 그래선 안 될 정도로 엉성하게 사용하고 있다. 종종 이 엉성함은 인종에 대해 말할 때 우리가 달리 무엇을 뜻하는지, 그리고 우리가 달리 뜻할 무엇이 있는지를 — 예를 들어, 민족에 대한 말로 인종을 뜻하는 것이 실로 충분한지를 — 불분명하게 남겨둔다.

그렇다면 인종에 대해 말하는 것은 보통 친숙하고 두루 퍼져있는 사건들과 상황들과 경험들에 대해 말하는 것이다. 그러나 그것은 또한 이 사건들과 상황들과 경험들에 대해 다소 혼란스럽게 말하는 것이다. 이 개념적 혼란은 거의 그 자체로 철학에로의 초대장이랄 수 있으며, 누구라도 단지 습관적으로 받아들여도 무방할만한 초대장이다. 그러나 이 주제를 철학적 관점으로부터 접근하려는 적어도 또 하나의 다른 이유가 있다: 인종적 사고는 현대 세계에 지울 수 없을 표식을 남겼다. 많은 다른 영향력들과 더불어 확실히 인종적 사고는 개인적 상호작용의 가장 은밀한 부분뿐만 아니라 가장 거창한 지정학적 정책선택을 결정지어 왔으며 여전히 결정짓고 있다. 어떻게 살 것인가의 물음을 그 주제로 삼는 서양철학의 전통에 뭔가 남아있다면, 인종적 사고는 확실히 철학에로의 초대장이다.

1.2 "인종"은 무엇을 뜻하는가: 당신은 "우리"라는 말로 무엇을 뜻하는가?

인종에 철학적으로 접근한다는 것이 무슨 뜻인지에 대해 할 말이 더 있다. 예를 들어 당신은 "철학이 무엇에 대립되는 것인가?"라는 물음에 내가 어떻게 대답하려는지 알아야 한다. 그러나 보통 말로 하는 것보다 보여주는 것이 더 좋으며, 이 특정한 철학적 보여줌은 두 예비적 쟁점들을 해소하기 전에는 시작될 수 없다. 우선 나는 앞으로의 논의가 어떻게·왜·얼마나 하나의 구체적인 상황에 국한될 것인지를 설명해야 한다. 그런 다음 오늘날에는 인종차별주의에 대한 대중적 평판이 나빠지고 인종적 사고는 생물학으로부터 거의 사라졌는데, 왜 아직도 이 화제에 대해 철학자가 책을 저술할만한 무언가가 남아있는지를 설명해야 한다.

그래서 먼저 상황에 대해 설명하겠다. 이후로 나는 종종 "우리가 뜻하는 바", "우리의 관념들" (혹은 "우리의 관행들" 혹은 "우리의 개념들") 등을 언급할 것이다. 이는 내가 "인종적 신원 확인의 관행"이라고 부른 것이 철저히 상황에 의해 판단된다는 성격을 분명하게 밝히는 방법이다. 사람들은 인종적 신원 확인의 관행이 다른 시간과 장소에서 다르게 일어난다는 사실을 주목하려 하게 되었다. 최근 들어 철학자 마이클 루트(Michael Root)는 인종은 옮겨 다니지 않는다는 말로서 이러한 주장을 설득력 있게 펼쳤다.>3 만약 이 말이 옳다면,

>3 Michael Root, "How We Devide the World," *Proceedings of the Biennial Meeting of the Philosophy of Science Association*, Philosophy of Science Association, 1998.

만약 같은 부모를 가진 미국 어린이들이 같은 인종에 속하는 것으로 생각되는 반면에, 파나마에서는 반드시 그렇지 않을지도 모른다면; 만약 한 사람이 상파울로에서는 백인이지만 샌프란시스코에서는 흑인일 수도 있다면, 이와 같은 논의가 수 세기에 걸쳐 그래왔던 것처럼 지나치게 추상적으로 "인종"이 어디서나 누구에게나 똑같은 것을 가리키는 체하는 것은 이 문제에 대한 논의에 적절하지 않다. 그리고 만약 한 개인의 시각이 환경에 의해 그 개인이 이용하거나 수정할 수 있도록 허락된 문화적 자원과 더불어 최소한 그 개인의 사회적 환경의 영향을 항상 반영한다면, 마치 인간의 차이에 대한 나의 생각이 어딘지도 모르는 곳에서 갑자기 생겨난 것처럼, 혹은 특정한 장소에서 생겨난 것이 아닌 것처럼 계속 말하는 것은 적절하지 않다.

그래서 나는 내가 앞으로 뚜렷하게 표명할 바를 일깨워주는 것으로서 "우리"라는 낱말을 사용할 것이다. 나는 미합중국의 시각에서 우리는 종종 아메리카인 이라고도 부르지만 나는 때때로 **에스타도우니덴스**라고 부르는 사람들의 시각에서 글을 쓸 것이다.[>4] (왜냐하면 캐나다도 아메리카대륙에 있지 않은가? 볼리비아는 어떤가?) 그리고 이 말은 나는 인간 다양성에 대한 특유하게 잉글랜드인 으로부터 유래된 어떤 관념들에 의해 근본적인 형태를 갖추게 된 장소에서, 그리고 그 장소에 대해 글을 쓴다는 말이다. ("영국인"이 아니라 "잉글랜드인"이란 낱말을 사용한 것은 어떤 점에서 내가 염두에 두고 있는 선천적 야만성과 열등함이라는 관념들이 웨일스인·아일랜드인·스코틀랜드인에 대한 잉글랜드인의 폭행에서 비롯되었기 때문이다. 하지

>4 역자주] 에스타도우니덴스(estadounidense)는 "미국인"이란 뜻의 스페인어이다.

만 여기서 그 이야기를 할 공간은 없다.)>5 다음에서 나는 영국계 미국인이 지닌 인종적 사고의 모델에 초점을 맞출 것이다. 그것이 유일하거나 가장 중요한 모델이기 때문이 아니라, 그것이 상대적으로 중요한 모델들 중의 하나고 나에게 가장 친숙한 모델이고 내가 인종적 사고의 전반에 대해 보다 폭넓은 주장을 펼치는데 이용할 수 있는 모델이기 때문이다.

이와 같은 자기 발굴의 정신으로 나는 여하튼 흑인 에스타도우니덴스로서 — 혹은 확립된 관행과 설명상의 편의 요구를 존중하여 내가 아직도 그렇게 부르는 것처럼, 아프리카계 미국인으로서 — 내가 계발해온 인종에 대한 직감적 이해에 크게 의존할 것임을 말해둬야 할 것이다. 나만의 "흑인 체험"과 그것에 어떻게 접근하고 이용할지에 대한 나의 착상은 나의 첫 짤막한 이야기에서 드러난 가공의 세계를 어떻게 채울 것인가와 내가 이따금 이용할 역사적 사례들의 선택을 결정지을 것이다. 그러나 이 책은 결단코 실은 흑인과 백인에 대한 것이면서 인종에 대한 것이라고 우기는 그러한 책이 아니다. 어쨌거나 나는 이 책이 그러한 종류의 책이 아니길 바란다. 나의 목적은 내가 흑인의 시각에서 관찰하고 이해해온, 때로는 그 시각에서 서술하게 될, 영국계 미국인의 인종적 신원 확인의 관행에 초점을 맞춤으로써 인종에 대한 이야기를 들려주려는 것이다.

영국계 미국인의 인종적 사고에 초점을 맞추겠다고 선언한 것이 인종이란 주제에 대한 보다 더 총체적인 탐구를 향한 포부를 좌절시키거나 적어도 그러한 포부와 긴장관계에 있는 것처럼 보일지도 모른다. 그러나 우리가 〔사회적 차별의 원리로서의〕 인종과 〔특정한

>5 Audrey Smedley, *Race in North America* (Boulder, CO: Westview, 1993)

구성 요소들과 자격 조건들을 가진〕 인종들 사이의 구분을 받아들일 때 그러한 긴장관계는 사라진다. 같은 사람이 다른 시간과 장소에서 다른 인종 집단에 속할 수 있다거나 인종의 자격 조건이 다른 문화에서 다른 방식으로 결정될 수 있다는 의미에서 인종은 옮겨 다니지 않는다. 인종적 어휘에 속하는 — "흑인", "백인" 같은 — 용어들은 저기서는 분간하지 않을 사람들을 여기서는 분간한다. 이 말은 특정한 구성 요소들과 자격 조건들을 지닌 인종들은 옮겨 다니지 않는다는 말이다. 그러나 만약 어떤 문화가 부분적으로 사람들의 생김새와 같은 것들에 의지하는 방법을 사용하여 사람들을 차별하고 범주화한다면, 우리는 그 문화가 하나의 인종 개념을 가지고 있다고 말할 수 있다. 그리고 이 개념에 대한 우리의 용도(用途)들을 탐구하는 것은, 그 범주 및 자격 조건과 관계없이, 인종적으로 사고한다는 것이 무슨 뜻인지에 대해 어느 정도 우리에게 말해줄 수 있다. 이러한 의미에서 사회적 차별의 원리로서의 인종은 옮겨 다닌다.

만약 내 생각이 맞는다면, 영국계 미국인의 인종적 사고 모델에 초점을 맞추는 것이 인종에 대해 보다 더 총체적으로 이야기를 하는 것을 방해하지는 않을 것이다. 불행하게도 보다 더 제한된 초점을 취하는 것은 그 자체의 내적인 곤란한 문제들을 가질 수도 있다. 이미 말한 것처럼 우리는 인종적 말을 불명확하고 일관적이지 않은 방식으로 사용한다. 그렇다면 어떻게 나는 이러한 의미상의 다양성을 단일한 모델로 단순화하려고 하는가?

의미상의 다양성은 인종적 말보다는 말하기 혹은 사물에 의미를 주기에 관련된 문제일 뿐이다. 언어의 요소들은 도구들이며, 다른 도구들처럼 그것들이 고안된 역할을 넘어선 역할을 수행할 수 있다. 나는 다리미를 단지 자신의 옷 주름을 펴기 위해서만이 아니라 치즈 샌

드위치를 굽는데 사용하는 사람들을 알고 있다. 그리고 우리 모두는 우리가 사용하는 같은 낱말들을 현저하게 다른 방식으로 사용하는 — 다른 세대나 다른 이웃이나 다른 도시의 — 사람들을 알고 있다. (이것을 시험해 봐라: 당신이 잘 모르는 미국의 어떤 지역에 가서 팝(pop)을 주문해 보라. 그런 다음 당신이 말을 건 사람이 당신에게 청량음료를 가져다줄지 당신을 때릴지를 기다려보라.) 언어적 도구들의 탈선적인 진화는 속어를 낳았으며, 이것이 왜 언어 습관에 대한 광범위한 사회학적 보고서에서 어느 특정한 낱말이나 구절에 대해서든 한 다발의 용법들을 발견할 수밖에 없는 이유다. 그럼에도 핵심 용법들이 있다. 우리가 공식적이든 비공식적이든 언제 어떻게 그 낱말들을 사용해야 하는지를 가르치면서 오랜 기간의 사회화에 의해 권장된 용법들, 적절한 사회적 상황이 주어졌다면 사전에 기록되어 있어야 마땅한 핵심 용법들이 있다.

공교롭게도 "인종"의 핵심적인 의미로서 가장 두드러진 후보는 아마 이 책의 목적을 좌절시키는 것처럼 보이는 의미일 것이다. 예를 들어 어떤 사람들은 "인종"의 의미는 KKK단이나 나치당의 공식 신조나 드물게 이슬람국가연합의 근본 신학에 충분히 구체적으로 설명되어 있다고 말할 것이다. 이는 일체의 흥미로운 인종 과련 질문들이 과학적 질문들임을 뜻할 수도 있다: 예를 들어 KKK단은 (그리고 나치와 이슬람국가연합은) 분명히 구별·대립되고 위계적 서열이 매겨진 자연발생적 집단들의 소수 집합을 설정하고 온 인류가 그 집단들로 분류되는 것이 마땅하다고 생각하는데, 과연 인간 생리학에 대한 우리의 최상 정보가 이 생각을 그럴듯한 생각으로 입증하는지에 대한 과학적 질문들임을 뜻할 수도 있다. 그리고 이 질문들은 KKK 단원들에게 손상을 입히는 방향으로 이미 대답된 것처럼 보이는 까닭에, — 예컨대 인종차별주의 철학에 대립되는 것으로서 — 인종 철학에 대해 더 할 말이 남았는지도 분명하지 않다. 나는 최상의 자연과학적 증언은 우리가 KKK 단원들 속에서 발견하는 성질의 인종적 사고를 논박한다는데 동의한다. 다음에 나올 내용에서 이 과학적 도전의 일부 세부 사항들을 진술하고(제2장), 그리고 그것에 대한 다양한 반응 방식들을 관찰할 것이다(제3장). 허나 이 주장을 뒷받침하는 논증에 관심을 가진 사람들은 형질인류학자(physical anthropologist)에게 조언을 구해야 할 것이다.

많은 사람들이 과학적 도전의 성공을 온갖 인종적 사고의 무용함을 선언하는데 충분한 근거로 받아들인다, 이상! 때때로 이 사람들은 "인종"이란 낱말을 작은따옴표로 — 우리가 때때로 조심스런 인용이라고 일컫는 것으로 — 두름으로써 인종 개념의 유용성 내지는 그것이 인간 집단들에 적용가능한지에 대해 상당히 합리적인 의심을 표현한다. 인종적 사고에 대한 이처럼 포괄적인 회의론의 일부 형태를 (그 지지자들이 인종적 신원 확인의 관행을 제거하기로 결단한 까닭에) 나는 곧 "인종적 제거론"(racial eliminativism)이라고 칭할 터인데, 이 입장이 우리가 택해야 할 옳은 입장으로 밝혀질 수도 있다. 그러나 설령 그렇다 하더라도 논의의 시작부터 그 견해를 취하는 것은 (특히 우리가 모두 KKK단의 구성원은 아니기 때문이기는 하지만 — 내가 너무 앞질러가는 것이기에) 적절하지 않을 것이다.

내가 이해하기로는 인종 철학은 인종적 말의 결과들에 대한, 즉 인종적 말로부터 그 수단을 획득하는 인종적 신원 확인의 관행들에 대한 연구를 포함한다. 내가 이해하기로는 철학의 지침들 중의 하나는 사람들이 어떤 개념이나 용어를 지속적으로 사용할 때 그것을 심각하게 생각할 것을 요구한다 — 여기서 "심각하게 생각함"은 그

〔개념이나 용어에 의해〕 지시된 사물을 다른 사물들로부터 바로 그러한 식으로 갈라놓는 것이 얼마만큼 유용할지를 살펴보는 것을 뜻한다. 나는 이 지침을 하나의 법칙의 수준으로 높여 철학자 오스틴의 이름을 따서 명명할 것이다. 오스틴은 그 요점을 이렇게 표현한다: "만약 하나의 구분이 일상생활에서 실천적 목적으로 잘 작용한다면, (이것은 하찮은 성취가 아니다. 왜냐하면 일상생활조차 난감한 사례들로 가득하기 때문이다) 그 구분에는 뭔가 중요한 것이 있음이 틀림없으며, 그것이 아무것도 표시하지 않을 리가 없다."[>6] 많은 사람들이 다른 인종에 속하는 구성원들에 대해 평가적인 구분들을 도출하는 것을 뚜렷하게 거부해 온 반면에, 그들은 인종적 말의 타당성이나 유용성이나 정확성에 몰두해 왔으며 그리하여 내가 **인종주의자**들이라고 일컬을 사람들이 되었다. 이렇게 말하는 것은 KKK단 유형의 — 혹은 내가 고전적 유형이라고 말할 — 인종주의자나 인종차별주의자가 아닌 것처럼 보이는 인종주의자들이 많이 있다는 말이다; 그리고 이렇게 말하는 것은 오스틴의 법칙에 따라 인종 철학이 아무것도 표시하지 않는 것으로 간주해선 안 되는 하나의 구분을 향해 나아간다는 것이다.[>7]

내가 말한 것처럼, 제거론자들처럼 모든 인종주의를 고전적 인종주의(classical racialism)와 동일시하는 것이 옳을 수도 있다. 오스틴

>6 J. L. Austin, "A Plea for Excuses," in *Philosophical Papers*, 2nd edn (New York: Oxford University Press 1970), p. 185.

>7 역자주〕 인종주의(racialism)와 인종차별주의(racism)를 엄밀하게 구별해야 한다. 인종주의는 단순히 인종들 사이의 다름을 인정함을 함축하고 있을 뿐, 이러한 다름이 서로 다른 인종들을 어떤 식으로든 차별적으로 대우할 근거가 된다는 인종차별주의와 다르다. 따라서 인종주의자이면서 동시에 인종차별주의의 강력한 반대자가 될 수 있다. 인종차별주의자는 당연히 인종주의자다. 그러나 일부 사람들은 "다름"의 인정은 결국 인종차별주의로

이 이어서 말한 것처럼, "일상 언어가 완벽한 것은 아니다: 원칙적으로 그것은 어디서든 보태지고 변경될 수 있다." 그러나 우리는 이러한 진행을 뒷받침하는 논증들을 구성하는 데까지 나아갈 필요가 있을 것이다. 이 논증들의 결론을 시작부터 가정하는 것은 우리들 중 많은 사람들이 우리의 일상적인 인종적 말의 용법에서 관찰하는 하나의 구분을 아무런 동기도 없이 제거한다는 것을 뜻한다. 일상 언어가 완벽한 것이 아님을 인정한 바로 다음에 오스틴이 한 말을 마지막으로 인용하자면: "이것만은 기억해라, 일상 언어는 최초의 말이다."

당연히 나는 단지 철학적 지침들에 대해서만 걱정하는 것이 아니다. 실천적인 어려움들도 있다. 내가 느끼기에 시작부터 KKK 단원들이나 같은 부류의 다른 사람들이 쓰는 인종적 말의 방언에 초점을 맞춘다는 것은 그저 다른 방언들의 — 예컨대 특히 인종적 평등과 다양성을 옹호하는 사람들이 쓰는 방언들의 — 작용을 이해하는데 방해가 될 것이다. 아마 이러한 유비가 도움이 될 것이다: 런던을 여행하는 동안에 미국에서 쓰는 식의 영어를 고집하는 것은 나로 하여금 대중 교통 정류장을 발견하지 못하거나 계단이 아닌 다른 수단을 발견하지 못하게 만들지도 모른다(미국식으로 나는 이렇게 말한다; "나는 튜브를 원하는 것이 아니라 지하철을 원한다" ; "아니, 나는 리프트가 필요한 것이 아니니 그냥 승강기가 있는 곳을 가리켜달라"). >8 이와 유사하게 우리가 관찰할 것처럼 19세기에 다듬어지고 그 후 바로 대

귀결되며 진정한 인종차별주의의 해소는 다름의 인정 혹은 인종주의 자체를 제거하는 방법뿐이라고 주장한다.

>8 역자주] 영국은 지하철을 '튜브' (tube), 승강기를 '리프트' (lift)라 하는 반면에; 미국은 지하철을 '서브웨이' (subway), 승강기를 '엘리베이터' (elevator)라 한다. 우리에게 익숙한 것은 확실히 미국식 용어들이다.

치되어버린 인종적 말의 한 방언에 초점을 맞추는 것은 인종적 사고가 인정하고 동기를 자극한 현대적 관행들의 다양성을 연구하는데 방해가 될지도 모른다. 이러한 고려에 비추어, 여러분도 이미 알아차렸을지도 모르지만 나는 소위 조심스런 인용부호를 "인종"이라는 용어가 표시하는 대상보다는 주로 "인종"이라는 그 낱말이나 용어나 개념에 대해 이야기하는 순간을 가리키기 위해 드물게 사용할 것이다.

1.2.1 "인종"과 인종, 낱말들과 사물들

확실히 이 지점까지 나는 낱말들·용어들·개념들을 제외한 어떤 것에 대해서도 그다지 많은 말을 하지는 않았다. 여러분은 다음과 같은 의문을 가질지도 모른다: 우리가 인종들이라고 부르는 **그것들**은 어떻게 된 것인가? 언제 우리는 그것들에 대해 말하는가?

말했던 것처럼, 분명 이 책은 우리가 "인종들"이라고 부르는 존재자들에 대한 검토를 포함하며, 이 작업을 수행하기 위해 인종적 말의 다양한 방언들의 최소 공통분모를 발견할 필요가 있다. KKK단 유형의 인종차별주의가 지닌 특정 신조와 이에 대한 반인종차별주의적 인종주의자들의 비판적 반응들이 대립하는 장소들을 포함하여, 나는 다양한 장소에서 "인종"이라는 낱말이 수행하는 개념적 역할을 찾아낼 필요가 있다. 일단 우리가 이러한 두 극단적인 입장들을 연결하는 핵심적 의미들을 확인하고, 그 입장들 사이의 의견 불일치가 동일한 실체에 대한 의견 불일치임을 깨닫게 되면, 우리는 사람들과 사람들에 관한 생각을 체계화하는 도구로서의 인종적 사고를 평가하기에 더 나은 입장에 놓일 것이다.

이는 모두 다음을 말하는 것이다: "인종"이란 낱말을 사용하는 것이 어떤 의미인지를 분명히 알기 전에는 우리는 인종들에 대해 말할 수 없다. 일단 우리가 그렇게 한다면, 우리는 인종들이라 불리는 그것들이 정말 존재하는가, 설령 그것들이 존재하더라도 그것들에 대해 이야기하지 않는 편이 우리에게 더 좋지 않을까 에 대해 물을 수 있다. 그러나 이러한 물음들에 착수하기 전에 우리는 인종들이 무엇이며, "인종"이란 낱말이 무엇을 뜻하며, 우리의 인종 이야기들 중의 핵심 사례들이 우리를 무엇에 말려들게 하는지를 알아야만 한다.

이 장(章)을 시작한 인종과 언어의 유비는 인종적 말이 우리에게 지적해주는 사물들 대신 인종적 말 자체에 초점을 두어야할 또 다른 이유를 가리켜준다. 지난 두 세기에 걸쳐 철학자들, 사회 이론가들, 인간 인지(認知) 연구가들은 언어 혹은 "담론"이라고 불리는 언어적으로 구축된 의미 체계가 온갖 인간 활동에서 중심적이라는 사실을 실로 잘 밝혀내었다. 문화란 언어와 유사하거나 추론적인 것이며, 한 문화에 참여한다는 것은 우리가 행하는 대부분의 일들을 문자화하여 그것을 읽어 줄 사람들을 기다리는 것이다. 우리가 일정한 방식으로 — 예컨대 부적절하게 — 옷을 입었을 때, 그것은 우리에 대해 다른 사람들에게 무언가를 말해주거나, 혹은 그 사람들로 하여금 자신들이 우리에 대해 뭔가를 안다고 생각하게끔 만든다. 이는 우리가 어떤 음식을 먹거나 어떤 몸짓을 사용하거나 어떤 축제일을 경축할 때에도 마찬가지다. 이 온갖 활동들은 우리가 문화라고 부르는 의미 체계들로부터 나오는 것이며, 또한 그 의미 체계들의 형태를 결정한다. 그리고 이 활동들이 기호화되는 방식들은 문화의 추론적인 성격으로부터 나오는데, 이 기호들은 다른 사람들로 하여금 우리를 읽고, 우리의 행동을 (혹은 생김새든 무엇이든) 해석하고, 그 행동 안에서 중요성을 발견하고, (단순히 취향을 표현하는 것과는 전혀 다른 것으로서) 진리를 갈구하는 주장들을 내세울 기회들을 창출한다.

적어도 1600년대 이후로 인종적 사고는 인간 문화의 본질적인 부분이 되어왔다. 그리고 우리의 문화들이 이동한 것처럼 인종적 사고도 이동했다. 다른 장소와 시간에 있는 서로 다른 문화는 인종에 대한 다른 개념을 가진다 — 이는 각 문화는 인종 집단들에 대한 그 자체의 보어(補語)를 가질 수도 있다는 말이다. 많은 사람들은 이 현상을 인종들은 사회적으로 구성되는 것이며, 마치 우리가 의복 스타일들을 창조하고 스스로를 거기에 맞추는 것처럼 우리는 인종적 범주들을 창조하고 그것들에 따라 스스로를 분류한다는 것을 증명하는 것으로 여긴다. 이 견해에 의하면, 인종은 담론의 — 우연히 인간의 사회적 차이와 생물학적 변이에 대한 담론의 — 한 요소가 된다. "사회적 구성주의"(social constructionism)는 마치 바위들과 준성(準星)들처럼 인종들이 자연적 종들이라는 견해에 대한 반작용으로 일어났다. 후자의 견해에 의하면, 인종들은 그 배열과 구성에 있어 우리의 의미 체계들과는 전혀 무관하게 우주에서 자연적으로 발생한 요소들이다. 이것을 "인종적 자연주의"(racial naturalism)라고 하자.

한동안 나는 인종적 말에 초점을 두려하지만, 사회적 구성주의의 견해를 승인하는 것은 아니다. 나는 아직 그것을 승인할 수 없다. 왜냐하면 우리는 아직 자연주의에 대항하는 과학적 사례를 살펴보지 않았고, 좀 전에 말한 것처럼 우리는 그 논증들을 평가할 입장이 아니기 때문이다. 그러나 설령 인종들이 바위들처럼 자연적으로 발생한 존재자들이라고 해도, 설령 자연이 우리를 육체적·문화적으로 독특한 집단들로 분류하고, 그런 다음 우리는 그 분류를 인간의 다름에 대한 우리의 이론들 속에서 어느 정도 정확하게 반영하려한다고 해도, 우리의 인종 관념들은 그 자체의 삶을 살아왔다. 인종적 담론은 — 생물학적이든 아니면 다른 무엇이든, 그 담론이 표현할 수도 있고 그렇지 않을 수도 있는 그 근본적인 실재가 무엇이든 — 시간이 지남에 따라 변화해 왔고, 전 세계 사회들의 정치와 문화 속으로 엮어졌으며, 분명 자연적이지 않은 온갖 종류의 관행들과 행동들을 일어나게 했다. 따라서 이후 논의의 대부분에서 나는 인종적 말에 초점을 두려하지만, 반드시 자연주의적 접근 방식을 거부해서가 아니라 상대적으로 자율적인 인종적 담론의 영역을 탐사하려는 것이다. 더구나 내가 생각하기에 우리는 그 자체의 삶을 이어온 인종적 담론이 결국 어떻게 판명되든 인종 생물학 내에서 하나의 역할을 담당해 왔다는 사실을 발견할 것이다. 예컨대 상당히 오랫동안 다른 인종간의 결혼을 반대하는 법률들이 있었다는 사실은 미합중국의 인종 구성에 우연적인 것일 수 없다.

인종적 말의 핵심 사례들을 확인하는 작업에 본격적으로 돌입하기 전에, 내가 누구의 말을 검토할 것인지에 대해 마지막으로 해 둘 말이 있다. 특히 다음절에서 나는 여러분에게 인종이란 말로 **우리가** 뜻하는 것보다는 **내가** 뜻하는 것에 대해 이야기하는 것처럼 보일지도 모른다: 논의를 진행하면서 마치 내가 인종을 만들어내는 것처럼 보일 수도 있다. 이것은 철학자들에게 있어 직업적 위험요소이며, 그러므로 철학자로서 인종에 접근한다는 것이 뜻하는 바의 또 다른 측면이다. 나는 표본 조사와 투표를 행할 수도 있고 우리가 생각하는 바에 대해 어떤 경험적 일반화를 산출할 수도 있지만, 이는 나를 모종의 사회과학자로 만들 것이다. 적어도 존 듀이나 오스틴과 같은 사람들에 의해 축약된 전통을 좇아, 철학자로서 연구한다는 것은 용어들을 그 공통적 용법으로 받아들이고 그것들의 공통성을 이용하는 것을 함축한다. 철학자는 (적어도 이러한 전통에서는) 스스로를 하나의 대표자로서 간주하는데, 우리 모두가 공유하는 언어를 사용하고 다듬으면서 충분한 시간과 여가를 가진 어느 누구라도 가졌을 수 있는 의견을 생각해 낼 능력을 갖춘 대표자로서 간주한다. 인종이란 낱말로 우리가 무엇을 뜻하는가에 대해 내가 말하는 바는 우리 중의 한 사람으로서, 우리의 행동의 한 관찰자로서, 우리의 행동에서 논리적 구조라고 일컬을만한 것을 뽑아내려는 의도를 가진 어떤 사람으로서의 나의 경험으로부터 도출된다. 사회과학자의 전문 분야는 관찰 단계나 그 단계를 어떤 일정한 방법으로 뚫고 나가는 데에서 개입한다; 원래 그런 것처럼 철학자의 전문 분야는 나중에 논리적 구조를 추출하는 단계나 어쩌면 그 이전에 과학자들이 자신들의 물음을 제기하기 위해 사용하는 언어를 다듬는 단계에서 움직이기 시작한다. 이러한 성질의 작업은 과학자들이 가진 최상의 가설들을 통해 충분한 정보를 얻어야하지만, 주로 우리가 사용하는 말이 함축하는 바에 대해 충분히 숙고하는데 놓여 있음에 틀림없다. 만약 우리에 대한 — 말하자면 전반적으로 우리에 대한 — 나의 스토리가 정확하다고 들리지 않는다면, 나의 스토리를 더 나은 스토리, 즉 인종이란 낱말로 우리가 무엇을 뜻하며 행하는가에 대한 우리의 직관적인 통찰을 보다 덜 왜곡하는 스토리를 지어 보라는 도발로 받아들이길 바란다. 혹은 우리의 관행들이 보다 더 실제적으로 우리에게 도움을 주도록 그 관행들을 개조하는 방법을 보여주는 스토리를 지어 보라는 도발로 받아들이길 바란다. 이러한 도발이 또한 철학의 과업임을 급히 덧붙인다.

1.2.2 "인종적 사고"란 무엇을 뜻하는가?

바라건대 지금까지 이 연구의 주제, 논의 방법들 및 한계들 — 어쨌든 그것들 중의 일부 — 그리고 왜 인종적 자연주의와 고전적 인종주의를 청산하기에 앞서 인종적 말에 대해 이야기해도 괜찮은지가 더욱 분명해졌을 것이다. 이제 우리는 드디어 우리가 뭐니 뭐니 해도 철학 서적으로부터 기대하는 정의(定義)의 문제로 다가갈 수 있게 되었다. 내가 지금껏 "인종적 사고"라고 일컬어왔던 것은 인간의 육체와 혈통에 일반적인 의미를 부여하는 방법이다. 그것을 이해하려면, 그리고 내가 그것을 가지고 어떻게 "인종"이란 낱말의 개념적 역할을 구체적으로 설명하려는가를 이해하려면, 우리는 좀 더 많은 정의들을 필요로 할 것이다.

"육체들"이라는 낱말로 나는 그저 육체들을 뜻한다. 낡고 문제투성이지만 당장은 우리에게 친숙한 형이상학으로부터 하나의 이미지를 빌어 표현하자면, 나는 "육체"라는 낱말로 우리의 영혼이나 마음이 그 안에 있음으로써 돌아다니게 되는 것들, 우리가 보디빌딩이나 성형 수술로 바꿔보려는 것들, 우리가 옷과 보석으로 (또한 칼라 콘택트렌즈와 헤어스타일로) 치장하고 주의를 끌려보려는 것들을 뜻한다. 인간의 육체란 때때로 철학자들이 그렇게 말하는 것처럼 우리가 아무런 도움도 받지 않고 (예컨대 현미경이 없이도) 인간의 감각을 가지고 경험할 수 있는 중간 크기 대상들의 세계에 속하는 것들을 뜻한다.

좀 더 정확하게 육체는 인간의 현상적(現象的)인 양상이라 말하자: 그것은 인간이 인간 감각들에 인식되는 방법이다. 내가 논점을 이처럼 대략적으로 표현한 것은, 어쩌면 뻔한 이유일 수도 있지만, 나는 여기에 청각을 포함할 생각이기 때문이다. 우리는 언어와 말하는 스타일을 인종적 정체성의 표지들로서 육체와 문화 사이의, 그리고 문화와 조상 사이의 밀접한 연관을 말해주는 하나의 사실로서 이용한다. 이에 대해선 나중에 제4장에서 좀 더 말할 테지만, 당장은 그 사실을 두 가지의 더욱 광범위한 논점들에 대한 증거나 결과로 받아들이자. 첫째, 지각이나 우리의 감각을 통한 정보의 입수는 항상 문화적으로 매개된다. 다른 많은 종류의 지각들보다 더욱 흥미롭고 중요하지만, 인종적 지각도 문화적으로 매개된다는 점에서는 다르지 않다. 둘째, 페미니스트 학자들과 그 밖의 다른 사람들이 지난 100여 년 동안 지적해 온 것처럼, 또 보디빌딩이나 그와 비슷한 것에 대한 나의 언급이 보여주는 것처럼, 늘 인간의 육체는 이미 의미의 담지자이다. 그것은 마치 종이처럼 그 위에 의미가 새겨지기를 기다리고 있다 (이는 육체들이 의미가 새겨지는 과정에서 아무런 기여도 하지 않는다는 말은 아니다; 결국 서로 다른 종류의 종이는 서로 다른 속성을 가진다). 언어적 수준에서도 인종적 사고는 인간 군집에 대한 이렇게 더욱 광범위한 사실의 한 양상을 반영하고 있다.

"혈통"이라는 낱말로 나는 선조의 계보와 유전 형질, 그리고 다르면서도 충분히 유사한 유기체들의 생식 활동을 통해 흘러나온 한 유기체의 인과적 조상을 뜻한다. 특히 이 낱말이 품종 개량가나 우생학자가 조심스러운 생식의 통제를 통해 배양하고자 했던 어떤 유형의 동물들이나 인간들의 어떤 특성을 지칭할 때 나는 이 낱말로 한때 "군체(群體)"라고 불려 왔던 것을 뜻한다. 조상도 이미 다양한 면에서 의미의 저장소다. 나의 가족사는 나에게 여러 가지를 말해준다: 예컨대 그것은 내가 어떤 질병을 드러낼 위험이 있다는 정보를 나에게 제공한다; 한 세대로부터 다음 세대로 특성들이 전달됨은 유전정보의 흐름, 즉 화학적으로 암호화된 의미들의 흐름이 지닌 한 기능인 까닭에, 나의 가족사는 이러한 정보를 나에게 제공할 수 있는 것이다. 보다 더 인간 특유의 단계에서, 우리의 가족사는 그저 우리의 육체가 얼마만큼 잘 움직여줄 것인지, 혹은 우리의 육체가 움직여줄 것인지 말 것인지, 혹은 얼마나 오래 우리의 육체가 움직여줄 것인지에 대해서만이 아니라, 우리의 정체성, 즉 우리가 누구인가에 대해 여러 가지 것들을 말해준다; 혹은 우리는 흔히 그럴 거라고 믿는다. 이것이 바로 우리가 잃어버린 친족들을 밝히려 하고 족보를 만들려고 애쓰는 이유다: 가족, 여전히 그렇게 말하는 것처럼, 우리와 분명하게 핏줄로 이어진 인간 개체군의 한 부분 집합은 우리에게 소중하다. 조상에 대해 인종적으로 사고한다는 것은, 유사성으로부터 막연하게 기원을 찾는 방식으로, 생식 습관과 가족 관계에 의미를 부여하는 것이다. 생물학에서 우리가 배운 바에 비추어볼 때, 이러한 핏줄에의 의존은 인종적 사고의 중요한 약점이거나 난제다.

"의미를 부여함"이란 말로 나는 이를테면 한 인간의 육체와 그 육체의 조상을 통해 우리에게 제공된 정보를 흔히 육체와 무관하고 더욱 멀리 떨어져있는 문제들에 대한 추론 근거로 간주함을 뜻한다. 나는 이러한 방식의 추론의 전개·수립·적용, 그리고 어떤 일정한 육체들은 어떤 일정한 비육체적인 특성들을 동반한다는 식의 관련 가정들을 인종화의 과정이라 칭할 것이다. 일정한 인종의 사람들은 — 즉 일정한 육체를 가졌거나 일정한 육체를 가진 사람의 자손들은 — 또한 일정한 수준의 지능을 가진다거나, 그들은 일정한 종류의 음악을 좋아하거나 제작하려는 선천적 경향을 가지고 있다거나, 그들은 성적 정념과 그 외의 다양한 정념들에 스스로를 내맡기려는 일정한 선천적 경향을 가지고 있다고 말하는 것은 인습적인 지혜인 동시에 일반적으로 받아들여진 관행이었다. 많은 사람들이 여전히 그러한 것들을 말하며 더 많은 사람들은 여전히 그러한 것들을 믿고 있지만, 우리는 공공연한 대중 담론에서 이러한 성질의 추론을 거의 제거해 왔다. 우리가 그렇게 해온 것은 사람들이 "정치적 옳음"이라 부르기를 고집하는 것 때문만이 아니라, 내가 이미 언급했던 생물학으로부터의 도전 때문이다. 인간 세대들을 가로지르는 특성들의 전달은 위와 같은 종류의 생각이 요구하는 대로 움직이지 않는데, 그 이유들과 방식들에 대해서는 앞으로 나올 내용에서 살펴볼 것이다. 그러나 생리학·인지·문화·심리학을 이렇게 결합하는 것이 의미를 부여하는 유일한 방법은 아니다. 나중에 관찰하겠지만, 훨씬 빈약하고 덜 야심찬 추론들이 가능하다. 예컨대 어떤 사람은 인종 집단들 사이의 구별들이 소득이나 자기자본이나 신용 기관에의 접근이나 거주지의 산업 위험 폐기물 근접성과 상호 연관되어 있는지 대한 물음에 초점을 맞출 수도 있다.

사람들은 육체적 생김새와 조상으로부터 한층 더 빈약한 추론을 끌어낼 수도 있다. 사람들은 어떤 일정한 방식으로 생긴 사람들이 어떤 독특한 유형의 인간을 만들어 낸다고 결론지을 수도 있다. 이것이 바로 일반적인 의미를 부여함에 대해 이야기하면서 내가 부분적으로 염두에 두고 있었던 것이다. 만약 우리가 존의 얼굴을 바라보면서 그가 영리하게 생겼다고 판단한다면, 아마 우리는 아직 인종적으로 사고하기 시작한 것은 아닐 것이다. 다른 한편으로 만약 우리가 존이 영리하게 생겼다고 생각하는 이유가 그의 얼굴 특징들이 그를 영리한 유형의 사람들의 일원이라고 특징짓기 때문이라면, 우리는 인종적 사고에 다가가는 것이다. 인종적 사고는 인종들이라고 불리는 종류들에 관한 것이며, 그것으로 인종적 정체성을 가지는 개인들에 대해서는 오직 파생적으로만 관계한다.

1.3 근대 인종주의: 이전의 역사와 배경

우리 인간들은 스스로를 다음 삼박자 요소들에 근거하여 어느 정도 서로 다른 종류들로 분류하려는 습관을 — 그것이 얼마나 널리 퍼져있는 습관인지를 곧 살펴볼 것이다 — 가진 것 같다: 생김새와 조상, 그리고 처음 두 요소들의 결과로 뒤따른다고 가정되는 보다 더 깊은 의미. 물론 우리는 스스로를 수많은 중복되는 집단들로 분류한다 — 극히 소수만을 열거해보면, 이웃·갱단·국가·민족·가족·조합·팬클럽 등이다. 그리고 우리는 수많은 서로 다른 분할 원리들에 의존하여 이렇게 분류한다. 그러나 본질적으로 인종 집단들은, 계속 말하겠지만, 육체와 혈통으로 시작하는 특수한 분류법의 결과다.

인종 분류가 인체들의 비교를 수반하는 만큼, 우리는 사람들을 여러 가지 특성들에 관련하여 비교할 수 있다는 사실에 주목할 가치가 있다. 원칙적으로 이러한 특성들 중 어느 것이라도 — 신장, 눈동자의 색깔, 귓불이 떨어져 있거나 붙어 있다는 것조차도 — 인종을 구분하는 근거로 제공될 수 있다. 그러나 현실적으로 다른 어떤 방식의 비교보다도 한 특정한 방식의 비교가 전 세계에 걸쳐 인간 사회 생활에 훨씬 더 폭넓은 영향을 미쳐왔다. 물론 나는 주로 피부색·얼굴 생김새·머리결 등에 의지하여 인류를 넷 혹은 다섯 가지의 색으로 — 검은색, 갈색, 붉은색, 흰색, 노란색으로 — 지정된 집단들로 분류하는 체계를 염두에 두고 있다. 이것이 바로 근대 서양 사람들과 근대 서양을 추종하는 사람들이 인종에 대해 생각하고 말할 때 예로서 인용하는 체계인 까닭에, 나는 이것을 "근대 인종주의"라고 부를 것이다. 그리고 나는 이 종류의 인종적 사고의 주체가 되는 집단들을 "근대 인종들," 혹은 간단히 대문자 "R"을 가진 **"인종들"**이라고 지칭할 것이다.[>9]

>9 역자주] 이 책의 저자는 "근대 인종적 사고"를 흔히 "대문자-R-인종적-사고"라 표현하고, 그 외의 다른 형태의 — 근대 인종적 사고와는 달리 막연하고 덜 체계화된 형태의 — 인종적 사고에 대해서는 "소문자-r-인종적-사고"라 칭한다. 또한 매우 흔하게 대문자 R로 표시된 "Races"로 "근대 인종"을 대신한다. 이 역서에서는 혼동을 줄이고 편의를 위

이러한 활자상의 규약을 활용하여 나는 인간의 육체와 혈통에 의미를 부여하는 여느 과정들로부터 우리가 근대 서양에서 발견하는 독특하면서도 특정한 위치에 있는 종류의 인종적 사고를 구별할 수 있다.

인종주의 자체로부터 근대 인종주의를 구별함은 즉각적으로 두 가지의 물음들을 일으킨다. 첫째, 여기서 "근대"와 "서양" 같은 낱말들은 무엇을 뜻하는가? 둘째, 아주 정확하게도 근대 유럽이 인종 개념을 발명했다는 주장이 유행하게 되었다. 만약 그것이 사실이라면, 어떻게 나는 인종주의와 근대 인종주의의 구별을 고집할 수 있겠는가? 어째서 그것들이 똑같은 것이 아닌가?

첫 번째 물음인 근대 서양에 대해 말한다는 것이 무엇을 뜻하는가와 관련하여 말해보자: 나는 "근대적"이란 낱말을 단순히 새로운 것이나 최근에 유래한 것이라는 뜻으로 사용하는 것이 아니다. 여기서 나오는 "근대적"이란 낱말은 어떤 역사적 시기를 가리키는 것처럼 보이지만, 실제로는 부분적으로 중첩되는 역사적 기간들 동안 유럽에 나타났던 일련의 지적·사회적 상황들을 가리키는 "근대성"이라는 낱말의 형용사형일 뿐이다. 다음 장에서 우리는 이에 대해 다시 살펴보겠지만, 당장은 단지 근대적 상황이란 자본주의·자유주의·세속주의를 포함하고 있다고 말해두자; 근대성을 향한 유럽의 행보는 식민지들(예를 들어, 봉건 시대의 국가들이나 고대 시대의 제국들과는 상반되는), 국민 국가들, 과학 기술의 확립과 확장, 그리고 이 과학 기술을 적용한 기술적·경제적 성과들을 동반했다; 그리고 유럽의 근대화는 문화적 고유성에 대해 오해를 불러일으키는 이야기를 낳았는데,

---

해 이 사례들을 모두 "근대 인종"이라 하고, "소문자-r-인종적-사고"는 "전근대 인종적 사고"라고 할 것이다.

유럽의 모든 국가는 아니지만 오직 유럽의 국가만이 미신을 과학으로 대체하기에 충분할 만큼 계몽되어 있다는 이야기다. 이는 모두 근대성 개념과 밀접한 연관을 갖고 있으며, 그중 태반이 또한 "서양"에 대한 이야기와 밀접한 관련을 갖는다. 사실 이러한 성질의 이야기는 보통 어떤 한 지정학적 위치보다는 어떤 한 사회와 더 많은 관계를 갖는다. 이것은 보통 어떤 일정한 근대 사회들에 대해 이야기하는 방식인데, 말하자면 아메리카·아시아·아프리카 등지에 식민지들을 가졌던 — 바꿔 말해 만약 그들이 여전히 그 식민지들을 점유하고 있다면 "속령"이라 불려야할 것들을 가졌던 — 일반적으로 산업화된 사회들에 대해 이야기하는 방식이다.

두 번째 물음인 인종주의와 근대 인종주의의 차이에 대해 말해보자: 우선 어느 누구도 근대 세계의 제한 범위 바깥에서 인종적 사고를 시작하지 않았다는 것이 경험적·사회학적 사실의 문제라 해도, 우리는 누군가 그랬을 수도 있다는 것이 개념적으로 가능하다는 개념적 혹은 논리적 주장을 제안할 수도 있다. 위에서 말한 것처럼 우리는 원칙적으로 어떤 수의 특성들이든 그것들에 의지하여 사람들을 분류할 수 있다. 그리고 여기서 우리가 취하려는 방식의 논의에서는 아주 일반적이고 추상적으로 시작하여 이후의 장들에서 특정적이고 구체적인 것에 대해 다시 연구하는 편이 적합한 것 같다.

그러나 또 하나의 보다 더 실재적인 고찰은 나로 하여금 인종주의와 근대 인종주의 사이의 구별을 계속 사용하도록 유도한다. 그저 단순한 경험의 문제로서 근대 서양이라는 지정학적 경계와 개념적 제한 범위 바깥에 존재하는 사람들도 인간의 겉모습과 조상에 일반적인 의미를 부여해 왔음이 사실인 것 같다. 인종적 사고는 인간 종족들의 독특함을 짐작하는 방법이며 어느 사회나 항상 그렇게 해 왔다. 단지 17세기나 그 무렵 이래로 유럽인들은 이 인종화 과정의 일정한 양상들을 강조하는 표현 수단을 계발했다는 것이다. 그리고 그들이 그저 이 표현 수단을 계발만 했던 것은 아니다. 그들은 그것을 다듬고 수출하고 과학화하려 시도했으며, 정치 경제적으로 세계를 형태지은 — 마르크스가 말했던 것처럼 세계사적 — 발전들의 토대로 만들었다. 그러나 이 모두는 보다 더 심오한 테마의 한 변형이었다.

근대 인종적 사고가 보다 더 광범위한 현상의 한 실례라는 인식을 전개하는 방법으로서, 나는 이 지점에서 근대성의 경계 밖에서 인종에 대한 몇몇 일반적이면서도 역사적인 소견들을 말하고 싶다. 하지만 나는 첫째로 내가 어떤 방법으로 이와 같은 소견들을 제시할 것인지에 대해, 그 다음으로 인종적 사고의 전개에 대한 인류학적 배경에 대해, 서로 다른 정도의 일반성을 가진 두 소견들을 먼저 제시해야 할 것이다.

1.3.1 역사에 대한 철학자의 생각

철학적 저술에서 역사들이 튀어나올 때마다, 경고들이 따라 나오는 것이 당연하다. 이 책의 첫 부분에서는 어느 정도 규칙적으로 역사들이 튀어나올 것이며, 따라서 <저자서문>에 나온 경고에 덧붙여 여기 독자들에게 전할 두 가지 경고들이 — 경고문 낭독이 — 있다. 첫째, 나는 곧바로 우리가 오해의 소지가 있지만 "서양"이라고 부르는 것에 초점을 맞출 것이며, 바로 또 다음 장에서는 오늘날 미합중국이 된 북아메리카 대륙에 있었던 영국 식민지들에 초점을 맞출 것이다. 내가 이렇게 점점 초점을 좁히는 방법을 채택한 것은 내가 되풀이하여 말했던 이유들 때문이다: 스페인 사람들로부터 현저한 도움을 받아, 영국인들은 오늘날 미국의 인종 개념의 토대를 마련한 독특한 형태의 인종적 사고를 산출하였다. 그리고 필연적으로 맥락 구속적인 주제에 대한 이 연구를 위해 내가 선택한 맥락이 바로 미국이다.

둘째, 나는 미국의 인종주의는 유럽인의 식민지 계획에 의해 확립된 상황들하에서 형태를 갖추었다는 견해를 밀고 나갈 것이다. 내가 이렇게 언급하는 것은 이 견해가 수사학적으로나 개념적으로나 약간 조심스럽게 전개되어야 할 견해이기 때문이다. 대단히 규칙적이고도 일관적으로 유럽인의 식민지 계획은 백인지상주의적(white supremacist) 계획들이라고 생각되었다. 누구로 밝혀지든 백인들이 비백인들보다 우월하다는 (그리고 어떤 백인들은 다른 백인들보다 우월하다는) 관념은 근대 인종적 사고의 형태를 결정한 사회적·정치적 관계들을 수립하는데 있어 결정적이었다. 그러므로 아래에서 나는 철학자 찰스 밀스가 추천한 방법대로 백인지상주의를 종종 자유주의나 파시즘과 같은 다른 "주의"들과 개념상으로 동등한, 하나의 정치체계인 동시에 사고체계로 언급할 것이다.[>10] 내가 이렇게 함은 모든 백인들이 (다시 그들이 누구로 밝혀지든) 인종주의에 책임에 있다거나 그들은 인종관계를 포함하여 어떠한 주제에 대해서든 모두 한마음이라거나 백인들은 어떤 의미에서 선천적으로 악하다고 생각하게 하려는 의도는 아니다. 나의 목적은 다른 여러 가지 일들 가운데 그저 우리가 어떻게 해서 인종에 대해 우리가 생각해 온 방식대로 생각하게 되었는가를 설명하기 위해 몇 발짝 나가보려는 것이다. 백인지상주의 관념들과 제도들은 이 과정에서 실재적인 역할을 담당해 왔다.

>10 Charles Mills, *The Racial Contract* (Ithaca, NY:Cornell University Press, 1997)

1.3.2 인류학적 배경

모든 형태의 인종적 사고는 인류에 대한 한 가지 기본적인 진리의 인식으로부터 시작한다. 까마득한 옛날부터 인간 개체군은 더 작은 집단들로 구성되어 왔으며, 각 집단은 대체로 독특한 문화적·생리적 특성들의 레퍼토리에 의해 하나로 묶여 있었다. 곧 알게 되겠지만 더욱 문제시되는 인종적 사고의 형태들은 보통 이 소규모 집단들의 독특성과 그 규모를 과대평가하며 이 집단들을 규정하는 특성들이 한꺼번에 드러날 가능성을 과장하고 있다. 그러나 그 핵심적인 착상은 옳으며, 여전히 형질인류학자들의 설명에서도 나타나고 있다: 인간 개체군은 보다 작은 집단들로 구성되며, 각 집단의 구성원은 문화적·생리적으로 아무래도 다른 집단의 구성원보다는 서로를 더 닮는 경향이 있다.

이 집단들의 — 그들을 "종족들"이라 하자 — 구성원들은 생리적으로 유사하다. 이는 종족들이 생식 집단으로 기능하기 때문이다: 각 집단의 구성원들은 다른 종족들의 대표적인 구성원들과 짝짓기보다는 서로서로 짝짓는 경우가 더 흔하다. 결과적으로 각 집단은 어느 정도 구별되는 유전적 레퍼토리를 발전시킨다. 확실히 인간들이 서로 다르기 보다는 전체적으로 서로 닮아있다는 것은 사실이다. 그러나 거기에는 적당히 체계적인 생리적 차이들이 약간은 있으며, 이 차이들 중 어떤 것은 즉각적으로 지각될 수 있다. 어떤 집단들은 다른 집단들보다 키가 작거나 피부가 더 올리브색이거나 체격이 더 크거나 털이 더 많은 경향이 있다 — **그런 경향이 있을 뿐이다**. 이것은 아직 인종적 사고의 사례가 아님을 주목하자: 나는 아직 이 종족들의 생리적 특징들에 어떠한 의미도 부여하지 않았다. 그것은 근대 인종적 사고의 사례도 아니다. 여기까지 내가 말해 온 바에 의거하면, 나는 여전히 "피그미"라고 불리며 평균 신장이 대략 5피트(152센티미터)인 콩고의 트와족(Twa) 사람들과 그들보다 훨씬 더 키가 큰 경향이 있는 케냐의 마사이족 사람들을 아직까지는 구분하지 않고 있다.

대부분의 인간 역사에서 지형은 인간 생식집단들의 독특성을 확보하는데 상당한 역할을 했다. 산맥·대양·강·사막·원거리 등은 인류를 작은 집단들로 나누었다. 종족들이 — 예컨대 제국의 지배나 군사적 동맹이라는 상황하에서 혹은 무역로를 따라 — 서로 마주쳐서 고립을 벗어났을 때, 그들은 자신들이 격리된 상태에서 독특한 생활 방식을 발전시켜 왔음을 알게 된다. 이러한 식으로 각 종족은 독특한 문화를 발전시켰는데, 이 문화는 그들이 누구이며 그들을 구별하는 것이 무엇인지, 그리고 사람은 어떻게 처신해야 하는 것이며 그들은 무엇을 믿어야 하는지에 대한 (때때로 그 고유의 언어로 말해지는) 이야기들로 완성된다. 지형적인 장벽들이 충분하지 않았을 경우, 결속(solidarity)과 정체성에 대한 이 이야기들은 흔히 집단들 사이의 짝짓기를 억제하는 효과가 있었다.

1.3.3 고대인들

고대 종족들은 서로 다른 종의 인간들이 존재하며, 각 종은 생리적·문화적으로 (얼마간) 독특하다는 사실을 깨달았다. 보통 그들은 이 깨달음을 뿌리 깊은 자민족 중심주의의 용어로 진술했다. 예컨대 고대 그리스인들은 자신을 (아리스토텔레스에게서 발견하는 것처럼) 다른 지역에 거주하는 "야만인들"과 구별했으며, (헤로도토스에게서 발견하는 것처럼) 이 다른 종족들의 생김새와 행동 양식에 대한 유사 민족지학적(民族誌學的) 기술이 풍부했던 것으로 잘 알려져 있다.

애초부터 이러한 자민족 중심주의적·민족지학적 사상은 일종의 인종적 사고를 내포하고 있었다. 이것은 유전 형질이 방향을 결정하며 문화와 환경의 영향을 무시하고 작용한다는 생물학적 결정론자의 인종적 사고가 아니다. 고대인들은 유전 형질이나 생물학에 대한 적절한 개념들을 결여했던 까닭에, 그들의 인종적 사고가 이러한 식으로 결정론적일 수는 없었다. 그러나 그들의 사고는 확실히 우리가 정의한 방식대로의 인종적 사고를 내포하고 있는 것처럼 보인다. 예컨대 중국인들은 상당히 일찍부터 조상과 겉모습에 의미를 부여했다. 기원전 3세기 중국인들은 미개한 외지인들에 대해 헐뜯으면서 그 외지인들이 "자신들의 선조인 원숭이들과 매우 흡사하다"고 말했으며, 유럽의 근대화 시대 무렵에도 그들은 아프리카나 남아시아 주민들의 자기들보다 더 검은 피부뿐만 아니라 유럽인 들의 "창백한" 피부를 열등한 문화와 비천한 인간성의 표시라고 간주하는 습관을 그대로 유지하고 있었다.[>11] 또 다른 사례로 고대 그리스인들은 기꺼이 인체의 형태에 더욱 깊은 의미를 부여하려 했었다는 사실을 고려해보자. 특히 후기 아리스토텔레스주의 골상학자들은 육체적 겉모습으로부터 그 성격을 추론하는 "학문"을 신봉했는데, 우리는 그들 속에서 이렇게 기꺼이 인체의 형태에 심오한 의미를 부여하려 했음을 발견한다. 때때로 그들은 환경과 기후의 작용으로부터 육체와 행동 양식을 도출함에 의해 육체와 행동 양식을 연결시켰다; 그러나 그들은 형질 유전에 대한 충분히 탄탄한 개념을 갖고 있었기에, 헤로도토스(Herodotus)는 언어·종교·"핏줄"에 있어서 그리스인의 독특함을 더

>11 Dinesh D' Souza, "Is Racism a Western Idea?", *American Scholar*, Fall 1995, p. 517; Frank Dikötter, *The Discourse of Race in Modern China* (Stanford, CA: Stanford University Press, 1992).

들어 올라갔으며, 이후 비트루비우스(Vitruvius)와 타키투스(Tacitus) 같은 로마인들은 그 방법들을 다듬었다.>12

당연히 그리스인과 다른 고대 종족들은 근대적 인종 개념을 사용하지 않았다. 근대 인종주의의 독특한 점들 중의 하나는 그것이 자각적이라는 것이다: 사람들은 사회 세계와 그 세계에 대한 자신의 지각을 구성함에 있어 노골적으로 인종에 의지한다. 이와 대조적으로 고대인들은 노골적으로 인종 개념을 사용할 수 없었는데, 이는 그 개념이 아직 발명되지 않았기 때문이다 — 앞으로 볼 테지만 그 개념은 16세기까지 통용되지 않았다. 또한 근대 인종주의는 아시아·유럽·아프리카·아메리카 대륙들에, 또한 그 일부 형태에서는 (국제연합이 오스트레일리아와 뉴질랜드를 포함하는 것으로 간주하는) 오세아니아주의 태평양 섬들에 큰 중요성을 부여한다는 점에서 특이하다. 근대 인종주의에서는 이 장소들 각각이 특이한 유형의 인간의 원생지라고 추정된다. 고대인들은 대륙들에 대해 알지 못했으며, 따라서 인간의 다름을 이러한 식으로 생각할 수 없었다.

고대인들은 소수의 인종들의 세계보다는 다수의 종족들의 세계에 살았다; 그리고 그들은 유색 인종들을 구별하는 시각적 특징들을 확실히 의식했던 반면에, 이 특징들에 우리가 주는 만큼의 중요성을 부여하지는 않았다. 그들은 분명 생김새와 조상을 보다 심층적 특성들에 대한 표시들로 간주했지만, 그들은 그 표시들을 우리가 읽는 방식으로 읽지 않았으며, 세계의 종족들을 근대 인종들로 분류하지도 않았다. 덧붙이자면 한결같진 않았지만 고대인들은 전근대 인종적 사

>12 Maria Michela Sassi, *The Science of Man in Ancient Greece* (Chicago: University of Chicago Press, 2001), pp. 20-1, 120-39.

고를 시작했으며, 일반적으로 문화·종교·심리·생리에 대한 기후의 영향에 그들이 기울인 주의에 비하면 오늘날 우리가 유전학적 형질 유전이라고 일컫는, 아직 불완전하게 이해된 과정에 대해서는 덜 주의를 기울였다.

1.3.4 근대성을 향하여

고대 세계는 그 거주자들 가운데 많은 사람들에게 있어 다양한 종족들의 세계였던 반면에, 때때로 이 종족들은 두 집합들로 분류되었다: 우리와 그들, 혹은 인간과 야만인, 혹은 우리 종족과 모든 타인들. 이러한 종류의 구별이 근대 이전의 유럽 혹은 유럽이라고 생각되었던 지역을 지배했다. 아직 근대 인종주의가 방금 논의한 근대 이전의 다양성들을 대체하지 않았으며, 나중에 생물학적 과학이 되었던 사고의 흐름은 여전히 아리스토텔레스와 갈레노스에 의해 그려진 낡고 사변적인 행로를 따라 움직이고 있었다. 그래서 근대성의 돌출점에서 인간 유형들 사이의 관계에 대한 사상들은 신을 중심으로 하는 민족지학들에 의해 둘러싸인 상태로 남아있었다: 상이한 육체와 혈통을 가진 종족들 사이의 구분보다는 기독교도와 이교도 사이의 구분이 더욱 중요한 인류학적 구분이었다. 15세기 말엽, 이러한 상황이 다소 빠르게 변화하기 시작했다.

15세기 이후 인종적 사고의 역사에서 중심적인 드라마는 근대 혹은 서구 인종적 사고의 역사다. 이것이 넷 혹은 다섯의 피부색으로 코드화되고 지리학적으로 형성된, 우리에게 너무나 친숙한 인종들을 — 근대 인종들을 — 제공하는 시각이다. 앞서 말했던 것처럼, 이 책의 대부분은 특히 오늘날 미합중국이 된 영국 식민지에서 합체를 이룬 근대적 시각에 초점을 맞출 것이다.

1.4 권력·인종 형성·방법

서양의 인종적 사고는 유럽이 근대화되면서 그저 우연히 나타난 것이 아니었다. 근대성과 인종은 서로의 발생을 도왔으며 상이한 발전 단계들을 통해 서로를 뒷받침하고 자극했다. 우리는 단지 경제적 관계와 제도에 대해 생각해 봄으로써 이 사실을 알아차릴 수 있다. 인종화된 노동 체계는 적어도 근대화와 산업화의 후기 단계에서 재정적 후원을 제공한 부를 창출한 동시에 (미국에서는 그 이상 것을 창출했다), 유럽인의 생활 방식에 매우 깊은 영향을 미친 생필품들을 공급했기에, 아직도 스페인에서는 설탕 묶음은 사탕수수밭에서 일하는 검은 인부들의 이미지를 담고 있다. 그리고 아마도 역사에서 가장 성공적인 인종화 제도는 오늘날의 세계 경제를 위한 길을 미리 닦아 놓았을 것이다: 전 세계적 자본주의의 초국가적 거래시장 및 금융 체제는 대서양을 통한 노예무역에서 첫 경험을 쌓았다.>13

근대화와 근대 인종 사이의 연관은 우리로 하여금 인종적 사고라는 개념에 마지막 한 벌의 뉘앙스들을, 그리고 내가 앞으로 채택한 인종적 사고에의 접근방법에 마지막 한 조각의 세부 사항을 덧붙이게 한다. 우리는 근대 인종 개념들이 진정 전 세계적인 최초의 정치 경제 체계와 철저히 뒤얽혀있으며, 이 개념들이 심히 착취적이며 그러한 정치 경제 체계를 불공평한 기반 위에 세우도록 도왔다는 사실에 주목했다. 나아가 우리는 근대의 인종차별적 부정의의 희생자들이 흔히 억압에 대항하는 자신들의 투쟁 속에서 인종적 사고를 오히려 이

>13 Thomas Holt, *The Problem of Race in the Twenty-First Century* (Cambridge, MA: Harvard University Press, 2000), pp. 30, 59.

용했다는 점에 주목할 수도 있다 — 예컨대 NAACP의 행동주의적 역사를 생각해보라. 이 모두에 비추어볼 때, 우리는 근대 인종과 권력 사이의 어떤 연관을, 혹은 인종을 규정하는 의미 체계들과 정치를 규정하는 사회적 선의 분배 사이의 어떤 연관을 주장할 수 있다.

우리는 근대 인종과 권력의 연관을 인종주의 개념을 다듬는데 이용함으로써 그 연관을 명료화하고 보강할 수 있다. 이제까지 우리는 "인종주의"가 인종적 말의 타당성이나 정확성에 관계하는 것으로서 하나의 사고방식을 일컫는다는 것을 알았다. 그러나 특히 정치철학과 경제철학의 영역에는 이처럼 이중적인 역할을 수행하는 명칭들이 많이 있다. "자유주의"와 "사회주의"처럼, 예컨대 "자본주의"라는 명칭도 하나의 사고방식을 표시하는 동시에 사회 질서의 일정한 양상들을 가리킨다. 우리는 단지 자본주의자에 대해서만이 아니라 자본주의 사회에 대해 이야기하는 것이다. 이제까지 우리는 인종주의자에 대해 이야기해 왔다; 곧 우리는 인종주의적 사회의 형성에 대해 이야기할 것이다. 인종과 권력 사이의 연관으로 인해, 우리는 근대 세계에서는 "인종주의"도 한 사회 조직의 체계, 혹은 사회 조직 체계들의 한 넓은 집합을 표시한다고 말해야 한다.

사회학자 마이클 오미와 하워드 윈앤트로부터 **인종 형성**(racial formation)이라는 개념을 채택함으로써 우리는 근대 인종과 권력의 연관을 보다 더 정확하게 표현할 수 있다. 그들이 말하는 것처럼, 인종 형성에 대해 말하는 것은 "인종적 범주들이 만들어지고 존재하고, 변형되고 파괴되는 사회 역사적 과정"에 대해 말하는 것이다.[>14] 이

>14 Michael Omi and Howard Winant, *Racial Formation in the United States*, 2nd edn (New York: Routledge, 1994), p. 55.

과정은 **인종 프로젝트들**(racial projects)에 의해 펼쳐지는데, 그 프로젝트들은 다음 두 가지 일들을 수행하기 위한 특정한 시도들이다: 인간의 육체와 혈통에 의미를 부여하는 것, 그리고 그 결과로 생겨난 의미 체계들에 의해 그려진 경계선들을 따라 사회적 선을 분배하는 것이다. 그렇다면 인종 프로젝트들은 병렬적인 의미론적·구조적 양상들을 가진 이원적 구조물들이다. 우리가 인간의 육체와 혈통에 어떤 의미를 부여할지를 결정하거나 검토할 때 — 오미와 윈앤트가 적은 것처럼 이는 인종 개념을 해석하는 것이다 — 우리는 인종 프로젝트의 의미론적 양상을 요한다. 그리고 우리가 인종 경계선들에 따라 사회적 선을 분배할 때 — 말하자면, 우리가 우리의 현실 업무들을 조직화하기 위한 인종화된 계획안을 제시할 때 — 우리는 인종 프로젝트의 구조적 양상을 요한다. 여기서 의미론과 구조, 그리고 의미와 사회 조직은 동전의 양면처럼 서로 연결되어 있으며, 그것들은 인종적 사고와 인종적 관행들을 그 역사적 궤도를 따라 움직이게 하는 데 함께 작용한다.

어떻게 인종 형성의 양 측면들이 서로 어울릴 것이라고 추측되는지를 분명하게 보여주기 위해 하나의 사례를 드는 것이 도움이 될 것이다. 19세기 미국 노예 소유주들이 검음을 비합리적임, 감정적임, 자기통제능력이 없음과 연결시켰을 때, 요컨대 그들은 검음은 열등함을 나타낸다는 의미로 인종을 해석하고 있었다. 인종에 대한 이러한 해석을 제안하면서, 그들은 또한 대다수 흑인들을 노예화하는 것과 자유 흑인들을 경제적·정치적 주변인으로 만드는 것을 정당화하거나 해명하고 있었다: 그들은 백인지상주의적이고 철저히 반민주적이고 반평등주의적인 양식의 사회 조직을 해명하고 있었다. 당시 대서양을 가로지른 노예제도는 19세기 유럽과 미국의 문화에 가득 퍼져 있었던 — 보다 고상한 형태의 노예폐지론들처럼 보다 진보적인 프로젝트들을 포함하여 — 수많은 인종 프로젝트들 중의 하나였다.

다음 장은 인종 형성 이론의 렌즈를 통해 근대성에 접근할 것이다. 그리고 나는 그러한 논의를 준비하기 위해 부분적으로 오미와 윈앤트의 인종 프로젝트라는 개념을 소개할 것이다. 그러나 인종 형성 접근 방식을 소개하는 주된 이유는 앞으로 나올 분석을 그 접근 방식이 제공하는 통찰들 중의 일부에 기초하려 하기 때문이다. 나는 오미와 윈앤트보다는 더 추상적으로 출발했는데, 이는 개념적인 단계에서는 내가 위에서 했던 것처럼 권력과 정치에 대한 고려들을 언급하지 않고 인종적 사고를 정의하는 것이 옳다고 생각하기 때문이다. 인종적 사고가 우리가 그 발달상의 근본을 추적할 수 있는, 실로 오랜 옛날의 그들-우리 메커니즘들을 함축하고 있다는 것은 사실이다. 그러나 내가 말할 수 있는 한에서는, 인종주의 자체에는 완전히 평등주의적이며 충돌이 없는 인종주의의 실현을 필연적으로 배제할 것이 아무것도 없다. 개인적으로 성공하려하거나 미래 세대의 유전자 풀에 표시를 남기려는 노력 속에서 우리는 어쨌든 인종적 사고나 그 비슷한 것을 이용하도록 결정되어 있다 해도, 이것이 반드시 인종은 그 본래의 진화적 역할에 얽매인 채로 있어야함을 뜻하지 않는다. 결국 우리는 우리의 진화 규칙들에 의해 요구된 활동들에 참여하는 온갖 종류의 새로운 방법들을 발견했다 — 예컨대 먹기의 사회적 기능들에 대해 (우리는 그 기능들은 먹기를 만찬으로 변모시킨다고 말할 수도 있다), 혹은 성교의 사회적 의미들에 대해 (우리는 그 의미들이 때로는 성교를 간음으로 변모시킨다고 말할 수도 있다), 혹은 어떻게 먹기와 성교가 성욕을 촉진하는 음식물들의 섭취에서 결합될 수 있는지에 대해 생각해보라. 그러므로 인종적 사고가 필연적으로 사회적 충돌과 밀접하게 연관되어 있다는 것은 사실이 아닌 것 같다.

하지만 일단 우리가 개념적 단계로부터 사회 이론의 단계로 이동하면, 그리고 일단 근대시대와 그 결과 속에서 우리의 화제의 위치를 발견한다면, 근대 인종적 사고는 정치적 긴장을 일으키기 쉬운 인종 프로젝트들과 끊임없이 연결되어 있음이 분명하다. 설령 내가 인종은 아무것도 뜻하지 않으며 우리 모두는 우리의 육체와 혈통이 더 이상의 은밀한 의미를 갖지 않는 개인들일 뿐이라고 말한다 해도, 나는 인종을 지금 21세기 이곳 미국에서 사회적 선의 분배와 밀접한 연관을 가지리라는 식으로 해석해 왔다. 내가 달리 정치적으로 관여하는 바가 무엇인가에 따라, 나의 해석은 어쩌면 노예 후손들과 추방된 아메리카 원주민 후손들을 위한 보상프로그램에 거액의 공공 투자를 통해 피부색 무차별로부터의 모든 역사적 일탈들을 바로 잡아야한다는 것을 뜻할 수도 있다. 그 밖에 또 나의 해석은 어떠한 목적에서든 피부색 무차별로부터의 모든 일탈을 금해야하므로, 우리는 인종에 근거한 보상과 회복적 정의(restorative justice)를 금하고 사람들이 역사적 복권 추첨으로부터 얻은 것들을 가지고 살아가도록 내버려 둘 수밖에 없다는 뜻일 수도 있다. 어느 경우이든 어느 해석에 따르든 인종이 사회에 충만하고 그 형태를 결정한 정도만큼 나는 인종 프로젝트에 참여할 수 밖에 없다.

1.5 결론

이 책의 첫 부분은 우리가 인종이라 일컫는 존재자들의 실존과 본성에 대한 논의를 향해 구성된다. 이것을 인종 형이상학(racial metaphysics)의 문제라고 부르자. 지금까지 나는 그 논의를 위한 맥락들

(서양과 미합중국), 몇몇 정의들 ("인종적 사고", "제거론", "인종 형성", "고전적 인종주의"), 그리고 몇몇 (존 듀이와 오스틴에 의해 고무된) 철학적이고 (오미와 윈앤트에 의해 고무된) 사회학적 방법론의 고려들을 소개함으로써 그 논의를 위한 길을 마련했다. 또한 나는 근대 인종들과 근대 이전의 인종들 사이의 구별, 낱말들에 대해 말하는 것과 그 낱말들이 가리키는 것들에 대해 말하는 것 사이의 구별, 그리고 사회적 구성주의와 인종적 자연주의 사이의 구별을 소개했다.

전술한 것들 중 많은 것들은 하나의 전형적인 철학적 진행 방식을 — 우리 모두가 행하는 바에 대해 그저 우리가 충분한 여유를 갖고 그렇게 하고 싶은 경우에 우리가 생각해 볼 수도 있는 방식으로 생각하고, 그리고 무엇보다도 추상적으로 생각하라는 방식을 — 옹호하거나 채택한다. 이 방식이 어떤 정해진 목적에 맞춰 조심스럽게 만들어진 잠정적 접근 방식임을 내가 그렇게 보장했는데도, 여전히 그것은 너무 엄밀하게 철학적인 것처럼 보일 수도 있다. 그래서 다음 장은 철학적 분석에 약간의 역사적·사회학적 세부내용을 덧붙여 보다 더 구체적인 것이 될 것이다.

제2장

인종적 사고에 대한 세 가지 도전들

제이제이: "이봐 보이드, 너는 내가 인종 차별주의자라고 생각하니?"

보이드: "정말 내가 그 물음에 대답하길 바라는 거냐?"

제이제이: "장난 그만하고. 흑인이 인종 차별주의자일 수 없다는 건 너도 알잖아."

보이드: "확실히 너는 지금 유난히 흥분한 모양인데, 누구나 그럴 때가 있지: 흑인이든 백인이든 누구든. 그것은 공기 중에 감돌지. 아직 살아 숨은 쉬고 있지만, 제발 아무 일 없기를. 그래 왜 묻는 거냐?"

제이제이: "어젯밤 마을회의에 나갔는데, 지난번 경찰과의 분쟁 이후로 다시 시작한 마을회의들 중 하나였지. 나는 아시아인 형제자매들을 몇몇 볼 수 있어서 기쁘다고 말했어. 너도 알다시피, 너무나 오랫동안 흑인과 백인뿐이었어. 마치 이 나라에는 흑인과 백인만이 인종 관계에 연루된 모든 사람들인 것처럼 말이야. 그러자 그다지 백인 같지 않은 이 친구가 — 내가 어째서 그를 그렇게 부르는지를 너도 금방 알게 될 거야 — 일어나서 나를 인종차별주의자라고 부르더군. 그가 이렇게 말하더군: '당신이 지금 말하고 있는 사람들은 모두 개인들일 뿐입니다. 사람들에게 그러한 이름표를 달아서 한 덩어리로 묶어버리는 것은 우리가 극복하고자 하는 인종차별적 태도의 존속을

돕는 것일 뿐입니다.' 그랬더니 다른 한 친구가 맞장구를 치면서 이렇게 말하더군: '인종적 범주들은 인종차별주의의 선행 조건이므로, 그것들을 사용하는 것은 인종차별적입니다'."

보이드: "그래서 너는 어떻게 했어?"

제이제이: "나는 자동차들이 자동차 절도의 선행 조건이긴 하지만, 자동차를 사용하는 것이 당신을 도둑으로 만드는 것은 아니라고 말하고 싶었지. 하지만 첫 번째 친구가 다시 비난을 시작하는 바람에 그럴 기회가 없었어. 그는 어쨌든 인종적 범주들이 얼마나 제멋대로인지, 그리고 자신이 유대인인 까닭에 어째서 수백 년 전에는 자신이 백인이 아니었을 수도 있는지, 그리고 어째서 자신은 이러한 사실을, 만약 자신이 어떤 색깔을 가진다면, 자신은 베이지색이라는 것을 의미한다고 생각하는지에 대해 말하기 시작했어."

보이드: "그것 참 재미있는 논증인데. 혹은 논증들의 집합이거나. 오늘날 생물학자들은 확실히 인종적 말을 기피하려는 경향이 있지. 게다가 반유대주의가 부상하고 있어. 그래서 너는 이 베이지색 친구에게 뭐라고 말했어?"

제이제이: "아무것도. 또 다른 친구들이 어째서 인종 대신에 민족이나 국가적 기원에 대해 이야기하는 편이 더 나은지를 지껄이면서 논쟁에 뛰어들었어. 그러고 나서 이 나이 좀 먹은 사회주의자가 말하기 시작하더군."

보이드: "그가 사회주의자라는 것은 어떻게 알았어?"

제이제이: "어떻게 알긴, 그는 '세계의 노동자들이여 단결하라'와 정말 흡사한 말을 했기 때문이지. 그는 어째서 우리가 지금 말하고 있는 모든 것이 진정한 쟁점인 계급투쟁과 무관한지에 대해 설명하기 시작하더군. 그는 흑인 가족들은 억압된 계급이라고 말하더군. 자본

주의는 그 분열적인 특성을 감추기 위해 인종이라는 허구를 발명했다는, 뭐 그런 식으로 계속 떠들더군."

보이드: "글쎄, 그의 말에는 뭔가 중요한 것이 있는 것 같은데."

제이제이: "분명 그렇지. 적어도 나는 그가 말한 것 중에 어느 것도 부정하지 않았어. 그리고 바로 그것이 내가 그들에게 말한 것이었고. 나는 일어서서 이렇게 말했지: '저 밖에는 누구나 혼쭐이 나는 상황이 있습니다. 하지만 서로 다른 사람들은 서로 다른 상황하에서 서로 다르게 혼쭐이 납니다. 그리고 인종은 이렇게 혼쭐이 나는 어떤 구체적인 방식들에 관련되어 있습니다.' 내 말은 나이 먹은 친구야 자기가 원하면 베이지색일 수 있지만, 지금 여기 미국 한복판에서 그것은 그저 그가 백인임을 뜻한다는 거야. 계급에 대해 언급하자면, 식품권을 받으려고 서있는 사람들의 줄에는 백합처럼 흰색과 베이지색을 포함해서 가지각색의 친구들이 뭉쳐져 있지. 하지만 스페인어로 말하거나 아메리카 원주민의 이름을 갖고 거기에 들어간다면, 그 다음에 무슨 일이 벌어지는지를 보라고. 거기서 몇 퍼센트의 사람들이 당신이랑 비슷하게 생겼는지를 보라는 말이었어."

보이드: "너 정말 그 말을 다한 거야?"

제이제이: "글쎄, 그때는 더 길게 말했겠지. 그런 다음 나는 세네갈 출신 흑인 친구와 그의 아이티출신 흑인 여자친구와의 저녁식사에 늦었기 때문에 가 봐야 하는데, 만약 그들이 자신들과 내가, 혹은 그들 서로가 흑인으로서 아무것도 공유하는 것이 없다는 사실을 안다면 매우 재미있어 할 것이라고 말했지. 그러고는 그 자리를 떠나 여기로 온 거야."

보이드: "그래, 너는 지금 여기에 있어. 술집에. 저녁식사에 가야 하는 거 아니냐?"

제이제이: "에이 이 친구야. 가야 하긴 했지만, 나는 그 프랑스어 말하는 니그로들이랑 같이 있을 기분이 아니었거든."

2.1 서론

앞장에서 나는 인종적 사고의 의미를 탐구했고, 그 와중에 개념들과 화법(話法)에 초점을 맞추려는 나의 바람을 변호했다. 다음 장에서 우리는 인종적 말을 — 혹은 내가 최근에는 인종적 담론(racial discourse)이라 하기 시작한 것을 — 계속 사용해야 할지에 관한, 그리고 그것을 구성하는 개념들이 어떻게 구체적 사물들의 세계와 연관되는지에 관한 몇몇 철학적 논증들을 살펴볼 것이다. 그러나 이 철학적 쟁점들을 제기하기도 전에, 우리는 몇 가지 발단적 물음들에 대답해야 한다.

나는 보이드와 제이제이의 최근 대화에서 제기된 물음들을 염두에 두면서, 그 물음들을 다음과 같은 형태로 물을 것이다: 인종적 사고는 인종차별적이지 않은가? 인종 생물학은 거짓이 아닌가? 사회적 집단들에 대해 생각하는 방식으로서 인종 개념은 계급과 같은 개념에 양보해야 하지 않을까? 나는 이것들을 발단적 물음들이라 지칭하는데, 이는 이 물음들이 우리로 하여금 제1장에서 수립된 토대에 의지하지 못하도록 위협하는 세 가지의 — 하나는 윤리적이고, 하나는 경험적이고, 하나는 개념적인 — 도전들을 내놓기 때문이다. 만약 인종적 말에의 참여가 확실히 인종차별주의로 이어진다면 (윤리적 도전), 혹은 생물학적 과학에서의 진보가 인종 개념의 파산을 확실히 폭로한다면 (경험적 도전), 혹은 인종 개념이 우리에게 유용하게 지적해줄 수 있는 세계의 양상들이 무엇이든 다른 개념들로도 그 양상들을 충분히 파악할 수 있다면 (개념적 도전), 그렇다면 이 책의 논의를 더 이상 진행하는 것은 별로 의미가 없을 수도 있다. 인종적 말이 무언가를 지칭하는가를 묻기도 전에, 즉각 인종에 대해 말하는 것을 완전히 멈추는 편이 더 나을지도 모른다. 이 도전들을 각각 반인종차별주의의 도전, 인간 변이의 도전, 사회적 차별의 도전이라고 지칭하도록 하자. 그리고 이 도전들을 이 책의 나머지 부분을 위해 안전한 환경을 만드는 방법으로서 다루도록 하자.

또한 나는 바라건대 제1장에서의 명료화 작업을 이어서 수행하는 방법으로서 이 도전들에 대해 말할 것이다. 따라서 다음에 나올 이야기는 "인종차별주의"나 "민족성"과 같은 핵심 용어들의 정의를 포함하며 약간의 역사적 배경을 제공할 것이다. 이 배경은 우리가 고찰할 경험적·개념적 도전들을 이해하는데 중요하지만, 그것은 또한 인종적 사고가 무엇을 뜻하는가에 대한 더욱 명석한 이해를 얻는 데에도 중요하다. 나는 제1장을 인종 개념이 담당하는 개념적 역할을 상세히 설명하는 데 이용했지만, 이 장은 그 개념적 역할이 충족되는 일부 특정한 방식들을 탐구하는 데 이용될 것이다. 그러므로 어떻게 인종적 사고가 오늘날 우리에게 너무도 친숙한 현상으로 발전했는가를 알아보기 위해, 나는 어렴풋이 과거를 약간 들춰 보면서 개념적·경험적 도전들에 대해 말할 것이다. 여기서 우리는 이 책이 방법론적으로 주목할 현대 세계의 작은 조각, 즉 20세기 후반과 21세기 초반의 미합중국에 초점을 맞추도록 노력할 것이다.

2.2 반인종차별주의의 도전, 제1회: 인종적 사고는 비윤리적이지 않은가?

인종적 사고에 대한 지속적인 도전들 중의 하나는 인종과 인종차별주의 사이의 연결이다. 인종적 사고는 인종차별주의를 가능하게 만들며, 이 둘의 뒤얽힌 역사는 아무리 줄여 말해도 심각하다. 그렇다면 누군가는 인종적 사고는 비윤리적이거나 적어도 부적당한 것이므로 금해야 한다고 주장할 수도 있는 것이다. 왜냐하면 그것은 비윤리적인 목적을 위한 하나의 근본적인 수단이기 때문이다.

이런 우려의 한 형태가 캘리포니아의 "인종 프라이버시 발의"(Racial Privacy Initiative)를 위한 캠페인에서 드러난다. 이 발의는 전미민권연합(ACRC) 소속의 주창자들이 2002년 11월에 캘리포니아 투표에 상정하려고 시도했던 안건으로서, 어떠한 정부 차원의 목적에서든 인종적 범주들의 사용을 금하려는 것이었다. 이 발의를 지지하는 이유를 제시한 웹페이지에서, 그들이 어떻게 그 주장을 표현했는지가 아래에 나와 있다:

> 인종 분류의 역사는 유구하며, 이야기로 꾸며지며, 그리고 무서운 것이다. 노예무역으로부터 홀로코스트에 이르기까지, (2차 세계 대전 당시) 일본계 미국인들의 억류로부터 남아프리카 공화국의 인종격리정책에 이르기까지, 인종 분류는 항상 인위적이고 증오에 찬 경계선을 따라 사람들을 나누었다. 이 소름끼치는 인종 분류를 끝내야 할 시대가 왔다.
>
> 미국의 얼룩덜룩한 인종의 역사를 다시금 강조함으로써, 인종 분류는 무엇이 우리를 하나로 만드는가보다 무엇이 우리를 나누는가에 우리의 주의를 집중시켰다. 만약 우리가 내일의 교육적·사회적·경제적 문제들을 해결하려면, 우리는 공동의 목적들을 추구하면서 우리의 가슴과 마음이 하나가 되도록 해야 한다. 우리가 계속 피부색을 갖고 생각한다면, 우리는 절대 "신 아래의 모든 사람을 위한 자유와 정의를 지닌 분리될 수 없는 하나의 국가"가 될 수 없을 것이다. >1

>1 American Civil Rights Coalition home page:http:// www.acrc1.org/Reasons.htm.

여기에는 인종적 사고의 철폐를 위한 두 가지의 도구적 논증들이 있다. 그리고 여느 도구적인 논증들과 마찬가지로, 이 논증들도 그 이면의 비용 편익 분석에 따른 만큼만 쓸모가 있다. 만약 인종 분류가 오직 파괴만을 자행해 왔으며, 그리고 오직 우리를 분열시키기만 했다면, 거의 확실히 이 논증은 우리는 인종적 구별들을 철폐해야 한다는 결론에 귀착한다.

인종 프라이버시의 옹호자들을 난처하게 만드는 것이 무엇일까를 상상하는 것은 어렵지 않다. 인종적 사고는 대서양을 통한 노예무역, 유대인과 로마 민족들을 겨냥한 나치의 계획적 대량 학살, 식민지 시대에 아메리카 대륙에 있었던 토착 민족들의 몰살로 이어진 서양의 백인지상주의 신조들의 심장에 놓여있다. 보다 더 지엽적 규모에서, 인종 분류는 시민의 불안과 정치적 폭력으로 이어져왔다. 1921년의 털사 폭동을 생각해보라.>2 이 폭동에서 백인 폭도들이 부유한 아프리카계 미국인 이웃들을 공격하여, 아프리카계 미국인들이 소유한 1,100채 이상의 집과 사무실이 불에 탔으며, 대략 300명의 죽음을 야기했다. 또는 1965년의 와츠 폭동과 1992년의 로스앤젤레스 폭동을 생각해보라.>3 두 폭동들 모두 흑인에게 적대적인 경찰의 과잉 폭력

>2 역자주] 1차 세계 대전 이후 미국 전역에서 아프리카계 미국인들에 대한 백인들의 개인적 린치와 집단적 폭력 사건들이 증폭하였다. 1921년 오클라호마(Oklahoma)주 털사(Tulsa)에서 일어난 폭동은 사상자 수와 피해 규모에 있어서 미국 역사상 최악의 인종폭동으로 기록되고 있다. 실제 피해 규모는 저자가 제시한 수치보다 훨씬 더 컸던 것으로 보고되고 있다. 이틀 동안의 폭력과 방화로 총 301명의 사망자가 발생했으며, 1500채 이상의 아프리카계 미국인의 집과 600채 이상의 사무실이 불에 탔다고 전해진다. 당시 루머에 의하면, 수백여 명의 시체들이 집단으로 공동묘지나 탄광에 매장되고, 혹은 알칸사스강(Arkansas River)에 던져졌다고 한다.

>3 역자주] 와츠(Watts) 폭동은 1965년 캘리포니아주 로스앤젤레스의 와츠 지역에서 발생한 거대한 시민 폭동으로서 6일 동안 지속되었다. 공식 보도에 의하면, 이 폭동에서

에 의해 시작되었다. 또는 1985년의 영연방에서 일어난 폭동들을 생각해보라.>4 그리고 더더욱 개인적인 수준에서 인종주의가 가능하게 만드는 그 모든 개인들 사이의 경멸·모욕·중상·배척·편견에 대해 생각해보면, 우리는 "피부색에 의해 생각함"이 우리를 어떤 식으로 분열시키는가를 알 수 있다.

그러므로 "인종 프라이버시"를 지지하는 군중들이 인종 분류의 역사는 수많은 무서운 요소들을 가진다고 말하는 것은 옳다. 그러나 많은 사람들은 가장 무서운 요소들이 심히 지나치게 규정되어 있다고 주장한다 — 이는 인종적 사고가 위와 같은 경우들에 비극적 사건으로 이어졌던 것은 오직 예컨대 민주주의에 대한 불확실한 참여나, 혹은 이익추구나 공공질서나 정치권력을 정의와 관대의 규범으로 제약하는데 실패한 것과 같은 다른 요소들이 더해졌기 때문이라는 말이다. 또한 많은 사람들은 인종주의는 무서운 요소들과 별개로 의의 있는 요소들을 가지며, 그리고 그것이 늘 오로지 문제시되는 것만은 아니라고 주장한다. 예컨대 그들은 인종주의가 정치적 동원(動員)과 공동체 건설을 위한 기반을 제공한다고 말하기도하고, 인종주의는 우리로 하여금 인종적 범주들에 노골적으로 의존하지 않는 상황에서도 지속되고 있는 인종차별의 결과들을 추적할 수 있게 해 준다고 말하기도 한다. 만약 이것이 옳다면, 바꿔 말해서 만약 이러한 주장들을

34명이 죽고 1,100명이 부상당하고 4,000명이 체포되고 600개의 빌딩들이 파손되거나 파괴되고 총 피해액이 2억 달러에 이르렀다고 한다.

>4 역자주] 1985년 영국의 런던(London)과 버밍햄(Birmingham)에서 일어난 수차례의 폭동들로서, 경찰들과 주로 흑인 청년들 사이의 폭력 충돌 사태들을 가리킨다. 가장 격렬한 폭력 사태는 버밍햄의 핸즈워스(Handsworth) 지역과 런던의 브릭스톤(Brixton)·토튼햄(Tottenham) 지역에서 일어났다. 이 지역들에서의 폭동은 다시 영국의 다른 지역에서의 모방 폭동들을 불러 일으켰다.

위해 내놓을 그럴듯한 논거도 있다면, 그렇다면 — ACRC의 발의의 고유 명칭인 — "인종 프라이버시"를 위한 논거는 그다지 명확하지 않다. (다른 일부 사람들은, 설령 인종적 사고가 늘 말썽이라고 해도 그것을 존속시키는 사회화 메커니즘들을 근절할 실행 가능한 방법이 없는 까닭에, 혹은 어쨌거나 우리는 원래 인식적으로 육체와 혈통에 의미를 부여하게끔 속박되어 있는 까닭에, 우리는 인종적 사고에 대해 어찌할 수가 없다고 주장한다. 만약 이 주장들 중의 어느 하나라도 옳다면, 단지 "피부색으로 생각함"을 멈춰야 한다는 말은 정말 도움이 되지 않는다.)

이 모든 것은 여기서 관련을 가진다. 내가 말했던 것처럼 인종적 사고에 대한 이러한 윤리적 도전은 이 책을 위한 하나의 발단적 물음인 것처럼 보일 수도 있기 때문이다. 만약 인종 프라이버시를 위한 논거가 그저 명백하게 옳은 것이라면, 이 논의를 계속할 이유가 없을지도 모른다. 그러나 위에서 이야기한 반대 고려사항들은 그 논거가 명백하게 옳은 것은 아니라는 사실을 보여준다 — 이는 그것이 궁극적으로 옳지 않다는 말은 아니다; 단지 그 문제를 보다 철저하고 조심스럽게 논의할 필요가 있다는 말이다. 설령 "인종 프라이버시"에 대한 논거가 분명한 승자(勝者)라 해도, 여하튼 우리는 아직 그것을 계속 쥐어짤 어떤 동기를 가질 것이다. 일례로 우리는 인종적 사고를 추방하기 위해 그것을 어떻게 인식해야 할지를 알아야할 필요가 있을 것이다. 그리고 또 다른 예로 사람들이 인간의 생식과 두뇌의 생리에 대한 아리스토텔레스의 매혹적이지만 상당히 잘못된 이론들을 연구하듯이, 우리는 인종을 역사적으로 연구하고 싶을 수도 있다. 그러므로 다시 우리는 그 연구 대상을 인식할 능력을 필요로 할 것이다.

그렇다면 윤리적 도전은 우리의 논의가 역(驛)을 떠나기도 전에

선로로부터 탈선시키지는 않을 것이다. 그러나 이렇게 결론짓는 것은 아직 우리로 하여금 다음과 같은 지배적인 물음을 해결할 수 있게 해주지는 않는다: 실제로 인종적 사고는 선보다는 더 많은 해를 끼치는가? 내가 제안한 것처럼, 인종이 어떤 식으로 작용해 왔고, 그것이 어떤 식으로 작용할 수 있으며, 그리고 그것이 무엇인지에 대해 어지간히 알기 전에는, 우리는 이 물음이 요구하는 비용 편익 분석을 수행할 수 없다. 따라서 여러 번 그럴 테지만 이제 처음으로 나는 인종적 사고의 철폐에 대한 이 윤리적 논증의 논의를 제4장까지 미뤄둘 것이다.

그래도 우리가 그 근처에 있는 한, 우리는 계속 나아가 도대체 인종차별주의가 무엇인지에 대해 약간 더 말해도 괜찮을 것이다. 일례로 앞으로 나올 이야기에서 나는 빈번하게 인종차별주의를 언급할 것이기에 그 낱말이 무엇을 뜻하는지에 대해 알아두는 것도 좋을 것이다. 그리고 또 다른 예로서 반인종차별주의적 비판가들과 행동가들은 우리가 다음의 두 절들에서 살펴보게 될 인종주의의 철저한 재고(再考)를 위해 상당 부분의 추진력을 제공해 왔다. 이러한 재고의 결과들을 추적하기 전에 우리는 그 재고를 고무시켰던 현상을 살펴봐야 한다.

2.2.1 인종차별주의란 무엇인가

"인종차별주의"는 실제보다 훨씬 더 명료한 것처럼 보이는 개념들 중의 하나라는 사실을 전하게 되어 유감스럽다. 여러분도 내가 뜻하는 개념들을 알고 있다: "사회주의"와 "포르노그래피", "철학"과 "포스트모더니즘." 이 낱말들과 이와 유사한 다른 낱말들은 단일한 현상들을 나타내는 것처럼 보이지만, 그것들의 정의 속에서 단일성을 발견하려는 우리의 시도는 완강하게 좌절당한다. 그리고 만약 여러분이 방금 예로 제시한 낱말들 중의 어느 것이든 내가 주장하는 것보다 훨씬 더 명료하다고 생각한다면, 그것들 중의 하나를 소개하려는 목적을 가진 어떤 책이든 그저 대충 훑어보길 바란다. 얼마 못가서 여러분은 하나의 만족스러운 정의를 제공하는 것이 얼마나 어려운가를 표현하는 제스처를 어쩔 수 없이 만날 것이다.

"인종차별주의"의 정의가 어려운 것은 부분적으로 우리가 그 낱말을 수많은 상이한 것들을 기술하는데 사용하기 때문이다. 우리들 중 일부는 인종차별적인 사람들, 행동들, 태도들, 믿음들에 대해 이야기한다; 다른 사람들은 인종차별적인 관행들, 이데올로기들, 제도들에 대해 이야기한다. 우리들 중 일부는 어떤 의도적 차별이 없는 한에서 인종차별주의에 대해 비난하기를 거부한다; 다른 사람들은 의도들을 제쳐두고 결과들에만 초점을 둔다. 우리들 중 일부는 인종차별주의를 개인적 상호작용들 속에서 편견들의 문제로 생각한다; 다른 사람들은 그것이 사회체제와 권력구조에 관련되어 있다고 역설한다.

상황을 더 악화시키는 것은 우리가 인종차별적이라고 간주하는 수많은 상이한 것들에 대해 우리는 수많은 상이한 설명들을 제공하며, 이는 또한 우리가 그 용어를 이용하는 방식을 결정한다는 사실이다. 주로 알려지지 않은 타인들에 대한 주로 이렇다 할 동기도 없는 두려움이나 자연적 차이와 불균형이라는 19세기적 개념들의 허구성처럼 명백한 혹은 충분히 명백한 사실의 부정을 수반한다는 점에서, 우리들 중 일부는 인종차별주의를 비합리적이라고 말하고 싶어 한다. 이와 대조적으로 다른 일부 사람들은 인종차별주의가 단지 무지나 두려움의 문제일 뿐만 아니라 사회적 자원과 선의 분배과정을 부정하게 조작하는 문제라는 것을 보여주는 것으로서, 그 용어를 완전히 합리적이면서도 불공평한 차별들을 가리키는 용어로서 남겨두고 싶어 한다. 여전히 또 다른 사람들은 인간 능력과 특성의 분포에 대한 잘못된 인종주의적 전제들부터 — 사람들이 무엇을 할 수 있으며 무엇을 할 수 없는지에 대해, 누구와 결합하고 누구를 피하는지에 대해 — 도출한 합당한 결론들에 근거한다는 점에서, 인종차별주의는 합리적이지만 잘못된 것이라고 말하고 싶어 한다.[5] 또 다른 사람들은 인종차별주의가 합리적 사고 이전의 것이거나 합리적 사고와는 무관한 것이며 외국인혐오(xenophobia)로 나타나는 자연적 성향의 — 말하자면 "친족"을 편애하는, 진화론적으로 우세한 성향의 — 결과라고 말하고 싶어 한다.

나의 의견은 인종차별주의에 대한 이 상이한 접근 방식들 대부분이 어느 정도 인정할만한 점을 갖고 있으며, 다양하고 복합적인 현상을 굳이 하나의 단일한 모델로 환원하려고 시도할 필요는 없다는 것이다. 물론 앞서 언급한 견해들 중의 일부는 다른 일부 견해들을 배척한다. 사실상 인종차별주의가 의도적임에 틀림없다는 생각에 완전히 몰입하는 것은 인종차별주의가 비의도적일 수도 있다는 생각을 미리 배제한다. 그러나 이 모든 견해들과 관련된 가장 근본적인 문제에 초점을 맞추면, 우리가 철학자 조지 가르시아의 의견들을 이용하여 발전시킬 수 있는 하나의 공통된 주제가 드러난다.[6]

위의 의미들 중의 어떤 의미로든 인종차별주의에 대해 비판할 때, 우리는 어떤 특정한 인종에 속하는 사람들에 대한 비윤리적인 무시

>5 역자주] 논리적으로 타당한 - 합리적 - 논증과 좋은 논증의 구분을 말하고 있다. 논리적으로 타당한 논증이 자동적으로 좋은 논증이 되는 것은 아니다. 좋은 논증이 되려면 그 논증은 논리적으로 타당한 동시에 옳은 전제를 가져야 한다.

>6 J.L.A. Garcia, "The Heart of Racism," *in Race and Racism*, ed. Bernard Boxill (New York: Oxford University Press, 2001), pp. 257-96.

에 대해 비판하는 것처럼 보인다. 이 문맥에서의 "무시"란 어떤 인종의 구성원들에게 존경·관심·호의·배려 등을 베풀지 않는 것을 뜻한다. 우리가 이럴 수 있는 것은 우리가 어떤 정해진 특성들을 가진 사람들을 싫어하기 때문이고, 문제의 인종의 구성원임은 이 탐탁치 못한 특성들의 소유를 수반하기 때문이다. 이는 우리를 앤터니 아피아가 "비본질적 인종차별주의자"라고 일컬은 사람들로 만들 것이다. 그 밖에도 우리는 어떤 인종의 구성원임과 함께 따라오는 특성들과 무관하게, 설령 그러한 어떤 특성들이 있다할지라도, 그저 그 인종에 속하는 사람들을 싫어할 수도 있다. 이는 우리를 본질적 인종차별주의자로 만들 것이다. 혹은 아래에서 논의하겠지만 우리는 인종들과 그 구성원들에 대해 전혀 생각하지 않을 수도 있다. 곧 말하겠지만 이는 우리를 간접적 인종차별주의자로 만들 것이다.

"무시"는 틀림없이 지난 몇 세기의 중심적인 도덕적 잘못들 중의 하나를 나타내도록 길들여진 낱말이다. 그러나 바로 이 길들여짐이 그 낱말에 여러 가지 장점들을 부여한다. 첫째, 무시에 대해 (또한 무례와 그 밖의 여러 가지들에 대해) 말하는 것은 철저한 증오로부터 단순히 누군가 고통 받고 있다는 사실을 알아채지 못하는 것에 이르는, 그리고 기존의 고정관념을 의인화하는 것과는 전혀 다르게 그저 당신 앞에 한 사람이 있다는 사실을 알아채지 못하는 것에 이르는 광범위한 태도들을 모두 동시에 포괄한다. 한 인종적 고정관념이 당신에 대해 정확하게 말해 준다고 가정할 때 나는 당신을 무시하는 것이다. 내가 당신의 개인적 자격조건과 무관하게 당신의 취업지원서나 저당융자나 교육기관에서의 일자리를 거부할 경우, 나는 당신에게 무례한 것이다. (이는 마치 내가 이미 차별수정조치는 인종차별적이라고 결정한 것처럼 들릴 수도 있다. 나는 아직 그렇게 결정하지 않았다. 우리는 제2부에서 그것에 대해 살펴볼 것이다.) 내가 당신의 불행을 초래한 사회적·정치적·경제적 과정들을 모른 체한다면, 나는 당신에게 관심을 베풀지 않는 것이다. 그리고 내가 당신의 잔디밭에서 십자가를 태우거나 당신에게 큰소리로 모욕적인 말을 퍼붓거나 당신을 집에서 끌어내 목매달거나 수용소에 집어넣고 당신이 소유한 사업장을 불태우거나 접수한다면, 나는 당신에게 호의와 배려를 베풀지 않는 것이다.

이러한 무시의 사례들이 한 인종의 구성원들에게 영향을 미치거나 그들을 겨냥한 것일 때, 그 사례들은 인종차별적인 것이 된다. 이는 어떤 행위자가 그 인종의 복지를 의식적으로 고려해야 한다는 뜻은 아니다. 내가 위에서 사용한 일부 사례들은 이 점을 분명하게 해줄 것이다. 내가 이해하기로는 어느 누군가의 의식적인 의도들과는 전혀 무관하게 무시가 한 인종의 구성원들에게 불균등하게나 확실하게 영향을 미치는 경우, 그것은 한 인종의 구성원들을 겨냥할 수 있다. 이것이 내가 말하는 "간접적 인종차별주의"다. 그리고 간접적인 인종차별수의 개념은 무시를 인종차별주의와 관련짓는데 있어 그 두 번째 장점과 이어진다: 무시는 우리들 가운데 많은 사람들이 윤리적 평가의 중심으로 삼는 개인적 동기들을 시야에서 놓치지 않으면서도 행동의 결과에 초점을 맞출 공간을 우리에게 마련해 준다. 당신이 어떻게 생겼는가에 근거하여 당신이 영어를 잘하지 못할 거라고 추측할 때 나는 당신을 무시하는 것이다. 당신의 교사로서 내가 당신의 얼굴을 보고나서 마음속으로 수업토론에서의 당신의 기여가 유용할 가능성을 깎아내리고, 그리고 나의 주관적인 확신들이 당신에 대한 나의 반응에 영향을 미친다면, 나는 당신을 무시하는 것이다. 내가 무슨 행동을 하는지도 모른 채, 나는 이러한 어떤 행동을 취할 수도 있다

— 예컨대 만약 결코 아무도 내게 내가 미리 어떤 판단을 내린 그 사람들을 밝혀달라고 요구하지만 않는다면 말이다. 그러나 어느 경우에든 나의 행동에는 어떤 정해진 인종의 (그렇다, 우리가 어떤 일정한 인종으로 생각하는) 구성원들을 확실하게 골라내는 패턴이 있다. 내 견해로는 이것은 일종의 인종차별주의겠지만, 이것이 대체 얼마나 나쁜 것인지, 혹은 이것이 사회적이든 아니든 어떤 성질의 재제들을 받아야 할지에 대해 말하는 것은 아직 이르다.

무시 개념에 초점을 맞춤은 우리로 하여금 간접성이라는 개념을 통해 인종차별주의가 결과의 문제인지 의도의 문제인지에 대한 물음을 교묘하게 처리할 수 있게 해 준다는 것을 보았다. 이는 세 번째 장점으로 이어진다. 방금 내가 설명한 방식으로 해석되는 무시 개념은 우리가 제도적 인종차별주의라고 일컫는 것에 대한 직관들을 개인적 행위의 방향에 있어서의 우리의 완고한 선입견들과 결부시키게 해 준다. 어떤 개별 행위자도 조직적으로 어떤 인종 집단에게 손실을 입히도록 의도적으로 제도를 조작하지 않는 경우에도, 보통 사람들은 그러한 결과를 초래하도록 작용하는 사회체제에 대해 이야기하기 위해 제도적 인종차별주의를 예로 인용한다. 이를 일종의 인종차별주의로 다루는 것은 많은 사람들을 거북하게 만든다. 그들이 생각하기에 인종차별주의라는 고발은 개별적 범인을 색출해야하는데, 아무도 인종차별적인 의도가 가지지 않은 경우 그 고발은 잘못된 것이다. 하지만 우리가 이미 단일한 집단을 이룬다고 여기는 어떤 정해진 사람들에게 확실하게 손실을 입히도록 작용하는 제도는 그 불균형적 작용의 증거를 남길 것이다. 이러한 증거를 — 예컨대 재산, 소득, 질병빈도, 환경적 건강위해 요소에의 근접성, 범죄자 판결 등에 있어서의 불균등에 대한 통계에서 — 입수할 수 있게 되는 만큼, 이 증거에 반응하기를 거부하는 것은 상처를 입은 인종의 구성원들을 겨냥한 일종의 무시인 셈이다. (물론 우리들 중에 행위를 사회제도들의 탓으로 돌리는 것을 별로 꺼리지 않는 사람들은 그저 제도가 일정한 사람들에게 관심을 베풀지 않는다고 말할 수 있다.) 이러한 접근 방식에 따르면, 그 제도에 참여하는 사람들은 내가 간접적 인종차별주의자라고 일컬은 사람들이 될 수도 있다.

무시에 초점을 맞춤의 네 번째 장점은 인종차별주의가 어째서 나쁜지를 분명하게 해 준다는 것이다. 인종차별주의를 관심을 베풀지 않음이라고 해석하는 것은 인종차별주의가 근대의 중심적인 윤리적 관념들 중의 하나와 충돌한다는 것을 보여준다: 도덕적으로 의미 있는 차이가 없는 한, 사람들은 동등하게 대우받아야 한다는 관념과 충돌한다는 것을 보여준다. 이 원칙은 신의 눈에는 우리 모두가 똑같다는 주장의 배후에 놓여있는 가정, 말하자면 우리가 추상적 혹은 도덕적 평등의 가정이라고 부를 수 있는 것으로부터, 혹은 인간성이라는 입각점으로부터 기인한다.

무시에 초점을 맞춤의 다섯 번째 장점은 어떤 종류의 존재자들이 인종차별적인지의 물음들을 해결하는데 도움을 준다는 것이다. 위에서 나는 우리가 인종차별주의를 사람·행동·믿음·관행·제도·태도 등에 속하는 것으로 생각한다고 말했다. 일부 사람들은 이것들 중의 한 둘에 초점을 두기를 선호하여, 예컨대 욕망과 행동이 보태지지 않은 믿음들은 어떤 결과도 산출하지 않으므로 믿음만으로는 인종차별적인 것은 아니라고 말한다. 나는 잠시 이 사례에 초점을 맞춘 다음, 이 쟁점에 대한 보다 일반적인 의견을 말할 것이다.

믿음들은 일종의 태도들이다; 욕망들, 희망들, 그리고 이와 유사한 것들과 함께, 철학자들은 믿음들을 "명제적 태도"(propositional attitudes)라고 부른다: 사태들에 대해 방향성을 함축한 심리상태들을 뜻한다. 눈이 희다고 믿는 것은 눈이 희다는 명제에 대해 어떤 일정한 태도를 — 보통 철학자들이 미적지근하게 "찬성태도"라고 말하는 것을 — 취하고, ("눈은 희다"와 같은) 그 명제를 표현하는 문장들의 참임에 대해 입장을 밝히는 것이다. 나는 나의 태도들에 대해 어느 정도 통제력을 갖고 있는데, 특히 내가 그것들을 수정할 이유가 있을 때이다. 나는 그의 음악 때문에 바그너를 위대한 사람이라고 생각할 수도 있다. 그러나 그가 반유대주의자였음을 발견한 것은 나로 하여금 이러한 의견을 수정하고 나의 태도를 바꿀 이유를 제공한다. (내가 얼마만큼 나의 태도를 바꿀지, 그리고 그 태도의 변화가 그의 음악에 대한 나의 평가에 영향을 미쳐야 할지는 오늘날 생생한 철학적 물음이다. 슬프게도 나는 여기서 그것에 대해 더 이상 말할 수 없다.) 이와 유사하게 모든 아시아인들이 수학을 잘하는 것은 아님을 발견한 것은 나에게 그러한 고정관념에 대한 나의 태도를 수정할 이유를 제공한다. 나의 태도를 수정하지 못함은, 즉 나에게서 그러한 믿음을 제거하도록 노력하지 못함은 그 고정관념에 반항하는 개인들에 대한 일종의 무시인 셈이다.

보다 일반적으로 말해서 어떤 존재자들이 인종차별적인 것으로 간주될 수 있는가에 대한 물음은 아마 내가 이 절의 초반에 제안했던 자세로 되돌아갈 좋은 자리일 것이다: 다양하고 복합적인 인종차별주의 현상을 단일한 모델로 환원해야 할 어떤 특별한 필요가 있는지는 분명하지 않다. 따라서 "편견 더하기 권력"(PPP)이라는 인종차별주의 모델을 주장하는 사람들은 오직 백인들만이 인종차별주의자일 수 있다고 고집한다. 그들의 말에 따르면 비백인들은 전체적으로 자신들의 편견들이 효력을 발휘하게 만들 권력을 갖지 못한다. 여러 면에서 이는 참 쓸모 있는 말인데, 그것은 백인지상주의가 서양사회의 발전양상을 얼마나 조직적이고 불균형적으로 결정해왔는지를 강하게 조명해주기 때문이다. 하지만 이를 인종차별주의에 대한 일반적 설명으로 제안하는 것은 선이론적(先理論的)으로 인종차별주의의 사례들이라고 간주되며 윤리적으로 의문시되는 다른 현상들을 덮어버린다. 한 비백인이 자신의 눈에 띄는 모든 백인들을 때려눕히겠다고 결심하고, 그가 그렇게 하려는 까닭이 그저 백인들을 좋아하지 않는다는 것이라고 상상해보자. 내가 보기에 그러한 사람은 인종차별주의자일 것이다. 나는 이러한 식의 인종차별주의는, 만약 우리가 수 세기에 걸친 백인지상주의의 배타적 관행들로 인해 빚어진 사회적 병폐들과 싸우는데 각별한 관심을 갖고 있다면, 문제의 거대한 도식 속에서 그다지 대단한 것이 아니라는 사실에 대해서는 PPP 이론가들에 동의한다. 그러나 왜 그냥 그렇다고 말하지 않는가? 왜 그냥 이러한 종류의 개인적인 인종차별주의적 폭행은 예컨대 대서양을 통한 노예무역이나 20세기 중반 아시아에서 벌린 서양의 군사적 감행들에서 발견되는 제세적 인종차별주의 앞에서는 그 중요성이 무색해진다고 말하지 않는가? 그것을 인종차별주의라 부르기를 거부함으로써 우리가 얻는 것은 무엇인가?

다원주의적 접근은 인종차별주의의 정의에 대한 또 하나의 장애물, 내가 여기서 논의할 마지막 장애물에 대한 최선의 응답인 것 같다. 위에서 나는 인종차별주의의 원인론에 대한 — 그것을 일으킨 것이 무엇인지의 물음에 대한 — 광범위한 입장들을 언급했다. 이 입장들의 차이는 중요한데, 그것들은 그 문제를 어떻게 바로잡을지에 대한 상이한 견해들로 이어지기 때문이다. 일부 사람들은 인종차별주의가 불평등한 권력관계라는 상황 속에서 합리적 선택들을 함축하고 있다고 말한다. 그들의 해법은 정치적 조직과 동원이다. 일부 사람들은 인종차별주의가 인종분리와 사회적 거리라는 상황 속에서 비합리적 편견들을 함축하고 있다고 말한다. 그들의 해법은 두려움과 무지를 극복하기 위한 융합과 교육이다. 일부 사람들은 인종차별주의가 일정한 심리적 혹은 인지적 메커니즘들의 작용이라는 상황 속에서 합리적 사고 이전이나 그와 무관한 충동들을 함축하고 있다고 말한다. 만약 그들에게 해법이 있다면, 그 해법은 아마 의식의 고양이나 치료를 포함할지도 모르며, 이는 우리로 하여금 원시적 갈망이나 잠재의식적 충동의 힘들을 인식하고 그 힘들을 우리의 심리적 기능의 전체적인 질서에 통합하도록 도울 것이다.

다시 나는 이렇게 말할 것이다: 인종차별주의를 무시라는 관점에서 생각함은 우리로 하여금 위의 물음들을 그것들에게 마땅한 다원주의적 정신으로 다루게 해 준다. 사람이란 복잡한 동물이고 우리가 다양한 방식으로 사람들을 사랑할 마음의 자세를 갖춘 것처럼, 그들을 다양한 방식으로 무시할 마음의 자세도 갖추고 있다. 때때로 우리는 비합리적이고 파헤쳐지지 않은 두려움과 욕망과 추측들에 휘둘린다; 하지만 때때로 우리는 매우 합리적이고 우리의 이해관심을 증진하기 위해 미리 전략들을 준비한다. 때때로 우리는 — 만약 우리의 미래전망을 고립적으로나 단기적으로만 살핀다면 — 좁은 의미의 합리적 방식으로 행동하는 동시에, 또한 — 만약 사회적 동물로서의 우리의 미래전망을 장기간의 이해관심과 더불어 살핀다면 — 넓은 의미로도 합리적이다. 때때로 우리는 어떤 행태들과 정책들이 다른 사람들에게 미치는 영향에 대한 사실들을 포함하여, 단순히 사실들에 대해 잘 모른다. 다른 때는 우리는 단순히 냉담하거나 비위에 거슬릴 정도로 자기중심적이다. 이들 중 어느 때든 우리는 인종차별주의자일 수 있다.

나는 한 가지를 제외하고 내가 언급한 모든 원인설명들을 수용하려 해왔다. 나는 인종차별주의가 인종 특유의 선천적 메커니즘들의 작용으로부터 기원한다는 생각에는 거의 공감하지 않는다. 이는 증거에 의해 수립되는 주장인 까닭에, 인지심리학자들은 이 주장을 철저히 논해야 한다. 그러나 설명이란 왜 사람들이 그러한 식으로 행동하는가와 같이 '왜'라는 물음에 대답하는 방법이다. 특히 내가 이 절에서 모든 사례들을 도출해 낸 근대 인종차별주의에 이를 때, 우리는 인종차별주의와 관련된 '왜'라는 물음에 대답하는 수많은 방법들을 가지고 있다. 만약 우리가 인종적 차이에 대한 포괄적 관념들을 세우고 힘차게 널리 보급했던 문화적·사회적 탈바꿈의 세기들에 호소할 수 있다면; 만약 이러한 관념들이 우리의 사회경제적 제도들, 교육과정들, 지식과 문화를 생산하는 메커니즘들의 형태를 결정했다면; 만약 이러한 관념들이 성과 생식처럼 심층적 영향을 미치는 인간 현실들과 함께 얽혀 정욕을 불러일으켜 왔다고 확실하게 주장된다면; 그리고 만약 이 모든 것이 너무나 명백하게 어떤 정해진 사람들에게 이익이 되도록 작용했으며, 그리하여 그것을 유지하고 그것의 기묘함을 언급하는 것조차 회피하려는 것이 그 사람들의 절대적인 관심사였다면 — 만약 이 모든 것이 사실이라면, 바로 이 모든 것이 사실인 까닭에 나는 왜 우리가 인종차별주의적인 배척을 탐닉하는 유기체들을 기계적으로 만들어내는 어떤 고유의 메커니즘들에 호소할 필요가 있는지를 이해할 수 없다. 내가 보기에 그 메커니즘은 모든 흥미로운 물음들을 대답되지 않은 상태로 남겨두는데, 우리는 여전히 그 메커니즘이 특수한 문화적 상황들하에서 산출하는 특이한 형태의 배척들을 설명해야 할 것이다.

2.3 고전적 인종주의: 역사와 배경

만약 인종적 사고에 대한 첫 번째 도전이 인종적 사고와 인종차별주의의 연결이라면, 다음 도전은 가장 두드러지고 야심차고 유력한 형태의 인종주의가 그 자체의 목적들을 전혀 달성할 수 없다는 것이다. 고전적 인종주의는 — 지난 장에서 KKK단과 연관시킨 견해는 — 사람들 사이의 사회적·문화적 차이를 그들 사이의 생물학적·형태학적(morphological) 차이로 환원하려고 시도하며, 또한 인종 개념에 호소함으로써 이러한 형태학적 차이들을 과학적 정확성을 가지고 설명하려한다. 그러나 현재 인간의 생물학적 변종들에 대해 연구하는 사람들 사이에서 지배적인 견해는 이러한 인종 개념이 여러 가지 이유들로 인해 그들에게는 별로 쓸모가 없다는 것이다. 다음절에서 그 이유들을 조사하기 전에, 근대 인종주의라는 보다 넓은 배경 막에 기대어 고전적 견해가 함축하는 바를 우선은 역사적으로 그 다음은 개념적으로 보다 명쾌하게 관찰해야 한다. 그 과정에서 아마도 이런 종류의 책에서 보통 나오는 것보다 더 많은 수의 역사적 세부사항들을 살펴볼 것이다. 이에는 두 가지 이유가 있다. 첫째, 내가 생각하기에 철학은 — 사실 어느 인문학적 이론의 작업도 마찬가지지만 — 그것에 내용을 주는 사실들로부터 너무 멀리 벗어나지 않으려할 때 훨씬 더 생산적으로 전개된다. 둘째, 앞으로 나올 세부사항들 중의 일부는 나중에도 약간 쓸모가 있을 것이다.

근대 인종주의는 인종적 사고가 제1장에서 살펴본 근대 이전의 인류학을 다듬고 대체하던 시기에 서양에서 등장한 — 그 특징적인 감수성·현실관여·제도·관행 등을 가진 — 문화적 형태다. 이 새로운 문화적 형태는 3단계로 전개되는데,>7 그 중 둘을 여기서 살펴볼 것이다.

각 단계는 중요한 시간상의 이정표와 더불어 시작하며, 의미심장한 분수령이 되는 순간들을 통과하여 진행하며, 독특한 인종 프로젝트를 낳는다(도표 2.1을 보시오). 제1장에서 여러분은 인종에 대한 우리의 이해와 태도가 인종 프로젝트들의 작용으로부터 나오며, 각 인종 프로젝트는 인종 개념을 해석하는 동시에, 또한 인종적 경계선을 따라 사회적 선의 분배를 위한 하나의 골격을 제공한다는 것을 기억할 것이다. "검은 것이 아름답다"는 표현은 검음이 더 이상 자동적으로 추함을 내포하지 않는다는 의미로 인종을 재해석하며, 자존(自尊)을 위해 사회적 기반들의 재분배를 제안하는 하나의 인종 프로젝트의 일부로서 미국 문화에 들어왔다. 이와 유사하게 각 근대 인종주의 단계에 참여한 사람들은 사회적 선의 분배를 위해 새로이 인종화된 구조들을 수립했으며, 동시에 또한 인종적 차이의 해석을 위한 새로운 지침들을 제공했다. 나는 이 단계들을 구체적인 연대에 의지하여 구별할 것이지만, 물론 이것들은 대략적인 연대기적 좌표에 불과하다. 거대한 규모의 역사적 동향들의 시작과 결말에 대한 정확한 날짜를 뽑아내는 것은 어쩔 수 없이 하나의 인상주의적 기획일 뿐이지만, 때로는 유용하다.

>7 이 단계들에 대한 나의 의견은 다음 책들로부터 유래한 것이다: Michael Banton, *Racial Theories* (New York: Cambridge University Press, 1987); Matthew Jacobson, *Whiteness of a Different Color* (Cambridge, MA: Harvard University Press, 1998); Neil MacMaster, *Racism in Europe:* 1870-2000 (New York: Palgrave, 2001); and Thomas Gossett, *Race*, 2nd edn (New York: Oxford University Press, 1997).

도표 2.1 근대 인종주의의 단계들, 1492-1923 >8

	이정표	추가적으로 분수령이 된 순간들	구조적 내용 (인종주의화된 분배의 구조)	의미론적 내용 (인종 개념의 해석)	이데올로기적 작업
초기 근대 인종주의	콜럼버스, **레콘키스타,** 추방(1942)	베르니에의 "지구의 새로운 분할"(1684)	식민지와 노예제도	변종으로서의 인종 (인류 일원설적 종합)	인종적 차이의 자연화
		버지니아 주의회가 인종을 노예상태의 조건과 연결(1660)			
고도 근대 (고전적) 인종주의	제퍼슨의 의혹, 칸트의 신념 (1775/86)	모튼의 《아메리카인의 두개골》 출판(1839)	포괄적인 인종 차별주의적 지배	유형으로서의 인종 (유형학적 종합)	인종적 차이의 합리화
		미합중국의 하와이 합병(1899)			

2.3.1 초기 근대 인종주의

우리의 첫 번째 무대는 이베리아 반도에서 일어난 두 사건들과 함께 1492년에 시작한다. 첫째, 그들 이래로 스페인 영토가 된 땅의 통치자였던 페르디난드(Ferdinand) 국왕과 이사벨라(Isabella) 여왕은 이베리아 반도에 있었던 무어인들의 마지막 본거지를 정복했고, 기독교로 개종하지 않은 모든 유대인들의 추방을 명령했다. 그들은 곧바로 정복된 무어인들에게 개종 최후통첩을 보냈고 실제로 많은 유대인들과 이슬람교도들이 기독교인이 되었음에도 불구하고, 스페인 사람들은 개종한 유대인들과 무어인들에게는 여전히 매우 특이한 무언가가, 말하자면 그 핏속에 무언가가 들어있다고 걱정했다. 문화와 신앙보다 더 깊은, 인간의 유전되는 본질적 차이라는 이 관념은 곧장 언어로 드러났다. 남부 유럽인들은 동물들의 품종이나 계통에 대해 이야기하는 방법을 발전시키기 위해 이미 라틴이나 아랍의 언어적 자원을 이용하고 있었다. 1611년의 최초 스페인어 사전인《테소로 데

>8 역자주〕"레콘키스타"(Reconquista)는 "재정복"이란 뜻으로, 7세기 초 용병으로 이베리아 반도에 진출해 711년 코르도바에 왕국을 세운 이슬람 세력에 대항하여 13세기 초부터 불붙기 시작한 기독교도의 국토회복운동을 가리킨다. 1492년 마지막 거점이던 그라나다(Granada)가 함락되면서 이슬람 세력은 스페인 땅에서 사라졌다. 레콘키스타의 완료와 함께 스페인은 강력한 통일국가의 기반을 다진다는 명목으로 이베리아 반도의 유대인들과 이교도들을 모두 "추방"한다. 여기서 "고도 근대"란 "high mordern"의 번역이다. 이 책의 저자는 근대시대 전체를 초기(early)·고도(high)·후기(late)의 세 단계로 나눈다. 고전적 인종주의는 고도 근대의 시기에 형성된 인종주의를 뜻한다. 미국 제3대 대통령 토마스 제퍼슨(Thomas Jefferson)은 자신이 기초한 독립선언서에서 "모든 인간은 평등하게 창조되었으며 조물주에게서 몇 개의 양도할 수 없는 권리를 부여받았고, 그 권리 중에는 생명과 자유와 행복의 추구가 있다는 것을 자명한 진리로서 주장하는 바이다"라고 말했으면서도 인종에 대한 개인적 견해를 표출하는 저서에서는 흑인은 선천적으로 백인보다 열등하다는 인종주의적 모습을 드러내고 있다. 때로는 노예폐지를 주장하면서도 자신은 150명이나 되는 노예를 거느렸다. 제퍼슨의 이러한 이중적 입장과 달리, 독일철학자 칸트

라 렝구아 카스텔라나 오 에스파뇰라》>9 가 편찬된 즈음, 라자(raza)>10 라는 단일한 용어가 말들의 품종뿐만 아니라 비웃듯이 무어인이나 유대인 조상을 가진 사람들을 가리켰다.>11

사회적·문화적 차이가 생리적·유전적 "품종"의 차이로 바뀜은 — 문화적으로 독특한 종족들로부터 본질적으로 구별되는 라자들로 옮겨감은 — 초기 근대 인종 프로젝트의 중대한 의미론적 변화다. 이것은 인종의 창시적 해석보다 못한 하나의 새로운 해석으로서, 라자 개념을 사회적 차이를 검토하고 그 차이와 종속을 자연적 상태로 묘사하는데 끌어들인다. 이러한 사회적 지위의 자연화는 특히 하나의 신학적 태도인 반유대교로부터 인종에 근거한 편견인 반유대주의로의 이동에서 중요한 계기이다. 잠시 후에 우리는 이 주제로 되돌아올 것이다.

반유대주의로의 길을 닦음과 아울러, 또한 사회적 지위의 자연화는 초기 근대시기의 구조적 변동을 조장했다. 이는 1492년의 스페인에 초점을 맞출 다른 명백한 이유를 제시한다. 페르디난드 국왕과 이사벨라 여왕은 유럽의 식민주의시대를 열었던 콜럼버스의 "인도 제국"으로의 여행을 후원했다. 이 시대 동안에 매우 다른 종족들과 문화들이 함께했는데, 전례 없는 규모로 그 종족들 중 일부는 다른 일부 종족들의 토지와 노동을 훔쳤다. 신학이 인류학으로 변형된 것은 이

(Kant)는 자신의 세계주의(cosmopolitanism)에서 고대 그리스와 서양 외부의 모든 인간들을 확실하게 제외한다. 이로 인해 칸트를 인종차별주의자로 인식하는 견해가 적지 않다. 모튼(S. G. Morton)은 이 저서(원제: Crania Americana)에서 두개골 용량의 크기가 백인·아메리카 원주민·아프리카인 순이라는 사실을 발견했다고 주장한다.

>9 역자주] 원제: *Tesoro de la lengua castellana o española.*

>10 역자주] Raza는 오늘날 인종·뿌리·근원이라는 뜻으로 쓰인다.

>11 Smedly, *Race in North America*, p. 39.

과정에서 중요한 이데올로기적 요소였다. 이교도들은 새로운 생활방식을 배우고 그 신앙공동체에 합류할 수 있지만; 자연적으로 진보가 늦은 종족들은 주장할 수 있는 권리를 — 예를 들어, 그들이 노동을 위해 사용하는 육체와 그들을 떠받치는 토지에 대한 권리를 — 가진 완전한 인간이 될 가망이 없었다. 일부 사람들은 — 예컨대 16세기 스페인의 강제노동과 인간노예 관행들에 대해 신랄하게 고발하는 글을 썼던 스페인 선교사 바르톨로메(Bartolomé de las Casas)는 — 이러한 혁신과 그 결과를 공공연히 비난했다. 그러나 우리는 1660년 무렵의 북아메리카 식민지 헌장들에서, 그것들이 기꺼이 밝히듯이, 인종을 노예상태의 조건과 연결시키고 있음을 발견한다.

"인종"이란 낱말의 어원에 대한 하나의 유력한 설명에 따르면, 인간 라자라는 남유럽의 개념이 빠르게 확산되어 처음에는 영어로 들어갔고, 그 다음에는 그 개념이 16세기 초에 도착한 프랑스어로 들어갔다. 이 무렵에 와서 그 낱말은 아마도 인종 개념을 눈에 띄게 근대적 의미로 사용했던 최초의 인물인 베르니에에게 전해졌다. 1684년의 논문에서 그 프랑스 의사는 "넷 혹은 다섯의 인간 종(種)들 혹은 인종들이 있는데 … 그 차이가 너무나 현저해서 지구의 새로운 분할을 위한 기초가 될 만하다"고 공언한다. 베르니에는 인류를 우리가 현재 백인·흑인·아시아인·아메리카 원주민들로 인식할 집단들로 분류하고 여기에 라플란드인(북부 스칸디나비아의 사미족(Saami))을 추가하여 이 "새로운 분할"에 도달했다. 그는 이를 "넷 혹은 다섯" 인종들로 헤아렸는데, 그는 아메리카 원주민들이 백인들과 진정 다른지를 확신하지 못했기 때문이며, 그리고 이 점에 대해 빠져나갈 여지를 남겨둔 능력은 그의 분석의 색다름을 보여준다. 베르니에는 자신이 적은 것처럼 오직 "나라나 지역"에 근거했던 이전의 분류들을 명백하게 거부했으며, 코와 얼굴 생김새, 피부색, 머릿결과 같이 눈에 보이는 특징들에 근거한 도식을 소개했다.>12

베르니에의 개념적 혁신은 "인류 일원설적 종합"이라 일컬을 수 있는 것으로 발전했는데, 그것이 기본적으로 수행한 바는 초기 근대 인종주의에 독특한 이데올로기적 내용을 제공한 것이었다. 첫째, 그것은 인류 일원설, 즉 인간 인종들은 단일한 종(種)의 변종들이라는, 전형적인 형태의 신학적 논증에서처럼 모든 사람은 아담의 후손이라는 견해를 취한다. 흔히 이러한 논증의 결론은 그 변종들을 몇몇의 독립된 집단들로 엄격하게 구별하고 분류할 수 있기는커녕, 독일의 자연주의자 요한 블루멘바하(Johann Blumenbach)가 표현한 것처럼, 그것들은 "느끼지 못할 정도로 서로 합쳐진다"는 것이다.>13 둘째, 인류 일원설적 종합은 환경론을 취한다. 이것은 인류의 변종들 사이의 차이들은 — 존재하는 그 차이들은 — 오랜 시간의 기후 및 다른 영향력들의 작용을 반영한다는 견해다. 이 견해에 따르면 상이한 인간 "품종들"은 보통 백인 유럽인이라고 생각되는 인간의 기본원형으로부터 벗어난 정도, 전형적으로 그 기본원형으로부터 퇴보한 정도를 표시한다. 마지막으로 인류 일원설적 종합은 일종의 추상적 인본주의를 취하는데, 이는 처음 두 가지로부터 쉽게 도출된다. 인간 변종들 사이의 차이들은 외적 힘들의 오랜 영향으로 의한 결국 인간 변종들의 차

>12 Eric Voegelin, *The History of the Race Idea* (Baton Rouge: Louisiana State University Press, 1998), p. 82; Francois Bernier, "A New Division of the Earth," in *The Idea of Race*, ed. Robert Bernasconi and Tommy Lott (Indianapolis: Hackett, 2000), pp. 1-4, 1.

>13 Johann Blumenbach, "On the Natural Variety of Humankind," in *Idea of Race*, ed. Bernasconi and Lott, pp. 27.

이였다. 그러나 이러한 인본주의는 추상적인 상태로 남았는데, 백인 변종의 명백한 우월성에 대한 주장들과 양립 가능했기 때문이다: 많은 사람들이 백인을 인간 기본형으로 보고 다른 인종들을 퇴화한 변종들로 보았다.

인류 일원설적 인본주의가 항상 추상적인 상태로 남아있지는 않았다. 예컨대 종교친우회나 퀘이커교도들은 신의 눈에는 모든 인간이 평등하다는 믿음으로부터 노예무역은 비도덕적이며 중단되어야 한다는 확신으로 옮겨갔다. 퀘이커교도들은 노예무역폐지협회를 구성하기 위해 다른 사람들과 합류했는데, 이는 (1807년에) 영국의 노예무역 참여를 종식하는데 일조하였다. 불행하게도 이러한 평등주의적 감정은 식민지 사업을 거의 둔화시키지 못했고, 미합중국에서는 노예제도를 중단시킬 수조차 없었다.

2.3.2 고도 근대 혹은 고전적 인종주의

근대 인종주의의 첫 번째 단계는 사회적 차이를 자연화하려 했다. 이론적 수준에서 이것은 인류를 철저히 구별되면서도 여진히 연관관계를 가진 변종들로 나눔을 뜻했고, 실천적인 수준에서 이것은 사회적·문화적 차이를 정교하고 광범위한 특권과 지배의 관계로 바꿈을 뜻했다. 근대 인종주의의 두 번째 단계는 — 이를 “고전적 혹은 고도 근대 인종주의”라고 부르자 — 사회적 차이를 **합리화**하려 했다. 그것은 인종들 사이의 격차들을 이론화하여 넓혀갔는데, 인종들을 일시적으로 분화된 변종들이 아니라 본질적으로 구별되는 유형들로 취급했다. 그리고 그것은 인종적 지배의 수법들과 새로운 인종적 “지식”을 유포하기 위한 메커니즘들을 다듬고 확장해갔다. 이 단계는 여러 면에서 백인지상주의의 중대한 시점을 대변하므로, 우리는 온갖 피부색의 수많은 사람들이 그 시대정신에 저항했다는 사실을 주목함으로써 시작해야 한다. 이 단계는 또한 노예폐지론의 시대이며, 넷 터너와 존 브라운의 시대이며, NAACP 창설의 시대이며, 아이다 웰스와 그녀가 인종차별 및 린치에 대항하여 벌인 개혁운동의 시대이며, 그리고 다른 인종간의 연합의 시대였다.[14] 하지만 여기서 우리의 취지는 지배적 경향들을 탐구하는 것이다; 그리고 이 시기의 해방운동과 사회정의운동은 분명 격차해소를 꾀하고 있었다.

우리는 근대 인종주의의 두 번째 단계를 임마누엘 칸트와 함께 시작할 수도 있는데, <상이한 인종들에 대해>라는 제목이 붙여진 그의 1775년 논문은 한 저술가가 "진정 그 이름에 걸맞은 최초의 인종 이론"이라 일컬은 것을 요약하고 있다.[15] 그러나 다른 저작들처럼 여기서의 칸트의 저작은 우리가 그것을 다루기 위해 가진 공간 이상으로 복잡하고 상세하다. 따라서 1786년 토마스 제퍼슨의 《버지니아 주에 대한 노트》에서 우리의 이정표를 찾아보자. 제퍼슨은 이렇게 말한다:

>14 역자주] 넷 터너(Nat Turner: 1800-1831)는 미국 역사상 유일하게 지속적 영향을 미친 노예반란을 주동한 흑인노예다. 남부의 백인사회 전체를 공포로 몰아넣은 그의 활동은 노예의 교육·이동·집회를 금지하는 억압적 법률을 제정하는 새로운 물결을 일으켰다. 존 브라운(John Brown; 1800-1859)은 노예제도철폐를 주창하고 그것을 위한 수단으로서 게릴라전을 펼친 최초의 백인이다. 그는 19세기 모든 미국인들 중에서 가장 논란이 된 인물로, 1859년에 시도한 노예반란은 전국적인 충격을 주었다. 아이다 웰스(Ida B. Wells: 1862-1931)는 아프리카계 미국인 민권옹호자로서 미시시피 홀리스프링스에서 노예인 부모로부터 태어났다. 그녀는 특히 린치에 대항하는 운동을 전개했으며, 참정권 및 여권 신장에도 힘쓴 저널리스트이며 웅변가였다. 《정의를 위한 성전 Crusade for Justice》이란 자서전을 남겼다.

>15 Walter Scheidt, cited in Emmanuel Eze, "The Color of Reason: The Idea of 'Race' in Kant's Anthropology," in *Postcolonial African Philosophy*, ed. Emmanuel Eze (Oxford: Blackwell, 1997), pp. 103-40, 129.

나는 흑인들이 원래 하나의 독특한 인종이든 시간과 주변 환경에 의해 독특하게 되었든 육체와 마음 모두의 타고난 재질에 있어서 백인들보다 열등하다는 것을 단지 하나의 의혹으로서 제기한다. … 피부색, 그리고 어쩌면 기능의 그 불행한 차이는 이 사람들의 해방에 있어서 하나의 강력한 장애물이다.>16

많은 이론가들은 여기서 그 핵심적인 견해들을 발전시켰다: 근대화되는 서구의 유색 개체군들은 "원래 별개의 인종들"이며, 이 본래적인 자연적 독특함이 인종적 불평등의 원천이나 정당화일 수 있다는 견해들을 전개했다. 19세기 제퍼슨의 "의혹"은 하나의 연구 프로그램, 즉 인류 일원설을 **유형학적 종합**으로 대체함으로써 인종주의를 과학적인 것으로 만들려는 시도를 낳았다.

세 가지의 변화들이 내가 "유형학적 종합"이라고 지칭할 것의 형태를 결정했다. 첫째, 인종들은 단순한 변종들 이기보다는 엄격하게 구별되는 유형들이 되었다; "느끼지 못할 정도"의 변이(變異)라는 블루멘바하의 생각은 분명하게 식별할 수 있는 차이가 있다는 믿음에 꺾였다. 둘째, 이렇게 구별됨은 외적인 것이 아니라 내적인 과정의 결과로서 간주되며, 여러 세대에 걸친 본질적 특성들의 유전가능성을 함축하고 있다. 이 선천적 차이라는 관념은 처음에는 다원(多原) 발생설이나, 혹은 상이한 인종들은 별개의 기원을 가졌다는 견해를 취할 것을 요구하는 것처럼 보였다. 그러나 다윈의 《종의 기원》(1859) 이후로 본질적 차이들은 공통된 조상들로부터 무한히 긴 시간 동안의 진화적 발전을 통해 충분히 나타날 수 있었다. 셋째, 이러한 유형

>16 *Notes on the State of Virginia*, in Thomas Jefferson, *Writings* (New York: Library of America, 1984), pp. 268-9.

학적 견해에 따라 인간 유형들은 선천적 "재능"·귀중함·가치라는 척도들로 대담하게 서열이 매겨질 수 있었다.

인종을 유형으로 해석하는 이 새로운 해석의 지지자들은 인간들 사이의 심층적 차이들은 측정 가능한 인체의 차이들과 밀접한 연관이 있다고 가정했다. 인체측정학 혹은 인체측정에 관한 연구의 초기 형식들은 이러한 가정으로부터 발전했으며, 인간의 차별적인 진가에 대한 증거를 양(量)으로 표시하려했다. 이 과학적 프로그램은 두개골의 크기에 의지하여 인종적 차이들을 나열하고 설명하려했던 새뮤얼 조지 모튼의 시도와 함께 1830년대에 실제로 수행되었다. 19세기 후반 즈음에 미국·라틴아메리카·일본을 비롯하여 그 외의 여러 나라의 사회적 다윈주의자들은 사회적 계급제도를 상이한 생물학적 특성을 타고난 집단들 사이의 경쟁의 결과로 환원하고 있었다.>17 그리고 20세기 즈음의 우생학자들은, 아마 나치 독일에서 가장 두드러지게 나타났듯이, 공공정책을 국민의 유전적 적합성을 관리하는데 이용하고 있었다.

공공정책에 대한 우생학(eugenics)의 영향은 고도 근대시기를 특징짓는 구조적 변화를 가리킨다: 새로이 광범위한 형태의 인종차별주의적인 정치적 지배의 출현을 가리킨다. 국가가 재가(裁可)한 노예제도와 유럽의 해외식민지 획득은 확실히 여러 형태의 인종차별주의적 지배를 전제하고 조장했다. 그러나 고도 근대시기에, 특히 대략 1870년 이후로 국가들은 자신들의 전 세계적 영향력의 확장을 더욱더

>17 역자주] 흔히 사회적 다윈주의(Social Darwinism)의 대표자로서 영국의 사회학자 허버트 스펜서(Herbert Spencer)가 언급된다. 스펜서는 식물과 동물세계에서와 같이 '적자생존'의 원리가 사회에도 적용되어야한다고 믿었으며, 이를 확장하면 당연히 인종과 국가 간의 관계에도 적용된다.

열망하게 되었으며, 더욱더 적극적으로 피지배자들의 삶을 조종하기 시작했다. 민중정치가 출현하고 그에 따라 여론을 조정할 필요가 생긴 이후로, 자결권에 대한 국가주의적 열망이 들끓은 이후로, 그리고 산업화와 자본주의의 확장이 노동자의 이주와 다른 사회적 대변동을 일으키기 시작한 이후로, 국가들은 특히 경제적 고난과 문화적 혼란과 잠재적 계급충돌에 직면한 상황에서 점점 학식을 갖추고 정치적으로 활동적인 개체군들을 통합하고 동원하고 진정시킬 방법들을 필요로 했다. 동시에 개인들과 공동체들은 자신들의 주변에서 일어나는 변화들을 이해하고 대처할 방법들을 필요로 했다. 새로이 견고해진 형태의 인종차별주의는 이러한 필요들에 대응했는데, 흔히 잡지·신문·과학협회·영화·공공전시회와 같은 새로운 혹은 새로이 증식한 매체들을 이용했다.

우리는 세계의 수많은 서로 다른 지역에서 이러한 구조적·의미론적 변화들의 뒤얽힘을 관찰할 수 있다. 예컨대 유럽에서는 반유대주의가 하나의 정합적 이데올로기로 발전하면서 유대인들을 근대사회의 병폐들과 난제들의 희생양으로, 그리고는 곧바로 폭력적 학살의 표적으로 삼았다. 인종적 자결주의도 하나의 성장산업이 되었으며, 이것은 계급충돌을 국민적 통합으로 대체하기 위해 결속과 충절이라는 자연발생적인 연분에 대한 논증들을 이용했다.>18 또한 반(反)흑인 인종주의가 굳어졌는데, 유럽인들 사이에서 이것은 아프리카인들뿐만 아니라 남아시아인들과 오스트레일리아 원주민들을 표적으로 삼

>18 역자주] 흔히 "nationalism"은 "민족주의"라고도 번역된다. 종종 "민족주의"라고 번역되는 "ethnicism"과 구별하기 위해 "국가주의"라는 번역어를 채용했다. "국가"와 "민족"은 엄연히 다르며, 한 국가가 단일한 민족으로 구성된 경우는 우리나라를 비롯한 극소수의 국가들에 한정된다. 따라서 가급적이면 "국가주의"와 "민족주의"는 혼용되어선 안 되며,

았다. 이러한 현상은 부분적으로 19세기 말엽의 경제적 후퇴가 새롭게 부활한 제국주의적 야심으로 이어졌기 때문이다. 식민 강국들은 시장과 자원을 찾아서, 그리고 쓸모없는 인간들을 던져버릴 장소를 찾아서 해외로 진출했으며, 이는 결국 인종차별주의적 사고가 증폭되어 되돌아오는 회로가 되었다. 국가들은 진보가 늦은 인종들을 문명화하고 원주민들이 묵혀둔 땅들을 — 테라 눌리우스, 혹은 임자 없는 땅이라는 외교정책하에서 — 경작할 필요를 강조함에 의해 식민지 사업을 위한 지지를 획득했다.>19 한편 무엇보다 열등한 토착민들을 억누르도록 훈련받은 식민지 행정관들과 관리들은 자신들의 "야만적인" 위탁관리에 관한 불쾌한 "지식"을 다시 유럽의 모국으로 가져왔다.

미국도 고도 근대에 이르는 이러한 인종화된 행로를 거쳤으며, 아마 남북전쟁(Civil War)이 끝난 이후가 가장 두드러졌을 것이다. 합중국으로의 재편입 이후 엘리트들이 인종적 충성에 호소함으로써 계급 간·지역 간 충돌을 저지했을 때; 걱정스러운 시민들이 이전 노예들은 스스로를 다스릴 수 없으며, 민주적 의회에서 백인들을 통치하기에는 더더욱 적합하지 않다고 호소했을 때; 그리고 선동가들이 흑인 남성에 의한 백인 여성의 무차별적 성폭행에 대해 경고했을 때, 반흑인

이 책의 저자도 이 둘의 개념적 구별을 강조한다. 하지만 근현대사에서 "nationalism"을 주창한 국가들이 주로 단일 민족성을 강조하고 이를 기초로 국민적 통합을 추구했다는 점에서, "국가주의"와 "민족주의"를 혼용하는 것이 용인될 수도 있다. 일부 사람들은 "국가(민족)주의"라는 식으로 병기하는 방법을 제안한다. 그리고 한 가지 예외로 흑인들의 인권운동과 관련된 맥락에서 사용되었을 경우에는 "자결주의"라는 번역도 사용할 것이다.

>19 역자주] "테라 눌리우스"(terra nullius)란 사람이 살지 않은 곳이란 뜻의 라틴어로, 비유럽 지역의 식민지화를 추구하던 열강들이 채택했던, 아무나 먼저 차지하는 사람이 임자라는 식의 전통적인 국제법의 명칭이다.

인종차별주의는 다시 세워졌다. 한편 백인들이 짐 크로우 제도로 흑인의 맹종, 공민권 박탈, 종속을 확보하려고 뭉쳤을 때, 연방정부는 인디언들을 주권국가의 구성원이라기보다는 미합중국의 피보호자인 것으로, 그리고 그들에 관한 사안들이 "관리"되도록 결정했다 — 이는 인디언들을 보호거주지에 따돌려놓거나 근대사회에 동화시키는 것을 의미했다.[20] 이 시기에 미국도 해외식민지 쟁탈에 참여했는데, 이는 하와이와 필리핀제도 합병으로, 동시에 미국이 라틴아메리카에 관련된 사안들에 제멋대로 간섭할 권리를 실제적으로 확립한 먼로선언(Monroe Doctrine)으로 (더불어 루즈벨트의 수정안으로) 이어졌다. (19세기 중반 텍사스를 합병하고 나서 패배한 멕시코의 절반을 요구함으로써 이러한 제멋대로의 권리를 주장했었다.) 또한 이 시기는 중국인 이민금지법(Chinese Exclusion Act)의 시기인데, 이는 1965년까지 아시아인들의 이민을 효과적으로 저지한 인종에 근거한 입법 공세들 중에서 최초의 일제사격이있으며, 동시에 남유럽과 동유럽으로부터의 이민도 격감했다.

유럽인의 이민에 대한 엄격한 규제는 마지막 한 조각의 중요한 역사적 세부항목을 가리키며, 백인 정체성의 분열과 경화에 관계하고 있다. 19세기가 경과할 무렵, 유럽에서의 국가주의적 열정은 상이한

>20 역자주] 미국에서 19세기 말부터 20세기 초에 걸쳐 성립되어 남북 양(兩) 지역에서 시행되었던 인종차별법의 명칭이다. 유래는 확실하지 않으나 19세기 초의 희극인 라이스(T. D. Rice)가 만든 노래와 춤 "Jump Jim Crow"에서 유래했다고 전해진다. 노예제도하에서의 반관습적(半慣習的)인 인종분리와는 달리, 학교·철도·식당·극장·호텔 등 모든 공공시설에서 엄밀하고도 조직적으로 흑인과 백인의 분리를 제도화했다. 짐 크로우는 흑인에 대한 경멸적인 호칭으로 사용되었고, 짐크로이즘(Jim Crowism)은 인종차별주의·흑인분리정책을 뜻하며, 1964년 민권법(Civil Rights Acts)의 성립으로 법률로서의 짐 크로우는 사멸되었다.

백인 종족들이 존재한다는 의식을 제공했으며, 인간의 차이에 대한 고도 근대의 합리화는 이러한 백인들 내부의 차이들이 사실은 인종적 차이라는 의식을 제공했다. 미국과 영국에서는 이러한 전개들이 앵글로색슨 우월주의라는 신조에서 명확해졌다. 앵글로색슨주의는 백인종을 인종적 서열의 꼭대기에 있는 자리를 공유하는 다수로 세분하면서, 앵글로색슨족을 — 예컨대 켈트족이나 슬라브족보다 위에 — 가장 꼭대기에 놓았다. 19세기 중반 유럽인의 이민이 막힌 이후로 미국의 앵글로색슨주의는 중요한 정치적 지배력이 되었다. 이전 영국식민지에서 "출생한" 주민들은 이탈리아·아일랜드·아르메니아를 비롯하여 여러 나라들에서 건너 온, 문화적으로 독특하고 흔히 가난하고 그런 까닭에 열등한 백인 종족들에 의해 압도당하는 느낌을 받았다. 그러자 그들은 구속적 법률과 차별적 관행으로 대응했는데, 이 모든 대응은 흑인·인디언·아시아인과 마찬가지로 열등한 백인들도 민주주의적 시민의 선행 조건을 결여하고 있다는 생각을 표현했다.

골드러시와 대륙횡단철도 프로젝트 동안에 증가한 아시아인 이민을 우려했던 사람들뿐만 아니라 앵글로색슨주의자들에게는 불행하게도, 미국의 인종정책은 원래 세 인종 집단들만을 포함했다: 백인, 흑인, 인디언. 따라서 최초의 미국 귀화법령(1790년)하에서 귀화시민이 되는 요건은 그 법령이 말하는 것처럼 "자유 백인들"이라는 범주에 속하는 것이었다. 그래서 대규모 이민이 시작된 이후, 유럽과 아시아에서 건너온 수많은 여행자들은 자신들이 백인임을 입증하기 위해 연방법정에 소송을 제기함으로써 인종적 제한들과 싸웠다. 유럽인들은 일반적으로 성공했으며, 이것은 결국 반흑인·반아시아인·반인디언 정책과 활동에 대한 지지와 아울러, 자신들이 완전한 자격을 갖춘 백인이라는 그들의 주장을 고양시켰다.

대조적으로 자신들이 백인임을 입증하려고 탄원했던 아시아인들은 일반적으로 실패했는데, 그로 인해 그들은 고전적 인종주의의 관행과 그것의 과학적 표출 사이를 이간시키면서 고도 근대시대의 종말을 선도했다. 20세기로 바뀔 무렵, 인간의 생물학적 차이에 대한 한층 새로운 과학들이 전통적 지식에 대해 강경하게 반대하기 시작했다: 이 과학들은 아시아계 인디언들은 당시의 사이비 과학적 용어로 몽골로이드(Mongoloid)가 아니라 코카시안(Caucasian)이라고 판정했다.>21 이러한 판정은 **미합중국 대 씬드(Thind)** 소송(1923년)에서 대법원으로 하여금 다음과 같이 선언하도록 자극했다: "평균적인 식견을 갖춘 백인 미국인은 자신이 속한 인종이 그렇게 이질적 성분들로 구성되어 있다는 것을 어느 정도 놀라움을 느끼면서 깨달았을 것이다.">22 나아가서 대법원은 국가의 공식적인 인종적 사고를 과학적 범주들로부터 분리시켰다. "이제 우리의 판결은 '자유 백인들' 이라는 낱말들은 평범한 사람들이 이해하는 바대로 해석되는 상식적 낱말들이라는 것이다"라고 대다수가 말했다.>23 법률적으로 아시아인은 백인이 아니었으며, 백인임은 국가의 목적을 위해 과학이 아니라 상식에 호소하여 판정될 조건이었다.

>21 역자주] "몽골로이드"(Mongoloid)는 몽골 인종의 사람이란 뜻이고, "코카시안"(Caucasian)은 흔히 모든 백인을 통칭하는 용어였다.

>22 역자주] 바가트 싱 씬드(Bhagat Singh Thind: 1892-1967)는 인도의 펀자브(Punjab) 지방에서 태어나 1913년에 미국에 왔다. 제재소에서 일하면서 캘리포니아 대학(버클리)을 졸업했고, 세계 1차 대전에 미국이 개입하게 되자 미군에 입대했다. 1918년 명예 제대한 뒤, 1920년 미국 시민권을 신청했으나 결국 받아들여지지 않았다. 1923년 미국 대법원은 힌두 사람들을 시민권 자격이 없는 외국인으로 판결했다.

>23 Ian Haney-Lopez, *White by Law* (New York: New York University Press, 1996), p. 90.

2.3.3 고전적 인종주의 개념

물론 오늘날의 상식과 과학은 고전적 인종주의의 결함들에 대해 일치된 의견을 갖는 것처럼 보이며, 씬드 판례에 대항하여 과학자들이 이용한 향상된 형태의 인종주의조차 거부한다. 이에 비추어 우리는 고도 근대 인종주의의 이론적 내용에 대항하는 사례를 상세하게 서술해야 한다. 당연히 우리는 그 입장을 비판하기 전에 그것의 개념적 구조를 분명하게 펼쳐야한다.

모든 인종주의와 마찬가지로 고전적 인종주의는 인간 육체의 겉모습·구조·유전에 일반적인 의미를 부여하는 모범적 전략으로 시작한다. 그리고 근대 인종주의의 한 형태로서 그것은 미국 인구조사 양식의 주요 범주들을 구성하는 대여섯 정도의 지리적으로 규정되고 피부색으로 코드화된 집단들에 초점을 맞춘다. 만약 이러한 기본 방침들을 유형학적 종합의 세 가지 양상들에 덧붙인다면, 우리는 아래와 같은 다섯 가지의 구별되는 주장들을 확인할 수 있다.

1. 인간 종족은 소수의 구별된 소집단들로 완전하게 나누어질 수 있다. 이 말은 모든 인간들은 어떻게든 하나의 인종에 들어맞으며, 인종적 사고는 우리에게 전 세계적으로 타당한 분류들을 제공하며, 인종은 세계역사적 관심사라는 말이다. (이는 근대 인종들이 따로따로 분리되며 전 세계적이라는 말이다.)
2. 이 소집단들 각각은 유전되며 생리적으로 자세히 기술할 수 있는 독특한 특성들의 집합을 소유하고 있는데, 그 중에서 가장 두드러진 것은 피부색과 체형에 있어서의 형태학적 차이들이다. (이를 "신체적 군집화"(somatic clustering) 혹은 "얇은 공변동성"(thin covariation)이라고 부르자.)
3. 이 독특한 생리적 특성들의 집합들은 역시 독특한 도덕적·인식적·문화적 특징들의 집합과 함께 변화하는데, 이는 생리적 특성들의 군집들로부터 추론될 수 있

다. (이것을 "신체외적 군집화"(extra-somatic clustering) 혹은 "두터운 공변동성"(thick covariation)이라고 부르자.)

4. 이 특성들의 군집에 의해 정의된 집단들은 귀함과 능력의 눈금저울로 서열이 매겨질 수 있다. 이 저울에 표시되는 값들은 전형적으로 지능·미모·성적 자제력·용기·창작력·개인적 창의력·문명화 정도와 같은 것들을 포함하는데, 각 인종이 다른 인종들보다 많거나 보다 적게 이러한 자질들을 갖고 있다는 가정에 근거한다. (글쎄, 이것을 "서열화"라고 부르자.)

5. 이 인종들을 구별하는 특징들은 각 인종에 속하는 각 개별 구성원의 성격·행위·잠재력·가치를 결정하는 인종적 본질의 일부로서 대대로 전해진다. (이것을 "본질주의"라고 부르자. 이것이 하나의 구별되는 주장처럼 보이지 않고 다른 모든 주장들의 요약인 것처럼 보이는 것에 대해 걱정하지 않길 바란다.)

내가 위의 주장들을 도출한 견해는 하나의 이상적 유형일 뿐이다. 서로 다른 사람들은 그 견해에 대해 서로 다른 방향을 채택하며, 많은 저명한 인종이론가들이 위의 주장들 중의 하나나 몇몇을 받아들이지 않으려했다. 그럼에도 나는 그 견해를 단일한 견해로 생각할 것을 주장하는데, 왜냐하면 그 견해와 유사한 것이 근대 시앙에서 일종의 인류학적 상식으로 통용되었기 때문이다. 이러한 형태의 인종적 사고는 현대세계 형성의 중추적 제도들에 핵심적이었다. 이 사실이 바로 이러한 형태의 인종적 사고를 **고전적** 인종주의로 만드는 것이다.

2.4 인간 변이의 도전: 인종 생물학은 틀린 것이 아닌가?

내가 "인간 변이의 도전"이라 일컫는 것은 고전적 인종주의 견해의 불충분성으로부터 제기된다. 나는 "인간 변이"라는 표현을 형질인류학자들로부터 빌려왔으며, 그들은 이 표현을 "얼마나 그리고 왜 인간들은 생물학적 구조에 있어서 서로 다른가?"를 물을 때 우리가 연구하는 바를 지칭하기 위해 사용했다.>24 이 탐구 영역에 참여한 사람들은 인간의 생물학적 차이에 대한 새롭고 비인종주의적인 접근 방식들을 계발했으며, 고전적인 인종적 사고가 가진 세 종류의 문제들 때문에 그렇게 하려는 확신을 갖게 되었다. 그 문제들은 분리된 인간 유형들의 관점에서 사고하는 것, 확실히 군집화된 특성들을 고집하는 것, 유전성에 대한 전근대적 이론들에 의존하는 것으로부터 생긴다.

2.4.1 왜 인종이 문제인가

고전적 인종주의의 첫 번째 문제는 그것의 유형학적 편향이다: 고전적 인종주의는 끊임없이 변화하는 생리적 속성들에 근거하여 사람들을 추정적으로 구별되는 범주들로 묶는다. 피부색에 대해 생각해 보자: 근대 인종들은 넷 혹은 다섯 가지의 색조로 들어온다. 하지만 소위 백인은 우리가 "거무스레하다"고 일컫는 색으로부터 청동색과 설화석고(雪花石膏)처럼 하얀색의 범위에 걸쳐있고, 한편 소위 흑인은 설화석고처럼 흰색으로부터 우리가 "황갈색"이라 일컫는 색과 칠흑색의 범위에 걸쳐있다. 인간 피부색의 변이의 행렬을 하나의 연속체로 구성할 수도 있지만, 인종적 사고는 이러한 연속체를 소수의 가정된 독특한 유형들로 가른다. 우리는 신장이나 체중과 같은 인간 변이의 다른 측면들에 대해서도 이렇게 한다; 그러나 우리는 "작다"와 "크다" 같은 대략적 범주들이 — 예컨대 해부(解剖)나 프로농구팀 선

>24 John H. Relethford, *The Human Species* (Mountain View, CA: Mayfield, 2000), p. 12.

수 스카우트에서 — 우리가 미터와 센티미터, 인치와 피트 같은 보다 정밀한 도량단위로 수행할 수 있는 작업을 할 수 있는 것처럼 주장하지는 않는다. 그 인상주의적인 범주들과 함께, 생물학적인 인종적 사고는 이러한 종류의 주장의 근거에 대한 과학적 탐구를 수행하려한다. (당신은 당신 자녀의 발육상태에 대해 그저 "조금 큰 편이다"나 "아니, 여전히 약간 작다"라는 말로만 보고하는 소아과 의사를 신뢰하겠는가? 당신은 그저 다음 봉급은 꽤 많은 액수의 돈을 받을 거라고만 말해주는 고용주를 신뢰하겠는가? 그렇지 않다면, 이제 당신은 형질인류학자들의 회의(懷疑)를 이해한 것이다.)

유형학적인 인종적 사고는 인간 변이의 연구에 있어서 적어도 둘 이상의 주목할 만하고 걱정스러운 결과들을 가지고 있다. 첫째, 유형학적인 인종적 사고는 인간 다양성의 연속체를 따라가다가 독특하다고 추정되는 부분들을 구별하기 위해 매우 편향적인 노력을 요구한다. 만약 사람들의 피부색이 중간에 위치한 온갖 종류의 적색·갈색·황색을 포함하여 우윳빛 흰색으로부터 칠흑색에 이르는 범위에 걸쳐있다면, 누군가 이 미묘하게 얼룩덜룩한 눈금 위의 어디쯤에서 한 인간 유형이 끝나고 또 다른 인간 유형이 시작하는지를 결정해야 한다. 그리고 상이한 장소와 시간에 있는 사람들은 이것을 상이하게 결정해왔다 — 이것은 인간 변이에 대한 연구에 있어서 과학적 진보를 위한 견고한 토대일 수 없다.

유형학적인 인종적 사고의 두 번째 걱정될만한 결과는 그것이 지닌 거의 제멋대로의 분류도식들로부터 직접적으로 도출된다: 유형학적인 인종적 사고는 인간 종족들의 변이의 대부분을 묵살하는 탐구방식을 초래한다. 그것은 예컨대 "거무스레한" 백인들을 청동색 백인들로부터, 칠흑색 흑인들을 "황색" 흑인들로부터 구별하는 미묘한 생리학적 특징들을 — 여전히 이 사람들이 소유하고 있는 다른 온갖 특성들에 대해서는 아무것도 말하지 않으면서 — 묵살하도록 조장한다. 대신에 유형학적인 인종적 사고는 그것이 무엇이든 사람들 사이의 중대한 차이들로 임명된 편협한 분류도식에 초점을 맞추도록 강요한다. 결국 인간들은 서로 다른 점보다는 서로 같은 점이 더 많으며, 상대적으로 극소수인 분류상의 차이들은 우리의 근대 인종들보다 훨씬 더 작은 인간 집단들 사이에서 나타난다고 판명된다. 이는 전근대 인종들에 대한 새로운 이야기의 문을 열지만, 과학자들은 그들의 명예를 위해 이러한 용어들이 불필요한 혼동을 야기하고 감정이 가해진 것으로 치부하여 거의 폐기해버렸다. 대신에 그들은 차라리 개체군들에 대해서만 이야기하기를 선호한다.>25

그리하여 첫 번째 문제는 임의적 구분이라는 문제다: 인종들을 구분하는 것으로 가정된 특성들 중의 어느 것도 우리로 하여금 집단들 사이에 선명한 경계선을 그릴 수 있도록 허락하지 않는다. 두 번째 문제는 가공의 일관성이라는 문제다: 그 인종들을 규정하는 것으로 가정되는 특성들이 확신할만한 군집들 속에서 나타나지 않는다. 이러한 피부색은 저러한 머릿결과 저러한 얼굴 특징들과 일관성있게 동행한다는 착상이다. 그러나 인종적 특성들은 전혀 이러한 식으로 달라붙지 않는다. 검은 피부를 가진 많은 사람들이 곱슬곱슬하지 않은 머리카락이나 매부리코나 명백한 몽골주름을 가진 눈이나 (즉, "가늘고 치켜 올라간" 눈이나) 얇은 입술을 가지고 있다; 또한 밝은 피부를 가진 많은 사람들이 불룩한 입술과 팽팽하게 곱슬곱슬한 머리카락과

>25 John H. Relethford, *The Human Species* (Mountain View, CA: Mayfield, 2000), p. 106.

퍼진 코를 가지고 있다.>26 그리고 잘 알려진 것처럼 근대 인종들을 정의하는 것으로 가정되는 특성 군집들은 북아메리카 식민지 주민들과 우연히 들어맞는 상황 외에는 전혀 잘 들어맞지 않는다. 오스트레일리아 원주민들은 어느 근대 인종에 속하는가? 혹은 보다 더 검은 피부색을 가진 남아시아 주민들은 어느 근대 인종에 속하는가? 인종적 사고의 정치는 미국 정책입안자들로 하여금 이와 같은 질문들에 대답을 생각해내도록 요구하지만, 그 대답들은 인간 변이의 과학보다는 다양성의 (혹은 식민지 확장의) 정치와 더 많은 관계가 있다.

신뢰할 수 없는 군집의 문제와 관련된 하나의 더 변형된 문제는 비육체적 특성들이 육체적 특성들에 따라 변한다는 생각과 관계가 있다. 이것은 "신체외적인 군집화"라는 고전적 원리다: 이러한 피부색은 저러한 얼굴 특징들뿐만 아니라 저러한 정도의 지능이나 문화적 정교함이나 도덕적 감수성을 동반한다는 원리다. 당연히 문제는 후자의 특성들과 피부색처럼 선명한 인상학적 특성들 사이에 생물학적으로 상세하게 기술할만한 연관관계가 아무것도 없는 것 같다는 것이다. 각각의 성숙한 인간 유기체는 신친적 요소들과 환경적 요소들의 복잡한 상호작용의 결과로 그것이 성장하는 방식대로 성장한다. 이는 신장과 같은 육체적 특성들에 대해서도 그러하며, 특히 지능과 문화적 기호(嗜好)와 같은 특징들에 대해서도 그러하다. 어떻게 지능과 같은 것들을 정의하고 측정할 수 있는지와 그것들을 과연 측정할

>26 역자주] "몽골주름"(Mongolian eye fold, 또는 epicanthic fold)은 양미간 쪽으로 내려와 있는 윗눈꺼풀의 연장부분이다. 이것은 아시아 지역 사람들의 눈가 안쪽의 특징적인 주름으로서, 북아메리카 인디언에게서도 발견된다. 이 주름은 눈을 작고 가늘고 찢어진 것처럼 보이게 만든다. 또한 이러한 동양계 사람들의 눈 모양을 다소 비웃는 뜻으로 영어로 "slanted eye"라고도 하는데 가늘고 눈초리가 치켜 올라간 눈을 가리킨다.

수 있는지에 대한 과학적 물음들을 왕성하게 논의 중이며, 그리고 여러분은 왜 군집의 문제가 고전적 인종주의를 과학적 탐구의 영역으로부터 거의 완전하게 몰아내는지에 대한 선명한 암시를 받을 것이라는 사실을 덧붙이겠다. (왜 나는 "거의" 완전하게 라고 말하는가? 《벨 커브》[>27]에 대한 최근의 열광처럼 논란을 일으키기에 충분한 이의(異議)들이 남아있기 때문이다.)[>28]

유형학적 사고의 문제와 군집의 문제는 모두 기술(記述)의 문제들이며, 어떤 점에서 그 문제들은 어떻게 사람들과 인간 개체군들이 그들의 지금과 같은 모습이 되었는가를 설명하지 못함에서 유래한 것이다. 이러한 무능력은 생물학적인 인종적 사고의 세 번째 난제를 드러낸다: 그것은 유전성에 대한 낡은 관념을 전제한다. 때때로 우리는 아직도 아메리카 원주민의 "피"나 아시아인의 "피"와 관련하여 — 내가 이 책에서 의식적으로 말해 온 것처럼 — 마치 우리가 우리의 자녀들에게 전해주는, 우리 인종을 정의하는 모든 특성들의 청사진들을 전부 갖춘 어떤 인종적 본질이 있는 것처럼 말한다. 우리는 다른 인종의 사람들이 자녀들을 가질 때 (그래서 자녀들이 "혼혈"이 될 때) 인종적 본질들이 섞일 수 있다고 인정하지만, 여전히 그 과정이 물약을 희석하는 것처럼 상당히 간단하다고 생각한다. 고전적 인종주의를 생물학적 과학으로 바꾸려는 시도는 이러한 식으로 말하는 것을 심각하게 받아들여 오히려 손상을 입었다. 당연히 인간들은 이와 같은

>27 역자주] 《벨 커브》(*Bell Curve*, 1994)는 미국인의 삶에서 지능의 역할에 대해 탐구한 베스트셀러다. 13-14장에 인종과 지능의 관계에 대한 논의를 포함하고 있으며, 인종들 사이에 적지 않은 지능의 차이가 있다고 주장한다.

>28 Charles Murray and Richard Herrnstein, *The Bell Curve* (New York: Free Press, 1994).

청사진들을 갖고 있으며, 그 청사진들이나 유전자형들은 유성생식의 과정에서 뒤섞인다. 그러나 인간의 형질유전은 인종적 본질의 전달보다 훨씬 더 복잡하다. 그것은 인간들을 구별하는 특성들을 산출하기 위해 환경적 요소들의 영향하에서 다양한 조합들로 작용하는 수많은 유전인자들을 포함한다. 생물학적인 인종적 사고는 이 복잡성에 대해 충분한 과학적 설명을 제공할 능력이 없다.

인간 변이의 도전과 관련하여, 나는 형질 인류학자에게 마지막 한마디를 전하려한다. 여기 생물인류학에 대한 자신의 입문서에서 존 H. 릴리스포드(John H. Relethford)가 말한 바가 있다:

> 1950년대까지 생물인류학의 많은 부분은 인종의 기술과 분류에 바쳐졌다. 대부분의 과학들은 기술적(記述的)인 단계를 통과하고, 나중에 설명적인 단계가 따라온다. … 오늘날 생물인류학자들은 거의 인종을 〔과학적으로 유용한〕 개념으로 취급하시 않는다. 그것은 설명을 위한 쓸모가 전혀 없으며, 기술을 위한 그것의 가치도 제한되어 있다. >29

자 여러분은 그의 말을 들었다: 인종적 사고는 생물학적으로 많은 것을 말해주지 않으며, 인간 변이의 세계를 우리가 올바른 물음들을 묻기에 충분할 만큼 분명하거나 훌륭하게 기술하지도 않는다. 과학에서 항상 있어 온 것처럼, 여전히 동의하지 않는 사람들이 있다. 아직도 지구가 평평하다고 믿는 사람들이 있는 것처럼, 여전히 근대 서양은 인종적 구분들을 창작했던 것이 아니라 발견했던 것이며, 고전적 인종주의가 구상했던 방식으로 인간 개체군을 인종 집단들로 생

>29 Relethford, *Human Species*, p. 106.

산적으로 분할할 수 있다고 고집하는 사람들이 있다. 그러나 충분한 정보에 근거한 의견의 무게는 이러한 인종 개념에 반대해 왔다.

그러면 왜 이 책의 논의를 계속하는가? 고전적 인종주의가 그다지도 나쁜 것이라면, 다른 무슨 할 말이 있는가? 이 논의를 계속하는 기본적인 이유는 고전적 인종주의의 거부가 그것의 사회적·정치적 이용의 포기로 직접적으로 이어지지 않았기 때문이다. 홀로코스트나 도시폭동들이나 형사사법에 대한 어느 연구가라도 우리에게 말해줄 것처럼, 서양에서 인종적 사고의 역사는 집단 유전학의 발전과 함께 끝나지 않는다.[>30] 사회적·정치적 현상으로서의 인종적 사고에 대해서는 아직도 할 말이 매우 많이 남아있으며, 나는 앞으로 나올 절들에서 그중 몇몇을 이야기하고자 한다.

남겨진 말들 중의 일부는 백인지상주의에 대항한 윤리적·정치적 투쟁에 의해 일어난 반인종차별주의적 인종주의의 발전과 관계가 있다. 그러나 남겨진 것들 중의 다른 일부는 고전적 인종주의가 설명한다고 주장했던 사회적 현상들에 대한 새로운 이론들을 창출하려는 시도들과 연관이 있다. 이러한 대안적 이론들은 내가 이 장에서 다루기로 약속했던 세 번째 발단적 물음으로 우리를 인도한다.

>30 역자주] 집단유전학(population genetics)은 생물집단 상호간에 나타나는 유전적 변화를 연구하는 학문으로서, 집단내의 유전자형에 대한 조사·분포·변천·변화요인 등을 통계학적으로 분석하여 종의 진화 및 품종개량의 방법과 연관시켜 연구하는 유전학의 한 분야다.

2.5 사회적 차별의 도전: 인종 개념은 그저 방해가 될 뿐이지 않은가?

위에서 나는 인종에 대한 "상식"이 한때 그것이 조화를 이루려고 애썼던 과학적 접근 방식들로부터 벗어난 1920년대에 고전적 인종주의는 끝났다고 제안했다. 여기서부터 시작하여 현재에까지 펼쳐지는 단계에 대해 할 말이 남아있지만, 나는 그것을 제3장을 위해 남겨둘 것이다. 당장은 과학적 접근 방식이 이전보다 더 날카롭게 상식으로부터 금새 갈라섰다고 말하는 것으로도 충분하다.

상식은 대체로 융통성 없이 백인지상주의적인 사회적 관행과 함께 남아있었던 반면에, "인종과학"은 두 영역을 가로질러 뻗어나가 근본적으로 떨어져 나갔다. 새로운 21세기 유전학 분야의 도움을 받아, 자연과학자들은 인종 개념에 의지하지 않고 인간의 육체적 변이를 이해하려고 노력했다. 그리고 사회과학자들은 "자연적" 소인(素因)들이나 경향들에 의지하지 않고 인간의 사회적 차별을 이해하려고 더더욱 노력했다. 그들은 계속 인종을 연구했지만, 인종 관계들이라는 제목으로 어떻게 자연이 사회생활의 형태를 결정하는가의 물음보다는 일정한 사회집단들이 어떻게 상호 작용하는가의 물음에 더 초점을 맞추었다. 이러한 시각에서 볼 때, 사회적 힘들은 인종들을 구별하는 것으로 가정되었던 사회적 조건의 차이들을 비롯한 비육체적 특징들의 원인이 되었다.

물론 고전적인 인종적 사고는 그것이 새로운 견해들을 수용하도록 변화했을 때에도 순식간에 소멸하지 않았다. 예컨대 많은 이론가들은 흑인들이 선천적으로 열등하다는 주장을 흑인들은 노예제도의 경험에 의해 열등한 생활방식의 고통을 겪었기에 문화적으로 뒤쳐졌다는 주장으로 고쳐 말하면서, 단순히 선천적 열등성이라는 개념을 문화적 병리학이라는 관용어로 바꾸어놓았다. 이러한 격세유전들에도 불구하고, 새로운 사회학과 인류학은 "인종문제"의 분석에 이용할 수 있는 개념적 어휘들을 확장했다. "카스트", "계급", "국민", "소수자", "민족 집단", "선입견", "동화"와 같은 개념들은 초기 이론가들이 생리학의 관점에서 설명하기를 원했던 문화와 사회적 조건의 차이들을 기술하기 위한 우선적 자원이 되었다.>31

우리는 이 사회과학적 혁명의 후계자들이다. 그러나 우리가 사회적 차별의 문제를 — 어떻게 우리 인간들이 스스로를 집단과 계급으로 분류하는가의 문제를 — 인간의 생물학적 변이에 대한 물음으로부터 분리한 이상, 우리가 인종이라 일컫는 집단들 사이의 관계와 그들의 상황에 관심을 가진 사람들은 카스트, 민족성, 계급과 같은 대안적 개념들을 이용해야 할 것처럼 보일 수도 있다. 보다 더 논점에 다가가서, 인종적 사고는 우리에게 잘못된 인과적 요소들을 가리켜주고, 그로 인해 우리의 삶의 기회들과 경험들을 실제로 결정하는 사회적 힘들을 분석하려는 시도들을 좌절시키는 것처럼 보일 수도 있다. 흑인 빈곤층에 관해 흥미로운 바는 그들이 빈곤하다는 사실이며, 우리가 "아시아인"이라고 부르는 사람들은 사실 서로 공유하는 것이 거

>31 역자주] 흔히 "nation"과 "ethnic group"은 우리말로 모두 "민족"이라고 번역되기도 한다. 그러나 여기서는 양자의 분명한 구분을 위해 "nation"은 "국민"으로, "ethnic group"은 "민족"이라고 번역한다. "ethnic group"은 같은 혈통과 조상을 가진 사람들의 집단을 말하며, 보통 공통의 문화·행동양식·언어·종교적 관습 등을 가진다. 이러한 의미에서 "ethnic group"은 일종의 문화적 공동체를 가리킨다. 그런데 이것은 정치적 맥락에서 예컨대 "민족국가" 혹은 "국민국가"로 번역되는 "nation-state"와는 구별된다. 어떤 국가가 하나의 민족으로만 구성된 경우도 있지만, 미국과 같은 다민족 국가에서 하나의 "ethnic group"이 주권을 소유한 것은 아니기 때문이다.

의 없으므로 그들을 가지각색의 민족 집단들의 모음이라고 생각하는 편이 더 낫다고 사람들은 생각할지도 모른다. 이와 같은 고려들에 비추어볼 때, 인종 개념에 무엇이 남는가? 인종에 대해 말하는 것이 이 다른 개념들이 말해주지 못하는 어떤 사회적 상호작용이나 인간 경험의 영역을 우리에게 가리켜주는가? (그러한 영역이 있는지와 만약 그 영역으로 간다면 우리가 무언가를 발견할지는 별개의 문제들이다. 이제 우리는 단지 첫 번째 물음을 다룰 것이다.)

2.5.1 민족

민족 개념은 인종 개념이 불필요한지에 대한 고찰을 시작할 충분히 자연스런 장소인데, 특히 우리는 흔히 "민족"이란 낱말을 "인종"이란 낱말과 동의어인 것처럼 다루기 때문이다. 예컨대 그것이 일으키는 모든 혼동들과 더불어 이를테면 가장 일반적인 현대적 정의를 말해주는 옥스퍼드 영어사전을 살펴보자. "민족적"은 무엇을 뜻하는가? 옥스퍼드 영어사전은 별 도움도 안 되게 "인종에 관련된"이라고 말한다. 또한 "한 인종이나 국민 특유의"라고도 말한다. 그리고 "공통된 인종적, 문화적, 종교적, 언어적 특징들을 가지거나 그러한 특징들에 관련된, 특히 더 거대한 체계 내에 있는 인종적이거나 색다른 집단을 가리키는; 현세에는 (미국 구어체로) 외래의, 이국적인"을 뜻한다고 말한다. 만약 민족과 인종이 그다지도 가까운 것이라면, 이 발단적 탐구는 얼마가지 못할 것이다.

그러나 민족 이야기의 역사와 현재 관행들에 좀 더 조심스러운 주의를 기울이는 것은 문제시되는 그 구별에 대해 좀 더 많은 빛을 밝혀줄 것이다. 1920년대와 1930년대에 미국 사회과학자들은 두 가지 방식들로, 그리고 두 가지 이유들로 민족 집단들에 대해 이야기하기 시작했다. 첫째, 그들은 백인 내부의 사회적 차이가 생물학적 힘이 아니라 사회적·문화적 힘의 결과였다는 성장여론을 증명하기 위해 백인 인종들 대신에 백인 민족 집단들에 대해 이야기하기 시작했다. 둘째, 그들은 흑인-백인 관계와 차이에 대해 말하기 위해선 "인종"이란 낱말을 계속 사용했으며, 그리하여 "니그로 문제"는 유럽 소수민족들을 동화시키는 문제와는 질적으로 다르다는, 우물쭈물했지만 매우 정확한 이해를 표현했다.>32 부분적으로 그 다름은 흑인들은 여전히 육체적 차이에 근거한 차별에 종속되었던 반면에, 언어와 같은 문화적 차이들 때문에 차별되는 상태에 남아있었던 (만약 그들이 그랬다면) 아일랜드인, 이탈리아인, 유대인 "민족들"에 (그리고 다른 여러 민족들에) 대해서는 육체적 차이에 근거한 차별의 위협이 상당히 줄었다는 사실이라고 추측된다.

그러므로 우선 우리는 "인종"은 육체를 가리키는데 반해, "민족"은 문화를 가리킨다고 말할 수 있다. 우리의 일반적 관행에서 이러한 패턴이 긍정되는 것을 관찰할 수 있는데, 아래에서 나는 세 가지의 사례들을 제공하겠다.

사례 1: 최근 발칸반도의 위기가 절정에 달한 동안, 우리는 — 뉴스 방송가들, 시사 해설자들, 흥미를 가진 관찰자들은 — 알바니아 민족의 사람들에 대해 엄청나게 많은 것을 말하고 들었다. 이들은 알바니아와 문화적·혈통적 유대를 가졌지만 다른 곳에 거주하는 사람들이다.

>32 Robert McKee, *Sociology and the Race Problem* (Chicago: University of Illinois Press, 1993), pp. 131-2.

우리는 "알바니아 인종의 사람들"에 대해서는 말하지 않는다. 왜냐하면 우리가 "인종"이란 낱말을 사용하는 방식이 있으면서도 그러한 식으로 말하는 것은 전혀 이해가 되지 않기 때문이다. 비록 그들은 미국으로 건너올 때 — 19세기 유럽인의 이주 동안에 그들이 그랬던 것처럼 — 문화적 차이·국적·계급에 의해 복잡해지긴 했지만, 우리에게 알바니아인들은 백인들이다.

사례 2: 1999년 2월 4일, 네 명의 뉴욕시 경찰관들이 비무장의 아프리카인 이민자 아마도우 디알로(Amadou Diallo)를 총으로 쐈다. 경찰관들은 자신들이 디알로의 손에 있던 지갑을 총으로 잘못 봤다고 주장했다. 비판가들은 경찰관들이 단순히 거짓말을 하고 있었던 것이 아니라면 그들은 디알로가 흑인이기 때문에, 즉 그들로 하여금 디알로를 위협적 존재라고 생각하도록 조장한 하나의 사실 때문에 존재하지도 않는 총을 보았던, 혹은 "상상했던" 것이라고 말한다. 보통 비판가들은 이 사례가 인종차별주의의 (인종차별주의를 포함하여 여러 가지 것들이 결부된) 사례라고 말하려고 했다.

디알로의 비극적 이야기는 사례 1과 동일한 교훈을 준다: 우리가 "민족적"이란 낱말을 사용하는 방식으로 아마도우 디알로의 민족적 배경에 대해 초점을 맞추는 것은 요점에서 벗어난 것일 것이다. 비판가들의 분석에 따르면, 디알로는 (그의 조국인) 기니인이기 때문에, 혹은 (그의 문화집단인) 풀라니족이기 때문에 죽은 것이 아니었다.>33 그는 그의 인종 때문에, 즉 사람들이 그의 육체에 — "위험한 자"나

>33 Susan Sachs, "Wandering Over, a Son Is Laid to Rest," *New York Times* (Print Media Edition: Late Edition - East Coast), February 18, 1999, p. 5.

"범죄자"라는 — 의미를 부여했기 때문에 죽은 것이었다. 만약 비판가들이 옳다면, 그는 흑인이었기 때문에 죽은 것이었다. 이것이 대중들이 자민족중심주의보다는 인종차별주의에 초점을 맞출 것을 부르짖는 이유다. 그리고 이것은 그 총살 이후로 서양의 아프리카계 이민자들이 종종 흑인임이 무엇을 뜻하는지를 배웠다고 말했던 이유다.

사례 3: 2000년 미국 인구조사 기록을 위한 양식들에는 여섯 개의 인종적 범주들이 있다: 아메리카 인디언 혹은 알라스카 원주민; 아시아인; 흑인 혹은 아프리카계 미국인; 하와이 원주민 혹은 다른 태평양섬 주민; 백인; 그리고 그 외의 다른 인종. 또한 두 개의 민족 범주들이 있다: "히스패닉 혹은 라티노", 그리고 영리하게 "히스패닉이나 라티노가 아닌 사람들."[34] 이러한 범주들이 어떻게 작용하는가에 대해 설명할 책임이 있는 연방 예산관리국은 우리에게 "히스패닉들과 라티노들은 그 어느 인종이든 될 수 있다"고 말한다.[35]

내가 여기서 정부에 의지하는 것은 그것이 최종적 권위이기 때문이 아니라 때때로 상식적 태도들을 성문화하는 그것의 역할 때문이다(씬드의 판례를 기억해보라.) 우리는 라티노와 라티나 종족이 그들의 인종적 배경과 무관하게 공통된 문화에 의해 하나로 묶여있다고 생각한다. 문제의 그 문화는 푸에르토리코·멕시코·니카라과·도미니

>34 역자주] "히스패닉"(Hispanic) 혹은 "라티노"(Latino)라고도 불리는 이들은 스페인어를 사용하는 중남미출신 이민자나 그 후손을 가리키는데, 미국 내에 거주하는 이들의 수가 흑인을 앞지르면서 이들의 정치적 영향력이 급성장하고 있다. "라티나"(Latina)는 "라티노"의 여성형이다.

>35 "Racial and Ethnic Classifications Used in Census 2000 and Beyond," Office of Management and Budget, 2000, http://www.census.gov.

카 사람들을 비롯하여 그 외에도 많은 사람들을 포함하는 매우 폭넓은 것이다. 우리는 수많은 라티노와 라티나를 포함하여 이베리아 사람들이 아메리카 대륙으로 식민지 유람을 다녀간 후에 남아있는 종족들과 국민들이 공통된 언어와 종교, 지구 반구(半球)의 패권자인 미국과의 공통된 관계, 서로 뒤섞인 아프리카 문화·토착민 문화·이베리아 문화의 영향에 대한 공통된 경험과 같은 것들에 의해 하나로 묶여있다고 생각한다. (그들이 모두 스페인어나 포르투갈어를 말하는 것이 아니며, 특히 오늘날 그들이 모두 가톨릭교도들이 아니라는 사실을 나도 알고 있다. 잠깐 기다려라.) 내 견해로는, 라티노와 라티나의 정체성의 복잡성을 두 인종들로 구성된 단일한 민족이라는 식으로 표현하는 것은 전혀 만족스럽지 못하며, 이는 스페인과 포르투갈 식민지들에서 발생한 인종적 사고에 대한 색다른 접근의 지지를 거부하려는 조짐이다. 그러나 당장의 요점은 다시 제1장에서 법칙으로 떠받들이진 오스턴의 주장이다: 다소 내키지는 않지만 우리가 인종과 민족을 여러 면에서 그것들이 결합된다는 식으로 정의할 때에도, 우리는 인종과 민족에 대해 그것들이 서로 구별됨을 전제하는 방식으로 말한다. 나는 이 구별됨에 대해 심각하게 생각해보고자 한다.

확실히 민족 개념은 인종 개념과 꽤 가깝다. 이 개념들은 공히 후손에 초점을 맞추는데, 민족의 경우에는 공유하는 문화적 특성들에 의해 결합된 한 집단의 한 구성원이라는 관점으로부터 자손에 초점을 맞춘다. (이는 우리로 하여금 스페인어를 말하지도 않고 자신의 도미니카인 조부모들이 미국으로 가져온 종교적 관습에 그다지 시간과 노력을 들이지도 않는 어떤 사람이 어째서 여전히 라티나일 수 있는지를 이해하게 해 준다.) 그리고 민족은 인종과 쉽게 들어맞는다: 그것은 쉽게 인종화가 가능하다. 이 말은 서로 구별되는 민족 집단들이 자신들의 구별됨을 형태학적 관점에서 생각할 수 있다는 뜻이다. 세르비아인들은 알바니아인들이 다르게 생겼다고 주장할 수 있고, 터키인들은 쿠르드인들이 다르게 생겼다고 주장할 수 있고, 투치족(Tutsis)은 후투족(Hutus)이 다르게 생겼다고 주장할 수 있다.[>36] 그리고 자신들과 다르게 생긴 사람들은 가치가 떨어지며 고로 죽어 마땅하다는 식으로 눈에 보이는 차이가 무언가를 의미한다고 가정한다면, 민족적 차이와 충돌은 인종적 차이와 충돌로 변형되면서 — 비록 그로 인해 민족적 차이가 대여섯의 근대 인종들에 의지하면서 근대 인종적 차이가 되는 것은 아니지만 — 인종화된다.

민족을 인종화할 수 있는 것과 똑같이, 우리는 인종을 민족화할 수 있다 — 이 표현을 양해해 주길 바란다.[>37] 생김새와 조상 때문에 자신들이 비슷한 위치에 있다고 느끼는 사람들은 자신들이 하나로 묶여있다고 보게 될 수 있으며, 필요한 일을 행하는 공통된 방식들을 — 즉, 문화를 — 창출할 수 있다. 이것이 아프리카계 미국인이 된 노예상태의 아프리카인들에게 일어난 일이며, 이것이 내가 예산관리국과 — 인구조사 하는 사람들과 — 달리 "아프리카계 미국인"과 "흑인"을 혼용하지 않으려는 한 가지 이유다.

>36 역자주] 투치족(Tutsis)과 후투족(Hutus)은 르완다의 대표적 두 민족들로서, 지난 수십 년간 르완다는 이 두 민족들의 충돌로 분열되어 있었다. 특히 1994년 4월 6일, 주베날 히브야리마 르완다 대통령이 탑승한 비행기가 추락하여 그가 숨지는 사건이 발생한지 불과 몇 시간 만에, 다수족인 후투족의 대통령 지지자들이 투치족과 온건파 후투족을 표적으로 삼아 80만 이상을 살육하는 만행이 벌어진다. 이 사건으로 수많은 어린이들이 부모를 잃었고, 수많은 여성들이 끔찍한 잔학행위와 성폭행의 피해자가 되었고, 또한 수많은 사람들이 르완다를 탈출했다.

>37 역자주] "민족화하다"는 표현은 "ethnicize"의 번역이다. 사전에는 발견하기는 어려우나, "ethnicize"는 꽤 자주 쓰이는 표현이다. 여기서 저자가 양해를 구하고자 하는 표현은 "인종을 민족화한다"는 표현이다.

이렇게 유사하고 부분적으로 중첩되는 영역들이 있지만, 여러모로 빈약한 인종과 민족의 구별은 여전히 중요한 구별이다. 사람들이 흔히 지적하는 것처럼, 예컨대 모든 흑인들이 공통된 문화를 공유한다는 것은 전혀 사실이 아니다. 카리브와 아메리카 대륙은 말할 것도 없고, 아프리카의 국가들은 굉장히 다른 문화들에 참여하고 그것들을 물려받은 흑인들로 가득 차있다. 인종과 관련된 흥미로운 점은 이 사람들이 미국에 건너올 때 그들은 모두 흑인이라는 사실인데, 이 말은 우리는 그들이 어떻게 보이는가에 일정한 의미를 부여하고 그것에 따라 그들을 대우한다는 말이다. 이에 비추어, 그리고 최초의 탈고전적 사회학자들이 깨달았던 것처럼, 자각적으로 공유하는 전통들에 의해 함께 묶여있는 현저하게 문화적인 무리들에 대해 이야기하기 위한 표현수단을 가지는 것은 상당한 가치가 있다. 그리고 그들의 육체가 가진 의미에 의해 함께 묶여있는 집단들에 대해 그들이 속한 문화들과 별로 관계없는 방식으로 말하기 위한 별도의 표현수단을 가지는 것도 가치가 있다. 우리는 인종과 민족에 대해 이미 이러한 구별을 암시하는 방식으로 말하려는 경향이 있다; 나는 단지 그것을 숨기지 말자고 촉구하는 것이다.

그렇다면 민족은 주로 공유된 문화에 대한 것이고, 파생적으로 "혈연"에 관련된 것이다. 이와 대조적으로 인종은 우리가 본 것처럼 문화보다는 생김새와 조상에 관련된 것이다. 더욱 정확하게 말해서, 인종은 어떻게 생김새와 조상이 알맞은 설정들 속에서 일정한 사회적 위치들과 일정한 형식의 처우를 받을 입장조건들을 제공하는가와 관련되어있다. "인종"과 "민족"의 외연들 사이의 실질적인 경험상의 겹침이나, 혹은 인종적 구별들을 결정하는데 있어서 문화의 역할을 표현하는 한 방편으로서, 우리는 일부 현대이론가들과 합류하여 민족-인종적 집단들에 대해 말할 수도 있다. 그러나 이러는 와중에도 여기서 끌어들일 하나의 쓸모 있는 구별이 있음을 기억해야 한다: 민족 집단들은 인종화될 필요가 없으며, 그리고 인종 집단들의 구성원들은 서로 민족적 유대를 가질 필요가 없다. 두 경우 모두에 그들은 그럴 수도 있지만; 그럴 필요는 없다.

2.5.2 국민

아마 다음에 다룰만한 가장 손쉬운 개념은 국민 개념일 것이다. 우리는 "민족"이란 낱말에 대한 옥스퍼드 영어사전의 정의에서 사회적 차별에 대한 우리의 사고를 혼란스럽게 만드는 혼탁한 개념들의 일부로서 이 개념과 마주쳤다. 다른 개념들과 마찬가지로, 국민 개념은 혼란스럽고 부정확한 용법을 공유해 왔다. 국민 개념을 비참한 개념적 잔해들로부터 구출하는 간단한 방법은 국민을 정치적 활동영역에서 자아실현(self-realization)이나 자율성을 열망하는 공동체들로 이해하는 것이다.

국민 개념은 정치공동체에 대해 생각하는 — 혹은 역사가 베네딕트 앤더슨이 적은 것처럼, 정치공동체에 대해 상상하는 — 방법인데, 한 종류의 기본 공통성을 존중하고 흔히 과대평가함으로써 시작하는 방법이다.[>38] 이러한 공통성이 한 민족 집단이 공유하는 문화에서, 혹은 고전적 인종주의자들이 자신의 인종에 귀속시킨 공통적 본질에서, 혹은 다른 어떤 곳에서 "발견"되든, 국가주의자들은 이 공통성을 하나의 공유된 삶의 형태를 위한 기반으로서 간주한다. 다시 말해서

>38 Benedict Anderson, *Imagined Communities: Reflections on the Origin and Spread of Nationalism*(New York: Verso, 1991).

그들은 이 공통성을 어쨌든 잠재적으로 독특하면서도 포괄적인 것으로 흔히 그려지며, 인간이 노력을 경주하는 모든 중요 활동장소에서 구별이 분명하고 특징적인 국면들을 가진 하나의 공유된 삶의 형태를 위한 기반으로서 간주한다. 그 다음으로 국가주의자들은 그 공유된 삶의 형태의 참여자들을 위한 어느 정도의 정치적 자결권을 — 그 상한(上限)에서는 하나의 국가를 — 요구한다; 덜 야심차게, 정부업무에서의 대표를 요구한다. 그 다음으로 자결권의 명령은 그 공동체의 윤리적·사회적 관계들을 구축하는데 이바지한다. 그 결과로 국민은 특히 개인의 윤리적 숙고에 가담하며, 국민의 요구들은 하여간 주권자의 권위주의적 명령에 근접한다. 이것이 코소보에서 세르비아인의 통치에 분노한 알바니아 민족이 알바니아 국가주의자들이 된 — 그렇게 불리게 되었으며, 그리고 스스로를 그렇게 부르게 된 — 이유며, 그리고 본래의 알바니아와의 통일을 요구하는 이유다.

인종적 구분들은 국가주의적 정치의 한 기능인 것처럼 보일 수도 있다. 예컨대 미합중국 사람들은 인종에 근거한 정치집단들을 조직하여 자신들의 이익을 대변하게 하며, 이러한 자기조직화는 그들을 집단들로 규정하는데 있어서 그들이 집단들이라는 사실만큼이나 커다란 부분이다. 그리고 대체로 그들이 이렇게 해 온 것은 실로 오랫동안 미국의 형태를 결정지어 온 백인의 인종적 국가주의에 대한 반응이다.

그러나 만약 국민들이 정치화된 공동체들이라면, 국민 개념은 민족 개념과 인종 개념 사이의 관계와 상당히 동일한 관계를 — 부분적으로 중첩되나 구별은 가능한 관계를 — 인종 개념에 대해 가지고 있다. 아마도우 디알로를 그의 살인자들의 석방에 항의했던 뉴욕 거주의 아프리카계 미국인들과 하나로 묶어주는 것은 디알로가 자기 자신을 자결권을 요구하는 정치단체의 구성원으로 생각했다는 것이 아니다. 확실히 운집한 시위자들은 이러한 견해를 갖고 있었거나 이러한 견해를 표현하는 듯한 말들을 했을 수도 있다. 그러나 디알로 시위자들의 대부분은 실제로 하나의 국민에 참여하는 사람들처럼 행동하지 않았다. 그보다는, 유치하게 표현하자면, 그들은 디알로에게 일어났던 일이 자신들에게도 일어날 수 있으며 그것을 방지하는 관건은 국가로 하여금 — 새로운 흑인 국가가 아니라 대략 있는 그대로의 국가로 하여금 — 그 임무를 수행하게 하는 것이라고 믿는 것처럼 행동했다. 그들은 디알로의 겉모습이 그의 삶의 종말로 이어진 상황들이 그들과 그들이 사랑하는 사람들에게 날마다 영향을 미치는 상황들이라고 확신하는 것처럼 행동했다. 부정의와 불안전에 대한 이러한 비난은 그것의 표현을 위해 국가주의라는 이데올로기적 혹은 정치적 장치를 요구하지 않는다.

인식된 폭행들에 대한 집단적 반응들은 거의 불가피하게 국가주의적 윤곽을 취하므로, 디알로의 사례보다 더 손쉬운 사례들을 들어보자. 인종적 다양성 때문에 "안전하지 못한" 것처럼 보이는 지역으로부터 백인 고객들을 떠나도록 조종하려는 부동산업자가 국가주의적 프로젝트에 관여하는 것처럼 보이지는 않는다. 이 부동산업자는 자기 고객과의 결속의식으로부터 행동할 필요는 없는데, 특히 그녀는 자기 자신이 백인이 아니면서도 주거지의 비공식적인 분리를 강화하는 방식으로 이렇게 행동할 수 있기 때문이다. (여러분은 그녀가 백인이었을 것이라고 추측했는가? 이러한 성질의 추측은 나중에 어느 정도 중요성을 가질 것이다.) 이와 유사하게 무의식적으로 자궁내막염을 전문직 여성의 질병이라고 생각하며, 또한 무의식적으로 전문직 신분과 자궁내막염을 백인임과 연계하는 부인과의사에 대해 생각해 보자. 만약 이 의사가 흑인 환자의 자궁내막염을 골반내 염증 질환이라고 오진하여 부당하고 부적절한 치료법을 권한다면, 이것을 국가주의적 프로젝트의 일부라고 생각할 어떤 이유가 있는가?>39 국민 개념은 이러한 현상들을 해명해주지 않지만, 인종은 해명해 준다. 아마도우 디알로의 사례에서 본 것처럼, 여기서 한 개인의 생김새와 그 생김새가 그 개인에 대해 말해 준다고 가정되는 것은 생명, 적당한 의료, 다양한 이웃과 같은 사회적 선에 대한 그 개인의 접근을 중재한다.

2.5.3 계급

고맙게도 사회적 계급 개념은 민족이나 국민보다 더 간단하다. 이 개념이 사회 이론가들에게 갖는 의미로, 계급은 사회적·경제적 지위와 관계가 있다. 마르크스에 따르면, 우리는 이 개념을 사람들과 생산양식의 관계라는 측면에서 정의할 수도 있다: 자본소유자들이 하나의 계급에 속하고, 동시에 노동판매자들은 다른 하나의 계급에 속한다. 보다 더 간편한 방식으로, 우리는 이 개념을 수입(收入)의 측면에서 정의할 수도 있는데, 그래서 어떤 일정한 기준보다 위에 있는 사람들은 상층계급이고, 한참 아래에 있는 사람들은 하층계급이고, 중간에 있는 사람들은 물론 중산계급일 테고, 그리고 우리가 논의해야 할 여러 가지 이유들로 인해 전혀 지위상승의 희망이 없는 가장 밑바닥에 있는 사람들은 최하층에 있다. 어느 경우든 계급은 경제적 사회생활에서 한 개인의 장소, 그리고 그 장소에 있는 사람들에 동반되는 사회적 지위나 생활방식을 포함하는 것처럼 보인다.

>39 Dorothy Roberts, *Killing the Black Body: Race, Reproduction, and the Meaning of Liberty* (New York: Vintage Books, 1997).

왈러스타인이 말한 것처럼, 많은 사람들이 인종적 구분들은 계급 구분들의 “희미한 표상들”이라고 확신하게 되었다.>40 이 견해에 의하면, “백인”과 “비백인”은 전 세계적 경제 질서 속에서 서로 다른 집단적인 생태적 지위들을 표상하며, 이는 노예화된 아프리카인들, 아시아인 쿨리나 계약노동자들, 그리고 멕시코의 브라세로 일꾼들의 노예상태와 인종의 상호연관에 의해 입증된다.>41 이 당시 고전적 인종주의는 일정한 경제적 역할을 수행할 자들의 충당을 보장하고, 특히 착취적 경제관계들을 정당화하는 방법이 되었다. 그리고 짐 크로우 제도는 가난한 백인들로 하여금 부유한 백인들과 운명을 함께 하도록, 말하자면 재산 및 토지와 같은 물질적 재화들의 비평등주의적 분배와 맞바꾸어 니그로의 맹종에 대한 권리의 평등주의적 분배를 받아들이도록 유혹하는 방편이 되었다.

이와 같은 논변은 상당히 권할만하다. 내가 말할 수 있는 한에서, 이 논변은 매우 옳다. 그러나 이 논변은 우리가 인종 개념을 없앨 수 있다는 것을 보여주지는 않는다.(그리고 이것이 왈러스타인의 문제도 아니다.) 일례로 모든 인종 집단은 계층화를 갖고 있다: 각 인종

>40 Immanuel Wallerstein, “Social Conflict in Post-Independence Black Africa: The Concepts of Race and Status-Group Reconsidered”, in Etienne Balibar and Immunuel Wallerstein, *Race, Nation, Class: Ambiguous Identities* (London: Verso, 1991), pp. 187-203, p. 199.

>41 역자주] 쿨리(coolie)는 제2차 세계 대전 전의 중국과 인도의 노동자들인데, 특히 짐꾼·인력거꾼·광부 등을 가리켜 외국인들이 부르던 명칭이다. 한자로는 “고력(苦力)”이라고 표기했다. 인간 노동력으로서 매매된다는 점에서는 노예나 마찬가지였다. 브라세로(bracero)는 2차 세계 대전 중에 심각한 인력난을 타개하기 위해 미국이 1942년에 채택한 인력수급정책으로서, 멕시코 노동자들에게 미국의 농업분야에서 일할 수 있는 특별임시허가를 부여한 것이다. 그러나 미국의 농업이 기계화되면서 인력수요가 줄어들고 정치적 지원도 줄어들자 1964년에 폐지되었다

나로 환원시킬 수 있음을 뜻하지 않는다. 우리는 이 점에 대해 다시 말할 것이다.

2.5.4 카스트

카스트는 또 하나의 사회적 차별의 원리로서, 흔히 인종을 대신하여 취해진 것처럼 보인다. 그것은 특히 20세기 중반에 유행했는데, 인종 관계들에 대해 연구하는 사회학자들은 그 관계들을 표현하기 위한 새로운 이론적 어휘를 물색하고 있었다. 내가 지금까지 작업해 온 정의들은 다른 학자들이나 일상적 언어사용에서의 나의 직관들로부터 도출된 것으로서, 예컨대 정부발표와 옥스퍼드 영어사전에 의해 보완되었다. 사회적 차별이 상당한 윤리적·정치적 중요성을 가진 쟁점들을 일으키는 만큼, 이제 우리가 전문가들을 논의에 끌어들여야 할 시간이다. 그래서 나는 인권감시협회를 참조할 것이다. 인권감시협회는 높이 평가되는 비정부조직(NGO)으로서, 카스트와 인종적 사고가 조장하는 종류의 부당한 대우를 방지하는 사업을 수행하고 있다.[>43]

그들의 웹사이트에서 인권감시협회는 카스트는 "출신과 직업에 의해 규정된 서열집단들로 계층을 형성하는 견고한 사회적 계층화의 체계"라고 설명한다. 출신·직업·계층화: 지금까지는 이것이 상당히

>43 역자주] 인권감시협회(Human Rights Watch)는 소비에트연합 국가들이 헬싱키 협정(Helsinki Accords)의 인권조약들을 충실히 따르는지 감시하기 위해 1978년 헬싱키감시협회(Helsinki Watch)로 출발한 이후, 중앙아메리카의 인권상황을 감시하기 위해 설립된 아메리카감시협회(America Watch)를 비롯하여 모든 "인권"관련 위원회들을 통합하여 1988년에 조직되었다. 전 세계적으로 150여명의 전문직종사자들이 참여하고 있는데, 법률가·저널리스트·교육자 등을 비롯하여 다양한 배경과 국적의 사람들이 포함되어있다. 현재는 그 본부를 미국에 두고 있으며, 인터넷 홈페이지 http://www.hrw.org를 참고하시오.

인종과 비슷한 것처럼 들린다. 나아가 인권감시협회는 카스트들 사이의 구별은 흔히 "오염과 순수, 그리고 불결함과 깨끗함"이라는 수사를 사용하여 얻어진다고 말한다. 이것은 우리에게 더더욱 인종적 사고의 몇몇 결과들을, 특히 짐 크로우 제도를 채택한 미국 남부를 상기시킬 수도 있다. 만약 오염을 두려워해서가 아니라면, 사람들로 하여금 같은 수돗물·화장실·병원을 사용하지도 같은 지역에 살지도 같은 차량을 타지도 같은 침대에 눕지도 못하게 하려는 결정의 배후에는 무엇이 있단 말인가?

그러나 그 다음으로 인권감시협회 웹사이트는 카스트와 인종이 어떻게 다른지를 설명한다. 달리트(Dalits)나 남아시아의 불가촉천민들, 일본의 부라쿠(Buraku)민들, 나이지리아의 오수(Osu) 등을 비롯한 광범위한 사례들을 끌어들여, 인권감시협회는 "하층 카스트 공동체들은 상층 카스트 공동체들과 육체적 생김새에서 거의 항상 구별이 불가능하며 … 아니면 흔히 인종이나 민족에 동반하는 가시적 단서들을 완전히 결여하고 있다"고 결론짓는다.>44 나는 지금까지 인종적 사고는 본질적으로 인체의 생김새에 의미를 부여하는 것과 관계가 있다고 역설해 온 까닭에, 위와 같은 것은 사회적 차별문제로 한정된 담화영역에서 인종 개념의 독특한 입지를 표시하는데 충분할 것이다.

>44 역자주] "달리트"(Dalits)는 남아시아, 특히 인도에서 카스트에조차 들지 못한 불가촉천민들을 가리키는 용어다. 인도 인구의 16퍼센트에 달하는 달리트들은 주로 시체처리, 가죽수리, 길거리 청소, 소작농, 가난한 노동자들의 역할을 담당하고 있다. 공식적으로는 이들에 대한 차별은 금지되어 있으나 인도 전역에서 차별은 만연되어 있는 형편이다. "부라쿠"(Buraku; 部落)는 일본의 봉건시절 이후로 천민계층이 모여 살던 지역을 가리켰는데, 오늘날에는 일본 내의 사회적 배척집단을 뜻하는 일반용어로 사용되고 있다.

확실히 나는 인종적 사고는 생김새뿐만 아니라 **조상과도** 관계된 것이라 역설해왔으며, 이는 도로 카스트적 사고의 방향으로 물러서는 것처럼 보일지도 모른다. 조상에의 의존은 사람들이 자신의 출생 배경에 의해 자격을 부여받은 인종에 속하지 않는 것처럼 시늉하거나 다른 인종으로 넘어가려는 패싱 현상을 가능하게 만든다.**>45**(여기서 나는 시늉한다고 말했는데, 이는 사람들이 실제로 내가 말한 것처럼 자신이 그 자격을 갖춘 인종에 속한다는 것을 전제한다. 이것은 내가 다음 장에서 다룰 민감한 문제이지만, 당장은 지금까지 여러분이 여러 곳에서 나에게 베풀어준 호의를 다시 부탁할 따름이다: 당장은 나로 하여금 인종들이 실재하는 것처럼 말하도록 허락해 주길 바란다. 우리가 일단 무엇이 문제시되고 있으며 그 낱말들이 무엇을 뜻하는지를 깨닫게 되면, 우리는 본격적으로 형이상학적 물음들에 다룰 수 있다.) 만약 세상 사람들이 다른 인종으로 넘어가려는 사람들이 스스로 자신의 조상에 대해 알고 있는 바를 알아채게 된다면, 그 사람들은 이를테면 흑인일 (흑인이라고 보일) 것이다. 이것이 넬라 라슨의《패싱》이나 웰든 존슨의《전(前)유색인의 자서전》에 의해 절정에 이른, 다른 인종으로의 동화에 관한 방대한 문학작품들이 뚜렷하게 흑인이지만 오랫동안 부인해왔던 가족의 일원이나 친구가 주인공의 비밀을 위협하기 위해 돌아오는 반전에 그렇게 무겁게 의존한 까닭

아직도 부라쿠 출신들은 주택구입이나 취업 등에 있어서 심각한 차별을 받고 있다. "오수"(osu)는 "버림받은" 혹은 "추방당한"이란 뜻의 낱말로, 나이지리아 남동지역에서 심각한 차별을 겪고 있는 집단을 가리킨다.

>45 역자주] "패싱"(passing)이란 혼혈 인종들 가운데 백인의 생김새를 — 특히 피부색을 — 가진 사람들이 자신의 조상이나 혈통에 대해 밝히지 않거나 숨기면서 백인세계에 섞이려는 현상으로, 이를 통해 자신의 인종적 신분을 바꾸려는 것이다.

이다.>46

내가 패싱 현상을 꺼낸 이유는 그것이 다시 카스트적 사고의 방향을 가리키는, 보다 더 심층적인 현실을 전제하기 때문이다. 다른 인종으로 넘어가려는 사람은 정의상 그가 넘어가려는 인종과 지각적으로 구별이 불가능하다. 우리가 알고 있는 한에서(!), 이처럼 구별이 불가능한 사람들 중에서 훨씬 더 많은 사람들이 다른 인종으로 넘어가지 않고, 마크 트웨인의 소설인 《바보 윌슨》의 여주인공처럼, 자신에게 부여된 사회적 위치에 머문 채로 어느 정도 사회가 요구하는 대로 자신의 삶을 살아간다. 만약 이 사람들이 실제로 보다 호감을 사는 집단과 식별 불가능하다면, 그들을 한 카스트의 일원이라고 생각해도 괜찮지 않은가?

지금쯤 여러분은 나의 대답의 형태를 예감할 수 있어야한다. 우리에게 가용한 뚜렷한 어휘들을 상이한 목적들로 쓰는 것, 즉 이 용어들의 핵심용법이 나타내는 상이한 실재들을 지적하는 것이 유용할 것이다. 인종은 주로 생김새에 관한 것이며, 일반적으로 어떤 정해진 방식으로 생긴 사람들을 낳는 혈통들과 파생적으로 관계한다. 카스트는 주로 육체의 형태에는 표시되지 않는 세습적 위계질서에 관한 것이

>46 역자주] 넬라 라슨(Nella Larsen: 1893-1964)은 할렘 르네상스(Harlem Renaissance)시대의 미국 작가로, 《패싱》(*Passing*, 1929)은 그녀의 두 번째 소설이다. 이 소설의 주인공 클레어 켄드리(Clare Kendry)는 매력적인 밝은 색 피부와 흑인답지 않은 머릿결을 가진 흑인 여성으로서 자신을 백인이라고 믿는 부유한 백인 남성과 결혼하여 가난으로부터 벗어나려고 한다. 하지만 그녀의 인종 경계를 가로지른 여행은 그녀의 친구 아이린(Irene)이 나타나면서 새로운 국면을 맞이한다. 웰든 존슨(Weldon Johnson: 1871-1938)도 할렘 르네상스시대의 시인이면서 활동가로서, 그의 소설 《전(前)유색인의 자서전》(*Autobiography of An Ex-Colored Man*, 1912)도 라슨의 소설처럼 밝은 색 피부를 가진 흑인 주인공이 백인사회에서 성공하려는 시도를 그리고 있다.

다. 양자의 사고방식에 대한 문제 사례들이 있다. 인종적 사고를 하는 사람은 패싱현상을 다뤄야하는 반면에, 카스트적 사고를 하는 사람은 괴로우나 해소 가능한, 달리트 신분과 검은 피부 사이의 중첩을 다뤄야한다. 허나 카스트들이 민족 집단이나 계급처럼 인종화될 수 없다고 말할 이유는 없다. 그리고 핵심 사례들에 대해 명백하게 밝힌 연후에, 이러한 종류의 문제에 대해 뜻있게 말하기가 더 쉬워질 것이다.

2.5.5 교차하는 원리들: 사회적 성 >47

카스트·계급·국민·민족 등이 인종과 중첩될 수 있다는 것을 보았다. 만약 내가 옳다면, 이 사회적 차별의 원리들은 인종 개념과 동일한 개념적 공간을 차지하지 않는다. 그러나 이 원리들은 인종 개념과 상호작용하면서 독특한 조직과 구성, 독특한 제도와 관행, 신념과 감수성, 전설과 두려움을 사회생활에 공급한다.

다른 사회적 차별의 원리들도 인종 개념과 상호작용하지만, 동일한 개념적 공간을 요구하지 않는다. 예컨대 누구도 근대 인종들을 사회적 성 집단들과 융합하거나, 사회적 성에 따른 계층화 메커니즘들이 인종적 구분들을 설명할 수 있다고 주장하지 않는다. 그러나 사회적 성과 인종에 대한 미국식 관념들이 서로 근접하여 발전해왔으며 여전히 그렇게 작용하고 있다는 사실을 누구도 의문시하지 않는다. 내가 이 점에 대해 더 강조하기 전에, 사회적 성에 대해 좀 더 말해야 할 것이다.

사회적 성을 말하면서, 나는 생물학적 성에 어떤 일정한 의미를

>47 역자주] 성(性)과 관련된 두 개념들을 구별해야 한다. 하나는 "생물학적" 성(sex)이고, 다른 하나는 "사회심리학적" — 혹은 단순하게 "사회적" — 성(gender)이다.

부여할 때 어떤 일이 일어나는가를 고려하고 있다. 생물학적 성은 생리학의 문제이며, 예컨대 생식과정에서 한 사람의 육체가 자신에게 적합한 역할을 수행하는가, 달리 말해서 관련 염색체들의 "올바른" 여집합(餘集合)을 갖고 있는가와 관계가 있다. (단순함을 위해서 나는 일부 사람들이 논증을 요구할 어떤 것을 일단 가정할 것이다: 오직 두 가지의 생식 역할들, 남성과 여성만이 존재한다고 가정할 것이다.) 대조적으로 사회적 성은 어떤 일정한 생물학적 성을 가진 사람들에게 적합한 사회적·심리적 특징들을 — 그 충동들, 그 사회적 역할과 위치를 — 소유하고 있는가, 혹은 소유하고 있다고 가정되거나 예상되는가의 문제다. 생물학적으로 남성임은 일정한 생식기관들의 집합이나 염색체의 여집합을 소유하고 있음을 의미하는 반면에, 누가 정의하는가에 따라 다르나 남성성이란 집안 살림을 하는 사람이 아니라 생계를 위해 돈을 버는 사람, 패션에 대해 아는 사람이 아니라 자동차에 대해 아는 사람, 당신의 눈시울을 닦게 만드는 영화보다는 (시끄러운 폭발과 총성 때문에) 당신의 귀를 막게 만드는 영화를 더 선호하는 사람을 뜻한다.

다른 관념들과 마찬가지로 사회적 성에 대한 관념들은 갖가지 형태로 들어온다: 이것이 바로 내가 사회적 성에 대한 논의들은 누가 말하느냐에 따라 다르게 진행될 것이라고 말한 이유다. 예컨대 위에서 제공한 남성성에 대한 기술은 오직 적절한 인종에 속하는 적절한 계급의 사람들 사이에서, 적절한 시기에, 어떤 일정한 상황에서만 받아들여질 수 있을 것이다. 남성성과 사회적 성을 연구한 사람들은 19세기 상류계급의 백인 남성들과 1940년대 노동계급의 흑인 남성들, 그 외의 여러 사람들이 패션에 대해 상당히 알고 싶어 했다는 사실을 말해 준다; 이와 같은 것이 나와 친분이 있는 몇몇 아프리카계 미국인 10대 남자 아이들에게도 그대로 적용되는데, 그들은 Sean John, Enyce, 그리고 아마 내가 알고 있는 상표들을 능가하는 다른 디자이너 상표들에 대해 세심하고 열정적인 관심을 쏟는다.>48 그리고 "집에 있는 아빠들"에 대한 통계들이 신뢰할 만하다면, 최근에는 남자가 집안 살림을 하는 사람이 되는 것을 반대하는 권고는 중산층과 중상위층의 남자들 사이에서 점점 융통성 있게 변하고 있다.

이 온갖 다양성에 비추어, 사회적 성 관념을 연구하는 사람들은 지배적·주도적 관념들과 저항적·주변적 관념들을 구별하는 경향이 있다. 지배적 관념들은 우리가 "주류"라고 일컫는 것에 대응한다: 이 관념들은 주요 미디어 방출구들로부터 흘러나와, 관찰자들의 눈으로 우리 문화를 특징짓는다. 일부 사람들은 주류는 사라지고 그 자리에 무수한 부티크 지점들만 남았다고 말해도 좋을 지경에까지 문화산업들(culture industries)이 발달했다고 주장할 것이다. 나는 누군가 이렇게 주장하도록 움직이는 것이 무엇인지를 안다: 예컨대 전문 케이블 채널들과 온갖 있을법한 관심사들에 관련된 인터넷 웹사이트들이다. 나의 의견은 주류는 이보다는 좀 더 탄력적이라는 것이다. 그것은 특히 너욱너 커져가는 미디어 제국들 속에서, 말하자면 콘텐트 제공자들을 다수의 배출구들과 연결하여 상승작용을 일으키는 거대기업들 속에서 응결하여 스스로를 지탱하기 때문이다. 그러나 어쨌든 주류는 살아있으며, 사회적 성 관념들의 영역으로 차고 들어가는 것처럼 보인다. 그리 멀지 않게는 힐러리 클린턴이 대통령영부인의 역할에 적응하는데 고생했던 것을 생각해보고, 그런 다음 로라 부시는 대통

>48 역자주] Sean John과 Enyce는 젊은 층을 주요 대상으로 삼아 소위 힙합 분위기의 의류 등을 제작·판매하는, 흑인들 사이에서 상당히 인지도가 높은 상표다.

령영부인 기간을 훨씬 더 수월하게 보내는 것을 생각해보면, 이는 우리에게 하나의 분명한 사례를 제공한다.>49

남성성과 여성성에 대한 우리의 주류 관념들은 친숙한 관념들과 대립들을 포함한다. 이 사고방식의 구성요소들은 서양 문화에서 오랜 역사를 갖고 있지만 그 길이는 다양하다. 어떤 구성요소들은 고대로 거슬러가고, 어떤 구성요소들은 그저 19세기에 이른다. 어떤 경우든 우리의 사회생활과 질서들은 그 구성요소들이 미친 영향들의 흔적들과 흔적 이상의 것들을 담고 있다. 물론 이는 그 구성요소들로 구성된 시각이 공평하다거나 정확하다는 뜻이 아니며, 혹은 모든 사람들이 그 시각에 동의한다는 뜻도 아니다. 그 시각은 일관적이지도 그럴듯하지 않을 수도 있다. 그러나 그 시각이 여기에 있다: 남성들은 능동적인데; 여성들은 수동적이다. 남성들은 합리적인데; 여성들은 감정적이다. 여성들은 가르쳐 기르는데; 남성들은 경쟁적이다. 남성들은 보호하는데; 여성들은 보호를 필요로 한다. 남성들은 양식을 제공하는데; 여성들은 그것을 보존한다. 남성들은 성교를 하는데; 여성들은 성교를 당한다. 그리고 여성들은 보여주기 위한 것인데; 남성들은 행동하기 위한 것이다.

만약 여러분이 이러한 구성요소들이 아직도 미국에서 작용하고 있다고 생각하지 않는다면 (물론 비판이나 저항이 없는 것은 아니지만), 이와 같은 물음들에 대해 생각해보라. 가장 유명한 스포츠에서

>49 역자주] 빌 클린턴(Bill Clinton) 전(前) 미국 대통령의 부인인 힐러리 클린턴(Hilary Clinton)은 주류에 해당하는 혹은 지배적인 사회적 성 관념을 거스르면서 정력적으로 정치활동에 참여했던 것에 비해, 조지 부시(George W. Bush) 현(現) 대통령의 부인인 로라 부시(Laura Bush)는 백악관 안주인으로서의 역할에 치중하면서 지배적인 사회적 성 관념을 거스르는 행동을 자제하는 것을 비교하라는 뜻이다.

주로 누가 운동선수고, 누가 치어리더인가? 그 치어리더들이 어떤 옷을 입고 있는가? 얼마나 많은 여자들이 대통령으로 당선되었는가? 혹은 그 문제에 있어서 얼마나 많은 여자들이 상원의원으로 당선되었는가? 왜 서양 시각예술에서 "누드"는 거의 항상 여성인가? 왜 여성 정장은 커다란 부위의 살이 드러나게 하는데 반해, 남성 정장은 여러 층의 커버를 제공하는가?

오해하지 말길 바란다: 나는 이 모든 것들이 반드시 나쁘다거나 이것들에 대항할만한 문화적 경향들이 없다고 제안하려는 것이 아니다. 단지 약간의 문화적 배경과 개념적 세부사항을 제공하려는 것이다. 나는 스스로 우리로 하여금 여성들이 남성들에게 조직적으로 예속되는 사회세계를 창출하도록 조장해 온 어떤 감성을 기술하고 있다고 생각한다. 우리가 이렇게 해왔다는 것은 논란의 여지가 없다; 여성에 대한 폭력과 여성 대 남성의 상대적 수입수준에 대한 통계들은 이를 입증하고 있다. 우리는 그 조직적 예속이 나쁜 것인지, 그리고 이러한 조직적 예속이 20세기나 그 즈음에 걸쳐 우리가 관찰했던 방식으로 다뤄야할 것인지에 대해 논해야 할 것이다. 그러나 그러한 논의들이 여기서는 부적절하다. 지금 나의 목적은 단지 어떻게 사회적 성이 인종과 교차하는지에 대해 내가 말하려고 계획한 바를 유도하기 위해 미국에서의 사회적 성 관념들과 관계들에 대해 충분하게 말하는 것이다.

사회적 성에 대한 우리의 주류 관념들 속에 있는 몇몇 광범위한 패턴들에 초점을 맞추는 것은 사회적 성과 인종의 교차에 관한 첫 번째 중점을 쉽게 알아볼 수 있게 해 준다. 인종과 사회적 성은 서로 합쳐져 사회세계에 강한 영향을 미친다. 계급에 대한 앞서의 논평을 빌려와 변형시킨다면: 인종은 사회적 성이 살아가는 하나의 양식이며,

그 반대로도 그렇다. 몇몇 문화적 경향의 사례들이 이 점을 보다 분명하게 보여줄 수 있다.

첫째, 인종들은 사회적 성의 용어들로 묘사되어 왔다. 앞서 언급했던 이민과 제국주의에 대한 19세기의 다툼들은 종종 노골적으로 남성적 인종과 여성적 인종이라는 용어들로 논의되었다. 앵글로색슨은 남성적이고 단정적이고 합리적인 반면에, 다른 인종들은 여성적이고 아시아인들이 그러하다고 가정되는 만큼 수동적이거나 흑인들처럼 비합리적이다.

둘째, 사회적 성의 이념들이 인종화된 용어들로 투사되어 왔다. 진정한 여성성, 말하자면 아름다움·섬세함·남자들이 바랄만함 등은 오직 백인 여성들만이 가질 수 있는 특성이 되었다. 이는 서로 맞물린 (준(準))여성에 대한 갖가지 전설들을 끌어들였는데, 예컨대 뜨거운 피를 가진 라틴아메리카 여성, 아시아의 강철같은 드래곤레이디, 그리고 성욕덩어리에 생식능력이 지나치게 좋은 흑인여성에 대한 전설들과 같은 것이다. 하지만 이것은 또한 백인 여성들을 갈망하는 흑인 남성 성폭행범들에 대한 신화를 부추겼다. 다시 이것은 백인 남성들로 하여금 흑인 공동체를 통제하고 "자신들의" 백인 여성들을 보호하기 위해 폭력과 테러를 사용하게 하는데 이르렀다. 유사한 방식으로 진정한 남성성은 (어느 정도) 자신이 선택한 여성에게 접근할 수단과 자신의 가족을 보호하고 부양할 능력을 포함했다. 이 견해에 따르면, 노예상태에 있을 때와 그 이후로도 오랫동안 흑인 남성들은 단순히 진정한 남자일 수 없었다. (초(超)남성적인 성적 능력이나 욕구에 대한 신화가 여기서 도움이 될 것처럼 보일 수도 있으나, 그렇지 않다; 흑인들은 짐승과 같다는 관념들과 결합한다면, 이러한 신화는 흑인 남성들을 종마(種馬)보다 더 나을 것이 없게 만든다.)

마지막으로, 비백인의 여성성은 이중적 문제를 안고 있다고 말함으로써 우리는 인종화된 사회적 성 이념들에 대한 문제점에 기초를 둘 수 있으며, 이때 유색인 여성들은 (마치 흰색은 색깔이 아닌 것처럼 말할 때) 서로 맞물린 억압체계들의 밑바닥에 놓여있는 스스로를 발견한다. 백인지상주의와 남성우월주의의 동시작용은 비백인 여성들을 일부 사람들이 이중구속이라 지칭하는 상태로 남겨둔다. 운동가들에게는 이러한 구속은 특정한 형태를 취한다. 예를 들어 19세기의 흑인 페미니스트들은 그들의 백인 페미니스트 동료들과 남성 반인종주의 동료들이 백인 여성과 흑인 남성 중에 누가 먼저 참정권을 받아야 할지에 대해 논쟁하는 것을 지켜보았다. 흑인 페미니스트의 생각을 모은 한 중요 선집은 그 제목에서 이 상황을 훌륭하게 요약하고 있다: 그것이 말하기를, **진짜 여자는 백인뿐이고, 진짜 흑인은 남자뿐이다.**>50

만약 첫 번째 논점이 인종과 사회적 성은 (그리고 확대하여 다른 사회적 범주들은) 서로 합쳐져 사회세계와 우리의 경험에 강한 영향을 미친다는 것이었다면, 두 번째 논점은 인종의 영향이 이 다른 사회적 범주들에 대한 우리의 관심을 가려버릴 가능성이 있다는 것임에 틀림없다. 우리는 이러한 가능성을 비백인 여성들은 하나가 아니라 둘 모두의 정의회복 캠페인에서 무시된다는 사례에서 관찰할 수 있다. 내가 말했던 것처럼, 교차하는 원리들에 대해 우려하는 바는 인종적 사고가 우리에게 무관한 상황들을 지적해 준다거나 그것이 공허

>50 Glora T. Hull, Patricia Bell Scott, and Barbara Smith, eds, *All the Women Are White, All the Blacks Are Men, but Some of Us Are Brave: Black Women's Studies* (Old Westbury, NY: the Feminist Press, 1982).

하다는 것은 아니다. 우려하는 바는 지나치게 인종에 초점을 맞춘다거나 잘못된 방식으로 그것에 초점을 맞추면 이는 우리로 하여금 우리가 주의를 기울여야만할 사회적 상황들을 간과하거나 경시하게 만들 수 있다는 것이다. 아프리카계 미국인 페미니스트들의 염려는 다른 교차하는 원리들하에서 유사한 형태로 일어난다. 아프리카계 미국인 동성애자 권리운동가들은 주류 민권투쟁은 그 자체의 회원들 가운데서도 이성애(heterosexuality)를 의무적인 것으로 만들며, 게다가 그것은 과격하고 악의에 찬 동성애혐오(homophobia)를 모른 체한다고 옳게 비난한다. 어떤 일정한 방향으로 경제적 정의에 관심을 가진 사람들은 — 어떤 경우에서든 계급 분석을 제안하는 사람들, 아마 마르크스주의자들은 — 정체성 정치(identity politics)는 빈곤·무주택·불충분한 의료혜택과 같이 인종을 구별하지 않는 모든 문제들에 대한 (비록 이 문제들이 확실히 다른 인종들보다는 어떤 인종들을 구별지만) 일반적 해결책들을 찾아내지 못하도록 사람들을 혼란시킨다고 비난한다. 더 나아가 그들은 장애·연령·국적을 비롯하여 불공평한 차별이나 학대나 억압을 위한 다른 잠재적 기반들을 통해 사람들의 정신을 혼란시킨다고 비난한다.

그렇다면 두 번째 주요 논점은, 앤터니 아피아의 문구를 빌려와 약간 변용해자면, 인종적 사고가 "최고권위가 될" 위험을 동반한다는 것이다.>51 인종 개념은 사회생활에 관련된 다른 개념들을 개념의 장으로부터 밀어내는 것처럼 보인다. 그것은 사람들이 서로 다르거나

>51 K. Anthony Appiah, "Race, Culture, Identity: Misunderstood Connections," in K. Anthony Appiah and Amy Gutmann, *Color Conscious* (Princeton, NJ: Princeton University Press, 1996), pp. 30-105, p. 103.

유사하게 되는 많은 사항들 중의 대부분을, 즉 우리가 할 수 있는 것보다 덜 친절하게 그 사람들을 대우한 것에 대해 우리가 스스로 부여해 온 많은 이유들 중의 대부분을 간과하도록 우리를 부추긴다. 그리고 이러한 간과는 근시안적 분석으로 이어지며, 이는 중대한 현실들을 보지 못하거나 설명하지 못하는 것이며, 심각한 부정의들에 대응하지 못하는 우유부단한 행동주의에 이른다.

이것들은 중대한 쟁점들이나, 어느 정도 신중을 기해 다뤄야한다. 원리들의 교차에 대해 말하자면: 인종은 결코 홀로 우리의 경험이나 사고에 들어오지 않는다는 것은 사실이다; 그것은 늘 다른 원리들과 함께 작용한다. 이를 "병합론"(merger thesis)이라 부르도록 하자. 우리는 단지 어떤 일정한 인종의 한 개인이 아니라 어떤 일정한 인종·사회적 성·연령·성적 지향성·계급에 속하는 한 개인으로서 사회세계를 횡단한다. 그리고 인종 개념은 삼각관계에 의해, 말하자면 다른 개념들과 대립·기생·공생의 관계를 수립함으로써 우리의 사고와 지적 문화들 속에서 그 특유의 위치를 차지하게 된다. 이와 유사하게 "최고권위가 될" 위험에 대해 말하자면: 인종적 사고에 사로잡혀있는 사람들은 너무도 흔히 사회적 차별이 얼마나 복합적인 것이며 사람들이 얼마나 복잡한 존재들인지를 스스로 망각하도록 허락한다는 것도 사실이다.

일부 사람들은 병합론을 우리는 결코 인종을 이 다른 원리들로부터 분리할 수 없음을 함축하는 것으로 이해하는데, 이 말은 여러분은 항상 그 모든 것들에 대해 한꺼번에 이야기해야 한다는 말이다. 만약 이것이 병합론의 규범적 내용을 해석하는 옳은 방법이라면, 이 책은 대단히 잘못된 길을 가고 있는 것이다.(만약 여러분이 그렇게 생각한다면, 적어도 여기까지 이 책을 읽어준 것에 감사할 따름이다.) 그러나 이는 확실히 단정하기에는 너무 강한 결론이다. 인종과 마찬가지로, 고체성도 결코 홀로 우리의 경험 속으로 들어오지 않는다. 우리는 단단한 것들과 상호 작용한다. 그러나 만약 내가 고체성이 존재하게 되는 조건들, 어떤 사물이 단단해지기 시작하거나 멈추는 조건들에 대해 연구하기를 원한다면, 여러분은 나로 하여금 일시적으로 고체성이 단단한 사물들에 의존함을 잊도록 해야 할 것이다. 여러분은 나로 하여금 예를 들어 의자나 커스터드를 (좋다, 차가운 커스터드를) 반드시 조사하도록 만들지는 않을 것이다. 여러분은 나로 하여금 추상적 물리학의 세계로, 가구와 음식들이 발가벗겨지고 온갖 종류의 고체들 속에서 배열되는 분자들과 힘들로만 채워진 세계로 올라가도록 허락해야 할 것이다. 내가 제때 다시 내려온다고 약속하다면 말이다. 만약 물리적 속성들의 세계에서 교차성이 필연적으로 일종의 병합론을 함축하지 않는다면, 왜 사회 이론에서는 교차성이 병합론을 함축해야 하는가?

어느 경우든 복잡성을 간과하고 다른 사람들의 필요를 무시하는 문제는 인종적 사고를 초월하는 문제다. 주요 인식 메커니즘들 중의 하나는 복잡성의 감소를 필요로 한다: 그것이 온갖 개념들이 하는 일이다. "바위"라는 개념은 당신으로 하여금 바위들이 서로 다르게 되는 모든 측면들을 잠시 잊도록 하며, 그것들의 공통성인 바위임에 초점을 맞추도록 권한다. 이러한 단순화 메커니즘을 억제하는 것은 끊임없는 부담이지만, 우리가 아주 잘 참아내도록 배울 수 있는 부담이기도 하다. 여전히 인종적 사고는 유서 깊은 고정관념들 및 사회적으로 인가된 감시와 더불어 분명 다소 더 무거운 형태의 부담을 안겨준다. 그래서 우리는 병합론을 주의하라는 하나의 표시로, 각별히 문제시되는 영역에서 우리의 단순화 충동들을 계속 감시해야 한다는 표시로 생각함으로써 병합론에 대해 올바른 이해를 시작할 수 있다.

사회생활과 역사의 복잡성과 검증되지 않은 추상의 위험들을 일깨워주는 동시에, 병합론은 우리의 필요들과 욕구들, 그리고 다른 사람들의 필요들 및 욕구들에 대항하여 막대한 희생을 치루고 얻는 복지들 사이의 균형을 잡는데 조심해야 한다는 사실을 우리에게 일깨워준다. 이러한 균형을 발견해야 한다는 것은 인간 경험과 사회생활의 또 다른 영구적 부담이다. 그리고 이러한 균형은 우리가 정의·공정·형평을 옹호하여 전개하는 사회적·도덕적 제제들과 더불어, 정의·공정·형평과 같은 개념들의 도움으로 우리가 견디게 되는 균형이다. 내가 생각하기에, 병합론의 규범적 측면은 영구적으로 냉대를 받는 집단들을 대수롭지 않게 여기고 사회적 범주들이 얼마나 서로 뒤얽혀있는가를 망각할 가능성에 대해 우리가 각별한 주의를 기울여야함을 일깨워주는 것이다. 백인지상주의 문화 속에서 혹은 그러한 문화의 여파 속에서 활동하는 페미니스트들이 어떤 여자들은 백인이 아니라는 사실을 일깨워야하는 것처럼, 남성우월주의 문화 속에서 혹은 그러한 문화의 여파 속에서 활동하는 반인종차별주의 운동가들은 인종차별주의의 모든 희생자들이 남자는 아니라는 사실을 일깨워야한다. 다른 체계들과 마찬가지로, 이 억압의 체계들은 부분적으로 품종 근시안에 의해 작동한다; 따라서 병합론을 교정렌즈로 생각하길 바란다.

2.6 결론

이와 함께 우리는 인종철학에 대한 세 가지의 발단적 도전들에 대한 우리의 연구의 결말을 지을 수 있다. 우선 인종차별주의의 위험이 인종이론에 대한 중지로 이어질 필요가 없음을 알았다. 다음으로 인종생물학의 실패는 인종적 사고의 역사에 종말을 고하지 않으며, 그러므로 인종적 사고에 대한 이론을 끝내서도 안 된다는 것을 알았다. 다음으로 "인종"은 여전히 카스트·계급·사회적 성·국민 등과 같은 사회 이론 개념들 속에서 독특한 개념적 역할을 차지함을 알았다. 이 마지막 도전을 탐구하는 동안, 더 나아가 "인종"이란 낱말이 가장 추상적이고 잠정적인 방식으로 수행하게 되는 역할을 상세히 기술할 수 있음을 알았다. 바꿔 말해서 만약 우리가 인종을 우리의 사회세계를 산출하는데 있어서 서로 협력하는 다른 범주들과 — 혹은 내가 때때로 말했던 것처럼, 다른 사회적 차별의 원리들과 — 연결하지 않는다면, "인종"이란 낱말이 상당한 오해를 불러일으키고 불충분한 방식으로 수행하게 되는 역할을 상세히 기술할 수 있음을 알았다. 이 책의 상당 부분은 바로 인종에 대한 추상적이고 잠정적 논의를 목적으로 하지만, 이 책의 상당 부분은 또한 이러한 추상을 약간 더 구체적인 고려사항들에 기초하는 것을 목적으로 삼는다. 나는 이 장의 논의에 엮어놓은 역사 이야기들을 되풀이함으로써 다음 장을 시작할 것이다.

역사 이야기는 근대 인종적 사고의 짤막한 연대기를 제공했으며, 미합중국이 된 영국 식민지와 서양에 초점을 맞춘 것이었다. 그 이야기는 두 단계로 전개되었으며, 각 단계는 그 자체의 시간적 (발견적) 이정표를 갖는다: 초기 근대의 기원은 1492년에 시작하며, 고전적 혹은 고도 근대의 기원은 1786년에 시작한다. 이 이야기를 말해줌은 수많은 역사적·문화적·개념적 세부내용들을 두드러지게 밝혔으며, 우리로 하여금 고전적 인종주의의 다섯 가지 기본 주장들을 살펴볼 준비를 시켰다. 우리는 인종적 범주들의 변화가능성을 간단히 언급했으며, 특히 이 가능성은 백인성의 역사에 강한 영향을 미쳤다. 그리고 우리는 "인종"과 "민족"의 어원과 인종·이민·미국법률 사이의 연관관계를 살펴보았다. 그리고 발단적 물음들을 논의하는 동안, 우리는 패싱, 사회적 성의 인종화, 경찰에 의한 인종 프로파일링과 같은 현상들에 마주쳤다. 이 현상들과 세부내용들 중의 상당 부분은 다음 장들에서 다시 살펴볼 것이다; 사실 이것이 이 현상들과 세부내용들을 일찍부터 소개한 주된 이유다. 그러나 우선 다음 장에서 우리는 인종적 사고가 산출하는 형이상학적 물음들을 다룰 필요가 있다.

제3장

인종들이란 무엇인가: 비판적 인종이론의 형이상학

제이제이: "너는 아마 우리가 존재하지 않는다는 것을 알면 재미있다고 생각할거야."

보이드: "그건 네 얘기지."

제이제이: "아니, 나는 우리 둘만이 아니라 자신을 인종인이라고 여기는 모든 사람의 생각을 말하는 거야."

보이드: "인종인?"

제이제이: "너도 알다시피 예전에 사람들이 말하곤 했던 인종 남성 혹은 인종 여성을 말하는 거야. 자기 인종의 이익을 위해 일하려한 어떤 사람을 말하는 거지. 나에게 이 모든 것에 대해 생각하게 해준 내 친구 리사처럼 말이야. 오늘 일찍 그녀는 폭력적 증오범죄 희생자들을 위한 추모집회 준비를 도와줬어. 그녀는 빈센트 친에 대한 아름다운 시를 낭송했지. 너도 거기서 그걸 들었어야 했는데."

보이드: "빈센트 친?"

제이제이: "너도 알잖아. 1980년에 몇몇 실업한 자동차제조 노동자들에 의해 죽도록 얻어맞아서 살해된 중국계 미국인 친구 말이야. 그들은 자신들의 곤경에 대해 일본인들을 비난하고 있었는데, 친은 하필 좋지 않은 때에 좋지 않은 장소에 있었던 거지."

보이드: "나는 네가 그를 중국인이라고 말했던 것으로 생각하는데."

제이제이: "사실 그랬지. 그는 중국인이었어. 중국계 미국인이었어. 하지만 그는 아시아인처럼 보였고, 그 정도면 충분히 가까운 거였지. 너도 사람들이 어떤지 알잖아: 모든 흑인들이 똑같아 보이고, 모든 아시아인들도 똑같아 보인다고 생각하지. 어쨌든 리사는 그녀의 시를 낭송하고 나서 내가 서있던 자리로 돌아왔고, 나는 그녀에게 그녀가 행한 이 인종 행위는 정말 훌륭한 것이었다고 말했지 — 그건 그렇고 그녀는 일본인이야. 확실히 그녀는 그것을 이런 식으로 보지 않았어. 이렇게 말하더군: '그것은 인종 행위가 아니라 정의 행위였어요. 인종들이란 없어요. 인종이 존재한다는 사람들의 생각이 바로 빈센트 친을 살해한 거예요. 그런 식의 생각으로부터는 결코 좋은 것이 나올 수가 없어요'.

그래서 나는 그녀에게 이렇게 말했지: '너 도대체 무슨 말을 하는 거야? 내가 흑인 남성이라는 생각은 나에게 불가결한 거야. 그것은 나를 분별 있는 사람으로 지켜주지. 나는 택시들이 나를 태워줄 거라고 기대하지 않아, 또한 레스토랑에서 좋은 서비스를 기대하지도 않지. 다른 한편으로 나는 가게에서 판매원이 나를 졸졸 쫓아다닐 거라고 예상하지, 그리고 경찰은 나를 아무런 이유도 없이 괴롭힐 거라고 예상해. 그래서 너도 보면 알겠지만, 나는 항상 준비가 되어있어. 감정적으로 그리고 실천적으로'."

보이드: "거참 상당히 삭막한 삶의 방식처럼 들린다. 항상 최악을 기대하다니."

제이제이: "나는 바보처럼 살기보다는 차라리 삭막하게 살겠어. 아마도우 디알로가 총에 맞은 다음에 그 코미디언이 한 말이 뭐였지? 만약 디알로가 언제고 다시 뉴욕 경찰관 앞에 자신의 지갑을 떨어뜨

린다면, 그는 그것을 집어 들지도 않을 거야. 그는 그냥 자신의 손을 치켜들고 지갑을 앞으로 툭툭 차면서 집까지 가겠지."

보이드: "네가 그 사건에 대해 농담을 하면 되겠냐."

제이제이: "허어, 너무 심각하게 그러지마. 다만 이것이 흑인들이 그 사건을 받아들이는 방식일 뿐이야: 울어야할 때 웃는다는 거지. 흑인들만도 아니야. 흑색부터 갈색, 붉은색, 흰색, 황색 피부를 가진 사람들에 이르기까지 모든 사람들에게 해당되는 이야기야. 언제고 체호프의 《체리 과수원》을 좀 읽어봐." >1

보이드: "너는 지금 화제를 바꾸고 있어. 그리고 너는 리사의 주장을 망각하고 있어. 네가 실제로는 흑인이 아니라는 것이 그녀의 주장이었잖아. 그녀 역시 황인종이 아니고. 생물학적으로는 어떤 인종도 존재하지 않는 거니까."

제이제이: "그래 나는 흑색이 아니라 갈색이야. 그리고 고무치킨 인형은 정확하게 100 퍼센트의 고무와 0 퍼센트의 치킨으로 만들어져 있지. 우리가 어떻게 그것을 다른 것으로 부르겠어? 문제를 그렇게 문자 그대로 받아들이지 마. 그리고 누가 지금 생물학에 대해 이야기하자는 거냐? 나는 지금 우리가 어떻게 살아가고 있는지, 그리고 이것을 우리가 어떤 식으로 말하는지에 대해 이야기하는 거야. 게다가 너는 내가 흑인에 대해 이야기할 때 누구를 뜻하는지, 그리고 무엇을 뜻하는지를 너무나 잘 알고 있잖아."

보이드: "나도 네가 무엇을 뜻하는지는 알지만, 네가 사용하는 낱말들이 그 뜻을 전달하는데 가장 좋은 낱말들은 아니라고 생각할 뿐이야."

제이제이: "나는 전달수단에 대해 말하는 것도 아니야. 나는 모든 사람이 — 어쨌거나 내가 아는 모든 사람이 — 인종에 대해 이야기할 때

그들이 뜻하는 바에 대해 말하고 있는 거야. 어쩌면 너는 우리가 뜻하는 바를 모를 수도 있지. 또는 어쩌면 너는 그것을 표현할 더 좋은 방법을 알고 있거나. 하지만 네가 이런 식으로 대화를 망쳐놓지 않아도, 전에 너하고 나는 이 문제에 대해 충분히 이야기를 했었지. 내 생각에 너는 단지 까다롭게 굴고 있을 뿐이야."

보이드: "확실히 우리 둘 중의 하나는 그러고 있지."

>1 역자주] 안톤 파블로비치 체호프(Anton Pavlovich Chekhov: 1860-1904)는 러시아의 극작가이자 소설가이다. 그의 희곡《체리 과수원》(*The Cherry Orchard*)은 한 부유하고 명성이 높았던 러시아 가족이 낭비와 허영으로 체리 과수원을 포함하여 자신의 선조들이 물려준 땅과 가산을 모두 탕진하면서 몰락하는 과정을 그리고 있다.

3.1 서론

앞 장에서 나는 여전히 인종적 사고가 담당할 어떤 임무가 있음을, 여러 발단적 물음들에도 불구하고 인종 개념이 담당할 개념적 역할이 있음을 논했다. 이 장의 주된 취지는 세 가지의 추가적 물음들을 살펴보는 것이다. 첫째, 인종 개념의 독특한 개념적 공간은 실재적 — 단순히 개념적이지 않은 — 세계의 무언가에 대응하고 있는가? 둘째, 인종 개념은 그 개념을 계속 사용할 가치를 가지도록 만드는 방식으로 그것의 실재적 대응물들과 관계하고 있는가? 셋째, 만약 인종 개념이 어느 것에도 대응하지 않는다면, 우리가 그것에 대해 말할 때 우리는 무슨 일을 하는 셈인가?

이 물음들에 답하는 것은 앞에서 여러 페이지를 소모했던 인종적 담화의 영역을 떠나 인종 형이상학과 존재론(ontology)의 영역으로 들어감을 뜻할 것이다. (당장은 나는 "존재론"과 "형이상학"이 동의어인 것처럼 사용할 것이다. 그것들은 동의어가 아니나 그러한 사실이 우리에게 중요한 것은 아니다.) 우리는 "인종"이란 낱말이 표시하는 것이 무엇인지를 보았다: 인종은 한 무리의 인간 개체들로서, 이 개체들의 육체와 혈통은 그들을 하나의 집합으로 식별하는데 있어서 의미를 갖는다. 또한 어떻게 인종 개념이 사회적 성·민족·계급과 같은 다른 사회적 차별의 원리들과 구별되면서도 연결되어있는지를 보았다. 이것들이 갖가지 담화, 주로 우리가 인종적 사고라고 일컬어왔던 종류의 담화에 대한 결론들이다. 이제 우리는 사물들의 본성에 대한 결론들을 이끌어낼 필요가 있을 것이다; 우리는 인종관련 낱말들이나 개념들이 아니라, 이 낱말들과 개념들이 우리에게 가리키는 사물들에 대한 수수께끼들을 탐구할 필요가 있다.

만약 우리가 "인종"이란 낱말이 실재세계에서 무엇을 가리키는지에 대해 — 가리키는 것이 있다면 — 말하려하거나, 마치 "인종"이란 낱말이 실재세계에서 무언가를 가리키고 있는 것처럼 행동할 때 우리가 무슨 일을 행하는 셈인지에 대해 말하려 한다면, 저 바깥 세상에 있는 사물들 중에 "인종"이란 낱말이 어떤 종류의 사물들을 가리키는지를 아는 것이 중요하며, 우리가 인종적이라고 생각하는 측면들 속에서 실재세계는 어떤 모습인지를 아는 것도 중요하다. 따라서 현대의 인종 상황을 살피는 것으로부터 시작해보자. 이를 두 단계로 수행할 수 있다. 우선, 우리는 제2장에서 떠났던 지점부터 서양의 인종 프로젝트에 대한 역사를 간략하게 파헤칠 것이며, 인종적 사고가 고전적 인종주의의 몰락에 적응하면서 일어난 의미론적·구조적 발전들을 추적할 것이다. 그런 다음, 우리는 미국에서 인종적 계층화 현상을 보여주는 몇몇 지표들을 빠르게 조사할 것이다. 그 지점에서 우리는 인종이 무엇일 수 있는지, 그리고 고전적 인종이론을 계승한 주제들이 — 이것들을 "비판적 인종이론들"이라고 부르자 — 과연 형이상학을 필요로 할지에 대해 물을 수 있는 입장에 놓일 것이다.

3.2 고전적 인종주의 이후: 후기 근대 인종주의

지금까지 우리는 제1장에서 다루었던 근대 이전의 역사에 덧붙여서, 초기 근대와 고도 근대의 단계들을 관통하는 서양의 인종적 사고의 전개를 추적해왔다. 이 단계들 동안 백인지상주의 사회 질서가 수립되었으며, 이는 수많은 정치공동체들이 근대세계 전체에 걸쳐 널리 공유되는 원칙들과 가정들에 부합하도록 조직되었다는 말이다. 이에 비추어볼 때, 이 공동체들은 일부 사람들이 "백인지상주의"라고 지칭하는 단일한 초국가적 사회형태를 구성했다. 그 수립 이후에 백인지상주의는 그 방법들을 다듬었으며, 이에 대항하는 다양한 발언들과 전통들에도 불구하고 그 영향력을 넓혀나갔다. 라스 카사스 주교와 아이다 웰스와 퀘이커 노예폐지론자들과 같이 백인지상주의에 대항하는 사람들은 시간이 지남에 따라 목소리를 더욱 높였으며 그 수도 더욱 늘어났다; 정치적 인종차별주의의 모순들은 미국의 남북전쟁과 같은 대규모의 위기들을 일으키는데 일조했다.>2 그러나 백인지상주의는 반인종차별주의가 우세를 보이기 시작한 후기 근대 인종주의가 발흥할 때까지 수세(守勢)를 취하지 않았다.

다른 단계들과 마찬가지로 후기 근대 인종주의는 나름의 이정표와 분기점이 되는 계기들을 가지며, 이것들 각각은 "인종"이란 낱말에 대한 독특한 해석과 하나의 특정한 사회구조를 밝히는데 도움이 된다(도표 3.1을 보시오). 우리는 이미 그 시간적 이정표와 마주쳤다: 1923년의 씬드 판례에서 미국 대법원은 과학적 인종주의와 거리를 두고 백인지상주의를 "평균적 백인 미국인"의 상식적 이해에 정착시켰다. 한편으로 새로운 유전학과 새롭게 독립한 사회과학이 계속적으로 고전적 인종이론에 의문을 제기하고, 다른 한편으로 "상식적 이

>2 역자주] 라스 카사스(Bartolomé de Las Casas 1474-1566)는 세비야 출신의 에스파냐 수도사이다. 1513년 종군사제로 쿠바원정에 참가하여 에스파냐인에 의한 원주민의 혹사를 목격하고, 1515년에 귀국하여 국왕 카를루스 1세에게 인디오 구제를 호소했다. 1520-1522년에는 베네수엘라에 이상적 식민지 건설을 시도했으나 이에 실패하자 도미니크회 수도원에 들어가《인디언사(史)》의 집필에 몰두했다. 1542년에는 신대륙에서 에스파냐인의 악행을 고발하는 보고서를 국왕에게 제출하여 〈신법〉의 제정에 성공했다. 1544년 멕시코 남부의 치아파스 지방의 주교로 임명되었으나, 식민지 에스파냐인의 반대로 국왕이 〈신법〉의 주요 내용을 철회했기 때문에 1547년 귀국하여 본국에서 인디오의 자유옹호에 노력했다.

도표 3.1 근대 인종주의의 단계들, 앞 도표에 이어서, 1492-2003>3

	이정표	추가적으로 분수령이 된 순간들	구조적 내용 (인종주의화된 분배의 구조)	의미론적 내용 (인종 개념의 해석)	이데올로기적 작업
초기 근대 인종주의	콜럼버스, 레콘키스타, 추방 (1942)	베르니에의 "지구의 새로운 분할"(1684)	식민지와 노예제도	변종으로서의 인종 (인류 일원설적 종합)	인종적 차이의 자연화
		버지니아 주의회가 인종을 노예상태의 조건과 연결(1660)		**추상적 평등주의**	
고도 근대 (고전적) 인종주의	제퍼슨의 의혹, 칸트의 신념 (1775/86)	모튼의 《아메리카인의 두개골》 출판(1839)	포괄적인 인종 차별주의적 지배	유형으로서의 인종 (유형학적 종합)	인종적 차이의 합리화
		미합중국의 하와이 합병(1899)		**엄격한 위계질서**	
후기 근대 인종주의	미합중국 대 씬드 판례 (1923)	죽음의 수용소 해방(1945); 유네스코 보고서(1951)	헤게모니가 포괄적인 인종차별주의적 지배를 대체	사회적 산물로서의 인종	인종적 차이의 정치화
		민권운동(1960년대)		**해방과 피부색 무차별**	
		레이건 혁명(1980)			

해"는 여전히 식민지시대와 짐 크로우 제도 시대의 감성에 묶인 채로 남아있었기에, 이 갈라진 틈은 처음에는 그저 넓어지기만 했다. 그러나 20세기 중반의 발전들은 과학과 상식을 화해시켰다 — 또한 고전적 인종주의의 쇠퇴를 가져오는데 일조했다.

우선 2차 세계대전에서 나치 인종차별주의의 무서운 결과들이 명확해졌다. 많은 사람들의 마음속에 홀로코스트는 인종에 대한 상식적 이해들 중에서 비극적으로 확연한 극단적 사례를 제공했다. (미국이 지지부진한 속도로 그것의 수용소들과 짐 크로우 제도를 철폐했다는 사실로부터 관찰할 수 있는 것처럼, 홀로코스트의 주된 직접적 결과는 동유럽 유대인들처럼 이전에는 백인인지 의문시되던 사람들을 백인으로 받아들인 것이었다. 그러나 그렇다 하더라도 고전적 인종주의의 쇠퇴는 확연해졌다.) 그 다음으로 1951년에 주류 과학은 하나의 권위 있는 반인종차별주의적 발언기관을 통해 말했다. 국제연합 교육·과학·문화 기구(유네스코)는《인종문제 전문가들의 성명서》를 출판했다. 이것은 고전적 인종주의가 거짓이라는 견해를 최초로 천명한 국제적 성명서였다 — 그리고 인정된 권위자들의 모임에 의해 과학의 문제로서 고전적 인종주의가 거짓으로 판결되었다는 것이다.[4] 전문가들은 인종 생리학의 연구는 문화와 심리학을 포함하여

>3 역자주] 로널드 레이건(Ronald Reagan; 1911-2004) 전(前) 미국 대통령은 인종 문제에 대해 매우 무신경했던 것으로 평가된다. 레이건은 차별수정조치(Affirmative Action)를 공격했으며, 고용차별문제에 대한 민권위원회의 영향력을 축소하려했으며, 1965년에 제정된 선거권법의 연장을 반대하는 등, 민권에 대한 공격이 자신의 행정부의 최우선적 과제인 것처럼 행동했다. 레이건 행정부의 이러한 반동적 활약을 "레이건 혁명"(Reagan revolution)이라고까지 일컬었다.

>4 *Lee Baker, From Savage to Negro* (Berkeley: University of California Press, 1998), p. 209.

어느 것에 대해서든 많은 것을 밝혀주지 못한다는데 동의했다. 정치적·경제적 관계들과 더불어, 문화와 심리학은 소위 인종적 구분들의 결과라기보다는 원인이었다. 사실상 그 전문가들은 인종을 사회적 산물로 재해석하면서, 인종적 차이를 자연율(自然律)에 따라 설명하거나 합리화하는 대신에 정치적으로 논했다; 그리고 그들은 지속적 논의를 통해, 그리고 교재와 같은 교육자료들을 통해 이 새로운 관점을 널리 퍼트렸다. 곧장 인종에 대한 평균적 백인의 상식적 이해는 1923년의 그것과는 거의 유사성을 가지지 않게 되었다.

고전적 인종주의의 쇠퇴는 사회생활의 구조에서 더욱 뚜렷하게 드러났다. 서양 국가들은 그들의 식민지를 대부분 포기했다. 소작농과 계약노동처럼 인종화된 노동착취의 도식들은 그 중요성이 감소하였다. 남아프리카 공화국의 인종격리정책 방식의 체제도 호감을 잃게 되었는데, 국가들은 이민·귀화·참정권·주거지 이동·재산권·취업·(결혼과 같은) 사적인 일에 대한 **법률상의** 인종적 제한들을 제거했다. 서양의 시민사회는 사적인 인종차별주의적 행동들에 대해 일제히 눈살을 찌푸리기 시작했다. 그리고 마지막으로 글로벌 시민사회와 소비사회는 한때 백인지상주의가 악으로 규정했던 인종적 차이들을 찬양하기 시작했다. 비백인 유명인들이 세계에서 가장 존경받는 사람들의 목록에 일상적으로 나타났다(마이클 조던을 생각해보라); 비백인의 문화와 관행이 이제 공공연하게 받아들여지고 있다(힙합음악을 생각해보라); 그리고 비백인의 정체성이 정치적·문화적 동원을 위한 가장 널리 성행하는 수단이 되었다(블랙 팬서, 옐로 시드, 브라운 베레와 같은 인종에 기반을 둔 범민족연합체들에 대해 생각해보라).>5

우리는 이러한 발전들을 여하한 수의 분기점들을 가지고 상징화

할 수 있다: 1947년 대영제국으로부터 인도의 독립, 1977년 오스트레일리아의 원주민 "보호" 법령의 철폐, 심지어 1990년 남아프리카 공화국의 인종격리정책 포기도 이러한 분기점이 될 수 있다. 그러나 1960년대의 미국을 분기점으로 정하자. 이 지점에서 1964년의 민권법, 1965년의 선거권법, 1968년의 인디언 민권법, 그리고 1965년의 이민개혁안 등이 한데 뭉뚱그려져 미국에서 국가가 후원하는 인종차별의 메커니즘들을 해체시켰다. 이 사건들은 후기 근대 인종주의의 해방들을 상징화할 뿐만 아니라; 최근 역사에서 가장 중대하고 유력한 해방 프로그램들 중의 하나인 미국 민권운동의 효과를 나타낸다.

이 민권투쟁들이 중요한 것은 그것들이 해방적 사회변화는 밑에서부터 올라가는 상향식 성격을 가짐을 우리에게 일깨워주기 때문이다. 미국은 온갖 인종의 시민들의 활동에 의해 변화하게 되었다. 그러나 이 과정에는 또한 위에서부터 내려오는 하향식의, 아무래도 기쁜 마음이 덜한 측면이 있다. 미국은 변화에 동의했으며, 그것으로 추가적이고 더 혁명적인 압력들을 차단했다. 하워드 윈앤트가 표현한 것처럼 인종적 질서는 지배로부터 헤게모니로 변화했다. 백인지상주의가 주로 순전히 힘에 의해 비백인들을 종속시켰을 때 그것은 정치적

>5 역자주] 블랙 팬서(Black Panthers)는 1965년에 결성된 미국의 급진적 흑인결사단체의 명칭이다. "흑인의 강인함과 존엄성을 표현하기에는 검은 표범이 가장 적당하다"는 스토클리 카마이클(Stokely Carmichael: 1941-1998)의 말에서 유래된 명칭이다. 이들은 흑인사회의 자결권·완전고용·병역면제·공정재판 등의 요구를 내걸었다. 경찰에 대응하기 위해 흑인의 무장을 외치기도 했으나, 이후 시장선거에 입후보하는 등의 온건노선으로 전환했다. 브라운 베레(Brown Berets)는 치카노(chicano)라고 불리는 멕시코계 미국인들에 의해 결성된 집단의 명칭이다. 이 명칭은 이 집단에 소속된 사람들이 억압에 대한 저항과 통합의 심벌로서 갈색 베레모를 쓴 것에서 유래한 것이다. 참고로 치카노의 여성형은 치카나(chicana)다.

으로 지배적이었다. 하지만 후기 근대시기에는 직접적 강압은 불평등을 유지하기 위한 다른 메커니즘들과 비교하여 그 중요성이 감소하였다.

너무 냉소적인 것처럼 들리기를 원한 것은 아니다: 해방적 변화들은 분명 발전적이었고, 진정한 도덕적 확신으로부터 여러 방향들로 진행되었다. 백인지상주의에 대해 백인들이 걱정해 온 오랜 역사가 있었고, 다인종적 저항의 전통과 반인종차별주의의 옹호가 탄탄하게 수립되어있었다. 해방은 부분적으로 이러한 전통과 감성이 우세를 점하기 시작했기에 일어났던 것이다. 그러나 또 다른 무언가가 작용하고 있었다. 백인지상주의적 토대에서 수립된 정치공동체들은 이 저항들이 지나치게 다루기 힘들어지기 전에 그것들을 수용하여 흡수함으로써 자신들을 유지하기 위한 희생을 최소화하려했다. 이러한 수용과 흡수는 지배 혹은 힘에 의한 통치로부터 헤게모니 혹은, 미숙하게 표현하자면, 합의에 의한 통치(rule by consent)로 옮겨감을 뜻했다.

만약 이것이 지나치게 음모적인 것처럼 들린다면, 담배연기 자욱한 방에서 이 모든 일들이 일어나도록 만든 "그 남자"와 그의 친구들을 가정할 필요는 없으니 안심하길 바란다. "합의에 의한 통치"에서 "통치"란 단지 널리 퍼져있는 패턴의 특권이나 불균등한 양의 영향력을 휘두를 능력을 뜻할 뿐이다. 여기서 나는 왕들이나 여왕들에 의해 전개된, 자각적이고 통합된 양식의 영향력의 획득과 행사를 생각하고 있지 않다. 요점은 단지 근대의 인종적 지배가 비백인들로부터 억지로 노동·땅·성적 접근 등을 쥐어짜내는 강압을 통해 백인들에게 특권을 부여했던 반면에, 근대의 인종적 헤게모니는 기존 특권들을 보장하는 제도들을 붕괴시킬지도 모르는 압력들을 조절하기 위해 사회개

혁을 이용하여 백인들에게 다른 방식으로 특권을 부여한다는 것이다.

만약 이것이 여전히 음모적인 것처럼 들린다면, 사회적 구성물들은 안정된 평형상태에 있는 체제들과 비슷하다는 사실을 기억하기 바란다: 그것들의 대규모 속성들은 시간이 지나도 변하지 않으려는 경향이 있는데, 이는 만약 당신이 그것들에 압력을 주어도 그것들은 전체적 구조의 안정 상태를 유지하는 방향으로 원래대로 되돌아가려 한다는 말이다. (진자(振子)에 대해 생각해보라: 당신이 그것을 밀면, 그것은 결국 그것이 시작했던 곳으로 되돌아오고야 만다. 이제 정치에 대해 생각해보라, 거기서 기존 수혜자들의 이해관심은 그들에게 이익이 되도록 작용하는 정책들을 고집할 수 있다.) 우리가 고려하고 있는 사회체제들은 많은 압력들을 받지 않을 수 없었다. 일부 압력들은 심리적인 것으로, 예를 들어 인종분리를 유지하면서도 나치즘을 규탄하는 인식적·도덕적 불협화음을 포함한다. 일부 압력들은 물질적인 것으로, 예를 들어 식민지 점령병력을 유지하는 비용을 포함한다. 결국 이러한 압력들은 조정정책들을 유도하기 위해 진정한 도덕적 신념들과 연합했는데, 이 지점에서 평형을 깨뜨리는 힘들은 — 도덕적 비판, 군사비용의 언급 등은 — 감소했고 기존 패턴의 특권들이 얼마간 그 자리에 남아있도록 허락했다.

당신은 이러한 의문을 가질지도 모른다: 합의에 의한 통치가 이 모든 일이 일어날 수 있게 했다는 말은 무슨 뜻인가? 그리고 이 시대의 해방적 변동들을 상세하게 설명하고 나서, 어떻게 나는 특권의 패턴들이 얼마간이나마 그 자리에 남아있었다고 말할 수 있는가?

힘으로부터 합의로의 이동은 다음과 같은 일들이 일어났음을 뜻한다: 민권운동가들이 입법자들이 되면서 그들의 불우한 동료들의 운명을 개선하기를 열망했다; 그러나 한때 그들은 관련제도들을 폐지함으로써 그것들을 바꾸려고 계획했었던 반면에, 이제 그들은 그 제도들을 조종하려고 계획했다 — 이 말은 그것들을 원래대로 내버려둔다는 말이다. 그들은 자기 구성원들의 이해관심과 정치가로서 자기 자신의 이해관심을 자신이 변화시키려했었던 사회 질서의 이해관심과 동일시하게 되었다. 이것이 헤게모니가 작동하는 방식이다. 한 헤게모니적 구성체는 — 강제적 강압이 없이도 지배를 가능하게 하는, 지배자와 피지배자의 동맹은 — 불우한 사람들로 하여금 자신의 불우함을 산출한 체제 안에서 스스로를 제삼자로 보게끔 부추긴다; 그 구성체는 부분적으로 불우한 사람들에게 이권(利權)들을 부여하여 체제존속에 대한 그들의 합의를 얻어냄으로써 이렇게 그들이 스스로를 제삼자로 보게 만드는 것이다.

물론 합의에 의한 통치가 본질적으로 나쁜 것은 아니다. 우리는 민주주의에 대한 그런대로 통용될만한 정의에서 이 낱말들을 사용할 수도 있다. 인종적 헤게모니가 가진 문제는 합의에 의한 통치가 지배의 체제를 대체하고 그 체제로 하여금 그 고유한 특징들 중의 상당 부분을 유지할 수 있게 해준다는 것이다. 이것이 내가 특권의 패턴들이 그 자리에 남아있다고 말하는 동시에 인종적 해방의 전후(戰後) 추세를 인정할 수 있는 이유다.

백인지상주의의 쇠퇴를 가리키는 표식들 중의 하나는 식민주의의 종말이었음을 상기하길 바란다. 그러나 푸에르토리코처럼 많은 장소들은 명목상은 아니라도 사실상은 식민지로 남아있고, 그들의 이전 지배자들과 준(準)식민지의 관계로 갇혀있다. 미국과 같은 장소들은 세계적 정치경제 체제의 중심부를 이루는 반면에, 예컨대 자메이카와 같은 장소들은 의존적 주변을 이룰 뿐이다. (이러한 중심부-주변이라는 용어는 다소 오해를 일으킬 수도 있는데, "주변" 국가들은 근대의 세계적 경제에 필수적이었으며 지금도 필수적이기 때문이며, 또한 이 주변 국가들은 — 예컨대 동유럽에 있는 — "백인" 국가들도 포함하기 때문이다. 이런 식으로 용어를 해명해야만 오해를 덜 일으킬 것 같긴 하지만, 비백인 국가들이 불균형적으로 그 주변을 이룬다는 사실을 상기하라는 조언을 남기면서 나는 이 용어를 계속 사용할 것이다.) 주변 국가들에서는 상품들, 관광객들, 중심부 국가들로부터 이전된 저임금 일자리들에 생계를 의존하거나, 흔히 돈을 벌어 집으로 보내기 위해 중심부 국가들로의 이주에 생계를 의존한다. 이러한 부류의 이주는 전후 시기 동안에 급증했는데, 그 이유들과 결과들은 이 현상과 몰락의 다른 징후들을 색다른 관점에서 표현한다.

주변 국가로부터 중심부 국가로의 노동자들의 이동은, 공장들이 반대 방향으로 이동한 것과 마찬가지로, 서양의 세계적 풀 안에 있는 값싸고 유동적인 노동자 중에 여전히 유색인들이 지나치게 많다는 것을 나타낸다. 불법적인 "초청 노동자" 제도들은 — 공식적으로는 금하지만 비공식적으로 널리 허용된 — 노동자들을 중심부 국가들에 계속 끌어들이고 있는데, 그들을 탐탁치 못한 임금으로 탐탁치 못한 직업에 끼워 넣으면서도 일정수준의 작업조건과 정치적 대표권은 인정하지 않는다. 확실히 많은 노동자들은 합법적으로 건너와서, 그중 많은 노동자들은 괜찮은 직업을 얻고, 그중 많은 노동자들은 시민이 된다. 사실 많은 노동자들이 시민으로서, 이전 제국의 백성으로서 시작한다. 그러나 곧 살펴보겠지만, 이들 중에 많은 사람들은 계속 어쩔 수 없는 외국인이라는 낙인의 고통을 겪는다. 동시에 신자유주의 경제계획들에 속박되어 있는 주변 국가의 정부들은 저임금과 저기술의, 그리고 흔히 위험한 일자리들을 끌어들이려는 노력의 일환으로 그들에게는 노동자보호 규정이 없다는 사실과 환경규정이 최소한이라는 사실을 극구 선전한다. 비록 저임금으로 노동자들을 장시간 혹사시키는 착취공장들과 실업상태가 유일한 선택사항들인지는 분명하지 않지만, 이러한 일자리들은 아무 일자리도 없는 것보다는 나을 수도 있다. 하지만 나는 이 문제에 대해 아무 입장도 취하지 않을 것이다. 여기서 요점은 단지 세계적 경제의 상호의존성은 서로 다른 나라들을 서로 다른 방식으로 의존하게 한다는 것이다. 어떤 나라들은 저비용으로 제조된 물품들을 만들어내고 상당한 이윤을 얻음으로써 번영하는데 반해, 다른 나라들은 그저 애쓰며 나아간다는 것이다. 이러한 불균형은 사실상 식민지시대의 낡은 불균형을 답습하고 있다.

우리가 주변국가 사람들의 이주에 대한 경제적 원인들로부터 정치적 원인들로 옮겨 살펴보면, 식민주의의 쇠퇴는 더더욱 과대평가된 것처럼 보인다. 과테말라에 대해, CIA가 지원한 1954년의 쿠데타에 의해 민주적으로 선출된 지도자를 내쫓고 군사 독재자를 앉히고 또한 반란의 움직임을 낳은 것에 대해 생각해보자. 이것은 다시 잔학한 대(對)게릴라 군사행동으로 이어졌으며, 다시 이 군사행동은 피난민들의 파도가 미국으로 몰아치게 만들었다. 이러한 패턴이 중앙아메리카뿐만 아니라 동남아시아와 카리브 지역의 다른 곳에서도 되풀이되었다. 그렇다면 미국의 외국태생 인구가 1970년과 1997년 사이에 168 퍼센트가 증가했는데, 이들이 라틴아메리카와 아시아에서 건너온 새 주민들의 대략 4분의 3을 차지함은 이상하지 않은 일이다.>6 중심부 국가들은 민주주의적 절차들을 폐기하고 자결권의 대한 전망을 제한하고 삶을 견디기 어렵게 만들면서 흑인·갈색인·황인의 주변

>6 Census brief, "Coming to America: A Profile of the Nation' s Foreign Born," CENBR/00-2, August 2000.

국가에 대한 정치적 결정들을 내리고 집행할 수 있다. 이것은 굉장히 식민주의와 유사하게 들린다 — 정확하게 말해서 그것을 "제국주의"라고 부를 수도 있다.

자메이카의 시인 루이스 베넷은 우리가 고려하고 있는 이주들을 "역(逆)식민지화"라고 지칭했는데, 이것은 중심부 국가들에서 일어나는 탈식민지주의(postcolonialism)에 대한 일정한 불안들을 훌륭하게 포착해낸 표현이다. 이러한 불안들은 — 잃어버린 일자리들과 긴장된 공공자원들과 문화적으로 압도당하는 것에 대한 불안들은 — 정치적·문화적 힘으로서의 인종차별주의를 되살리는데 일조를 해왔다. 그리고 국가들 사이의 신(新)식민지적 관계의 지속과 마찬가지로, 이러한 인종차별주의의 부활은 후기 근대 인종주의는 인종적 정의를 향한 상처 없는 진보의 시기라는 생각을 어렵게 만든다.

예를 들어 영연방의 자메이카인들이나 프랑스의 알제리인들처럼, 많은 새로운 이민자들은 흔히 자신의 시민권을 주장하면서 서유럽에 도착했다. 이에 대응하여 극우 과격주의는 전후의 동면에서 벗어나 (홀로코스트의 소름끼치는 효율성에 의해서든 이스라엘인 귀환법에 의해서든 여러 면에서 논쟁거리가 되어버린) 그것의 전통적 반유대주의를 반아프리카인, 반아랍인, 그리고 총괄적인 반이민자 편견들로 대체했다. 주류 정치가들은 이러한 상황의 전개에 보조를 맞추기 위해 급히 우익으로 몸을 기울였고, 이제 자유주의자들과 보수주의자들은 모두 공공정책의 논의에서 인종적 위난들에 대한 — 질병·무질서·의존·범죄·문화해체와 같은 — 친숙한 설명들을 다시 이용하고 있다.

인종적 차이에의 이러한 **생득주의적**(nativist) 접근은 — 외국태생 인종의 연고자들이라는 이유로 국내에 와있는 주민을 반대하는데›7

— 19세기의 고전적 인종주의가 아니다. 그 달갑지 않은 인종들은 열등하다고 논하는 대신, 이 접근은 단지 외국 국민들은 자신들과 다른데 아마 어찌해볼 도리가 없이 다른 것이며, 하나의 공동체는 그 공동체의 생활 형태에 어울리지 않는 사람들을 배척할 권리가 있다고 주장할 뿐이다. 그래도 이것은 여전히 일종의 인종차별주의이며, 주로 이것이 다음과 같이 가정하기 때문이다: 우리는 단지 눈으로 보는 것만으로도 누가 우리의 생활 형태에 어울릴지 어울리지 않을지를, 그리고 확대하여 누구를 사회생활에 완전히 포함시킬지 누구를 무시할지를 알 수 있다. 그러나 일부 사람들이 일컫는 바대로, 이는 "탈인종차별주의적" 인종차별주의라는 하나의 새로운 인종차별주의인데, 인종생물학과 위계질서에 대한 주장들에 의존하기를 거부하면서 흔히 중립적이거나 반인종차별주의적 언어로 자신을 숨긴다.

암호로나 애매하게 인종차별주의적 정서에 호소하는 현상은 우리에게 마지막 분기점이 되는 계기를 가리켜준다. 1980년에 로널드 레이건은 약 16년 전에 세 명의 민권운동가들을 납치·살해한 것으로 유명해진 마을인 미시시피 주의 필라델피아에서 유세연설을 했다. 재판에서 이 살인자들은 남부 특유의 백인지상주의적 제도들에 대한 익숙한 변호를 예로 인용했다: 그들은 주(洲)들의 권리를 지지한다고 선언했다. 자신의 연설에서 로널드 레이건도 주들의 권리에 자신의 지지를 공표했는데, 이것은 그 "특유의 제도들"에 대한, 혹은 그 살인자들의 배후에 깔린 태도들에 대한 완곡한 승인으로 널리 인식되었다. 레이건의 상대인 지미 카터가 이 널리 받아들여진 인식에 대

>7 Angelo Ancheta, *Race, Rights, and the Asian American Experience*(New Brunswick, NJ: Rutgers University Press, 1998), p. 11.

해 의견을 말했을 때, 레이건은 인종을 미끼로 삼아 유혹한다고 카터를 비난했다.>8

인종차별주의적 정서에 대한 레이건의 암호화된 호소는 후기 근대의 인종적 헤게모니의 열쇠들 중의 하나를 밝혀주고 있다: 피부색 무차별을 정치적 규범으로서 수립한 것이다. 이는 두 가지의 중대한 결과들을 낳는다. 첫째, 표면상의 중립성이 하나의 예술형식이 된다. 공공연한 인종차별주의는 불가한 까닭에 암호화된 호소들은 퍽 유용하게 되는데, 이는 (반차별법의 집행예산을 삭감함에 의해 정부를 축소하는 것처럼) 인종적으로 불균형적인 정책들을 가지고 중립적 목표들을 추구하는 것이 유용한 것과 마찬가지다. 둘째, 해방투쟁의 유산은 어떠한 종류이든 인종 의식에 대한 지속적 비난으로 변화된다 — 여기서 "인종 의식"은 차별수정조치처럼 표면적인 개선정책들뿐만 아니라 카터의 시도처럼 인종차별주의를 비판하려는 시도들을 포함할 정도로 확장된다.

3.3 오늘날 미국의 인종적 시형

앞서 진술한 것의 교훈은 근대 인종주의가 상당히 변화하긴 했지만 근본적으로 변한 것은 아니라는 것이다. 확실히 실재적 변화들도 있었다. 21세기의 시작에 국제연합(UN)의 수장이 흑인 아프리카인이라는 것, 미국 국무장관이 흑인 미국인이라는 것, 아시아계 미국인인 엘레인 차오와 노먼 미네타가 미국 대통령을 보좌한다는 것은 하찮은 일이 아니다.>9 그러나 인종은 여전히 이익과 불이익을 편성하

>8 Omi and Winant, *Racial Formation*, p. 133.

며, 서양에서는 꽤 친숙한 방식으로 그렇게 하고 있다. (만약 낡은 고전적 발달패턴을 명확하게 따르지 않는 인종 프로젝트들에 대해 탐구할 공간이 있다면, 그 스토리는 더더욱 심각해질 것이다. 지금 나는 이스라엘인들이 팔레스타인인들을, 터키인들이 쿠르드족을, 체코인들이 루마니아인들을, 투치족이 후투족을, 일본인들이 아이누족을, 그리고 특히 최근에 미국인들이 아랍인들을 인종화한 것을 생각하고 있다.)

이 장에서 나올 형이상학적 논증들에 앞서, 인종과 사회적 입지 사이의 상호연관에 대해 더욱 조심스럽게 살펴보는 것이 유용할 것이다. 곧 살펴볼 상이한 형이상학적 그림들은 근본적으로 우리의 현재 상황들에 대한 철학적 스냅사진들이다. 그리고 철학적 스냅사진들은 사진용 스냅사진들보다는 그 피사체(被寫體)들을 덜 비쳐 보이는 까닭에, 이 그림들이 무엇의 그림들인지를 미리 말해주는 것이 도움이 될 것이다. 혹은: 우리가 인종들이라고 생각하는 개체군들이 서로 매우 다른 삶의 기회들을 갖는 경향이 있으며, 이는 우리가 끌어낼 형이상학적인 결론들과 어느 정도 연관을 가질 수 있다는 것을 미리 말해주는 것이 도움이 될 것이다. 현재의 인종 상황들에 대해 묻는 것은 매우 폭넓은 물음들을 묻는 것이며, 이는 우리가 어디서 이 물음들을 물을 수 있는지에 대해 한계를 부여해야함을 뜻한다.

인종 상황들에 대한 물음들은 많은 상이한 시각들로부터, 그리고 많은 상이한 척도들에 호소함으로써 대답될 수 있다. 그러나 대부분

>9 역자주] 엘레인 차오(Elaine Chao)는 중국계 미국인이며 미국 노동부 장관으로서, 그리고 노먼 미네타(Norman Yoshio Mineta)는 일본계 미국인이며 미국 교통부 장관으로서, 조지 W. 부시 대통령의 내각에 참여하고 있다. 2000년 노먼 미네타는 빌 클린턴 대통령에 의해 상무장관으로 임명되면서 최초의 아시아계 미국인 장관이 되었다.

의 시각들로부터 볼 때, 여전히 미국사회는 적어도 백인지상주의에 의해 형태 지워진 공간으로 보인다. 여전히 우리는 상투적으로 넷 혹은 다섯 색깔들로 — 갈색·흑색·적색·백색·황색으로 — 코드화된 근대 인종들에 대해 생각하고 있으며, 수입·재산·빈곤 등에 대한 우리의 통계들은 이 "채색된" 집단들이 매우 다른 사회경제적 입지들을 차지하는 하나의 사회를 그려준다. 백인들은 정상에 남아있으며; 흑인들·히스패닉들·아메리카 원주민들은 바닥 근처에 남아 있으며; 아시아인들은 그 중간 어딘가에 떨어진다. (하지만 히스패닉들이나 라티노들 및 라티나들이 하나의 인종으로서 간주되는가? 우리가 제4장에서 되돌아올 이 물음이 나로 하여금 "넷 혹은 다섯" 인종들이라고 말하게 하는 이유다.)

2000년도에 백인들 중의 7퍼센트가 빈곤선 아래로 떨어진 것에 비교하여, 아시아인들 중에는 11퍼센트가, 그리고 라티노들과 아프리카계 미국인들과 아메리카 원주민들 중에는 20퍼센트 이상이 빈곤선 아래로 떨어졌다는 사실을 주목해보자. 또는 1998년부터 2000년 사이에 백인 가정의 중간 수입은 45,000달러 이상이었던 반면에, 아시아인 가정은 그 수치가 약간 낮은 41,000달러 정도였고, 라티노들과 아프리카계 미국인들과 아메리카 원주민들은 그 보다 훨씬 더 낮았는데 그들 중 누구도 32,000달러 이상으로 오르지 못했다는 (인디언 보호거주지나 원주민 촌락의 아메리카 원주민들은 대략 18,000 달러의 수입이 들어온다는) 사실을 주목해보자.>10 또는 비백인들은 실업상

>10 From "Poverty in the United States," current population report, Census Bureau, Semtember 2001; "Money and Income in the United States," current population report, Census Bureau, Semtember 2001.

태이거나 폭력 범죄자 혹은 그 희생자가 되거나 기준 이하의 의료를 받거나 부적합한 주택에 살거나 의료보험이 없을 가능성이 훨씬 더 높다는 사실을 주목해보자.>11 우리는 계속해서 주택융자비용, 소위 교육성취도의 격차 (그리고 이에 따르는 것 같은 훈계의 격차), 투옥과 유아사망의 비율, 주거지와 위해폐기물 처리장과의 근접성, 그리고 동일한 자동차의 협상구매가격까지 고려할 수도 있다.>12 그러나 여러분은 요점을 알고 있다: 어떠한 수의 사회적 척도에 의해서든, 우리가 인종들이라고 생각하는 집단들은 온갖 종류의 사회적 선들에의 접근과 그것들의 축적에 있어서 격차를 가지면서 사회 안에서 상이한 입지에 놓인다.

만약 이것이 하나의 다른 종류의 논의라면 — 예를 들어 사회학적 논의라면 — 나는 이 끊임없는 인종적 계층화를 어떻게 설명할 것인가라는 명백한 물음을 어느 정도 자세하게 다룰 것이다. 혜택을 덜 받은 집단들은 의도적 차별을 겪고 있는가? 그들은 단지 성공에 필요한 인적자본(human capital)을 — 습관들·기술들·재능들·지식 등을 — 계발하지 못한 것인가? 혹은 현재 그들은 전혀 혹은 거의 의식적 차별을 포함하진 않으나 어떤 인종들에게 손실을 입히도록 불균형적으

>11 Randall Kennedy, Race, *Crime, and the Law* (New York: Pantheon, 1997), p. 11; Kati Haycock, "Closing the Achievement Gap," *Educational Leadership*, 58/6 (March 2001); Melvin Oliver and Thomas Shapiro, *Black Wealth/White Wealth* (New York: Routledge, 1997), pp. 24-5.

>12 David Leonhart, "Wide Racial Disparities Found in Costs of Mortgages," *New York Times*, May 1, 2002, p. A19; Randolph Schmid, "Minorities' Health Care Found to be Inferior," *Seattle Post-Intelligencer*, March 21, 2002, p. A4; Ian Ayres, "Fair Driving," 104 *Harvard Law Review* 817 (1991); Manning Marable, in *States of Confinement*, ed. Joy James (New York: St Martin's Press, 2000), pp. 53-9.

로 작용하는 사회제도들이나 과정들의 희생자들인가? 좋든 나쁘든, 그래도 나는 — 우리는 — 철학을 하고 있고, 우리는 몇몇 해답들에 손짓할 수 있을 뿐이다. 비록 그 비율들을 잘못 전하는 경향이 있지만, 대략적으로 우리는 지속적 차별, 헛되이 버려지는 인적자본, 제도적 타성들 모두가 그 맡은 역할을 다한다고 말할 수 있다. 우리의 주류 정치담론은 차별과 헛되이 버려지는 잠재력에 초점을 맞추는 경향이 있는데, 전자를 과소평가하고 후자를 지나치게 강조한다; 그리고 그 담론은 어떻게 비인격적인 사회적 과정들이 조직적이면서도 간접적으로 어떤 정해진 사람들에게 불이익을 주는지에 대한 구조적 분석의 여지를 거의 남겨두지 않는다. 이러한 강조의 패턴들에 비추어, 나는 오직 세 번째 요소에 대해서만 이야기할 것이다: 조직적인 인종적 불균형들의 점증적이고 간접적인 산출에 대해서만 이야기할 것이다.

앞서 언급한 인종적 계층화의 지표들 중의 상당 부분은 계급과 연관되어있으며, 따라서 오직 간접적으로나 매개적으로만 인종과 연관되어있다. 가난하거나 제대로 교육을 받지 못했거나 실업상태에 있는 것은 감옥에 가고 보험이 없는 것, 그리고 그 외에도 훨씬 더 많은 것들과 너무나 밀접하게 서로 연관되어있다. 그리고 주택융자금리, 재산축적, 일정한 건강상태에서처럼 인종적 불균형이 모든 계급수준에서 나타나는 경우에도, 우리는 여전히 간접적 경과들에, 이번에는 인종차별주의적인 역사적 상황들의 간접적 결과들에 호소할 수 있다. 예를 들어 역사적으로 흑인들과 아시아인들은 사업체를 소유하거나 땅을 소유하지 못했었다; 적선지역화나 제한계약이나 외국인토지법에 의해 그들은 선망하는 주택지구로부터 떠나도록 조종되거나 강제로 쫓겨나거나 들어가는 것조차 거부당했다.>13 그들은 1930년대에 출발한 연방주택청으로부터 백인들이 받았던 유리한 주택융자 계약조건들을 받지 못했다; (일반적으로) 그들은 19세기에 서양 정착민들에게 할당된 토지를 (너무 즉석의 표현이지만, 아메리카 원주민들에게 교부되었거나 그들을 몰아넣었다가 그들로부터 팔린 토지를) 얻지 못했다. 이 모두와 그 외의 여러 가지가 일정한 상황들을 창출했는데, 이러한 상황들하에서는 부의 분배를 위한 완벽하게 공정한 현재의 체제조차도 그것의 출발점을 제공했던 역사적 불평등들을 계속 그물처럼 퍼트릴 것이다. 혹은 더 단순하게 말하자면: 기회의 평등과 100년의 효과적 형평은 전혀 다른 것이다.

인종적 질서가 그다지 많이 변하지 않은 또 다른 측면이 있다: 여전히 같은 인종내의 결혼 혹은 동종결혼(racial endogamy)이 다른 인종간의 결혼 혹은 이종결혼(racial exogamy)보다 훨씬 더 자주 일어난다는 것이다. 1990년의 인구조사 당시, 백인은 97퍼센트가 당시의 백인과, 흑인은 93퍼센트가 당시의 흑인과, 그리고 아시아인은 70퍼센트가 당시의 아시아인과 결혼했다. 흥미롭게도 이종결혼이 일어날 때, 백인은 명백히 더 높이 평가되는 배우자였다. 흑인들이 다른 어느 외부집단보다는 백인과 결혼하는 빈도가 거의 4배나 더 높았고, 아시아인들은 거의 30배나 더 높았다. (더더욱 흥미롭게도 아메리카 원주민들은 자신의 아메리카 원주민들을 포함하여 다른 어느 집단의 구성원들보다는 백인과 더 많이 결혼했다. 이는 주기적으로 강제적 동화에 의존해 온 "인디언 정책"의 역사에 대한 이야기의 일부다.)

전처럼 이 현상의 원인들에 대해 말할 것이 상당히 많다; 그리고

>13 역자주] 적선지역화(redlining)란 금융기관에서 일정한 지역을 주택융자를 해주지 못할 나쁜 지역으로 지정해서 융자를 거절하는 행위로서 인종차별적 대출관행을 지칭한다.

전처럼 이곳은 그것에 대해 말할 장소가 아니다. 우리는 그 인과관계에 대한 물음들과 윤리학을 다루기 위해 제5장에서 동종결혼의 쟁점으로 되돌아올 것이다. 그래도 당장 나는 두 가지의 추가적 논점들에 흥미를 갖고 있다. 첫째, 위의 통계들은 어느 정도로 우리가 아직도 인종적으로 동질적인 집단을 생산·재생산하는 데 몰두하고 있는지를 밝혀주고 있다. 이 점에서 미국의 인구는 여전히 인종들이나 우리가 인종들이라고 부르기를 고집하는 개체군들로 나눠진다고 보인다. 둘째, 우리가 관찰할 것처럼 동종결혼을 초래하는 메커니즘들은 복잡하며 기회만이 아니라 선호를 포함하고 있다. 결혼 상대와 배우자를 선택함 있어서 선호와 의식적 선택이 포함되는 만큼이나 다른 인종간의 친족관계에 대한 우리의 명백한 혐오는 로맨스·에로티시즘·지위·아름다움과 관련하여 깊이 뿌리박히고 부지불식간에 굳어지고 철저하게 인종화된 선호들을 가리키고 있다. 이것에 대해 사회학자들은 인종화된 관계자본(relationship capital)이라는 표현을 사용하는데, 이 표현으로 그들이 뜻한 바는 이런저런 인종에 속함이 일반적으로 한 개인을 가능적 결혼상대나 배우자로서 더 혹은 덜 선망하게 만든다는 것이다.>14 그리고 관계자본이 인종화되는 이유는 부분적으로 우리가 널리 퍼져있는 인종화된 상징적 가치의 체계에 의해 규정되어 온 세계에 살고 있기 때문이다.

우리는 오랫동안 상이한 인종들을 상이하게 가치 평가해왔고, 이러한 가치 평가를 고정관념과 인종상(人種像)이라는 사회적 신화로 표현하고 다듬어왔다. 여러분은 내가 고려하고 있는 관념들의 체계

>14 Sue Chow, "The Significance of Race," *Sociological Inquiry*, 70/1 (Winter 2000).

를 알고 있다. 정상을 차지하는 백인들은 문명화되었으나 영혼이 없는 합리적 남성들과 아름다운 여성들이다; 바닥을 차지하는 흑인들은 육체적으로는 은총을 받았으나 지나치게 섹스를 밝히는 짐승들이다; 대략 중간쯤에 있지만 실제로는 잣대를 벗어나 그 옆으로 어딘가에 있는 아메리카 인디언들은 고상한 야만인들로서 고결하게 문명화의 충동으로부터 자유롭지만 유치할 정도로 자제력이 없다; 그리고 정중앙을 차지하는 아시아인들은 하나의 모범이지만 어쩔 수 없는 외국인일 뿐이고 아마도 교활한 소수자들인데, 무성(無性)의 남성들과 순종적 여성들로 구성되어 있다; 더 폭넓게 말하자면, 백인은 이성과 아름다움을 구현하고, 흑인은 육체와 추함을 대표하고, 아메리카 인디언은 미개한 자연이고, 아시아인은 불가사의한 타인이다. 그리고 인종적으로 혼합된 히스패닉 개체군은, 다음 장에서 더 자세히 논의할 여러 방면들로, 위의 모든 위치들 사이로 미끄러진다.

이것은 복잡하고 변화무쌍한 신화이며, 늘 그것이 그리는 사람들로부터 도전받으며, 계급이나 사회적 성처럼 교차하는 이데올로기들에 의해 매개되며, 그리고 특히 후기 근대시대에는 늘 무언가 다른 것이 되려는 와중에 있다. 그러나 그 신화는 본래 미국의 문학적 교양의 한 대들보이며 공리(公理)였다; 60년대까지 여러분은 그것에 걸려 넘어지지 않고 신문이나 소설을 거의 읽을 수 없었다. 그리고 그것은 인간의 귀중함에 대한 우리의 관념들을 계속 결정짓는데, 단지 육체적 아름다움과 로맨틱한 융화의 영역에서만이 아니다.

3.4 인종주의의 변종들

앞서의 논의는 우리가 아직도 사회적 선들을 인종 경계선들에 따라 할당하고 (혹은 그러한 할당을 묵인하고) 있음을 보여준다. 게다가 앞서의 논의는 인종 경계선들이 이러한 선들의 불균형적 분배를 따라가고 있음을 보여준다. 관계자본, 재산, 수입, 상징적 가치, 그리고 그 외의 여러 가지가 상이한 인종 집단들을 가로질러 완전히 차별적으로 분배된다.

한때 우리는 이러한 불균형들이 그 인종들에 관련된 무엇으로부터, 각 인종 집단에 본질적인 어떤 재능이나 무능으로부터 생겼다고 결론지었을 수도 있다. 그러나 제2장에서 이러한 사고방식이 절망적으로 불확실함을 알았다. 그리고 지난 두 장들에 걸쳐서 백인지상주의의 약탈들 및 배척들과 같은 외적 요인들에 의지함으로써, 이 불균형들을 설명하는 충분히 많은 방법들이 있음을 알았다.

따라서 우리의 인종 경계선들은 아무것도 동봉하지 않으며, 인종 경계선들을 따라 선들을 분배함은 아무것도 특징짓지 않고 구별하지 않는 사회적 구분들을 존중하는 셈이다. 그럼에도 불구하고 나는 제2장에서 인종적 담론을 계속 탐구해야 한다고, 고전적 인종주의의 쇠퇴를 탐구해야 한다고 논했는데, 이는 부분적으로 그 담론이 여전히 효력을 발휘하기 때문이다. 사람들은 여전히 인종 언어를 사용하고 있으며, 그리하여 그들은 우리에게 그들이 인종 언어를 어떻게 사용하고 있으며 뭐 하러 그 언어를 사용하는지에 대해 이해해야 할 부담을 안겨준다. 그러나 이것이 옳다 해도, 이것은 인종 언어와 함께 따라오는 존재론적 관여들에 대해서는 아무것도 말해주지 않는다. 말하자면 그것은 아직 다음과 같은 물음들에 대답하지 않는다: 만약 고전적 인종주의의 그 불가능한 개체군들을 가리키는 것이 아니라면, 서양의 인종적 말은 무엇을 가리키며, 어떤 실재들을 지시하는가?

비판적 — 말하자면 탈고전적 — 인종이론가들에게는 두 가지의 기본적인 형이상학적 선택사항들이 있다: 회의주의와 실재론이다. 인종 회의주의자들은 인종적 사고는 존재론적으로 말해서 절망적이라고 단호하게 결론짓는다. 대조적으로 인종 실재론자들은, 만약 우리가 세계 안에서 "인종"의 지시체를 발견하길 원한다면, 우리는 단지 보다 더 조심스럽게 "인종"이 뜻하는 바를 생각해보면 된다고 말한다. 아래서 볼 것처럼, 이 각각의 견해들은 상이한 변종들로 들어온다.

3.4.1 인종들이란 무엇인가 — 근본적 구성주의론

필시 여러분은 이미 인종 형이상학의 물음에 대한 나의 입장을 짐작했을 것이다. 나의 견해에 따르면, 인종적 담론은 지시체를 가질 뿐만 아니라, 그것의 지시체는 더할 나위 없이 익숙한 것이다. 인종적 말은 우리가 지금껏 논의해 온 개체군들을 지시하는 방법이다. 전에 논의했던 것과 같은 통계적 대비들은 우리가 인종이라고 부르는 것들과 상당히 중첩되는 집단들을 골라낸다. 이는 우리로 하여금 우리가 흑인이라 일컬을 (내가 꾸준히 사용할 사례를 뽑아내자면) 어떤 사람이 우리가 백인이라 일컬을 어떤 사람보다 표준이하의 혹은 혼잡한 주택에 살거나 건강보험이 없거나 실업상태에 있을 가능성이 더 높다고 말할 수 있게 해준다. 그것은 또한 우리로 하여금 그 같은 흑인이 범죄조직에 있거나 혹은 있어왔거나 학교에서의 성적도 그다지 좋지 않을 가능성이 더 높다고 말할 수 있게 해준다는 것을 우리는 이미 주목했다. 그리고 이는 일부 사람들의 우려를 자아내는데, 왜냐하면 그것이 우리로 하여금 흑인의 열등성에 대한 결론들을 끌어내도록 초래하는 것처럼 보이기 때문이다. 그러나 고전적 인종주의의 허위성은 이러한 대비들을 어떤 선천적 무능이나 경향에 대한 증거로 생각하지 못하게 한다. 대신에 그것들은 사회적 설명들을 — 법집행에서의 편향에 관련된 사실들, 그리고 인종, 가난, 사실상의 주거지역 분리, 지방재산세로 공립학교의 재원을 마련하는 문제들이 낳은 복합적 결과들에 관한 사실들을 이용하는 설명들을 — 찾아보도록 요구한다. 말하자면: 고전적 인종주의의 실패는 **그들이 흑인이기 때문**이라는 말이 더 이상 아무것도 설명하지 않음을 뜻한다. 대신에 그것은 설명의 요청 혹은 다음과 같은 물음에의 대답의 요청을 위한 몸짓이 된다: 흑인들을 이러한 사회적 상황들과 결부시키는 것은 무엇인가?

인종적 정체성의 선행조건들, 즉 당신에게 어떤 특정한 인종적 정체성을 가져다줄 육체와 혈통은 백인지상주의 아래서나 그 결과 속에서 당신이 좋은 삶을 영위할 일정한 개연성들과 상호 연관되어 있다면, 위의 통계적 대비들은 인체와 혈통을 일반적으로 의미 있는 것으로 만든다고 말할 수 있다. 더 정확하게 말해서 이 통계적 대비들은 정치적·경제적·문화적 힘들이 생김새와 조상을 사회적 위치와 연결시키기 때문에 존재하며, 나 같은 사람들이 이 대비들을 나타내기 위해 사용하는 언어는 인종적 정체성의 의미를 표현하기 위한 장치다. 확실히 이 대비들이 절대 확실한 것은 아니다. 한 인종의 모든 구성원이 똑같은 경험들을 가졌다는 것은 당연히 사실이 아니다. 이것이 참인 까닭은 부분적으로 인종은 홀로 그 작용을 수행하지 않기 때문이다. 사회적 범주들의 상호침투는 — 앞에서 이것을 "병합론"이라고 불렀다 — 한 인종적 정체성에 대한 경험이 일정한 계급적 배경에 대한 경험에 의해, 그리고 일정한 사회적 성 정체성의 맥락 등에서 정의될 것임을 뜻한다. 그러나 이렇게 교차하는 각각의 맥락들 속에서 흑인임이 만들어내는 듯한 차이를 상술할 수 있다. 모든 수입 수준의 흑인 여성들은 출생 몸무게가 낮은 아기들을 낳을 가능성이 더 높다. 어느 사회적 성을 가지든, 흑인 노동자들은 실업상태에 있을 가능성이 더 높다. 기타 등등.

만약 사회적 상황들이 생김새와 조상에 개연적 의미를 부여한다면, 내가 정의한 것처럼, 이는 이미 하나의 인종화 양상이다. 그러나 이 특정한 양상은 우리가 지난 몇 세기 동안 전개해 온 양상을 직접 뒤따르고 있다. 그리하여 사회적 상황들은 인종들을 창조할 뿐만 아니라, 우리가 이미 근대 인종들이라고 생각하던 것들에 새로운 내용을 부여한다. 백인지상주의적 사회들은 자신들이 발견했다고 생각하는 근대 인종들을 창조했고, 그리고 이 사회들 속에서 진행 중인 정치적 성장들은 지속적으로 근대 인종들을 재창조했다. 반인종차별주의 활동가들은 근대 인종들을 정치적 이익집단들로 변화시켰다; 문화적 국가주의자들은 그것들을 민족 집단들을 위한 인큐베이터로 변화시켰다; 이민 패턴들의 변화들은 인종 경계선들을 쟁점화하고 확장시켰다; 경제적 변화들은 인종들과 사회 생산력의 관계들을 다시 정의하였다.

이 모두는 다음을 말하는 것이다: 우리의 서양 인종들은 사회적 구성물들이다. 그것들은 우리 인간들이 사회생활을 규정짓는 교류들 속에서 창조한 것들이다. 구체적으로 그것들은 개연적으로 정의된 개체군들로서, 생김새와 조상을 사회적 위치와 삶의 기회에 결부시키는 백인지상주의적 결의로부터 생겨난 것이다. 우리는 더 이상 우리가 예전에 그랬던 것처럼 이러한 결부를 능동적으로나 의도적으로 옹호하지 않는다. 그러나 이전의 노력의 결과들이 특정 개체군들에게 불균등하게 불이익을 주는 방향들로 우리의 삶의 기회들을 지속적으로 결정하고 있다.

주제를 다루듯이 인종을 이야기하는 것은 — "인종은 하나의 흥미로운 철학적 주제다"라는 말에서처럼 — 육체와 사회적 위치의 연계를 산출하고 그 연계로부터 귀결되는 역장(力場)과 역학을 이야기하는 것이다. 범주적으로나 분류학적으로 인종을 이야기하는 것은 — "그녀는 어느 인종에 속하는가"라는 말에서처럼 — 인종 역학이나 인종형성 과정들이 창출한 구체적 개체군들을 이야기하는 것이다. 그리고 인종적 정체성을 이야기하는 것은 인종화된 사회적 역장에 대한 한 개인의 시각이나 그 역장 안에서의 위치를 이야기하는 것이다.

인종 형이상학에의 이 접근 방식에 대해 할 말이 훨씬 더 많이 있으며, 그것을 말하는 가장 손쉬운 방법은 다른 관점들로부터 제기된 비판의 압력하에서 그 상세한 내용들을 전개하는 것이다. 그래서 나는 다른 견해들을 옹호하는 사람들이 제기할 수도 있는 몇몇 물음들을 살펴볼 것인데, 이는 나의 접근 방식을 명료화하는 동시에 이 다른 견해들을 소개하기 위한 것이다. 마지막에 여러분은 왜 내가 나 자신의 견해를 "근본적 구성주의"라고 지칭하는지를 알게 될 것이다.

3.5 열 가지의 물음들과 세 가지의 대안적 설명들

3.5.1 당신은 이것들을 인종들이라고 부르는가? (제거론)

당신은 스스로 그 개념이 근대 서양에서 발명된 것이며 존재할 수 없는 어떤 것을 의미하기 위해 사용되었다고 말했다. 그런 당신이 이제 어떻게 그것을 재 정의할 수 있는가?

이 물음에의 짤막한 대답은 전용(轉用)과 재정의는 언어사용의 중심적인 부분들이라는 것이다. 그것들은 언어를 지속적으로 성장하게 하고 생기를 불어넣어 주며, 우리로 하여금 은어·방언·특수용어

등을 창조할 수 있게 해준다. 우리는 — "원자"와 "스냅사진" 같은 — 온갖 종류의 낱말들을 받아들여 왔고, 그것들을 그것들이 원래 의미하지 않았던 의미로 사용해왔다. 인종에 대한 나의 요지는 내가 그 용어를 재정의할 수 있어야한다는 것이 아니라, 이미 우리는 그렇게 해왔고 우리의 이론들은 그 용어에 대한 우리의 용법을 반영해야 한다는 것이다.

이제 더 긴 대답을 들어보자: 만약 당신이 위와 같은 물음을 묻고 싶은 마음이 생긴다면, 아마 당신은 모종의 제거론자일 것이다. 제거론자는 인종적 회의주의자로서, 그 사람에게 인종적 말이란 기껏해야 터무니없는 오류이고 최악의 경우에는 치명적 거짓말일 뿐이다. 놀랄 것도 없이, 보통 이러한 시각의 지지자는 우리의 존재론적 어휘들로부터 인종을 잘라내야 한다고 — 즉, 제거해야 한다고 — 고집한다. 이 견해를 옹호하기 위한 많은 논증들이 있으나, 우리가 볼 것처럼, 가장 좋은 논증들은 윤리학적 논증들이다. 그러나 기본적이면서도 때로는 연관되어있는, 윤리와 무관한 두 논증들이 있다: 하나는 객관성 개념에 기초하고 있으며, 다른 하나는 "인종"의 의미에 기초하고 있다. 둘째의 의미론적 논증은 위의 물음의 배후에 놓여있다.

의미론적 논증은 인간 변이의 도전에 두 가지의 확신들을 덧붙임에 의해 시작한다. 첫째 확신은 "인종"은 단지 근대 서양인들이 그것이 의미하는 바라고 주장하는 바를 의미할 뿐이라는 것이다; 둘째 확신은 이 개념에 대한 서양의 지배적 용법은 인종을 하나의 사회적 구성물로 간주하기를 노골적으로 거부해왔다는 것이다. 이 견해에 의하면, "인종"은 단지 존재론적으로 객관적인 어떤 것을 뜻한다; 그것은 새뮤얼 조지 모튼과 토마스 제퍼슨 같은 사람들이 염두에 두었던 집단들을 지칭한다. 그리고 이는 확실히 인종들이 없음을 뜻하는데,

인간생물학은 문화나 행태나 능력이나 가치를 결정하지 않기 때문이며, 또한 인종들은 19세기나 고도 근대의 인종적 사고가 요구했던 방식으로 생물학적으로도 생리학적으로도 구별되지 않기 때문이다.

그러나 누가 새뮤얼 모튼이 "인종"의 의미에 대한 결정을 내려야 한다고 말하는가? 그 문제와 관련하여 누가 그에게 근대적 인종 개념에 대한 최종적인 의견을 말했는가? 내가 오스틴의 법칙이라고 일컬은 원칙에 — 언어적 구분들이 아무것도 표시하지 않는 것은 아니라는 원칙에 — 따르고, 이 원칙에 나 자신의 관용의 원칙을 — 만약 어떤 언어적 구분이 그것의 영역을 애매하거나 불분명하게 표시한다면 그것이 더 잘 표시하도록 재 정의하라는 원칙을 — 덧붙여, 나는 인종적 사고를 인체와 혈통에 의미를 부여하는 방법이라고 정의해왔다. 근대 서양은 인간 역사에 있어서 가장 멀리까지 영향을 미치고 가장 야심차고 가장 철두철미한 인종적 사고 프로그램을 개시했다. 그러나 다른 시대의 다른 사람들도 내가 기술한 방식대로 인체와 혈통에 의미를 부여했고, 이는 그들이 인종화에 착수했다는 말이다. 나는 이러한 사실을 지적하는데 "인종"이 가장 좋은 낱말이라고 생각하며, 만약 우리가 "인종"을 근대인들의 인종적 사고를 가리키기 위한 용어로 떼어둔다면, 그것은 〔다른 시대의 다른 사람도 인체와 혈통에 의미를 부여했다는 사실을〕지적할 수 없을 것이다.

그러나 근대인들로부터 떠나지 않는다 해도, 우리는 근대 인종에 대한 상이한 접근 방식들이 상이한 시대에 지배적이었다는 것을 관찰했다. 철학자 앤터니 아피아는, 《피부색의 의식》에서 나온 그의 논문에서, 우리는 근대 인종이 의미하는 바에 대한 물음들을 지적인 엘리트들의 생각에 초점을 맞추어 해결한다고 암시한다. 이 엘리트들은 사회에서 의미론 전문가의 역할을 담당하는 사람들이다: 그들은 예를 들어 우리가 "양성자"의 의미를 알고 싶으나 우리가 고등학교 과학수업으로부터 기억하는 인상주의적 개념들만 가지고는 잘 이해할 수 없을 때, 그들의 저서와 강의 같은 것에 저장된 지식들을 조사하거나 직접 찾아가게 되는 사람들이다. 양성자 전문가들이 있는 것과 마찬가지로 — 잠시 후에 살펴보겠지만, 언제부터 지폐가 법정 화폐로 간주되었는지를 말해 줄 화폐전문가들이 있는 것과 마찬가지로 — 근대 인종 전문가들이 있거나 혹은 있었고, 아피아는 제퍼슨과 모튼 같은 사람들도 이러한 전문가들이었다고 말한다. (아피아가 선호한 사례는 매튜 아놀드이지만, 우리가 논의했던 모튼도 충분히 가담하고 있다.) 그리하여 모튼은 우리에게 "근대 인종"이 뜻하는 바를 말해주고, 우리가 관찰한대로 그가 말하고 있는 것들은 존재하지 않는다.

그러나 하필 왜 이 전문가들을 골랐는가? 다른 생각을 가진 다른 사람들이 — 예를 들어 새뮤얼 스탠호프 스미스나 나중에 나온 듀보이스 등이 — 있었다.>15 아마 이 물음에 대한 대답은 제퍼슨은 제퍼슨이기에 누구보다도 더 많은 영향력을 갖고 있었고, 스미스와 다른 여러 사람들은 멀리 떨어진 외로운 목소리들이었던 반면에, 모튼 같은 사람들은 전통적 지혜를 표현하고 세련시켰다는 것이다. 그런데 왜 그것은 그저 보다 많은 수의 사람들이 옳았다기보다는 틀렸다는 것을 뜻하지 않는가? 그런 일이 — 예를 들어, 모든 과학의 역사에서

>15 역자주] 새뮤얼 스탠호프 스미스(Samuel Stanhope Smith: 1751-1819)는 장로교 목사였고, 오늘날 프린스턴 대학의 전신인 뉴저지 대학의 7대 총장을 역임했다. 자신의 저작에서 —《인간 종족들의 피부색과 형태의 다양성의 원인들에 대한 논고》(*Essay on the Causes of Variety of Complexion and Figure in the Human Species*, 1810)에서 — 스미스는 19세기의 점증하는 인종차별주의에 반대하는 강력한 논증을 제시하고 있으며, 인종 및 노예제도와 대항하는 평등주의적 사상들을 표현했다. 특히 위대한 흑인 작가나 예술가는 없다는 토마스 제퍼슨의 주장을 논박한 것으로 잘 알려져 있다.

— 일어났다고 알아왔다.

생물학에서의 갤런이나 심리학에서의 빌헬름 분트는 중요한 창시자들이지만 그들의 저작과 생각은 우리에게 완전히 잊혀져버린 것처럼, 아마 제퍼슨이나 모튼이나 고전적 인종주의의 어느 전문가든 인종적 사고와 관련해서는 바로 그러한 인물들일 것이다. 우리가 인간생활에서 인종의 역할을 이해할 수 있으려면, 우리는 사회과학이나 혹은 더 넓게 사회 이론을 가졌어야했다. 만약 사회이론이 이제야 우리에게 어떻게 우리의 인종 개념들을 생산적으로 이용할지를 보여주기 시작했다면, 인종들은 제퍼슨과 모튼이 말했던 그것들일 필요가 없다. 아마도 인종들은 선구적 사회학자인 에밀 뒤르케임이 창안한 표현의 의미대로 사회적 사실들일 수도 있고, 어쩌면 사회 이론가들에 의한 분석을 요구할 수도 있다. 그리고 만약 그것이 옳다면, 고전적 인종주의의 몰락은 인종들이 존재하지 않음을 수반하지 않는다.

철학자 나오미 잭은 인종적 말의 가능한 진화에 대한 나의 호소를 어느 정도 회피하는 방향으로 의미론적 논의를 간결하게 만든다. 내가 반복적으로 채택해 온 것과 같은 일상 언어 접근 방식으로부터 실마리를 취하면서, 그녀는 단순하게 우리는 "인종"을 대부분 사람들이 그 낱말로 의미하는 바를 의미하는 것으로 생각해야하며 대다수 사람들은 어느 정도 새뮤얼 조지 모튼이 의미했던 바를 의미하고 있다고 말한다. 물론 잭은 이러한 견해를 갖고 있는 유일한 사람이 아니다: 몇몇 경험적 연구들은 그 견해를 확증하는 것처럼 보이기도 한다. 그러나 경쟁하는 연구들이 있으며, 한 사회학자가 말한 것처럼, 전체적인 상황은 "미국사회에서 인종과 관련된 하나의 일치된 견해가 있다는 이야기는 틀렸다고 할 만큼 인종의 개념화에 있어서 상당한 변동이 현존하고 있다는 것을 시사한다."[16] 따라서 나오미 잭과 나는 우리의 언어적 관행들과 그 외의 다른 관행들이 어느 정도 인종적 사고의 실행을 가리킨다는 직관을 공유하는 반면에, 나는 우리가 이러한 관행들의 형이상학적 토대에 대한 어떤 일정한 견해를 갖고 있다고 확신하지 않는다. 따라서 인종주의를 그것의 고전적 변형과 동일시하려는 제거론자의 시도에 의해 단념하지 않고, 나는 몇몇 선택사항들을 계속 뽑아내 볼 것이다.

3.5.2 당신은 이것들을 실재한다고 일컫는가?

설령 당신이 인종 개념을 이러한 식으로 사용하길 원한다 해도, 어떻게 당신은 그 개념이 어떤 실재하는 것을 지칭한다고 말할 수 있는가? 실재하는 것들, 즉 존재하는 것들은 객관적이어야, 즉 모든 곳에서 모든 사람에게 동일한 것이어야 한다. 인종들은 명백하게 그리고 잘 알려져 있듯이 이러한 요구사항을 만족시키지 못하며, 따라서 실재하는 사물들이라는 지위를 얻지 못한다.

이 물음은 제거론의 두 번째 논증을 가리킨다: 객관성에의 호소. 더 나아가기 전에 우리는 "객관성"이 뜻하는 바에 대해 무언가를 말해야 한다. "객관적"이란 낱말은 철학자 이안 해킹이 "승강기 낱말들" (elevator words)이라고 지칭한 것의 한 사례다. "실재", "진리", "지식"과 같은 낱말들처럼, 이 낱말들은 그것들이 들어가는 모든 논의의 개념적 고도(高度)와 이해관계들을 상승시키는 낱말들로서, 깊

>16 Ann Morning, "Man' s Most Dangerous Myth Endures," unpublished MS (2001); Naomi Zack, *Thinking about Race* (Albany, NY: Wadsworth, 1998)과 비교해보시오.

이와 심오함을 나타내듯이 보이는 반면에 대개는 그저 우리로 하여금 머리를 굴리게 할 따름이다. 그러나 철학자들이 그 낱말들을 파악하려들기 전까지는, 그것들은 어느 정도 직접적이고 친숙한 의미를 갖는 경향이 있다. 가장 단순하게 말해서 어떤 것이 어느 관점에서 보아도 타당한 경우, 여기서 타당성이 무엇에 해당되든지, 그것은 객관적이다; 만약 그렇지 않으면, 그것은 주관적이거나 한 개인의 관점에 의존하는 것이다. 기자들은 객관성을 열망하며, 이는 그들이 자신의 사적 문제들과 편견들을 제쳐두고 그저 뉴스를 전한다는 뜻이다; 이와 유사하게 철학자들도 흔히 객관성을 열망하며, 이는 그들이 우연한 문화적 입지나 개인적 성향에 의존하지 않는 진리·아름다움·선 등의 개념들에 대해 논해왔다는 것을 뜻한다.

제거론자의 객관성 논증은 하나의 중요한 사실에 주목함에 의해 시작한다. 분명 인종은 적어도 다음과 같은 면에서 객관적이지 못하다: 한 장소와 시간에 한 인종에 속하는 사람들은 다른 한 장소와 시간에는 다른 한 인종에 속할 수도 있다. 인간에게 적용될 때, "흑"과 "백" 같은 용어들의 의미는 장소와 문화에 따라 변하는 것처럼 보인다. 대조적으로 실재하는 사물들의 범례들은 — 바위들, 나무들, 태양, 웜바트 등은 — 그것들이 어디에 있든 우리가 그것들에 대해 무어라 말하든 그대로다. 우리는 다른 장소와 시간에서 그것들에 대해 색다른 이야기를 할 수도 있다: 여기서는 태양을 신이라 생각하고 저기서는 가스 덩어리라고 생각할 수도 있다. 그러나 기본적인 바탕의 실재는 그것이 무엇이든 그대로이며, 우리는 단지 그것에 대해 옳거나 틀릴 뿐이다. 그런데 인종에 대해서는 바탕의 실재가 없는 것처럼 보인다. 당신 주변의 사람들이 당신을 무엇이라 말하든 그것이 거의 바로 당신이다. 왜냐하면 어떤 생물학적 스토리가 없이는 그들이 어떻게 틀렸는지를 알기 어렵기 때문이다. 게다가 고전적 인종주의가 몰락한 이후, 우리는 아무런 생물학적 이야기도 나타날 것 같지 않음을 알고 있다.

아직까지는 그런대로 괜찮다: 인종들은 없다. 왜냐하면 우리가 인종이라고 부르는 것들은 객관적이지 않으며, 그러므로 뭐랄까 그것들은 실제로는 사물들이 아니기 때문이다. 그러나 사물들은 실재하기 위해서 객관적이어야만 하는가? 그리고 어떤 의미에서 객관적이란 말인가? 내 지갑 속의 녹색 종잇조각들은 법정 화폐의 사례들이다. 각 조각은 실제로 1달러의 가치가 있다. 그러나 그것이 이 종잇조각들에 대한 하나의 객관적 사실인가? 만약 내가 한 석기시대 종족이나 급진적 기술혁신 반대자들의 캠프에 방문했다면, 나의 작은 종잇조각들이 그들 중 누군가에게 무언가를 의미했을까? 만약 도처의 모든 인간사회들이 몰락한다 해도, 하나의 바위는 여전히 하나의 바위일 것이다. 그런데 나의 달러 지폐는 어떻게 된 일일까? (대단한 것은 못되나 나의 은행구좌에 있는 "종이가 아닌" 달러들은 사라질 것이다. 그러나 그것은 내가 이 사례를 적절하게 만들 만큼 충분한 달러를 가지고 있지 못하다는 사실처럼 별개의 문제일 뿐이다.)

객관성에 대한 우리의 이야기를 다듬기 위해 화폐의 사례를 이용할 수 있다. 어떤 사물들은 존재론적으로 주관적이지만 인식론적으로는 객관적이다. 웜바트와는 달리, 예를 들어 화폐는 그 존재를 인간들의 합의에, 말하자면 믿음과 같은 인간의 심리상태들에 의존한다. 그것은 존재론적으로 주관적이다. 그러나 일단 우리가 화폐를 존재하게 하는 협약의 네트워크를 수립하고 나면, 나의 개인적 믿음과는 완전히 독립적인 화폐에 대한 사실들이 존재하게 된다. 즉, 화폐는 인식론적으로는 객관적이다. 나는 그저 나의 녹색 종잇조각들이 각각

천 달러의 가치가 있다는 식으로 일방적으로 결정할 수 없다. 혹은 나는 이렇게 결정할 수도 있지만, 만약 내가 누군가에게 그것을 말하면 그들은 내가 틀렸다고 정당하게 맞받아칠 것이다; 그리고 만약 내가 이러한 결정에 따라 행동하려고 시도하면, 나는 이 세계에서 그다지 잘 지낼 수 없을 것이다.

이러한 점들에서 인종은 화폐와 유사하다. 인종적 사고는 사회마다 다르며, 이는 인종적 사고의 존재가 그 지역 인간들의 협약에 의존함을 보여준다. 그러나 일단 그 협약이 수립되고 나면, 다시 말해서 일단 우리가 누가 무엇으로 생각될지를 말해주는 관행들을 제자리에 놓고 관례화하고 나면, 어느 개인의 특정한 판단 및 믿음과는 독립적으로 존재하는 사실들이 있다. 나는 그저 일방적으로 나의 검은 피부와 곱슬머리가 나를 백인으로 혹은 속하는 인종이 없는 것으로 구분해준다고 결정할 수는 없다. 혹은 나는 그렇게 결정할 수도 있다. 그러나 내가 미국에 있는 누군가에게 이러한 결정을 말해준다면, 그들은 내가 틀렸거나 아마도 약간 혼동하고 있다고 생각할 가능성이 있다. 그들은 내가 틀렸다고 말하지 않을 수도 있다. 그러나 그것은 우리가 이제 국가정책의 문제로서 자신의 인종적 신분을 스스로 밝히는 것에 대해 사람들에게 보다 폭넓은 자유를 부여하고 있기 때문이거나, 공손하게 대하려 하기 때문이거나, 나의 뚜렷한 정치적 혹은 윤리적 동기들에 공감하기 때문일 것이다. 그러나 화폐에 대한 사실들처럼, 설령 위의 사실들이 여기-우리에-대한-사실들이라 해도, 나는 그 사실들과 같은 어떤 것의 흐름을 거슬러 헤엄쳐 올라가고 있음이 분명해질 것이다.

따라서 화폐처럼 존재론적으로 객관적이지 않으면서도 실재하는 것처럼 보이는 사물들이 있다. 그리고 우리가 화폐에 대해 말하는 것과 무척 흡사한 것을 인종에 대해서도 말할 수 있는 것처럼 보인다. 마치 화폐-사고 혹은 달러-사고가 종잇조각들을 취하여 법정 통화라는 가치를 부여하는 것과 마찬가지로 (혹은 우리가 달러 사고에 사로잡혀 법정 통화의 가치를 부여할 종잇조각들을 만들어내는 것과 마찬가지로), 인종적 사고는 인체들을 선택하여 그것들에 인종적 정체성을 부여한다. 우리는 우리의 달러 지폐들이 어딘가에 있을 금더미들에 의해 그 가치가 뒷받침된다고 잘못 생각하거나, 우리의 달러 지폐들로 하여금 그것들이 가진 가치를 가지도록 만든 것이 무엇인지에 대해 그다지 생각해보지 않고도, 우리는 그것들을 사용할 수 있다; 이와 유사하게 우리는 인종적 정체성들이 생물학적 사실들에 의해 결정된다고 잘못 생각하거나 인종적 정체성들이 무엇을 뜻하는지에 대해 전혀 깊이 생각해보지 않고도 인종의 구성원들과 상호 작용할 수 있다.

이 지점에서 객관주의자들은 화폐를 포함하여 모든 사회적 구성물은 실재하는 것이 아니라고 고집하려할 수도 있다. 만약 그런다면, 나는 그녀가 주제를 바꾸고 있다거나, 찰스 퍼스가 말했을 수도 있는 바와 같이, 그 사람은 단지 심각한 이야기를 시작하는 체한다고 말하고 싶어질 것이다. 그런 다음 나는 그녀에게 그녀의 은행구좌에 있는 그 모든 환상들을 〔그녀가 실재적인 것이 아니라고 주장하는 돈을〕 가지고 큰 액수의 수표를 끊어달라고 부탁할 것이다. 그녀는 여전히 완고하게 주제를 바꾸고 있는 사람은 바로 나이며, “인종”은 사실상 존재론적으로 객관적인 현상을 가리키며, 아마도 17세기 이후로 이러한 현상을 가리켜왔다고 주장할 수도 있다. 그러나 불행하게도 이것은 우리가 방금 결말지은 의미론적 논증을 다시 진술한 것에 불과하다.

3.5.3 인종적 사고는 위험하지 않은가?

그러나 만약 그렇다면, 어떻게 당신은 우리가 그것에 매달려야 한다고 주장할 수 있는가?

의문의 여지없이, 인종적 사고는 위험하다. 당연히 망치와 칼도 그러하다. 잠시 후에 나는 인종적 사고의 실천은 망치와 칼처럼 우리가 그 위험성에 주의를 기울이기만 한다면 곁에 두기에 충분할 만큼 여러모로 유용하다고 논할 것이다. 그러나 지금 당장은 우리는 하나의 형이상학적 탐구에 착수할 것이다. 윤리학적 물음들이 중요하긴 하지만 여기서 문제시되는 논의와는 별로 관계가 없다. 논의의 논리적 구조에 유의하길 바란다. 제거론자들은, 인종들이 객관적이지 못하거나 인간의 차이에 대한 가망 없는 이론들에 의해 잘못 가정되어 온 까닭에, 인종들은 존재하지 않는다고 논한다. 이것은 존재론적 논증이다. 이와 대조적으로 우리에게 살펴보도록 요청되는 윤리학적 논증은 왜 인종적 사고가 중요한 목적들의 추구를 어렵게 만드는지를 말해주지만, 왜 인종적 사고가 사실들과 일치하지 못하는지를 말해주지는 않는다. 그리고 이러한 종류의 논증은 사실들에 대한 존재론적 주장에도 관계할 수 있는데, 오직 그 사실들이 우리가 만들어낸 사실들일 경우에만 그러하다. 내가 당신에게 이런저런 것들이 존재하는지를 묻는 경우, 내가 이런저런 것들이 존재할 가망에 대해 어느 정도 결정권이 없는 한, 당신이 나에게 이런저런 것들이 얼마나 나쁜지를 고할 이유는 없는 셈이다. 만약 이런저런 것들이 가공물들이라면, 즉 화폐처럼 나나 당신이 만들어낼 수 있는 사물들이라면, 당신의 훈계는 나로 하여금 나나 우리의 창작적 프로젝트를 재고하도록 조장할 수도 있다. 그래서 이러한 논증들을 가지고 제거론자들은 일종의 사회적 구성주의로 빠져듦으로써 존재론적 논쟁을 용인하거나, 형이상학적 물음을 완전히 회피해버린다.

3.5.4 당신이 언어를 갖고 있다면 실재는 무슨 필요가 있는가? (유사인종주의)

왜 당신은 형이상학을 필요로 하는가? 인종적 말을 사용하면서도 인종들이 실재한다는 것을 부정하는 데에는 아무런 충돌도 포함되어있지 않다. 당신은 그저 어떻게 그 언어가 작용하는가를 이해할 필요가 있을 뿐이다.

만약 당신이 이렇게 묻는다면, 당신은 내가 "유사인종주의자"(quasi-racialist)라고 일컬을 사람이거나 제거론을 수용하지 않는 인종회의주의자일지도 모른다. 거짓말이 허위인 것과 똑같이 유해한 방식으로 인종적 담론도 허위라고 말하는 대신에, 말하자면 거짓말과 마찬가지로 인종적 담론도 가능하면 제거되어야 한다고 말하는 대신에, 유사인종주의자들은 인종적 담론은 신화들과 마찬가지 방식의 허위라고 말한다. 신화들은 독특한 문화적 형태들과 사회제도의 양식들을 구성하거나 설명하는데 도움을 주는 허구의 이야기들이다. 신화들은 과학의 의해 추방된 부류의 설명적 이야기들을 제공하지만, 그 과정에서 그것들은 윤리적 계율들을 극적으로 표현하고 관행들에 대한 집착을 야기함에 의해 사회집단들의 통합을 돕는다. 만약 우리가 어떤 형태의 사회제도를 이해하려고 한다면, 아마도 우리는 그 사회제도를 정당화하거나 설명하기 위해 이용되는 신화들을 심각하게 받아들여야할 것이다.

이 견해에 따르면, 신화들의 말 그대로의 허위성은 그것들의 가장 중요한 특징이 아니다. 예수라는 이름을 가진 남자가 정말로 살았으며 우리가 생각하기에 그가 했다고 하는 일들을 정말로 했는지에 대해 절실한 관심도 없으며, 신이 6일 만에 세상을 창조했다는 이야기를 문자 그대로 받아들이기를 거부하는 진보적 기독교인들도 많다. 하지만 바로 이 사람들은 복음서와 창세기로부터 계속 위안을 얻으면서, 그 이야기들을 자신의 공동체가 — 예컨대 휴일이나 교회 행사에 — 모여서 경축하는 기회로 삼으며, 또한 그것들을 자비·용서·사랑·복종과 같은 덕목들의 중요성을 설명하거나 강조하는데 이용한다. 더더욱 많은 사람들은 성경을 문자 그대로의 진리로 받아들이며 그것을 자신의 삶을 다스리는데 이용하거나 이용하려고 시도한다: 소돔과 고모라의 이야기는 "부자연한" 성적 관행은 그릇된 일이라는 것을 뜻하며, 아담이 먼저 왔다는 사실과 신이 아담을 위해 이브를 비롯하여 세계를 만들었다는 사실은 환경론으로부터 사회적 성 관계에 이르는 모든 것과 밀접한 관계를 맺고 있다. 그러나 설령 우리가 그들이 가진 우주관의 진위와 관련하여 그들에게 동의하지 않는다 해도, 우리는 그들의 믿음과 관행 사이의 연관관계를 엿볼 수 있다. (물론 신화들이 종교적이거나 완전히 거짓일 필요는 없다; 모든 나라는 그것의 기원을 관행들에 동기를 부여하고 기본 규범들을 각색한 설명적 이야기들로 둘러싼다. 여기 미국에는 실존인물이기는 하나 실물보다 더 커져버린 미국건국의 아버지들이 있다.>17 종교적 신화들은

>17 역자주] 보통 "미국건국의 아버지들"(the Founding Fathers)은 1787년에 필라델피아에서 개최된 〈헌법제정회의〉에 참여한 55명의 인사들을 가리킨다. 이 인사들 중에는 러시모어 산에 그 얼굴이 거대하게 조각된, 저자의 표현대로 "실물보다 더 커져버린" 조지 워싱턴(George Washington)과 토마스 제퍼슨이 포함된다.

바로 가장 분명한 사례들을 제공한다.)

유사인종주의자들은 인종적 사고는 신화와 같이 작용하며, 우리는 신화의 허위성에 대해 일시적 정지를 요구하기 전에 신화와 그것이 뒷받침하는 문화의 상세한 내용에 대해 철저히 연구해야 한다고 논한다. 이 견해에 의하면, 고전적 인종주의는 인간 변이와 구분에 대한 거짓된 설명이었지만, 그것은 미국의 문화·사회·정치경제의 상당부분이 그 위에 세워진 초석으로서 공헌했다. 만약 미국을 이해하려 한다면, 그리고 만약 그 주민들이 유지하고 있는 관행들 중의 일부에 참여하고자 한다면, 아마 우리는 미국의 탄생신화들을 심각하게 받아들여야할 것이다. 이는 우리가 마치 인종들이 있는 것처럼 행동할 필요가 있을지도 모른다는 뜻이다. 어떤 공동체에 들어가기 위한 조건으로서, 진보적 기독교인들이 성경이야기를 받아들이는 것과 마찬가지 방식으로 우리는 계속 인종적 말에 참여할 수도 있다. 이는 NAACP가 '유색 인종이 정말로 존재하는가?' 라는 물음과 씨름하기를 거부한 것에 대해 평가하는 한 방법이다. 이와 유사하게 어떤 문화인류학자가 자신은 믿지도 않는 신들에 대한 이야기를 받아들이는 것과 마찬가지 방식으로 우리는 인종적 말에 계속 참여할 수도 있다: 자신을 진행 중인 관행들과 사회제도들을 이해할 수 있는 입장에 놓기 위한 한 방법으로서 말이다.

인종적 사고의 사회적 효력을 인정하면서, 유사인종주의자들은 그다지 그 관행의 제거를 열망하지 않는다. 내가 적은 것처럼, 일부 사람들은 인종적 사고의 신화적 능력을 정치적 혹은 문화적 작업을 수행하기 위한 장치로 이용하는데 전면적으로 참여할 수도 있다. 일부 유사인종주의자들은 인종적 사고를 제거하거나, 그들이 자주 말하는 것처럼, **폐지하기를** 원함에 있어서 제거론자들과 합류한다. 그러나 이 "신폐지론자들"은 인종적 담론을 즉각 제거하라는 명령을 피하는데, 왜냐하면 전형적으로 그들은 인종적 사고와 그 효과들을 제거하는 것은 오랜 투쟁을 요구할 것이라고 믿기 때문이며, 그리고 그들은 이 투쟁의 초기 단계에서는 인종적 사고라는 자원이 여전히 강력한 힘을 발휘하는 백인지상주의의 유산을 두드러지게 밝히는데 사용되어야한다고 믿기 때문이다. 이는 폐지론자들로 하여금 언뜻 보기에 한 역설적 입장의 두 쪽들을 모두 승인하게 만드는데, 이러한 입장을 역사학자 데이비드 뢰디거로부터 인용한 글들로 설명할 수 있다.

우선 폐지론자들은 다음과 같은 것을 말한다: "인종은 … '존재론적으로 공허'하면서도 '형이상학적인' 범주다." 그런 다음 그들은 다음과 같은 것을 말한다: "〔반인종차별주의자들은〕 하나의 정치적 전략을 따라야하는데, 그 전략은 '그것이 결국에는 폐지하기를 희망하는 바로 그 형이상학적 범주들에 붙들려 있다'."[18] 여기에는 두 주장들이 함께 있는데, 이번에는 철학자 데이비드 테오 골드버그의 말이다: "인종들은 존재론적 지위가 없다. 인종의 경우에는 … 문자 그대로 지시될 대상이 없다." 그런데도 그는 "쟁점은 주장된 지시 관계의 사실이 아니라 그 용어"라고 말한다.[19] 진보적 프로테스탄트 신학자들에게 기독교의 본질은 (어쨌거나 그의 이름이 아니었을) 예수라는 이름을 가진 남자의 삶에 대한 역사적 사실들에 놓여있지 않은 것과 마찬가지로, 쟁점은 사실이 아니다. 쟁점은 사람들이 그들의 "사실들"을 주장하면서 의미했던 것, 의미하는 것, 그리고 행하는 것이다. 그래서 이 견해에 따르면 인종들은 실재하지 않는다: 그것들은 "아무

>18 David Roediger, *Towards the Abolition of Whiteness* (New York: Verso, 1994), p. 11.
>19 David Theo Goldberg, *Racist Culture* (Cambridge, MA: Blackwell, 1993), p. 88.

런 존재론적 지위도" 가지지 않으며, 인종 개념은 "존재론적으로 공허하다." 하지만 적어도 당장은 우리는 — 사실과 반대로 — 마치 인종들이 존재하는 것처럼, 그리고 마치 "인종"이 무언가를 지시하는 것처럼 행동해야 한다.

유사인종주의는 친숙하고 그럴듯한 견해를 화려하게 치장한 명칭이다: 인종에 대한 관념들이 아직도 사회생활의 형태를 결정지으며, 인종이 존재하든 존재하지 않든 이것은 참이고 사실이며, 그리고 이것이 인종을 계속 이야기할 충분한 이유라고 말하는 사람은 누구든지 유사인종주의자다. 더욱이 이 모든 것을 말하는 사람이 누구든 그 사람은 확실히 옳다. 이와 유사하게 자신의 인종에 대해 망설임 없이 이야기하고 자신들은 19세기의 어떤 사람이 의미했을 바를 의미하지 않는다는 사실을 충분히 의식하고 있는 사람도 아마 유사인종주의자일 것이다. 게다가 이렇게 행동하는 까닭에 그들이 두드러지게 비이성적이거나 인식적으로 결함을 가진 것은 아니다.

그러나 일단 유사인종주의를 돌아가게 만들기 위해 인정해야 하는 모든 것을 인정한다면, 우리는 유사인종주의보다 더 강한 어떤 주장에의 권리를 갖게 되는 것처럼 보인다. 일단 인종적 사고는 사회생활의 형태를 결정짓는다고 말하면, 우리는 인종적 사고가 — 반드시 긍정적이거나 유용하다는 의미에서가 아니라 그것이 새로운 상황들과 사태들을 창출한다는 의미에서 — 구성적이라고 말할 수 있다. 인종적 사고가 창출하는 새로운 사태들 중에는 그것이 분류한 인간 개체군의 집단들이 있다. 그리고 제거론에 대한 논의에서 인종 개념을 그것의 19세기적 체현으로부터 분리한 이상, 그리고 인종 개념을 사회 이론 속에서 그것의 결과로서 일어나는 진화에 얽어놓은 이상, 왜 솔직히 이 집단들이 인종들이라고 말하지 않는가?

3.5.5 형이상학은 위험하지 않은가?

당신은 인종을 형이상학적으로 다루는 것은 우리로 하여금 그것의 절차적이고 정치적이고 사회적인 본성을 망각하도록 조장할 것이라는 사실을 걱정하지 않는가?

이 물음도 유사인종주의의 시각으로부터 나오며 어떤 종류든 인종 실재론의 포용에 대한 매우 합당한 꺼려함을 가리킨다. 그 꺼려함은 무엇보다 유사인종주의자들 역시 인종화 이론가들, 혹은 사태들이 인종화되는 과정에 집중하는 사람이 되기 쉽다는 사실로부터 나온다. 아마 미국에서 가장 잘 알려진 인종화 이론가들인 마이클 오미와 하워드 윈앤트는 그 사실을 우리가 이미 마주쳤던 방식으로 표현하고 있다: "인종은 인체들의 상이한 유형들을 가리킴에 의해 사회적 충돌들과 이해관심들을 표시하고 상징화하는 개념이다."[>20] 오미와 윈앤트는 인종들로 간주되는 집단들을 초래하는 과정들에 가장 큰 관심을 갖고 있다; 그들은 상황들을 (혹은 사건들이나 행태들, 혹은 그 무엇이든) 이러저러한 인종에 연결시키는 사회적 동학(social dynamics)과, 인종을 사회적 선들의 분배와 연결시키는 정치적 메커니즘을 연구한다. 이렇게 과정과 동적 사건들에 초점을 맞춘은 결과들과 지속적 존재자들을 강조하는 것과는 반대 방향으로 잡아당긴다.

동적 과정에 초점을 맞춤은 유사인종주의자들이 완전한 실재론을 거부하는 두 번째 이유가 된다. 만약 믿음들과 관념들이 — 예를 들어 인종에 대한 믿음들과 관념들이 — 사회세계의 형태를 결정할 수 있다면, 우리는 일정한 사고방식들의 결과에 주목해야 한다. 인종 개념

>20 Omi and Winant, *Racial Formation*, p. 55.

은 보통 사회적 위계질서를 자연화하거나 기존 사회제도들을 어떤 의미에서 마치 사물들의 본성에 암호화된 것처럼 불가피하고 필연적인 것처럼 보이게 만드는데 이용되어왔다. 유사인종주의자들은 이러한 착상을 폭로하고 그 위험요소들을 여실히 비추어 방어막을 형성하기를 열망한다. 결과적으로 그들은 흔히 매튜 제이콥슨의 책, 《다른 색깔의 백인성》>21 의 시작부분에서 설명된 전략을 채택한다: "'인종' 이나 '인종들' 이나 '앵글로색슨' 이나 '백인성' 과 같은 낱말들을 잠식성 인용부호에 집어넣는 것이 관례가 되어왔다. 그 관례는 이 책의 정신과도 일치하는데, 이 책의 중심주제는 '인종' 과 '인종들' 은 사회적 조작이다" 라고 제이콥슨은 말한다.>22 만약 당신이 제이콥슨처럼 어떻게 인종이 조작되는지에 관심이 있고, 그리고 인종 실재론이 보통 인종들 및 인종적 위계질서가 본성적이라는 확신을 동반해왔던 역사를 걱정한다면, 당신도 인종들 혹은 "인종들" 이란 낱말을 실재하는 것처럼 기술하는 것에 대해 열광할 수 없게 될 것이다.

이 본성에 대한 우려는 실재론의 포용을 꺼리는 세 번째 이유가 된다. 유사인종주의자들은 이런저런 종류의 사회과학자들이 되기 쉽다 — 말하자면 그들은 철학자가 아니라는 말이다. 그러한 사람들로

>21 역자주] 매튜 제이콥슨(Matthew Jacobson)의 책, 《다른 색깔의 백인성》(*Whiteness of a Different Color*, 1999)의 주제는 미국의 파란만장한 인종적 여행이다. 이 책에서 제이콥슨은 인종은 본성이 아니라 정치와 문화의 우연들에 거주한다고 논한다. 지속적으로 변화하는 인종적 범주들 속에서 우리는 역사와 집단운명에 대한 경쟁적 이론들을 얼핏 바라본다. "백인성 연구"(whiteness studies)라는 새로운 영역에 대한 흥분을 담아내고 그것을 전통적 역사탐구에 연결시키면서, 제이콥슨은 이 이민자들의 국가에서 "인종"은 시민적 동화의 핵심에 있어왔다는 것을 보여준다. 그리고 미국인이 되는 과정에서 — 예를 들어 아일랜드인, 그리스인 등의 — 민족적 소수자들이 어떻게 코카시안(백인)으로 재인종화되었는지를 설명한다.

>22 Jacobson, *Whiteness of a Different Color*, p. ix.

서 유사 인종주의자들은, 그들을 편들어 말하자면, 흔히 모든 물음들을 어떤 것의 본성에 대한 심오한 물음들로 바꾸려는 철학자들의 심술궂은 편향을 갖고 있지 않다. 그들에게 "본성"은 앞서 언급한 "승강기 낱말"들일 뿐이며, 그리고 많은 철학자들과는 달리 사회 이론가들은 흔히 승강기 낱말들 자체에 의혹을 제기하는 지적 전통에 매우 공감하고 있다. 흔히 미셸 푸코(Michel Foucault)와 자크 데리다(Jacques Derrida) 같은 인물들의 저작에 의지하면서, 이 이론가들은 "참"이니 "실재"니 하는 개념들에 대해 매우 의심쩍어한다. "형이상학적"은 원조 승강기 낱말들 중의 하나로서 아리스토텔레스로부터 전해진 것이다. (아리스토텔레스에게 있어서 이 낱말은 전혀 승강기 낱말이 아니었지만, 그것은 또 다른 이야깃거리다.) 그리고 우리는 역사학자 뢰디거가 형이상학적 — "형이상학적" — 범주로서의 인종에 대한 자신의 불평에서 "형이상학적"이란 낱말에 앞서와 같은 회의주의적 비난을 가한다는 것을 관찰할 수 있다.

이제 여러 사람들에 의해 말해진, 이 "실재"에 대한 의혹은 실제로는 내가 고려하고 있는 이론가들을 더 오래된 철학적 전통과 정렬시킨다. 다양한 유형의 철학자들이 수 세기 동안 형이상학에 대해 욕을 퍼부어왔는데, 그들은 형이상학을 자유로우나 비생산적 사색을 추구하는 분야, 혹은 모순된 심오함을 동경하는 분야로 묘사했다. (이러한 비판의 양(兩) 표적들은 수많은 서점들의 "형이상학" 섹션에 생존하고 있다: 그것 역시 또 다른 이야깃거리다.) 그러나 나와 마찬가지로 많은 철학자들은 적어도 가끔씩은 실재의 본성에 대해 이야기하고픈 마음을 재발견해 온 반면에, 다른 분야에 종사하는 사람들은 여러 가지 이유로 일종의 불가지론과 결합한 회의주의의 방향으로 기울어져갔다: 그들은 단지 사물들의 본성에 대해 이야기하는 것을 별로 좋아하지 않으며, 사실상 그들은 그렇게 하려는 어떠한 시도에 대해서도 확실한 이유를 갖고 매우 의심스러워한다. 이것은 놀랄 일이 아니다. 왜냐하면 사회 이론가라는 것의 근본 의미는 우리의 사회·관행·문화를 구성하는 인공물들을 — 비자연적이고 인간이 만든 사물들을 — 연구하는 것이기 때문이며, 그리고 우리는 너무도 흔히 이러한 인공물들이 — 통치 위계질서, 사회적 성 역할 등이 — 높은 곳으로부터 우리에게 내려온 것처럼 가장해왔기 때문이다.

이 모든 것을 말해놓고, 왜 유사인종주의자들이 실재론과 제거론의 사이에서 그들이 어렵게 획득한 중도를 포기해야하는가? 게다가 나는 유사인종주의자들은 유사인종주의가 인정하는 결론보다 더 강력한 결론을 내릴 권리가 있다고 말해왔다. 아직 나는 왜 그들이 이러한 권리에 따라 행동해야하는지는 말하지 않았다. 결국 나는 이웃동네 술집에 가서 가라오케를 부를 권리가 있지만, 이러한 권리를 행사하지 않을 몇 가지 매우 훌륭한 이유들도 있다.

유사인종주의를 모종의 인종 실재론으로 밀어 넣는 한 가지 이유는 승강기 낱말들은 그것들이 지금까지 이해되어 온 바처럼 그렇게 미심쩍을 이유가 없다는 것이다. 걱정거리는 우리가 "참"이나 "실재" 같은 낱말들을 보거나 듣고 나면 우리는 무엇에 대해 이야기하든 그것들이 마치 어떤 신성한 힘에 의해 우주의 태피스트리에 엮어있었던 것처럼 생각할 것이라는 점이다. 하지만 과학혁명이 일어난 지 500년이 흐르고 텔레비전과 인포테인먼트 혁명에 들어선지 수십 년이 지난 오늘날, 우리는 확실히 이전보다는 더 나은 상식을 갖고 있다.>23 우리는 승강기 낱말들을 잠정적이고도 용의주도하게 사용하는 방법들이 있음을 알고 있다. 페미니스트 이론가 수잔 보르도와 같이 나는 오히려 정반대의 문제에 대해 걱정하고 싶다. 사람들은 서로 경쟁하는 진실 주장들에 의해, 예를 들어 뉴스 배출구들이나 광고주들이나 정치캠페인들에 의해 제공된 주장들에 의해, 혹은 보다 평범하게 머리카락 땋기와 디지털 이미지 편집기술과 성형수술 등에 의해 혹사당해왔다. 따라서 더 절박한 문제는 사람들이 자신의 반성적 회의주의를 포기하고 아무거나 믿게 된다는 점이다.

유사인종주의로부터 "유사"라는 접두사를 생략하려는 또 하나의 이유는 그 견해의 정치적·설명적 작용이 그것의 바탕이 되는 개념적 재원들을 완전히 전개함에 의해 더욱 효과적으로 수행될 수도 있다는 것이다. 여기서 나는 유사인종주의자들이 인종의 조작, 사회적 실재들의 구성, 정치적·문화적 제도들의 인위적 본성에 대해 기꺼이 말하려는 것에 대해 생각하고 있다. 나는 특히 어떻게 이러한 화법들이 제거론에 반대하는 나의 논증과, 화폐와 마찬가지로 인종들은 사회적 관행과 협약으로부터 유래한다는 논증과 한데 모아질 수 있는지에 대해 생각하고 있다. 뢰디거와 같은 의견으로, 유사인종주의자들은 인종을 폐지하려면 그것들과 "직면"해야 한다고 말한다. 왜냐하면 그들은 우리들 대부분이 당연시하는 제도들의 결정에서 인종이 담당하는 역할을 뚜렷하게 밝히고 싶기 때문이다. 이렇게 하는 것이 인간 행위가 만들어낸 것에 대해 노골적이고 단순하게 이야기하는 것보다 얼마나 더 나은가? 왜 인간 행위가 "만들어낸" 것에 대해 이야기하는 것에서 멈추는가?

우리는 유사인종주의를 간단히 인종주의로 바꾸려는 이 마지막 논증에 대해 더욱 구체적인 접근을 취할 수도 있다. 지금까지 말해 온

>23 역자주] 인포테인먼트(infotainment)는 정보(information)와 오락(entertainment)의 합성어다.

폐지론자들은 — 일부 제거론자들과 마찬가지로 — 예를 들어 — 교통정리, 체포 등과 같은 — 경찰활동과 일반적인 인구통계학적 물음들에 대한 — 누가 어디에 어떤 환경에서 살고 일하는가에 대한 — 인종적 통계를 추적하는데 찬성하는 경향이 있다. 그들은 피부색 무차별 옹호자들에 의해 주장된 이 견해에, 특히 국가에 의한 모든 인종적 신원 확인을 즉각 폐지할 것을 요구하는 공격적 형태의 제거론에 이끌리는 경향이 있다. 이 요지를 충분히 오랫동안 추진하다보면, 결국 피부색 무차별의 옹호자들은 어쨌든 어떠한 인종도 존재하지 않는다고 말할 것이다. 그렇다면 인종들을 추적하는데 어떤 종류의 의미가 있겠는가? 유사인종주의자들은 인종적 통계를 기록해두는 데에는 여러 좋은 이유들이 있다고 주장한다 — 이는 그것이 늘 좋은 생각이라는 말도 아니며, 우리가 항상 그 정보를 옳게 해석한다는 말도 아니다. 만약 피부색 무차별 옹호자의 존재론적 논증이 꺼내놓은 별반 관계없는 물음을 제거한다면, 유사인종주의자들은 인종적 통계에 관한 논쟁을 그 통계가 중대하고 허용가능한 작업을 받아들일만한 대가로 수행하는지에 대한 실재적 물음에 집중하게 할 수 있을 것이다.

3.5.6 인종들은 문화집단들이 아닌가? (공동체주의)

만약 당신이 인종들은 실재한다고 말하려 한다면, 왜 당신은 스스로 백인지상주의가 창출한 "개연적으로 규정된 집단들"에 대한 이야기에 제한하려 하는가?

만약 당신이 이 물음에 의해 마음이 움직였다면, 당신은 아마 내가 "인종적 공동체주의자"라고 일컫는 부류의 인종 실재론자일지도 모른다. 이는 우리가 문화 집단들을 창출함에 의해 인종들을 구성한다고 생각하는 사람이다. 이 주장을 내놓은 데에는 더 강한 방식과 더 약한 방식이 있다. 강한 형태는 민족적 혹은 문화적 국가주의로 흐르는 경향이 있고, 반면에 약한 형태는 우리가 역설적으로 사회자연주의(social-naturalism)라고 지칭할 수 있는 것으로 흐르는 경향이 있다.

강한 공동체주의자는 인종들은 하나의 공통된 문화를 공유하거나 어느 정도의 권리를 가진 사람들로 구성된 민족 집단들과 유사하다고 말할 수도 있다. 민족 집단들의 구성원들은 자신의 민족 집단에 대해 일정 정도 존중과 헌신을 바쳐야 마땅하므로, 그 문화에 참여하지 않는 사람들은 처벌이나 비판이나 심리정서적 혼란의 고통을 주어 참여하게 해야 한다고 말함으로써, 우리는 위의 견해를 더더욱 강한 형태로 만들 수도 있다. 이것이 우리가 몰레피 아산테[>24]의 아프리카중심주의에서 발견하는 견해다.[>25] 인종에 대한 이러한 민족적 혹은 문화적 국가주의 설명들과 결부된 여러 가지 통찰들이 있지만, 여러 가지 문제점들도 있다. 첫 번째 문제는 그것은 보통 여기서 그것을 논의하기조차 어렵게 만드는 식으로 진술된다는 것이다. 우리는 지금 비판적 인종이론, 즉 고전적 인종주의의 쇠퇴 이후에 나타난 분야에 대한 형이상학적 선택사항들에 대해 이야기하고 있음을 기억하길 바란다. 때때로 문화적 국가주의자는 자신의 윤리적·정치적 규범들을, 즉 자신의 당위진술들을 일정한 생김새를 가졌거나 일정한 조상을

>24 역자주] 몰레피 아산테(Molefi Kete Asante)는 아프리카계 미국인 학자로서 60여권의 책과 300여 학술논문을 저술했으며, "아프리카중심주의"(Afrocentrism)라는 용어를 만들어냈다. 현재 미국 템플(Temple) 대학교의 아프리카계 미국인 연구의 교수이며, 이 연구분야에서 세계 최초의 박사과정을 창설했다.

>25 Molefi Kete Asante, "The African American as African," Diogenes, 45 (Winter 1998), pp. 39-51, idem *Kemet, Afrocentricity, and Knowledge* (Trenton, NJ: Africa World Press, 1990), p. 35.

가진 사람들은 그저 당연히 일정한 집단들에 속한다는 식의 추정으로부터 직접 도출한다. 이는 고전적 인종주의의 가정이며, 인류학에(형질인류학과 문화인류학 모두에) 종사하는 우리 친구들은 우리로 하여금 그 가정을 단념하도록 열심히 설득할 것이다.

문화적 국가주의자에게는 다행하게도, 이 견해의 배후에 있는 통찰들을 고전적 인종주의의 신념들로부터 떼어놓는 것은 충분히 쉬운 일이다. 국가주의자들은 사람들이 흔히 그들의 생김새와 조상에 부여된 일반적 의미들 때문에 부당하게 대우받는다는 사실과 이러한 부당한 대우가 세계의 형태의 결정에 깊이 관여해 온 오랜 전통들과 제도들을 낳았다는 사실을 정확히 인식하고 있다. 그들은 이처럼 부당하게 대우받은 사람들이 자신들의 공통된 억압에 저항하기 위해 힘을 합친 것은 당연한 일이었다고 인식한다. 또한 그들은 개인들이 일체감을 가질 것들, 자기 자신보다 더 넓은 목적들과 집단들, 자신이 속할 공동체들, 그리고 자신이 참고로 삼아 스스로에게 바른 방향을 제시하고 스스로를 평가할 의미 체계들을 필요로 하는 경향이 있다고 인식한다. 이러한 인식들은 일부 19세기 흑인 해방주의자들이 말한 것처럼 공동의 방어를 위해, 그리고 적대적 사회 세계 속에서 상호 긍정하는 실존의 유지를 위해 인종 집단들을 조직하자는 방향을 가리키는 것처럼 보인다. 내가 말한 것처럼 이것은 여기서 통상적 논증 방식이 아니다; 이것을 일종의 실천적 문화 국가주의로 생각하길 바란다.

실천적 국가주의 논증은 "아시아 중심주의"로부터 시온주의에 이르는 수많은 시각들로부터 구성될 수 있다. 그러나 이것들은 분명 어떻게 인종들을 구성해야하는가에 대한 논증들일 것이다: 그것들은 오미와 윈앤트가 인종 프로젝트라고 부르도록 가르쳐온 것들로서,

사회적 선의 분배를 변화시키기 위해 인종에 대한 담론을 재해석하려는 시도들일 것이다. 여기서 우리의 목적은 인종 프로젝트들에 참여한 집단들과 그 프로젝트들로부터 생겨난 집단들을 기술(記述)하는 설명들을 평가하는 것이라는 것을 여러분은 기억할 것이다; 우리의 목적은 어떻게 이 집단들을 재구성할지에 대한 처방적 건의들을 살펴보는 것이 아니며, 혹은 아직 그럴 때가 아니다. 그리고 국가주의적 논증이 설명적 논증인 만큼, 그것은 국민성이나 민족성으로 짧게 정리되면서 이전 장에서 우리가 제기했던 개념적 고려사항들과 충돌한다. 아마도우 디알로와 빈센트 친은 그들의 생김새 때문에 죽은 것이지 그들이 참여하고 있는 문화 때문에 죽은 것이 아니다; 그리고 인종 경계선에 따라 주택공급 기회의 분배를 돕는 인종차별주의적 부동산업자는 아무런 국가주의적 프로젝트에 참여하지 않고도 바로 그렇게 행동할 수 있으며, 그리하여 하나의 인종 프로젝트를 수행할 수 있는 것이다.

따라서 인종적 공동체주의자의 핵심원칙이 문화집단들을 창출함에 의해 인종들을 구성한다는 것이라면, 이 주장의 강한 해석은 실패하게 된다. 우리가 인종들이라 일컫는 집단들을 민족 집단이나 국가 단위라는 관점에서 기술하는 것은 단순히 부정확한 것이다. 지난 장에서 관찰한 것처럼 민족 집단들은 인종화될 수 있고 인종 집단들은 민족화될 수 있다. 그러나 그 개념들은 구별될 수 있으며, 문화적 물음들과는 별로 관계가 없는 것 같은, 빈센트 친의 살해와 같은 인종적 현상들이 있다. 친은 그의 가해자들이 그를 미국경제의 강탈자라고 널리 지각되었던 일본인과 동일시했기 때문에 죽은 것이며, 이것은 확실히 하나의 문화적 문제다. 하지만 그가 선택된 것은 그의 옷이나 종교나 다른 어떤 문화적 속성 때문에 아니라 그가 아시아인처럼 생겼었기 때문이다. 그의 공격자들은 그의 육체를 그의 국가적 기원을 말해주는 기호로 해석했으며, 이는 인종적 사고의 한 양식이다.

3.5.7 인종들은 번식 개체군들이 아닌가?

좋다, 따라서 인종은 민족이 문화적인 것과 같은 방식으로 문화적인 것은 아니다. 그러나 여전히 당신의 "개연적" 집단 이야기로부터 얻는 것보다는 문화적으로 더 풍부한 스토리가 말해질 수 있다. 예컨대 문화가 이 개체군들의 생산 및 재생산을 매개하는 방식의 경우는 어떤가? 노골적으로 표현하자면: 아름다움과 애욕과 같은 것들의 경우는 어떤가?

이 물음은 인종적 공동체주의자가 되는 또 다른 길을 우리에게 지시해주며, 이는 인종들은 문화적으로 매개된 번식 개체군들이라는 인식으로부터 시작하는 길이다. 이 견해에 의하면 철학자 필립 키처의 말대로 인종들은 "문화변용(文化變容)>26의 패턴들이 집단들 사이의 유전적 특이성을 보존하는" 인간 집합체들이다.>27 이 사회자연주의적 견해 자체는 보다 강한 형태와 보다 약한 형태로 들어오는데, 보다 강한 형태는 사회생물학자들(socio-biologists)에 의해 진척되었고, 보다 약한 형태는 필립 키처와 루시어스 아웃로 같은 철학자들에 의

>26 역자주] 문화변용(acculturation)이란 독립된 문화를 지닌 둘 이상의 사회가 장기간에 걸쳐 접함으로써, 어느 한쪽 또는 양쪽의 문화체계에 변화가 생기는 현상을 가리킨다. 보통 이러한 문화체계의 변화는 서로의 유전자를 교차하는 과정을 동반한다. 그런데 여기서 설명하려는 견해에 따르면 인종들이란 그 안에서 문화변용의 패턴들이 그 유전적 독특함을 그대로 유지하는 집단들을 가리킨다.

>27 Philip Kitcher, "Race, Ethnicity, Biology, Culture," in *Racism*, ed. Leonard Harris (Amherst, NY: Humanity Books - Prometheus, 1999), p. 107.

해 진척되었다. (나는 "사회자연적" 무리들이란 개념을 루시어스 아웃로로부터 빌려왔다. 따라서 이 신조어에 대해서는 그에게 따지길 바란다.) 이러한 시각으로부터 우리는 문화집단들을 창출함에 의해 인종들을 창출한다고 주장하는 것은 우리의 사회적 관행들이 우리로 하여금 생식적으로 고립된 개체군들을 창출하도록 행동하게 한다고 주장하는 것이다.

앞서의 인종화된 관계자본에 대한 논의를 상기함에 의해, 생식의 고립에 대한 이 주장의 동기를 발견할 수 있다. 우리가 관찰했던 것처럼 같은 인종내의 결합과 다른 인종간의 결합이 급격하게 다른 비율을 가짐은 미국사회의 특징이다. 이는 우리의 인종들이 실제로 번식 개체군들이 되어왔음을 뜻하며, 이는 다시 인종들은 대폭적 비율로 유전자를 교환하지 않는 까닭에 그것들은 유전적으로 서로 구별된다는 생각에 어느 정도 정당한 근거가 있음을 뜻한다. 이는 전반적인 유전적 변이에 관한 주장이 아니다. 제거론자들과 형질인류학자들이 옳게 지적하려고 애썼던 것처럼, 전반적인 유전적 변이는 인종들 사이에서보다 인종들 내부에서 더욱 크다. 차라리 위의 주장은 인간 집단들의 생식상의 고립에 대한 주장이며, 두 가지 사실들 위에서 성립된다: 지금 우리가 인종들이라고 생각하는 집단들은 상당히 오랜 시간동안 지리적으로 고립되어 있었고, 그리고 이러한 지리적 고립이 끝난 후에도 그 집단들은 서로 가까이 물리적으로 근접해 있었음에도 대체로 문화적으로 고립된 상태로 남았다. 물론 노예화된 아프리카 여성들에 대한 유럽인 노예주들의 가증스럽고 조직적인 관행들을 포함하여 예외들이 있었다. 그리고 우리는 한 인종의 구성원들이 다른 인종의 구성원들과 닮기 보다는 서로를 더 면밀하게 닮아있다는 주장을 와해하기 위해 이 오랫동안 지속된 관행을 지적할 수도 있지만, 그것은 여기서 쟁점이 되는 주장이 아니다. 여기서의 요지는 단지 이 집단들이 흔히 상대적으로 고립된 번식 개체군들이었고 지금도 그러하다는 것이다.

사회생물학자들은 생물학적 성질들이 생식상의 고립으로 이어진다고 (생식상의 고립으로 이어지는 사회적 관행들로 이어진다고) 주장함에 의해, 가장 강하면서도 가장 그럴듯하지 않은 형태의 사회자연주의적 접근 방식을 제공한다. 노골적으로 표현해서, 이 설명에 의하면 — 가장 첨예하고 가장 손쉬운 사례를 제공하는 — 흑인들과 백인들은 좀처럼 서로 결혼하지 않는데, 왜냐하면 그 경계선을 따라 어딘가에서 우리 인간들은 "우리와 비슷하게 생긴" 사람들을 배우자로 선택하도록 성향을 결정하는 메커니즘을 발전시켰기 때문이다. 이 메커니즘은 단단하게 엮여있으며 오랫동안의 진화적 도태의 압력에 의해 깊이 뿌리박혔다. 그리고 그것은 이제 우리의 인구조사기록에서 관찰되는 결과들을 산출한다.

이 강한 자연주의의 주된 문제점은 많은 사회생물학적 설명들이 겪는 것과 동일한 어려움들을 겪는다는 것이다. 무엇보다 그것은 문제의 현상을 지나치게 확정한다. 좀 다르게 표현하자면, 사회생물학적 설명은 매우 충분한 근거를 가진 경쟁 설명들에 의해 가려진다. 내가 뿌리박힌 사회적 관행들의 산출에 대한 완벽하게 훌륭한 스토리를 가지고 있다면, 내가 어째서 어떤 단단히 엮어진 진화적 메커니즘에 호소할 필요가 있겠는가? 백인지상주의적 담론이 백인의 육체를 우상화하고 비백인의 육체를 악마로 여겨 온 방식과 백인지상주의적 제도가 부와 지위처럼 비육체적 매력의 결정요소들을 백인 혈통과 육체에 연결해 온 방식에 호소하는 것이 좋지 않겠는가? 그것이 무슨 가치가 있든지, 미스아메리카 선발대회에서 비백인 우승자를 배출할 때까지 얼마나 오래 세월이 걸렸는가를 생각해보라; 혹은 잭슨 패밀리의 구성원들이 (마이클 잭슨이지 제시 잭슨이 아니다) 자신들의 코를 어떻게 했는지를 생각해보라. (그렇다, 이건 너무 빠르다. 그래서 우리는 앞으로 나올 장들에서 인종과 아름다움에 대해 더 많은 이야기를 할 것이다.)

두 번째 문제점은 우리의 제도와 관행에 대한 사회생물학적 설명들은 매우 공론(空論)의 상태로 남아있는데 다른 진화론적 설명들보다 훨씬 더 그러한 상태이며, 그것들은 아직도 어떤 복합적 사회현상의 — 이를테면 필시 사회과학으로부터 나온 경쟁적 설명들이 있는 하나의 현상의 — 유전학적 토대에 대한 최초의 결정적 증명을 기다리고 있는 중이다. 문화사학자들이 이미 왜 우리가 스스로를 번식 개체군들로 나누는지를 말해줄 수 있다면, 그리고 당신이 제안할 새로운 설명이 그 핵심 메커니즘에 대해 엄청나게 큰 공수표만 발행할 뿐이라면, 내가 어째서 단단히 엮인 진화론적 경향에의 호소를 수용하겠는가?

키처와 아웃로는 보다 유연하면서도 보다 그럴듯한 형태의 사회자연주의를 제공한다. 키처는 이렇게 말한다: "흑인과 백인 사이의 인종간 결혼의 비율이 낮은 원천은 궁극적으로 … 노예제도와 식민주의 역사에, 그리고 더 가깝게는 사회경제적 불공평들에 놓여있다." **>28** 아웃로는 우리의 근대 인종들의 생식상의 고립의 기본적 원인들이 사회 정치적·문화적 요소들과 관련되어 있다는 주장에 동의한다.

>28 Philip Kitcher, "Race, Ethnicity, Biology, Culture," in *Racism*, ed. Leona Harris(Amherst, NY: Humanity Books - Prometheus, 1999), p. 106. Lucius Outlaw의 *Race and Philosophy*(New York: Routeledge, 1996) 중에서 특히 제1장과 비교해 보시오.

그러나 그는 또한 이러한 종류의 사회문화적 차별은 인간이 타고나는 상황이며, 근대의 상황들을 떠나서라도 인종적 차이들을 산출한다고 논한다. 아웃로는 인간들은 의미를 발견하고 질서를 창출하기 위해 다른 사람들과 사회에 합류하는 사회적 동물임을 우리에게 상기시킨다. 이 과정은 인체에 의미를 부여하기 위한 형판(型板)을 우리 자신에게 제공하는 부분을 포함한다. 우리는 육체 유형들을 집단 내부의 구성원들과 집단 외부의 구성원들을, 즉 그들과 우리를 구분하는데 사용하는 법을 배운다: 그들은 (후투족, 터키인은) 저렇게 생긴 반면에, 우리는 (투치족, 그리스인은) 이렇게 생겼다. 그러나 우리는 또한 어느 종류의 육체가 어떤 사람에게 잠재적 배우자로서 고려대상이 될 (누가 선택을 하든 그 사람에 의해 고려대상이 될) 자격을 주는지를 아는 법도 배운다. 상이한 문화들은 늘 인간의 아름다움과 매력에 대해 상이한 관념들을 가지며, 그리고 항상 가져왔다. 이 관념들은 누가 누구와 맺어지는가에 영향을 미치며, 이는 다시 후세대들의 유전적 프로파일을 결정한다. 아웃로에게 있어서 서양의 인종적 사고의 경력은 단지 이 더욱 광범위한 현상의 한 사례일 뿐이다. 그가 칭한 것처럼 "종(種)분화" 혹은 우리 자신을 여러 집단들로 분할하고 그 분할 경계선을 인종화하는 과정은 그의 견해에 의하면 인간 사회생활의 자연적 부수물이거나 수단이다.

그리하여 다음과 같은 물음이 남는다: 왜 나는 사회자연적 종들보다는 개연설적 개체군들에 대해 이야기하는가? 우선 나는 내 설명에서 분명 위와 유사한 것을 고려했었다는 사실을 지적해야하며, 특히, 나는 부분적으로 키처와 아웃로의 글을 읽음으로써 이러한 것들에 대해 생각하는 방법을 배웠기 때문이다. 나는 개념적으로 독립된 인종적 담론의 중요성을 강조했는데, 이는 부분적으로 그 담론이 인체와 사회적 선의 분배 사이의 상관관계를 밝히는데 도움을 주었기 때문이라는 것을 기억할 것이다. 사회자연주의자들은 이러한 상황을 선명하고 날카롭게 전개한다. 그들은 우리가 신체와 혈통을 한 국가나 사회에 소속되는 조건과 연결시키는 방식들을 강조하고, 인종적 사고가 아름다움·바람직함·섹스·생식에 대한 물음들에 완전히 스며들어있음을 뚜렷하게 밝힌다. 이 개념적·정서적 연관의 사례들은 서양의 인종뿐만 아니라 미국 역사와 사회에 대한 모든 충실한 설명들의 어쩔 수 없는 특징들이다.

사회자연주의적 설명에 대한 나의 유일한 우려이면서 다른 하나의 설명을 채택하려는 주된 동기는 그것이 집단들과 개체군들을 구별하지 못하며 인종들을 보통 집단들로 취급한다는 점이다. 나는 개체군들에 대해 이야기하고 있으며, 이는 집단들과 개체군들은 서로 다르고 그 차이가 중요하기 때문이다. 나는 이 구분을 지금껏 애매하게 남겨두면서도 불만이 없었지만, 이제 그것이 어느 정도 작용해야 할 순간이다.

엄격하게 말해서 한 집단은 그 구성원들이 그것이 무엇이든 그들을 함께 묶어주는 것에 대해 의식하는 집합체다. 우리가 함께 산책을 할 때 우리는 하나의 집단이다. 왜냐하면 우리는 우리가 공유하는 합동 프로젝트를 향해 우리 자신의 방향을 설정하기 때문이다. 이와 대조적으로 내가 창밖을 내다보면서 마침 그 순간에 내가 바라보는 거리를 걸어 내려오는 모든 외부사람들을 가리킨다면, 나는 하나의 개체군을 골라낸 것이다. 이보다는 덜 일시적인 사회적 집합체들의 사례를 들자면: 한 야구경기 동안 양키 스타디움에 있는 빨간 머리를 가진 모든 사람들은 하나의 개체군을 — 우연히 내가 그들을 한 덩어리로 묶는 기준으로 삼은 표현형(表現型)>29의 특색을 공유하는 빨간 머리 사람들의 개체군을 — 구성한다. 이와 대조적으로 브롱크스 빨간 머리 연합은, 만약 그런 것이 있다면, 하나의 집단일 것이다. 왜냐하면 그 구성원들이 빨간 머리를 가진 사람이라는 조건이나 경험에 대한 공통된 관심사로부터 함께 모인 것이기 때문이다. (이것은 실제로 우리가 어떤 식으로 "집단"과 "개체군"이란 낱말들을 사용하는가에 대한 주장은 아니다. 나는 어떤 낱말로든 명시해야 할, 그리고 사회자연주의는 말하기를 거부하는 하나의 구별을 명시하기 위해 그 낱말들을 전용하고 있는 것이다.)

개체군들은 분류되는 사람들에 대한 지식이 없이도 작용할 수 있는 분류과정들로부터 생겨나며, 이 분류과정들은 그 개체군들에 속하는 사람들이 스스로 가지고 있는지조차 모르는 특성들에 의지한다 — 예를 들어 테이삭스병 유전자를 가진 사람들의 개체군에 대해 생각해보라.>30 이와 대조적으로 집단들은 철학자들이 '우리-의도'(we-intention)라 일컫는 것의 대상이거나 결과다. (집단이 무엇인가에 대한 상이한 설명들이 있지만, 이것이면 나의 목적에 충분할 것이다.) 내가 한 집단에 속하거나 한 집단의 구성원의 입장에서 행동한다면, 나는 우리가 공유하는 의도들에 따라서, 그리고 우리 집합체를 대상으로 삼는 의도들에 따라서 다른 사람들과 더불어 행동한다. 우리가 하나의 집단을 이루어 저녁을 먹으러갈 때, 우리는 그저 먹으러만 가

>29 역자주] 표현형(phenotype)이란 육안으로 확인할 수 있는 생물의 형질을 뜻한다.

>30 역자주] 테이삭스(Tay-Sachs)병은 동유럽 유대인에게 흔히 나타나는 유전성 대사질환으로서 발병할 경우 시력을 잃거나 뇌퇴화·중풍 등에 걸리거나 2-3년 내에 죽기도 한다. 이 질병은 열성형질로 유전되며 양쪽 부모로부터 테이삭스 유전인자를 물려받은 아동에게만 나타난다. 부모 중 한쪽만 유전인자를 가지고 있을 경우 자녀들은 이 질병에 걸리지 않는다. 그러나 양쪽 부모가 그 유전인자를 가지고 있다면 자녀가 이 질병에 걸릴 확률이 25%나 된다.

는 것이 아니라 하나의 경험을 공유하려 한다. 이는 우리의 행동들이 다른 방법으로는 서로 조화될 수 없는 방식으로 서로 조화를 이루고 있으며, 그 행동들의 배후에 있는 동기는 나의 동기가 아니라 우리의 동기라는 것을 뜻한다. 5번가를 따라 오후산책을 하다가 나는 전혀 모르는 사람들이지만 서로는 잘 알고 있는 듯하며, 나를 에워싸고 자신들의 대화를 계속하는 사람들의 집단 한가운데에 있는 나 자신을 발견할 때처럼, 나는 부지불식간에 어떤 집단의 행동들과 흡사한 방식으로 행동할 수 있다. 그리고 나는 단순히 길을 물었을 뿐인데 그것이 경찰관으로 하여금 노점상을 강탈하는 도둑들을 알아차리지 못하게 방해하는 경우처럼, 나는 부지불식간에 어떤 집단의 계획을 진전시키는 행동을 할 수도 있다. 그러나 나는 어떤 집단에 대해 모르면서 그 집단에 속할 수는 없다.

바로 얼마 전에 나는 우리의 공통적 언어습관들은 인종을 민족과 하나로 정리하려는 시도에 대항하는 증거가 된다고 말했다: 우리는 아마도우 디알로와 빈센트 친이 자민족중심주의가 아니라 인종차별주의의 희생자들이라고 말하고 싶어한다. 만약 인종들이 전적으로 집단들이나 공동체들로 취급된다면, 이와 유사한 일이 일어난다. 경우에 따라 우리는 인종들을 개체군들로 취급하거나, 개체군들을 식별하기 위해 인종 언어를 사용한다. 이러한 경우들에서 인종적 말은 우리들로 하여금 자신들이 함께 묶여있다고 생각하지 않거나, 자신들이 완전히 감지하지 못하는 방식으로 함께 묶여있다고 생각하는 개인들을 주목하게 한다. 그리고 어떻게 사회자연주의가 이러한 사례들에 대해 충분한 이야기를 들려줄지는 명확하지 않다.

대체 당신은 무슨 말을 하고 있는가?

아마 몇 가지 사례들을 드는 것이 도움이 될 것이다.

사례 1: 존은 미국으로 건너온 아일랜드인 이민자들의 4세대 아들이며, 자신은 백인이 아니라고 결심해왔다. 자신의 흠잡을 것 없는 아일랜드인 유산과 창백한 피부색과 곧은 모래빛 머리결을 부정하기 위해, 그는 자기 조상들이 백인의 지위를 얻기 위해 겪었던 어려움들을 인용하고 생물학적 인종주의의 무용성을 역설한다. 이 논점을 더욱 강조하기 위해, 그는 인종차별주의를 극복하는 가장 확실한 방법은 인종이라는 개념과, 특히 오랜 세월 너무나 많은 문제를 일으켜온, 백인이라는 관념을 폐지하는 것이라고 논한다. 그리하여 그는 자신이 백인이 아니라고 말한다. 그는 다인종적 집단의 친구들과 교제하고 있으며, 그 친구들은 모두 그의 이론에 동의하며 그의 윤리적 확신을 존경한다. 그럼에도 불구하고 그 친구들은 자신들 중 몇몇을 모른 척 지나쳐버릴 택시를 불러 세우기 위해 존을 거리로 내보낸다; 그들은 백화점에서 자신들이 존과 가까이 서있는지를 확인하며, 그리하여 그들은 더 빠르게 주문을 하게 될 것이다; 그리고 그들이 함께 집을 빌릴 때는 존을 보내서 신청서를 작성하게 하고 열쇠를 받아오도록 보낸다.

사례 2: 레지나는 아프리카 혈통의 검은 피부를 가진 여성으로서, 해방노예였던 그녀의 고조부가 남북전쟁 직후 앨라배마로부터 테네시로 이주한 이래 거기서 줄곧 살아온 한 가정에서 태어났다. 존과 마찬가지로, 레지나는 명확한 제거론자다; 게다가 그녀는 자신의 정체성을 개인적 스타일의 문제로 간주한다. 아프리카계 미국인의 문화에 대한 어떠한 깊은 애착도 거부하면서, 그녀는 자신이 태국 요리,

인디언 셔츠, 백인 남성, 프랑스 가구를 너무 좋아한 나머지 아프리카계 미국인의 문화에 대한 자신의 애착은 그 빛을 잃었다고 말한다. 그리고 그녀는 흑인자결주의자들의 활력을 북돋은 운동들에 대해서도 전혀 공감하지 않는다. 부정의는 다른 수많은 형태로 생겨나며 한 개인이 그것과 맞서 싸우고자 한다면 그렇게 할 수 있는 방법들은 얼마든지 있다고 그녀는 말한다. 그럼에도 자신의 백인과 아시아인 여자친구들과 함께 클럽활동에 참여할 때, 그녀는 자신도 충분히 백인 남성들과 잘 사귀고는 있지만 그 친구들이 자신보다 백인 남성들과 훨씬 더 잘 사귀고 있다는 사실을 발견한다; 그리고 그녀가 자신의 이상형인 (백인) 남자를 — 존을 — 발견하고 그와 결혼하게 되었을 때, 그녀는 자신의 부모와 존의 부모가 똑같은 계급적 배경을 가짐에도 불구하고 (양가 아버지는 공장에서 일하고 양쪽 어머니는 선생님들이다) 존의 부모가 자신의 부모보다 자신들의 첫 번째 집을 장만하는데 약간 더 많은 돈을 보태준 사실을 발견한다. 그녀가 자신의 부모에게 설명을 요구하면서 맞섰을 때, 그들은 존의 조부모는 1940년대 연방에서 제공한 주택담보융자를 받을 수 있었던 반면에 그녀의 조부모는 인종적 근거로 배제되었다는 사실을 지적한다. 존의 가족은 첫 번째 집으로부터 담보를 제한 순수가격을 증대시켰고 여러 세대를 거쳐 그것을 전해 온 반면에, 그녀의 가족은 별로 탐나지 않은 지역에서 더 높은 이자율의 주택융자로 시작하여 훨씬 더 느리게 재산을 축적했다.

이 두 사례들에서, 어떤 의미로 레지나와 존은 실제로는 그들이 부정하는 바로 그 사람들임을 상당히 설득력 있게 단언할 수도 있다. 존의 백인성은 존의 친구들이 사회적 교류에서 존을 자신들의 위병(衛兵)으로 삼을 때마다 그들이 의존하는 바다. 더 정확하게 말해서

존의 백인성에 대한 이야기는 그와 관련된 하나의 확실한 사실을 기술하는 방법이다: 명확하게 어떠한 인종적 정체성도 부인하는 경우에조차, 백인지상주의의 특권을 향유할 수 있는 존의 능력을 말한다. 이와 유사하게 그녀의 삶의 기회들이 직접적으로는 클럽활동에서, 그리고 간접적으로는 백인우호적인 인종적 선호를 가진 세대들의 여파로, 즉 반흑인적인 인종적 사고에 의해 부정적 영향을 받는다는 의미에서 레지나는 흑인이다. 그리고 그녀의 흑인성에 대한 이야기는 인종적 관행의 역사가 그녀에게 남겨준 사회경제적 위치를 표시하는 방법이다.

확실히 다른 어떤 의미에서, 레지나와 존은 자신들이 부정하는 바로 그 사람들이라고 고집하는 것은 너무 이상하게 보일 수 있고, 어쩌면 너무 압박하는 것처럼 보일 수도 있다. 만약 위에서 전개된 의견을, 무엇이든지 간에 인종은 협약들의 조직망과 암묵적 합의들에 의존하여 존재한다는 의견을 진지하게 받아들인다면, 그 이상하다는 느낌은 더욱 강렬해진다. 만약 오직 합의들이나, 더 나은 말로, 협약들에 의해서 인종들이 존재한다면, 어떻게 우리는 사람들이 명확하게 그 존재를 부인하거나 무시하는 집단들 속으로 그들을 밀어 넣을 수 있는가?

이는 정체성 확인 또는 내가 나 자신을 어떻게 보는가와, 정체성 귀속(歸屬) 또는 사회가 어떻게 나의 위치를 정하는가 사이의 갈라진 틈에 대한 물음이다. 그리고 일단 비판적 인종이론에 대한 마지막 형이상학적 접근 방식을 구성하는 개념적 자원들을 전개한다면, 이 물음에 대답하는 것이 훨씬 더 쉬워질 것이다. 당장의 요점은 단지 이것이다: 만약 우리가 인종들을 그저 사회자연주의자들의 방식으로 집단들이나 공동체로 취급한다면, 존과 레지나에 대해서는 뭐라고 말해야 할지를 알기 힘들다. 그들 모두는 명백하게 “자신들의” 인종 집단들로부터 벗어나려한다. 보다 정확하게 말해서, 존과 레지나에 대해 우리가 말한 바와 관련하여 뭐라고 말해야 할지를 알기 힘들다. 우리의 언어사용 방식을 거스르지 않고도, 우리는 그들 모두를 인종적으로 기술할 수도 있다.

사회자연주의적 접근에 대해 공정하게 말하자면, 우리는 클럽활동이라는 무대에서 레지나가 겪은 곤란이 실제로 인종들이 번식단위들이라는 생각의 유용성을 입증한다는 의견을 주목해야 한다. 결국 그녀의 경험은 그 접근 방식이 요구하는 분류 메커니즘들이 널리 유행하고 있음을 드러낸다. 그리고 그녀가 스스로를 이러한 메커니즘들로부터 해방시킨다 해도, 이 메커니즘들의 우세함과 전반적 작용은 그 주장을 하는데 충분할 것임에 틀림없다. 그럼에도 이 번식단위들은 또한 레지나의 삶과 경험들의 형태를 결정하는 여러 힘들의 작용으로부터 생겨난 것들이다. 어떤 의미에서 이 사회적 힘들은 단순히 그녀가 당장 속하는 번식 집단을 창출하는 대신에, 그녀가 개별적으로 어떤 행동을 하든, 개인적으로 그리고 직접적으로 그녀를 한 사람의 흑인으로 명시한다. 만약 그것이 옳다면, 인종 구성원 자격이 순전히 번식 집단에서의 구성원 자격의 문제일 수는 없다. 그것은 틀림없이 이 집단들을 산출하는 여러 힘들에 의한 지위의 결정과 어떤 관계가 있다. 이 말은 우리가 관찰한 바로 사람들이 “인종형성”과 “인종조작”이라 일컫는 문제의 여러 힘들이 이 번식 집단들과는 별개로 여러 사태들을 일으킨다는 말이다: 그 힘들은 우리들에게도 개별적으로 많은 영향을 끼친다. 비판적 인종이론의 형이상학은 이러한 사실을 설명해야 한다.

그래서 여기 급소를 찌르는 문구가 있다: 공동체주의자는 우리가 문화집단들을 창출함에 의해 인종들을 창출한다고 믿는다. 특히 사회자연주의자는 이 집단들은 번식공동체들이며 그 구성원들은 대체로 서로서로를 배우자로서 적합한 후보로 본다고 믿는다. 이 설명에 의하면, 레지나와 존 같은 사람들은 오직 이차적으로만 자신의 인종에 속한다: 그들의 구성원 자격은 그 집단의 다른 구성원들이 어떤 정해진 방식으로 행동한다는 사실에 의존한다. 그러나 우리는 레지나와 존의 인종적 정체성에 대한 근본적 이야기를 불러오는 여러 방식들로 그들에게 행동하거나 그들에 대해 말하려는 경향이 있다.

3.5.8 인종적 말이 유용할지는 모르나, 인종들을 실재하는 것으로 만드는가?

인정한다, 인종차별주의는 우리를 개체군들로 분류했다.

느슨하게.

—"느슨하게 라니?"

느슨하게 말이다. 개체군들을 정의하는 상관관계들이 결정론적이라기보다는 통계적이라는 뜻이다: 그 상관관계들은 그 추정된 인종에 속하는 모든 사람에게 모든 장소에서 항상 유지되는 것은 아니다.

— 좋다. 그리고 확실히 당신은 이 개체군들을 당신이 원한다면 당신의 하찮은 정의를 사용하여 "인종들"이라고 부를 수 있다. 그러나 무엇이 문제가 되는가? 왜 인종적 사고를 고전적 인종주의의 관점에서 정의하고 그것들이 함께 소멸하도록

내버려두지 않는가? 당신이 전에 미루어두었던 물음으로 되돌아와서, 왜 당신은 귀찮게 인종에 매달리려고 하는가? 왜 인종들이 실재한다고 고집하는가?

이미 이 물음들에 대한 두 가지의 대답들을 살펴보았다. 첫째, 유사인종주의자들의 말처럼, 적어도 잠시 동안은 인종적 담론을 지속할 가치가 어느 정도 있다. 왜냐하면 인종적 담론은 여전히 세계에서 일어나는 일들 중에 너무나 많은 일들을 조종하기 때문이다. 둘째, 사회자연주의자들이 우리에게 일깨워준 것처럼, 인종 개념은 인간 사회생활의 본질적 사건들과 깊은 연관을 갖고 있다. 인종 개념을 사용함은 구체화되고 성애와 관련된 사회 조직의 양상들 중 일부를 환기하는 간단한 방법이다.

그래서 당신은 인종들이 실재한다고 말하는 것이 유용하기 때문에 인종들이 실재한다고 말하려한다. 그러면 나에게는 내가 이 세상에서 가장 성공한 사람이라고 말하는 것이 유용하다: 당신도 알듯이 그렇게 말하는 것은 내 기분을 좋게 한다. 그러나 그것이 진짜로 나를 세상에서 가장 성공한 사람으로 만드는 것은 아니다. (물론 그렇게 말하는 것은 유용하지만.)

바로 그렇다. 그리고 만약 내가 그 이상의 어떤 목적을 위해 여러분에게 인종들이 실재하는 **체하라고** 촉구한다면, 그 주장이 적절할 것이다. 그러나 그것은 내가 촉구하는 바가 아니다. 나의 제안은 만약 어떤 대상들을 주위에 두는 것이 유용하다면 우리는 마치 그 대상들이 존재하는 것처럼 행동할 수 있다는 것이 아니다. 나의 제안은 세계에 대한 기술(記述)을 창안하기 위한 동기가 아니라 세계에 대한 경쟁하는 기술들 중에서 하나를 선택하기 위한 동기로서 유용성을 취하라는 것이다. 이것을 설명하려면, 잠시 길을 돌아서 가야할 것이다.

인간의 합의에 의존하여 존재하는 화폐에 대해 어떻게 말했는가를 기억하는가? 이와 비슷한 것들이 수없이 많다는 사실이 밝혀진다. 그것들을 "제도적 사실들"이라 부르고, 몇 가지 사례들의 간략한 목록을 만들어보자: 화폐에 대해서는 이미 말했다; 그러나 결혼들,터치다운(touchdown)들, 불법행위들에 대해 살펴보자.

이것들을 제도적 사실들이라 부름은 이것들이 협약·합의·제도·관행의 조직망에 의존하고 있음을 암시하는 힘을 갖고 있다. 불법행위란 합의에 의해 성립되지 않은 손해로서 민법에 의해 기소할 수 있다. (이것은 밀가루에 계란·과일·호도 등을 넣어 구운 과자인 토트가 아니다. 토트가 엄청 상했거나 고약하게 악용되지 않았다면 말이다.) >31 만약 내가 당신 머리를 프라이팬으로 때린다면, 나는 불법행위를 범한 것이다: 당신은 나를 폭행이나 어떤 다른 죄로 고소할 수 있다. 적절한 관행의 조직망이 갖추어져 있다면 — 민법과 같은 것이 있다면 — 내가 당신을 때림은 하나의 불법행위라고 말해야 할 것이다.

터치다운은 미식축구를 하는 어떤 사람이 풋볼을 가지고 엔드존(end zone)이라고 부르는 경기장의 한 부분에 들어갔을 때 얻는 것이다. 터치다운을 성공하면 볼을 가진 팀은 6점을 얻는다. 그러나 경기장 위의 정확한 장소에 가는 것은 오직 미식축구 경기가 진행 중인 경우에만 — 그리고 그 경기를 구성하는 대회참가자들 및 규칙들과 더불어 풋볼이라는 물체가 있는 경우에만 — 터치다운으로 간주된다.

>31 역자주) 우리말로 "불법행위"라는 법률용어에 해당하는 영어 낱말인 "tort"와 밀가루에 계란·과일·호도 등을 넣어 구운 과자를 가리키는 "torte"는 철자도 거의 비슷하고 발음은 정확하게 동일하다.

그렇지 않다면, 나는 그저 산책한 것이거나 조깅을 한 셈이다.

마지막으로 만약 당신이 적절한 종류의 의식에서 적절한 순간에 "맹세 합니다"라고 말한다면, 당신은 누군가의 신랑이나 신부, 즉 갓 결혼한 배우자가 된 것이다. 만약 당신이 그것을 잘못된 순간이나 잘못된 제도적 상황에서 말한다면 — 여기서 전개되는 패턴을 관찰해야 한다 — 당신은 단지 두 낱말들을 내뱉은 것이고 여전히 예전의 당신일 뿐이다. 그러나 적절한 상황에서는 이 행위가 동반하는 모든 것들과 함께, 당신은 신혼부부가 된 것이다.

이 온갖 사례들에서 어떤 일이 일어나는지를 주목해야 한다. 사회적 협약들이 가진 존재론적 변형의 힘 덕분에, 우리가 너무나 간단하게 상식적으로 기술하는 어떤 존재자나 사건이 변형(transfiguration)을 (철학자 아서 단토가 예술을 말하기 위해 이 용어를 사용한 것과 유사한 의미로) 겪는다. 보통 암묵적이거나 암시적인 인간의 합의들은 사물들이 새로운 관계로 들어서서 새로운 속성들을 취하고 새로운 상호작용의 도식에 참여하게 되는 상황들을 확립한다. 이러한 일이 일어날 때, 한 종류의 사물들은 변형을 겪어 또 다른 종류의 사물들이 된다. 민법의 존재는 내가 난폭하게 프라이팬을 휘두른 결과로 내가 당신에게 보상을 해야 할 책임을 지게 되거나 그러한 의무에 속박됨을 뜻한다. 만약 그렇지 않다면 나는 그저 몹시 후회하고 있거나 만족스러워 하거나 피에 대한 굶주림을 깨끗이 씻어냈을지도 모르지만, 민법의 존재 때문에 당신이 깨어났을 때 당신은 나에게 진지하게 내가 책임을 져야할 성질이라고 말할 수 있다. 또한 민법의 존재는 나의 "맹세 합니다"라는 말이 인과적 힘일 수 있음을 뜻한다: 내가 적절한 상황에서 적절한 권위를 갖고 그 말을 한 다음에, 나는 내가 이전에는 갖지 않았던 의무를 갖게 된다; 그리고 나는 단지 나의 배우자와만이 아니라 그녀의 가족과 함께, 전에는 내가 당사자가 아니었던, 관계들을 맺게 되었다.

이 모든 것은 우리가 제거론의 비판으로 나아갔던 방식으로 인종과 관계를 갖는다. 제도적 상황이 잘 만들어진 종이 한 조각을 — 적절한 인과적 역사와 물리적 특성들을 가진 종이 한 장을 — 법정화폐로 바꾸듯이, 제도적 상황은 적절한 조상과 생김새를 가진 — 적절한 인과적 역사와 물리적 특성들을 가진 — 한 사람을 예를 들어 아시아 인종의 한 구성원으로 바꾼다. 따라서 위의 제안은 단순히 어떤 상상적으로 칭찬할만한 목적을 성취하기 위해 사물들에 인종의 딱지들을 덕지덕지 붙이자는 것이 아니다. 인종적 말은 사람들이 이미 실제로 사회적 상호작용의 도식들과 뒤얽혀 있는 방식들을 가리키는 임무에 꽤 적합하다는 주장이다. 우리가 관찰한 것처럼 이 상호작용의 도식들은 사람들의 생활에 진정한 중요성을 갖고 있다; 그리고 만약 우리가 일정한 사회적 관계들에 알맞게 관련되어 있는 한 종잇조각에 대해 그것이 정말로 1달러의 가치를 가진다고 말하려한다면, 우리는 일정한 사회적 관계들에 알맞게 관련되어 있는 한 사람도 예를 들어 정말로 한 사람의 백인이라고 기꺼이 말해야 한다.

3.5.9 왜 그냥 인종에 대한 잘못된 믿음들도 중요성을 가진다고 말하지 않는가?

당신은 서로 경합하는 세계의 기술들 중에서 선택하기 위해 유용성을 이용하길 원한다. 좋다. 이제 당신은 경합하는 기술들을 가졌다. 제이제이의 친구인 리사는 한편으로 일본에서 건너온 사람들의 후손으로서 그녀가 생긴 그대로 그렇게 보이는 한 여성이다. 다른 한편으로 그녀는 아시아 인종의 한 구성원이다. 그러나 그녀에 대한 두 번째 기술을 선택함에 있어서 그 추정된 유용성이 어디에 있는가? 때때로 다른 개인들의 잘못된 믿음들에 의해 영향을 받긴 하지만, 그저 그녀가 한 개인일 뿐이라고 말하는 편이 낫지 않은가?

1달러 지폐가 한 종잇조각인 것처럼, 확실히 그녀는 한 개인이다. 그러나 제도적 단계에서 그 종이의 이력을 추적하기 위한 목적으로 우리는 1달러로서의 그것에 초점을 두는 편이 더 나을 것이다. 이와 유사하게 만약 우리가 개인들을 일정한 제도적 맥락에서 추적하고자 한다면, 그들을 인종들의 구성원들로 보는 편이 더 나을 것이다. 당신이 쥐고 있는 책의 종이를 생각해보라.

— 이것은 또 하나의 우회로인가?

그렇다, 또 하나의 우회로다. 당신이 쥐고 있는 책의 종이를 생각해보라. (나는 당신이 e-book이나 그와 유사한 어떤 것을 읽고 있는 것이 아니라고 가정할 것이다.) 나는 당신이 실제로 종이가 아니라 양자·중성자·전자들의 독특한 집합체와 상호작용하고 있다고 말할 수도 있다. 계속해서 나는 실제로 종이라는 것은 없다고 말할 수도 있다; 그리고 종이가 나올 나무들도 실제로는 없다. 당신의 점점 혼란스러워하는 응시를 무시하고, 원자보다 작은 소립자들이 존재의 알파와 오메가라고 나는 소리친다. 이 순간이 바로 당신이 아무 버스든 잡아타고 떠나야한다고 뭔가를 말할 순간이다.

설령 물리적 대상들이 더 작은 구성요소들의 복잡한 배열들이라 해도, 우리는 그것을 고집하지는 않는다. 왜냐하면 우리는 보통 우리의 형이상학적 시각들을 더 높은 수준의 분석에 맞추기 때문이다. 만약 당신이 오직 양자와 그 비슷한 것들에만 초점을 맞춘다면 우리는 종이에 인쇄된 내용은 말할 것도 없고 상이한 종류의 종이들에 대해 말하는 것조차 상당히 어려울 것이다. 우리는 모두 화학자일 것이고 우리가 이야기하려는 모든 것의 분자적 구조를 상징하는 작은 도형들을 그릴 것이다. 그리고 우리의 도형들을 글꼴들이나 종속절들이나 카드꾸러미들과 같은 더 높은 수준의 존재자들과 연결시키려고 시도한 뒤에 모든 기력을 소진하고 말 것이다.

때로는 설령 환원이 가능한 경우에도 더 높은 분석의 단계에 머물러 있는 것이 중요하다. 만약 당신이 종이와 양자의 사례가 마음에 들지 않는다면, 우리는 훨씬 더 많은 사례들을 만들어낼 수 있다. 일반적으로 사진가는 자신의 베수비어스 산>32 사진이 실제로는 아교질의 감광액 속에 있는 은화합물들의 배열이라고 지적하기는 싫을 것이다. 음악가들은 스스로를 유동적 매체 (공기) 속에서 겹쳐지는 진동들의 체계들보다는 테마·화음·화성·음계 등과 상호 작용한다고 생각하려한다. 그리고 여하튼 어떤 일정한 부류의 임상치료사는 환자의 행동들이 전기화학적 처리체계의 작용들로부터 나온다는 사실을 접어두고, 대신에 환자가 믿고 생각하고 바라고 기억하는 것에 초점을 맞출 것이다.

이 모든 사례들은 동일한 교훈과 동일한 설명을 품고 있다. 일반적으로 우리는 존재론적 다원론자들이다. 왜냐하면 흔히 우리가 어떤 특정한 수준의 실재에 초점을 맞추는 것은, 설령 우리가 그 수준을

>32 역자주] 베수비어스 산(Mount Vesuvius)은 높이 1,281m이며 이탈리아 나폴리 동쪽 12km 지점에 있는 현무암질의 2중식 활화산이다. 유럽대륙 유일의 활화산으로, 79년 8월의 대분화로 폼페이를 비롯한 여러 도시가 삽시간에 죽음의 도시로 변하고 지하에 매몰되는 대참사가 있었다.

보다 더 기초적인 어떤 것으로 분석할 수 있다 해도, 그 수준의 실재가 여전히 중요하기 때문이다. 상이한 수준의 실재들이 상이한 종류의 힘들과 상호작용들을 밝혀주는 까닭에, 이러한 다원주의는 의의가 있다.

어떤 맥락에서는 원자보다 작은 소립자들의 집합을 종이의 사례들로 취급하거나 감광액 속의 은화합물 덩어리를 그림처럼 취급하는 것이 이해가 되듯이, 어떤 맥락에서는 개인들의 집합들을 인종들로 취급하는 것이 이해가 된다. 소립자들이 (혹은 덩어리들이) 적절한 방식으로 서로 이어져 있을 때, 그것들은 더 높은 수준에서 더욱 쉽게 기술하고 분석할 수 있는 방식으로 상호작용하고 행동하는, 더 높은 수준의 존재자들을 창출한다. 이와 유사하게 개인들이 일정한 방식으로 서로 이어져 있다면, 그들은 더 낮은 수준에서는 기술하기 어려운 방식으로 상호작용하고 행동하는 더 높은 수준의 존재자들을 — 인종들을 — 창출한다.

내가 하고 싶은 말은, 종잇조각이 양자들이나 그와 비슷한 것들로 만들어진 실재적 사물인 것처럼, 인종 개체군들도 개별적 행위자들과 행위들로 만들어진 실재적 사물이라는 것이다. 종잇조각과 인종 개체군은 그 구성 요소들로 환원되거나 분해되는 것에 저항한다. 왜냐하면 집합적 수준에 머무는 것이 그러지 않으면 우리가 놓쳐버릴지도 모르는 패턴들과 현상들을 드러내 주기 때문이다. 만약 원자들에만 집중한다면, 나는 종이를 지나치거나 그 아래로 혹은 뚫고 지나가버릴 것이다. 유사하게 만약 개인들에만 집중한다면, 나는 주거지 분리나 직업집중이나 정부의 무관심 혹은 지나친 관심의 경향들을 알아채지 못할 수도 있다. 만약 개인들에만 초점을 둔다면, 나는 흑인 실업은 순전히 열의와 창의성의 문제이며 그 사람들은 단지 성공을 위한 결의가 부족하다고 말하고 싶을 것이다. 이러한 성질의 설명은 일부 개인들에 대해서는 적절할 수도 있다: 결국 모든 상자에는 좋은 사과도 있고 나쁜 사과도 있다. 그러나 단순히 선험적으로 더 이상의 체계적 설명은 가능하지 않다고 결정하는 것은 확실히 너무 섣부르다. 만약 내가 체계적으로 작동하는 사회적 힘들과 관련된 개인적 경험들의 위치를 가리키면서 보다 더 총괄적으로 출발한다면, 나는 어떤 일정한 사회적 질서들은 사람들과 일자리들이 서로를 발견할 수 없을 것 같은 상황들을 기계적으로 산출한다는 사실을 발견할지도 모른다. 나는 헛되이 버려지는 인적자본의 사례들에 대한 보다 더 체계적인 설명을 — 그럴 수 있듯이 자포자기·절망·소외와 같이 사람을 무기력하게 만드는 경험들에 의지하는 설명을 — 발견할 수도 있다.

그래서 인종적 사고는 무엇보다 인종 분류들을 없애는 것에 반대하는 대표적 논증을 유도하는 방법으로서 유용하다. 만약 당신이 누가 아시아인지 혹은 흑인인지 혹은 무엇인지 통계적으로 주목하기를 멈춘다면, 당신은 외국인 토지소유 금지법의 시대에 나온 경제적 악영향이나 차별적 의료서비스의 보급으로 인한 공중위생의 악영향과 같은 체계적 문제들을 가리켜주는 경향들을 알아채기 어려울 것이다. 이것들이 흥미를 일으키는 유일한 경향들은 아니나, 분명 아직도 알아둘 가치가 있는 경향들이다.

3.5.10 왜 나는 인종적 정체성을 받아들여야 하는가?

이제 왜 내가 한 개인으로서 나 자신에 대한 인종적 기술을 받아들여야 하는지를 말해주길 바란다. 당신은 내가 개체군들에 관한 인종적 말을 사용할 수 있음을 나에게 확신시켰다. 만약 내가 역학자(疫學者)라면 나는 어떻게 인종 계층화의 메커니즘들이 공중위생에 영향을 미치는지를 추적하기 위해 인종적 통계를 보고 싶을지도 모른다 (비록 이는 들리는 것만큼 간단한 것은 아니지만). 그리하여 당신은 인종적 개인들에 대한 외부로부터의 기술에 동기를 부여했다. 그러나 왜 나는 그 기술을 나 자신에게, 말하자면 내적으로 적용해야하는가?

좋은 질문이다. (당신은 마치 철학자 로버트 구딩-윌리엄스와 이야기를 나눠본 것처럼 들린다. 그는 흑인이라는 것과 한 **사람**의 흑인이라는 것을 구분하며, 여기서 후자는 한 인종적 정체성에 대한 당신 자신의 내적인 기술 혹은 자의식적인 포용에 해당한다.)>33 지금까지 우리는 인종형성을 거시적 수준에서, 어떻게 그것이 개체군들에게 영향을 미치고 개체군들을 창출하는지에 대해 말해왔다. 그러나 어떻게 인종형성이 개인들에게 영향을 미치는지에 대해서도 할 말이 굉장히 많다. 인종형성은 개체군들과 더불어 정체성들을 창출한다. 다음 장에서 탐구할 이 과정에는 실존적 측면들이 있다. 여기서는 그 형이상학적 측면들에 초점을 맞출 것이다.

기본 주장은 한 사람에 대한 인종적 기술은 실제로 인종화된 사회적 상호작용의 도식 속에서 그 사람의 위치를 정한다는 것이다. 인종적 기술은 얼마간 그 사람에게 일어날 가능성이 있거나 해당될 가능성이 있는 성질의 사항들을 잠정적이고 번복 가능한 형태로, 그리고 다른 온갖 종류의 사회적 범주들과 연결하여 지시한다. 만약 그 사람이 현대의 인종 상황을 규정짓는 관행들과 관계들의 조직망으로부터 쉽사리 벗어날 수 있다면, 그 인종적 기술을 고집하는 것은 그다지 의

>33 Robert Gooding-Williams, "Race, Multiculturalism, and Democracy," in *Race and Racism*, ed. Boxill, pp. 422-47.

미가 없을 것이다. 그러나 어떤 관행들은 사회의 전체적 활동에 너무나 깊이 뿌리박혀 있어서 그 사회로부터 벗어나지 않는 한, 우리가 그 관행으로부터 벗어날 길은 없다. 나는 독단적으로 더 이상 돈을 사용하고 싶지 않다고 결심할 수도 있다. (나는 그것이 단지 종잇조각일 뿐이라거나 컴퓨터 디스크 상의 정보 조각들일 뿐이라거나 회계장부 어딘가에 있는 기호들일 뿐이며; 그것은 실제로 아무런 가치도 없다고 말할 수도 있다). 그러나 나의 사회적 현재 상황들과 연관된 채로, 그 결심에 따라 행동하는 것은 어려울 것이다. 아니면 다음과 같이 말하는 편이 더 나을 것이다: 내가 정말 더 이상은 채무자이고 싶지 않다 해도, 나는 그렇게 독단적으로 채권자들과의 관계로부터 벗어날 길은 없다. 이는 나의 신용등급을 망쳐놓을 것이다 — 이는 거의 강제적인 제도적 사실들 중의 하나다. 자본주의하에서의 화폐처럼, 백인지상주의에 따른 인종은 널리 퍼져있는 제도적 상황을, 우리가 엄청난 어려움을 겪어야만 벗어날 수 있는 상황을 규정하는 것처럼 보인다.

(물론 이는 또 다시 내가 미루어왔던 윤리학적 문제들을 제기한다. 엄격한 부류의 사회주의자들이 달러화 체제는 도덕적으로 부당하므로 철폐되어야 한다고 말할 수 있는 것처럼, 엄격한 부류의 제거론자는 인종 구성의 체제는 부당하며 철폐되어야 한다고 말할 수 있다. 앞에서 마주쳤던 그 형이상학적 형태와 대조하여, 이를 "윤리학적 제거론자"의 입장이라고 부르자. 형이상학에 대한 논의를 끝마친 다음, 다음 장에서 이 입장에 대해 검토할 것이다.)

이제 위의 물음을 다음과 같이 재진술할 수 있다: 어느 개인이든 그 개인을 인종화된 사회적 지형 위에 두는 것이 그 개인에게 무슨 이익이 되는가? 무엇보다도 문화적 고려사항들이 있을 수 있다. 유사인종주의자들이 제안한 것처럼, 인종적 사고는 서양에서 일정한 생활

양식들을 규정한다. 일정한 나이·배경·기질을 가진 아프리카계 미국인의 한 사람으로서 내가 흑인이라는 사실은 내가 누구인가의 중요한 부분이다. 내 의견은 나는 단지 민족적 신분인 아프리카계 미국인일 뿐만 아니라, 흑인종의 한 구성원이라는 것이다. 이 말은 나의 민족적·문화적 배경과 케냐나 가나나 아이티로부터 온 흑인이라는 배경 사이에는 일정한 연관관계들이 존재하거나 그러한 연관관계들이 맺어질 수 있다는 말이다. 이는 모든 곳의 흑인들이 한 공통된 문화를 공유한다는 말은 아니다; 이는 다양한 아프리카 기원의 문화들이 나란히 하나의 흑인 인종이라는 관념에, 혹은 백인지상주의 역사 및 관행과 상대하여 비슷한 처지에 놓이게 된다는 관념에 순응하게 된다는 말이다. 그렇다, 이로부터 생겨난 연관관계들은 어떤 의미에서 인위적이며 선택된 것일 것이다; 그것들은 우리가 범아프리카적 사상들에 공동으로 몰입한 결과일 수도 있다. 그럼에도 그것들은 연관관계들이다. 그리고 옳다, 나는 다른 연관관계들도 맺을 수 있다 — 나의 동료 에스타도우니덴스들이나 나의 동료 남부인들과 연관관계를 맺을 수 있다. 사람들은 온갖 종류의 사물들과 일체감을 가질 수 있다; 그리고 지금껏 내가 아프리카계 미국인의 — 그리고 미국인의 — 문화 속에 살도록 조장해 온 상황은 나로 하여금 흑인성을 내가 일체감을 갖는 여러 가지 사물들 중의 하나로 삼도록 조장한다.

물론 모든 사람이 이러한 문화적 자극들을 받는 것은 아니다. 그러므로 두 번째 접근으로서, 인종적 정체성은 또한 인종화된 사회적 토양을 뚫고 한 개인이 걸어가야 할 행로와 관한 한 묶음의 예언들일 수 있다는 사실을 고려해보자: 인종적 정체성은 한 개인의 사회적 위치측정에 관한 이론일 수 있다. 이를 "묶음설"이나 "이론설"이라 부르자. 아마도우 디알로에 대한 논의에서 마주쳤던 서아프리카 이민자들은 흑인성이 미국에서 무엇을 뜻하는지를 배웠다고 말했다. 이는 적어도 부분적으로 어떤 특정한 종류의 사태들이 그저 그들의 생김새 때문에 그들에게 일어날 가능성이 더 높다는 사실을 그들이 인식했음을 뜻하며, 그들은 그 인종적 꼬리표를 그러한 사실을 나타내기 위한 약칭으로서 — 그러한 사실에 대한 예언들의 묶음이나 이론으로서 — 이용한다. 이와 유사한 분위기로 1940년에 듀보이스는 조지아 주에서 한 사람의 흑인이라는 사실은 인종분리된 짐 크로우 자동차를 타야할 사람이 되는 것이라고 말했다. 그에게 이것이 스토리의 전부는 아니었다. 더 나아가 그는 범아프리카의 정체성 확인에 대한 정치적·문화적 이론을 제안했다. 그러나 그에게 그 정체성을 명확하게 인종적인 것으로 구성하는데 있어서 한 핵심적인 요소는 대등한 사회적 위치들이었다.

그녀가 다른 사람들과 함께, 약간 서투른 표현이지만, "정체성에 대한 탈실증주의적 실재론"이라 일컬은 것에 대한 토론에서, 문학이론가 폴라 모야는 이 "이론설"의 발견을 돕는다.>34 그녀는 정체성이란 세계에 접근하는 방식이라고 논한다. 그녀는 정체성은 우리에게 일어나는 일들을 이해하고 우리에게 일어날 가능성이 있는 일들에 대해 대비하도록 우리를 돕는 이론들이라고 말한다. 이러한 이유로 몇몇 정체성들은 — 즉, 우리 자신을 기술하는 몇몇 방식들은 — 다른 정체성들보다 더 나을 수 있다. 하나의 정체성 혹은 하나의 기술은 하나의 유용한 도구로서 당신에게 당신의 경험들의 형태를 결정할 가

>34 Paula Moya, "Postmodernism, 'Realism,' and the Politics of Identity," in *Reclaiming Identity*, ed. Paula Moya and Michael Hames-Garcia (Berkeley: University of California Press, 2000), p. 83.

능성이 가장 높은 역학과 힘들을 지적해준다. 그것은 단지 당신이 자신에 대해 기술하는 것을 더 쉽게 만들어줌으로써가 아니라, 당신 미래의 전망(前望)과 관련된 당신 주변상황들의 양상들을 당신이 간과할 가능성을 낮춰줌으로써, 당신이 이 세계를 항행하도록 돕는다. 모야는 자신이 한때 스스로를 스페인 사람이라고 생각했었고, 그리하여 대학에 갔을 때 자신이 직면했던 반멕시코인 편견에 대해 준비가 되어있지 않았다고 보고하고 있다. 만약 그녀가 자신을 멕시코인 혹은, 더 나은 표현으로, 치카나라고 생각했었다면, 아마도 그녀는 동료 학우들의 행동에 의해 놀라거나 당황하지 않았을 수도 있었다.

모야가 치카나 정체성을 포용한 것은 인종적 정체성이 미시적 수준에서도 가치를 가질 수 있는 세 번째 측면을 가리킨다. 문화적 생활방식 속에서 나의 위치를 명시해주고 내가 겪을 가능성이 있는 경험들에 대한 예언들의 묶음을 제공함과 아울러, 하나의 인종적 정체성을 주장하는 것은 정치적 여로에로의 첫 발걸음일 수 있다: 그것은 의식을 고양하는 경험의 시작이거나 결과일 수 있다. 모야뿐만 아니라 다른 많은 사람들에게 치카나가 멕시코계 미국인을 가리키는 것처럼, (또 많은 사람들에게) 아프리카계 미국인은 유색인을 가리킨다: 각 쌍의 첫 번째 용어를 사용하는 것은 한 사람의 사회적 정체성을 나타내며, 그리고 그 사람이 어느 정도 이론설을 수용했음을 뜻한다. 이 접근 방식에 의하면, 유색인들과 멕시코계 미국인들은 아마 자신들이 어떻게 그 장소에 도달했는지에 대해 별로 생각하지 않으며, 단순히 백인지상주의가 사회 속에서 자신들에게 부여한 자리를 차지한다. 그러나 치카나/치카노와 아프리카계 미국인은 자신들의 사회적 위치를 창출해온 정치적·역사적·사회적 과정들을 강조한다. 자신을 치카나라고 밝힌다는 것은 "멕시코계 미국인"이라는 용어의 모든 구성요소들이 문제가 있다는 것을 인식하는 것이다. 특히 에스타도우니덴스들은 멕시코인의 후손들을 진정한 미국인이라고 생각하는 것을 무척 힘들어하기 때문이다. "멕시코계 미국인"은 "이탈리아계 미국인"처럼 보일 수도 있지만, 그것은 같은 것처럼 들리지 않는다; 게다가 이 두 집단들의 구성원들에게 미국인이 되는 경험은 (비록 한때는 다소 덜했지만) 상당히 다르다. 위와 유사하게 자신을 아프리카계 미국인이라고 밝히는 것은 아마도 아프리카계 조상과 문화적 배경을 강조하는 것인데, 이 조상과 문화적 배경의 강조는 "유색인"으로부터 벗어나는 것이며, 근대의 출발 이후로 검은 피부의 종족들을 괴롭혀온 문화적 공허에 대한 비난들을 논박하는 것이다. 이와 유사한 논증들이 비판적 백인성 연구에서도 나타난다. 노엘 이그나티예프와 같은 사람들은, 백인들은 자신들이 아직도 향유하고 있는 인종적 특권들을 인식하는 방법으로서 백인성을 주장할 수도 있고, 그리고 존 브라운과 같은 급진적 노예폐지론자들을 움직여온 철저한 정의의 정신으로 그 특권들을 포기하기 위한 첫걸음으로서 백인성을 주장할 수도 있다고 말한다.[>35] 그러므로 나 자신에 대한 변형된 기술을 받아들이는 것은 이론설의 진리를 전하는 방법일 수 있다; 즉, 비판적인 인종적 사고가 나의 미래를 위해 예언해주는 난관들을 직면할 수 있도록 나 자신을 단련시키고, 그리고 이 도전들에 대응하는 정치적 작업을 준비하게 하는 방법일 수 있다.

>35 Noel Ignatiev and John Garvey, *Race Traitor* (New York: Routledge, 1996).

3.6 결론

인종이론의 형이상학자들처럼, 우리는 고전적 인종주의의 몰락에 대해 서로 다른 방식으로 대응할 수 있다. 어쩌면 형질인류학자들과 다문화주의자들의 온갖 논증들을 소심하거나 타락한 지식인들과 정치가들이 내세우는 선전활동이라고 비난함으로써, 혹은 우리가 유지하거나 창출하길 원하는 권력과 자원의 배분과는 무관한 것이라고 비난함으로써, 우리는 고전적 인종주의의 몰락을 무시할 수도 있다. 이는 우리로 하여금 후기 근대시대의 새로운 인종차별주의의 옹호자들뿐만 아니라, 백인지상주의자들 및 일부 흑인자결주의자들과 같은 태도를 취하게 할 것이다. 다른 한편, 우리는 근대 인종들 사이의 깊고 본질적인 차이들에 대한 믿음의 19세기적 토대들을 유지하거나 대체하려고 시도할 수도 있다. 그러면 이는 우리를 고전적 인종주의자들로, 당신이 새 이름을 원한다면, 신고전주의자들로 만들 것이며, 그리고 우리로 하여금 다른 많은 사람들을 비롯하여 《벨 커브》의 저자들과 같은 태도를 취하게 만들 것이다.

이 장의 취지는 이러한 고금의 고전적 인종주의자들의 견해들을 탐구하고 요약하는 것이 아니었다. 여기서 우리의 주제는 비판적 인종이론의 형이상학이었다: 일단 우리가 고전적 인종주의에 반대하는 논증들을 받아들이고 나면 인종의 존재에 대해 어떤 결론이 뒤따르는지를 관찰하려고 시도했다. 그리고 우리는 사람들이 몇 가지 방향들로 비판적 인종주의의 존재론적 관여들을 설명하려고 시도할 수 있었다는 것을 관찰했다.

회의주의자는 고전적 인종주의가 그것의 몰락과 함께 인종을 데려가 버렸으며, 따라서 인종들이란 없다고 말한다. 이는 인종적 말을 그 지시체가 없는 상태로 남겨두며, 그리고 회의주의자에게는 인종적 담론의 지속이 뜻하는 바를 우리에게 말해줄 책임을 남겨둔다. 한 부류의 회의주의자는 — 제거론자는 — 우리는 우리 자신이나 서로에게 거짓말을 하면서 삐뚤어지거나 악의에 차있다고 말한다; 그런데 또 다른 부류는 — 유사인종주의자는 — 우리는 일종의 신화 만들기에 참여하고 있거나 그 결과를 잠정적으로 수용하고 있으며, 여기서 문자적 허위들은 우리가 조장하거나 이해하길 원하는 사회적 기능들을 공급한다고 말한다.

대조적으로 실재론자는 인종적 말은 "인종"의 의미에 대한 지나치게 좁은 관념에서만 거짓말이며, 신화 만들기는 사회적 실재들을 만들어내는 방법이라고 말한다. 요컨대 공동체주의적 실재론자는 인종적 신화들은 — 19세기의 허위들과 그것들의 결과로 남아있는 조직 형태들은 — 온갖 유력한 신화들이 수행하는 바를 수행했다고 말한다: 그것들은 공동체들을, 말하자면 그 구성원들이 스스로 모종의 합동 프로젝트에 종사하고 있다고 생각하는 문화집단들을 창출했다. 국가주의자들은 그 신화들을 일정한 수준의 자결권에 대한 열망들과 내적인 윤리적 관계들을 가진 공동체를 수립하는데 이용하면서, 그 합동 프로젝트를 정치적으로 그리고 미래지향적으로 규정한다. 사회자연주의자는 어떻게 우리가 — 아름다움과 누가 적합한 배우자로 간주되는가의 문제와 관련된 — 문화적 규범들을 우리의 생물학적 재생산 과정을 제약하는데 이용해왔는가를 보여줌으로써, 그 합동 프로젝트를 문화와 생물학의 교차점에 위치시킨다.

"근본적 구성주의"로 부르기로 약속한 나의 견해는, 인종적 정체성의 형태학적 선행조건들을 에로틱하고 로맨틱한 이해관계와 같은 사회적 선들에 연결하는 상황들의 행렬을 강조함으로써, 사회자연주의의 통찰들을 확장한다. 근본적 구성주의자에게는, 우리의 사회적 관행들은 어떤 정해진 육체와 혈통을 어떤 정해진 사회적 위치와 처우방식에 연결함으로써 번식 집단들뿐만 아니라 개체군들을 창출한다. 이 견해에 의하면 인종들은 개연설적으로 정의된 개체군들이다. 만약 우리가 인종적 사고가 제시하는 방식대로 육체와 혈통에 초점을 맞춤에 의해 미국 인구의 부분집합들을 분간한다면, 우리는 이 부분집합들의 구성원들이 사회적 계층화의 메커니즘들과 척도들을 비롯한 일정한 사회적 조사들과 관련하여 유사한 상황에 놓이게 되는 경향이 있다는 — **그러한 경향이 있을 뿐이라는** — 사실을 발견할 것이다. 이 메커니즘들은 육체와 혈통에 의미를 — 예를 들어 사회적 계층화의 일정한 척도들과의 통계적 관계를 — 부여하는 까닭에, 우리는 그것들이 인종화를 수행한다고, 그리고 그것들이 창출하는 개체군들이 인종들이라고 말할 수 있다.

근본적 구성주의는 또한 인종화하는 관행들이 특이한 상호작용의 상황들을 만들어내는 방식에 주목하게 하기 위해 변형 개념을 끌어들이며, 이 상황들은 독특한 관계들과 역학에 의해 규정된다. 인종적 말은 이 상호작용의 상황들에 입각하여 사람들과 개체군들을 파악하거나 기술하는 방법이다. 그리고 이러한 양식의 기술과 그것을 이루는 태도의 유용성은, 그것들이 유용한 시기와 장소에, 그것들을 다른 양식의 기술과 태도보다 더 나은 것으로서 권한다. 이것이 우리가 도구주의적(instrumentalist)이라 생각할 수도 있는 근본적 구성주의의 한 측면이다.

사람들이 어쩌면 특별히 내가 승인한 구성주의적 방식으로 인종의 실재를 강조할 때, 사람들이 말하고 있지 않은 것이 무엇인가를 확실히 해두는 것이 중요하다. 나는 근본적 구성주의의 편에서 개인들은 오로지 인종의 구성원들일 뿐이라거나 그것이 가장 두드러진 측면이라고 제안하려는 것이 아니다. 사람들은 사회적 성이나 계급 같은 다른 사회적 차별의 원리들을 참조하여 자신의 정체성을 확인하기 위해 여기서 제기된 것들과 같은 고려사항들을 인용할 수도 있다. 요점은 단지 인종 형이상학은 상황적 사건이며, 인종적 말은 어떤 중요한 상황들을 특징짓고 구별하는 관계·힘·역학 등을 밝히며, 그리고 자신이 관련 상황들 속에 파묻혀 있거나 그것들에 의해 영향을 받는다는 사실을 발견한 개인들은 진리들에, 즉 인종적 말이 가리키는 기존 관계들과 역학에 대한 명제들에 주목해야 할 이유를 가진다는 것이다. 확실히 이것은 그 개인들이 다른 상황들에 연루되고 그 상황들에 의해 영향을 받게 되는, 그리고 그들을 둘러싼 상황들이 교호작용을 일으켜 서로의 형태를 결정짓는 방식들에 의해 영향을 받게 되는 자신들의 상태에 주목할 수 없다는 뜻이 아니다.

게다가 나는 인종들이 철폐되어야 한다거나 인종적 말은 궁극적으로 제거되어야 한다는 생각을 거부하는 것이 아니다. 근본적 구성주의는 인종의 사회적 구성에서 일어나는 과정들을 탐구한다; 하지만 어떤 것은 일단 구성되고 나면 확실히 골치 아파지고 부숴버릴 가치가 있을 수 있다. 이미 완성된 건물에 대해 그것이 눈에 거슬린다든가 환경적 위해요소라든가 도시계획의 악몽이므로 헐어야한다고 말할 수 있는 것처럼, 근본적 구성주의자는 제거론자들과 어울려 인종들은 윤리적 위험요소들이며 유용하기보다는 위험하다고 말할 수 있다. 그럼에도 중요한 것은 제거론자가 엄격하게 형이상학적 토대에서 이러한 결론에 도달할 수 없다는 것을 확실히 해두는 것이다. (저 건축물을 헐어라, 하고 제거론자는 말한다. 왜? 왜냐하면 그것은 존재하지 않기 때문이다 ….)

마지막으로 나는 인종차별주의가 인종을 창출하는 유일한 것이라고 말하는 것이 아니다. 나는 백인지상주의가 근대 인종들이 존재하게 된 조건들을 창출했다고 주장하는 것이다. 그러나 일단 그 조건들이 제자리에 갖춰지고 나서, 인종적 담론의 의미와 취지에 대한 끊임없는 논쟁과 더불어, 인종형성의 과정은 시작되었다. 냉대 받는 집단의 사람들은 인종차별주의적 조작의 수동적 대상들은 아니었다. 모든 곳에서, 그들은 다른 사람들이 행하는 바를 행했다: 그들은 소유하고 있는 문화적 자원들을 이용하여 자신들의 생활을 만들었다. 내가 정의한 바대로 인종들은 엄격하게 말해서 문화집단들이 아니다. 하지만 그것들은 사회적 지형의 특징들이며, 그 지형을 둘러싸고 사회적 집단들이 형성될 수 있다.

이 모든 것은 우리를 다시 윤리적 물음들로, 그것들을 다룰만한 언어를 획득할 때까지 내가 제쳐두었던 물음들로 데려간다. 우리는 인종들을 철폐해야 하는가? 설령 인종들이 위에서 자세히 설명한 의미로 사회적 구성물이라 해도, 그것들은 하자가 있는 건물처럼 문제가 있는 구조물일 수는 없는가? 그리고 만약 그것들이 문제가 있는 구조물이라면, 아마도 유사인종주의자들이 취한 신중한 보폭으로라면, 우리는 제거론자들의 궁극목표인 인종적 신원 확인의 관행들의 금지를 향해 노력해야 하지 않을까? 결국 다음 장에서 나는 이 물음들을 다룰 것이다.

제2부

실천

제4장

존재·경험·생략

제이제이: "이봐 보이드. 네가 부자가 되고 유명해지더라도 네 코를 잊어버리지 마라."

보이드: "내가 생각하기에 네 말은 '네 친구들을 잊어버리지 마라' 나 '네가 어디서 왔는지를 잊어버리지 마라' 는 뜻이겠지."

제이제이: "아니, 내 말은 네 코를 잊어버리지 말라는 거야. 갑자기 부자가 되서는 자기를 백인처럼 보이게 하려고 성형외과 의사들을 고용하는 흑인 친구들을 보면 정나미가 떨어져. 마이클 잭슨을 좀 봐. 그와 그의 가족 전체를 좀 보라고. 하느님이 주신 완전한 아프리코이드의 코를 아직도 갖고 있는 사람은 그들 중에 아무도 없어. 하기야 마이클 잭슨은 거의 코가 남아있지도 않지."

보이드: "아프리코이드?"

제이제이: "그래, 아프리코이드. 아프리카에서 왔다는 뜻이지."

보이드: "그게 무슨 뜻인지는 나도 알아. 그냥 좀 이상하달까. 어쨌든 좀 섣부르게 판단하는 것 같지 않아? 흑인들뿐만 아니라 연예계에 있는 많은 사람들이 성형수술을 하잖아. 아마 그것은 인종하고 아무런 관계도 없을 수 있어."

제이제이: "흐음. 너 마이클 잭슨을 본 적 있어?"

보이드: "그래 좋다, 그 머리카락하며 그 피부색하며 모든 부분에서 그는 특수한 경우라고 해두자. 하지만 …"

제이제이: "하지만 뭐. 흑인들은 항상 코에 신경을 써왔지. 내 조카아이 라마르크가 태어났을 때 할머니는 항상 그 불쌍한 여자 아기의 조그만 콧구멍을 모아서 꼬집었지. 아마도 이전에는 수많은 흑인 할머니들이 수많은 흑인 아기들에게 그렇게 했을 테지. 마치 그렇게 하면 조카아이가 셈플의 펑퍼짐하게 번들거리는 코를 갖게 되지 않을 것처럼 말이야. 마이클 잭슨은 바로 그 코에 대한 낡은 콤플렉스를 물려받아 자신의 할머니를 한 무리의 의사들로 대체한 거야.

이 친구야, 나는 지금 자기혐오(self-hatred)에 대해 말하고 있는 거야. 다르게 보이려고 자기를 바꾸려는 사람들에 대해서 말이야. 다른 부류의 사람처럼 보이려고. 지금 거울을 들여다보면서 '내가 이렇게 생기지만 않았어도' 라고 생각하는 사람들에 대해 말하고 있는 거야. 이 얼마나 얼간이 같은 소리냐? 만약 네가 충분히 백인처럼 생겼다면 백인으로 통하면서 더 좋은 일자리에다 이것저것 얻을 수도 있었던 옛날에는 아마도 그랬을 수도 있었겠지. 하지만 오늘날에도 그래야만 되는 거냐?"

보이드: "난 여전히 그것이 흑인들만은 아니라고 생각해. 아시아인들도 쌍꺼풀 수술을 하고, 게다가 성형수술 사업은 소위 유대인 코와 아일랜드인 귀에서 시작했지."

제이제이: "흑인들만은 아니지. 하지만 여전히 인종과 관련된 거야. 아마 사람들은 '나는 백인처럼 보이고 싶어' 라고 생각하지는 않겠지. 하지만 자신이 어떻게 생겨야 할지에 대한 그들의 생각은 흰 것은 아름답고 그 외의 모든 것은 추하다고 여기는 세계에 의해 결정되어왔어.

분명히 말하지만, 그것은 자기혐오다. 그리고 그것은 마이클 잭슨의 얼굴에 쓰여 있어. 뻔뻔하게도 그는 어째서 자신이 흑인도 백인도 어떤 색깔도 아니고 싶은지에 대한 노래를 불렀지. 확실히 그는 백인이 되기로 작정한 것처럼 보인다. 정말 그가 어떤 색깔도 아니고 싶다면, 그는 투명해져야 될 걸. 그것도 아니라면, 그는 의사에게 자신을 도미니카 공화국이나 하와이에서 온 친구처럼 보이게 만들어달라고 했을지도 모르지. 또는 모든 사람이 완전히 섞여있는 어떤 다른 곳에서 온 친구처럼 만들어 달라고 했을지도 모르지."

보이드: "우리는 모두 '완전히 섞여있어'."

제이제이: "그런 말은 꺼내지도 마. 너도 내가 뭘 말하는지 알잖아. 나는 흑인 아버지나 어머니, 백인 아버지나 어머니, 라고 할 때의 섞였다는 뜻이야. 혼혈 말이야.

만약 마이클 잭슨이 그렇게 섞인 겉모습을 가질 생각을 했었다 해도, 그는 아마 미국에서 섞였다는 것은 눈에 안보이게 된다는 뜻이라는 사실을 기억해 냈을지도 모르지."

보이드: "눈에 안 보인다고? 타이거 우즈가 눈에 안 보여? 머라이어 캐리도 안 보여? 밝은 갈색 피부의 모든 패션모델들도 눈에 안 보이는 거야? 갈색으로 그을려 이국적으로 보이는 모델들도 있고, 주근깨 투성이에 헝클어진 머릿결을 가진 모델들도 있고 …"

제이제이: "하지만 스타나 모델이 아닌 사람들은 어때? 카페테리아에서 흑인 쪽 자리와 백인 쪽 자리 사이에서 결정해야 한다고 느끼는 어린 학생들은 어때? 혹은 엄마와 아빠 사이에서 결정해야 한다고 느끼는 어린 학생들은?

젠장, 지금이야말로 섞이기에 가장 좋은 시기다. 그들은 인구조사국 사람들이 자기들을 위해 인종적 범주들을 바꾸게 만들었어. 그들

은 조직과 잡지도 갖고 있어. 거기에는 할리 베리나 드웨인 '더 락' 존슨이나 빈 디셀도 속하지.>1

어차피 너는 신경 쓸 필요도 없잖아? 너는 혼혈이 아니라 그저 피부색이 밝은 것뿐이잖아, 안 그래? 그렇지, 보이드?"

>1 역자주] 할리 베리(Halle Berry), 드웨인 존슨(Dwayne Johnson), 빈 디셀(Vin Diesel)의 공통점은 혼혈이며, 갈색이나 밝은 갈색의 피부색을 갖고 있으며, 여러 흥행작들에 출연하여 비교적 큰 성공을 거둔 미국 영화배우들이라는 점이다. 흔히 드웨인 존슨은 프로레슬러 시절에 얻은 별명인 "더 락"(the Rock)으로 통한다.

4.1 서론

지금까지 이 책은 철학자들이 말하는 "개념적 분석"의 집중적인 훈련이었다. 나는 널리 퍼져있는 인종적 신원 확인의 관행의 배후에 놓여있는 전제들을 취하여, 그것들을 일관성 있는 철학적 설명으로 추출하려고 시도했다. 이 추출의 과정은 사람들의 마음을 읽고 그들이 실제로 무슨 생각을 하는지를 설명하는 문제가 아니다. 적어도 두 가지 이유들에서 그러하다. 우선 사람들은 일반적으로 그들의 행동을 지배하는 원칙들과 개념적 구분들에 대해서 상당히 불분명하다. 이는 평균적 개인의 이성적 능력에 대해 일격을 가하려는 것이 아니라, 우리가 어떻게 생각하고 행동하는가에 대한 하나의 일반화일 뿐이다. 결국 우리는 우리의 상당 부분의 시간을 실천적으로 사고하는 습관이 있다; 이것이 (부분적으로) 우리가 손쉽게 할 수 있는 일들도 그것들을 하는 방법을 설명하기는 너무나 어려운 이유이며, 그리고 사람들이 그렇게 잘못된 운전 방향을 가리켜주는 이유다. (이는 또한 임상 치료사들과 문화 비평가들이 있는 이유다.) 따라서 설령 우리가 인종적 사고를 감행하는 배후에 완벽하게 일관성 있는 원칙들이 있었다 해도, 그것들의 위치를 밝히는 데에는 어느 정도의 노력을 요할 것이다.

그러나 공교롭게도 우리는 아직 우리의 인종적 관행들을 설명할 개념적 자원을 우리 자신에게 허락하지 않았다 — 그리고 이는 인종 분석이 노골적으로 간직해온 믿음들에 대한 보고서가 아닌 두 번째 이유다. 우리의 인종적 신원 확인의 관행들은 19세기에 나온 인종적 말이 묵인할 수 없는 방향으로 발전해 왔다. 이는 그 19세기 인종적 말의 어휘가 비판적 인종이론을 위해 사용된 경우에조차 그러했다.

그러나 인종 개념은 여전히 다른 어떤 사고방식들보다 현대 사회적 지형의 일부 측면들을 더 잘 포착한다. 이 동시적인 쇠퇴성과 적절성은 특이하면서도 친숙한 양면가치(兩面價値)를 산출한다: 이것이 바로 아피아로 하여금 인종들은 존재하지 않지만 인종적 정체성들은 존재한다고 말하게 만든 것이며, 그리고 뢰디거로 하여금 반인종차별주의의 작업은 그것이 철폐하고자 의도하는 바로 그 인종적 범주들에 "붙들린 상태로" 남아있어야 한다고 말하게 만든 것이다. 나는 인종적 말에 대한 최신정보를 제공하려 했으며, 이론을 우리의 실천들과 화해시키려 했으며, 우리가 사회와 정치에서 인종을 진지하게 다루는 방식으로, 낱말들과 결국은 그것들이 표상하는 존재론적 세계의 그림들 속에서 인종을 진지하게 다루려고 시도해 왔다.

그래서 제1장에서 나는 "인종"을 다른 개념들로부터 분리하는 흔히 불확정적인 구분들을 다듬는 방법으로 언어적 관행들을 포함한 우리의 관행들을 해석했다. 제2장은 인종적 담론을 위한 윤리적·개념적·사회 역사적 설정들을 탐구했으며, 점차 — 21세기 초의 미국이라는 — 나의 현재 문화적 상황과 그것과 함께 오는 근대 인종주의의 독특한 형태에 주의를 집중시켰다. 인종적 말을 진지한 생각함의 형이상학적·인식론적 함축들을 검토하기 전까지, 제3장은 더 많은 역사 이야기들로 시작했다. 이 함축들은 나로 하여금 세 가지를 제안하게 했다: 인종들은 제도적 사실들로서, 육체와 혈통과 사회적 계층화의 메커니즘 사이에서 통계적으로 규정된 관계들을 포함하고 있다; 인종들은 달러 화폐와 불법행위 실행자와 미식축구경기 선수만큼이나 실재의 지위에 대한 타당한 자격을 갖고 있다; 그리고 우리는 인종을 우리의 사회적 존재론 속으로 받아들이고, 인종적 지평에서의 사회 분석이 가져다준 우리 자신에 대한 기술들을 받아들일만한 충분한 인식론적 근거를 갖고 있다.

만약 이 근본적 구성주의의 접근 방식이 옳다면, 물리적 대상들이 물리적 상호작용과 힘들의 실재적 체계들의 양상들인 것처럼, 인종들은 사회적 상호작용과 힘들의 실재적 체계들의 — 내가 단 하나의 낱말 "인종"으로 그 외연을 표시할 체계들의 — 양상들이다. 이는 단지 형이상학은 시시한 것이며, 만약 우리가 온갖 종류의 사물들과 일정한 방식으로 기꺼이 상호작용하려 하거나 그렇게 결심한다면, 그것들이 실재하는 것으로 간주될 수 있음을 뜻할 수도 있다. 근본적 구성주의가 흥미롭게도 참이든, 아니면 단지 형이상학의 모호한 주장들을 수축시킴에 의해 도출되는 것이든, 어느 경우든 우리는 내가 계속 미뤄두었던 몇 가지의 물음들을 중점적으로 이야기하고, 분석으로부터 다른 사고양식으로 옮겨갈 준비를 마쳤다.

미뤄두었던 물음들의 대부분은 본성상 윤리학적이며, '인종은 뭔가 문제가 있는, 즉 우리가 더 이상 만들어서도 이용해서도 안 될 사회적 구성물이 아닌가?' 라는 의혹과 연관이 있다. 제3장이 이러한 생각과 관련된 형이상학적 겉치레를 제거한 만큼, 이제 우리는 윤리적 제거론을 그 자체로 다룰 수 있다. 나는 제4장 2절에서 그것을 수행할 것이다.

미뤄두었던 물음들 중의 일부는 본성상 더욱 실존주의적이고 현상학적이다. 이 말은 그 물음들이 인간 조건의 서로 맞물린 두 측면들과 관계가 있다는 뜻이다: 이 세계에서 살아가는 동안 우리는 의미를 발견하고 부여하기를 열망한다는 측면과, 그리고 우리는 이 세계에서 살아가는 시간을 경험이라는 매체에 몰두하면서 보낸다는 측면과 관계가 있다는 뜻이다. 인종은 이 기본적인 현실들을 독특한 방식으로 굴절시키는데, 우리는 패싱 현상, 정체성 확인과 귀속 사이의 격차, 라티노/라티나 개체군의 인종적·문화적 잡종성에 대한 앞의 논의들에서 이 방식들을 다루었다. 그 논의들은 이중의식(double consciousness), 혼혈 인종의 정체성(mixed-race identity), 불가시성(invisibility)과 같은 더욱 심층적인 쟁점들을 빠르게 스쳐 지나쳤다. 이 장의 남은 부분에서는 이 쟁점들을 본격적으로 다룰 것이며, 그 도중에 내가 연구대상으로 삼아왔던 미국의 인종주의의 모델 속에 있는 격차들과 생략들을 살펴보기 위해 잠시 멈출 것이다.

4.2 윤리적 제거론에 대한 찬성과 반대; 혹은 반인종차별주의의 도전, 제2회

인종차별주의와 제거론에 대한 논의에서 우리는 이미 윤리적 제거론을 위한 세 논증들을 주목했다. 첫 번째 논증은 인종적 사고는 (이제 우리가 그렇게 말하고 싶을 수도 있지만, 인종들과 함께) 인종주의로 이어지며, 설령 인종적 사고가 이러한 결과를 낳지 않는다 해도 그 위험성은 받아들이기에 너무 크다는 것이다. 이를 미끄러운 경사길 논증이라고 부르자.[>2] 두 번째 논증은, 예를 들어 빈곤퇴치를 위한 효과적 정치연합들을 인종 경계선에 따라 분열시킴에 의해서, 또는 운동가들로 하여금 그 지지자들이 직면하고 있는 쟁점들의 복잡성을 묵살하도록 조장함에 의해서, 인종은 정의를 위한 투쟁을 필요 없이 까다롭게 만든다는 것이다. 이를 정치적 현실주의 논증이라고 부르자. 그리고 세 번째 논증은 인종적 사고는 우리의 지평을 제한하

>2 역자주] 미끄러운 경사길(slippery slope) 논증은 제시한 주장을 받아들이지 않으면 더욱 큰 문제가 발생할 것이라는 식으로 혼란에 빠트리는 형태의 논증을 가리킨다.

는 인종적 각본들을 강요함에 의해 우리를 자신의 개인적 목적추구 속에 구속한다고 비난한다. 이를 자아실현 논증이라고 부르자. 처음부터 나는 인종적 사고가 함축하는 바를 더 정확하게 이해하기 전에는 위의 논증들을 평가할 수 없을 것이라고 말해왔다. 이제 이해했으니만큼, 우리는 이제 내가 기술해온 사고방식을 계속 수용할지를 알 수 있다.

4.2.1 미끄러운 경사길 논증과 정치적 현실주의 논증

인종적 사고의 역사는 확실히 미끄러운 경사길에 대한 우려에 충분한 동기를 제공한다. 근대 세계는 결정적으로 그리고 비극적으로 인종과 관련된 억압·배척·착취·대량학살에 의해 모양지어져왔다. 그리고 어떻게든지 홀로코스트와 토착 아메리카인들의 강제이주와 같은 대규모의 세계사적 비극들은 더 이상 없을 것이라고 보장할 수 있다 해도, 여전히 인종 개념은 일상생활의 분위기를 악화시킬 수 있는 온갖 소규모의 배척들과 냉대들을 가능하게 만들 것이다.

또한 역사는 두 형태의 정치적 현실주의 논증들에 충분한 동기를 제공한다. 인종이 인종 내적인 복잡한 일들을 덮어버리도록 작용한다는 관점에서, 20세기 중반의 민권옹호자들은 흔히 인종적 억압이 서로 다른 사람들에게 서로 다르게 작용하게 만드는 사회적 성과 계급이라는 조건들을 묵살했다.(앞에서 진짜 흑인들은 남성뿐이라는 말을 기억하는가?) 그리고 분열의 원인으로 작용한다는 관점에서, 인종은 흔히 우리가 여러 다른 관점들로부터 평가할 수 있는 정치적 분열들에 기여해왔다. 마르크스주의자는 백인 노동조합이 비백인 노동자들을 배척했을 때처럼 인종적 사고가 계급 결속의 발전을 빈번히 가로막거나 방해하도록 자극해온 방식에 주목할 수도 있다. 페미니스트는 잘못 인도된 인종적 국가주의 때문에 O.J. 심슨과 마이크 타이슨이 여성들을 그들의 위치에 묶어두기 위해 조직적으로 폭력을 사용하는 체제의 대표적 인물들이라는 사실을 수많은 흑인 여성들이 깨닫지 못했다고 말할 수도 있다. 자유주의자는 인종에 근거한 차별 수정조치 프로그램들은 집단 권리를 위한 캠페인들에 편승하여 진정한 인간 가치와 권리에 대한 우리의 의무를 내팽개치려는 의도를 드러낸 것이라고 우려할 수도 있다. 그리고 보수주의자는 그러한 프로그램들이 개인의 자유를 보호하고 창의성을 고무하고 공로를 보상하기 위해 오랜 경험으로 보증된 문화적 장치들에 대한 쓸데없는 간섭을 요구한다고 우려할 수도 있다.

인종적 사고의 역사를 되돌아봄은 확실히 이런저런 윤리적 문제들을 드러낸다. 그러나 만약 우리가 인종적 동기를 가진 학대들과 참사들에 의해 모양 지어져 온 사회적 지형을 반박할 지속적 필요를 기대한다면, 우리는 인종을 폐지하기보다는 그것에 매달리는 편이 더욱 유용하다는 것을 발견할 수도 있다. 이것은 어떤 오류에 빠진 윤리적 비판가를 잡아내려고 의도된 선험적 결론이 아니다; 이것은 대항할 힘을 가진 실천적 충고들을 제공하기 위한 하나의 가설이다. 사회정책들, 캠페인들, 운동들은 항상 정교한 실험들로서, 현존 상황들과 간섭할 전망들에 대한 우리의 최선의 판단들을 미래에 투사한 것에 근거하고 있다. 내 말은 만약 우리가 인종적 사고를 붙잡고 있으면 고전적 인종주의의 과오들을 더욱 잘 바로잡을 수 있다는 뜻이다.

이것에 대한 나의 믿음은 부분적으로 내가 유사인종주의자와 근본적 구성주의자의 형이상학적 시각들을 논의하면서 제공했던 이유들 때문이다: 왜냐하면 우리는 인종차별주의의 결과들을 주목하고 추적하는데 도움이 되는 인종 개념을 필요로 하기 때문이다. 인종차별주의의 과거 사례들은 특히 틀에 박힌 경제적 계층화의 메커니즘들을 움직임으로써 여전히 현재의 사회적 상황들을 결정한다; 그리고 인종차별주의의 현재 사례들은 매우 뿌리 깊은 심리적 태도들과 그 사례들이 가벼운 감시를 쉽게 피할 수 있도록 잘 수립된 제도적 장치들에 의해 매개될 수 있다. 양쪽 경우에 모두 하나의 인종적 태도를 채택하는 것이 유용하며, 이러한 태도에 비추어볼 때 육체와 혈통은 한 개인이나 개체군의 사회적 위치에 대한 번복 가능한 통찰을 제공한다.

그러나 솔직히 말해서 여기서 나의 확신은 내가 "비판적 인종이론"이라는 이름을 빌려 온 사람들과 공유하는 비관론과 어느 정도 관계가 있다. 데릭 벨과 같은 법학자들은 인종차별주의가 미국의 사회생활과 정치생활의 본질적인 부분이며, 이러한 사실을 역점을 두어 다루려는 선의의 노력들조차 엄청난 장애물들에 직면하게 된다고 주장한다. 줄어드는 시민적 참여와 천박한 정치적 담론의 침식에 대항하여 튼튼한 공공 영역을 유지할 수 없다는 현실에 비추어볼 때, 나는 우리로 하여금 에드문드 버크의 "작은 소대들"에, 즉 시민사회를 형성하고 국가의 실패와 무능으로부터 우리를 보호해주는 소규모의 연합들에 의지하게 하는 편에 상당한 가치가 있다고 생각하고 싶다. 그리고 현재 상황에서 이 "소대들"은 흔히 인종에 근거한 이익집단들이며, 그리고 흔히 그 집단들 안에서 피난처를 구하는 민족 공동체들이다.

비관론과의 우롱에도 불구하고, 미끄러운 경사길 논증과 정치적 현실주의 논증에 대항하는, 더욱 유토피아적인 고려가 여기에 있다. 인종은 사회적 구성물이다. 이는 우리가 스스로에게 인종을 만드는 방법을 가르쳐왔다는 뜻이다. 우리는 무(無)로부터 그러한 관행을 창안한 것이 아닐 수도 있다; 인간의 차이를 인종화하려는, 근본적이면서도 (그것이 얼마나 근본적 충동인가는 열린 문제로 남아있지만) 확실히 이겨낼 수 있는 충동이 있다. 그러나 우리는 이러한 충동에 따른 특정한 행동 방식들을 만들어냈다. 이는 만약 우리가 정치적 의지를 불러일으킬 수 있다면, 유색 인종들 사이의 구분들을 버릴 수도 있다는 뜻이다. 대중문화의 우상들과 유행들의 교차적 성공들, 그리고 다인종적 개인들, 입양에 의한 인종초월의 가족들, 인종혼합의 부부들, 어렵게 얻은 인구조사국의 승인들에 힘입은, 혼혈 인종의 정체성 운동의 성장은 현재 우리의 피부색 코드의 불안정성을 예증한다. 그러나 미국 사회와 문화의 만성적 불평등과 배척은 근대 인종에 대한 우리의 특수한 관념들의 지속적 권위를 예증한다. 우리가 가진 형태의 근대 인종적 사고를 버리는 것은 공교육에서의 엄청난 노력을 요하며, 그리고 만약 공교육과 관련된 무엇이든 그것이 다양한 인종 노이로제들과 우리가 인종적이라고 잘못 생각해온 민족 정치의 갖가지 쟁점들을 꿰뚫고 작용하지 않는다면, 그것은 조금도 앞으로 나아갈 수 없을 것이다. 그래서 최소한 인종차별 폐지를 위한 유사인종주의의 프로그램은 적절하다. 우리는 인종을 폐지하기 위해, 우선 그것을 겪어야할 것이다. (미안하다, 이는 결국 그다지 유토피아적이지 못했다.)

4.2.2 자아실현 논증

인종적 사고에의 세 번째 윤리적 비난은 그것이 개인들로 하여금 자신의 인생계획을 지나치게 옹색하게 그리도록 조장한다는 것이다. 인종적 사고는 개인들로 하여금 압제적인 인종적 각본들에 따라 자기 자신과 자신의 전망과 개인적 스타일과 인간관계에 대해 생각하도록 조장한다. 정체성 확인과 귀속 사이의, 즉 내가 나 자신에 대해 생각하는 것과 사회가 사람들로 하여금 나에 대해 생각하도록 조장하는 것 사이의 격차를 끌어들임에 의해, 결국 우리는 이러한 우려를 갖게 되었다. 그러한 시각에서 볼 때, 그리고 (3.5.7절에 나온) 이전 사례들로 돌아가면, 문제는 본질적으로 다음과 같은 것처럼 보인다: 존과 레지나는 그들이 어떤 사람인지에 대해 우리가 말하는 바와 자신들이 같다는 것을 부정한다. 그녀는 자신이 흑인이 아니라고 말하고, 그는 자신이 백인이 아니라고 말한다. 위에서 우리가 그들에게 부여한 동기들에 덧붙여, 그들 모두는 이러한 인종적 이름표들은 지나치게 구속적이며 그들이 자신에 대해 생각하는 방식을 제대로 표상하지 못한다고 말할 수도 있다. 백인성은 존이 거리를 두고자 바랬던 갖가지 불쾌한 것들을 함축하며, 흑인성은 레지나의 다양한 문화적 감성을 포착하지 못한다는 것을 보았다. 이 개인들을 억압하지 않고, 그리고 우리가 위에서 탐구했던 직관들을 거스르지 않고, 즉 우리로 하여금 이 사람들이 실제로 그들이 어떤 사람인지에 대해 우리가 말하는 바와 같다고 말하게 하는 직관들을 거스르지 않고, 어떻게 우리는 이 긴장관계를 해소할 것인가?

아마 한 가지 손쉬운 응답은 존과 레지나의 문제는 훨씬 더 광범위한 곤란의 한 특수한 사례라고 말하는 것이다. 당신이 보이고 싶은 방식으로 사람들이 당신을 보도록 하는 것은 언제나 하나의 투쟁이다. 그것이 바로 우리가 냉대 받는다고 느끼고 자신의 명성에 대해 걱정하고 당혹감에 고통 받는 능력을 가진 이유며, 그리고 정치가들과 유명인들이 공적 이해관계의 캠페인들에 참여하는 이유다. 나로서는 비판적 인종이론이 상당히 일반적인 이러한 실존적 우려에 대해 하나의 해결책을 제시해야 한다는 주장은 당연하지 않다. 만약 헤겔(Hegel), 사르트르(Sartre), 프로이트(Freud), 그리고 다른 방면에서 홉스(Hobbes)와 같은 사람들의 말이 옳다면, 이러한 우려는 그저 인간사회에서 살아가는 한 조건일지도 모른다.

우리의 공적 자아와 사적 자아를 화해시키는 문제의 인종이론적인 형태에 대한 두 번째의, 보다 더 실질적인 응답은 정체성의 두 의미들을 구분함에 의해 시작한다.[>3] 개인적 정체성은 내가 나 자신을 바라보는 방식에 대응하거나 그것을 반영하는 반면에, 위에서 말한 것처럼 사회적 정체성은 사회적 힘들이 나의 위치를 정하는 방식을 반영하는, 어떤 사회적 차별의 원리에 의지한다. 또한 위에서 말한 것처럼, 사회적 정체성들은 존재론적으로 주관적이지만 인식론적으로는 객관적이다. 사회적 정체성들의 존재는 인간의 믿음들에 의존하지만, 이러한 의존성은 관습적·체계적이며 개인들이 그 관련 체계로부터 이탈하기가 엄청나게 어려울 만큼 거대한 규모로 작동한다. 내가 독단적으로 내 자신의 화폐를 찍어낼 수 없는 것과 마찬가지로, 내가 독단적으로 백인이 되기로 결심할 수는 없다. 나는 "나는 백인이다"라는 낱말들을 똑똑히 말하려는 결심을 할 수는 있지만, 백인성은 사회적 지형 위의 한 위치이며, 관계들과 힘들의 체계 속에서 내가 담당하는 역할로 인해 내가 소유하거나 소유하지 못하는 하나의 포괄적 속성이다. 그리고 나는 결코 이 모두와 어떠한 관계를 가질지를 독단적으로 결정할 수 없다.

정체성의 두 의미들은 이상과 현실이 연관되는 방식과 흡사하게 변증법적으로 연관된다. 나는 내가 무엇이 되고 싶은지와 내게 무엇

>3 Linda Alcoff, "Who' s Afraid of Identity Politics?" in *Reclaiming Identity*, ed. Moya and Hames-Garcia, pp. 312-44.

이 가능할지에 대한 이상을 가지고 있으며, 그리고 사회가 존중해주는 그러한 이상들을 가지고 싶다. 또한 나는 세계가 실제로 어떤 모습인가, 그리고 나의 목적들을 안전하고 효과적으로 달성하기 위해 나는 어떻게 처신해야하는가에 대한 생각들도 갖고 있다. 나의 현실에 대한 감각은 나의 이상에 대한 감각을 조절하지만, 나의 이상들은 나의 현실과의 만남과 현실의 모습을 바꾸려는 나의 시도들을 자극하고 구체화한다.

특히 그 도구주의적 양상에서, 근본적 구성주의는 이러한 변증법적 과정의 합리적 균형을 요구한다. 근본적 구성주의는 개인들이 자신의 인생계획과 자신에 대한 관념을 자유롭게 결정할 수 있으며, 우리는 인종 및 사회적 성과 같은 것들에 관한 우리의 예상에 어긋나는 개인들을 추방하거나 공격해서는 안 된다는 견해에 진심으로 찬성한다. 그러나 그것은 또한 우리가 우리의 인생과 자아의 모습을 결정하는데 효과적으로 종사할 수 있으려면 우리가 이러한 작업을 수행하게 되는 상황들을 정확하게 판단할 수 있어야한다고 역설한다. 이러한 상황들 중의 일부에 대한 우리의 당연한 실망을 인종에의 반감으로 바꾸는 것은 수월하다; 하지만 인종을 그 상황들을 확인하고 변화시키는데 이용하는 것이 더욱 생산적일 수 있다.

이 모두는 다음을 말하려는 것이다: 자아실현에의 윤리적 요구는 중요하지만, 이 윤리적 요구가 그 자아가 형태를 취하게 되는 현실주의적 의미의 맥락에 대한 실천적·정치적 요구보다 우위에 서는 것이 당연한 것은 아니다. 여전히 대체 어디서 현실과 이상의 경계선을 그을 것인지, 어디서 어떻게 현실을 이상의 방향으로 추진할 것인지, 그리고 언제 우리의 이념관을 추구하고 구체화하는데 기존 수단들을 사용할 것인지를 결정해야 한다. 그러나 또 다시 이것은 윤리적 실험

을 위한 기회다: 선험적 해결책이나 열쇠는 없다.

4.3 실존·정체성·절망

자아실현 논증에 대한 나의 이의는 가장 오래된 철학적·인간적 혼란의 원천들 중의 하나와 연관되어 있다: 인간 실존의 문제다. 당신은 내가 뜻하는 문제와 그것이 동반하는 물음들을 알고 있다. 나는 진정 누구인가? 나는 무엇을 해야 하는가, 혹은 나는 무엇을 열망해야 하는가? 그리고 도대체 목적이 무엇인가? 혹은 왜 귀찮게 이러한 물음들을 묻거나, 무엇을 하거나, 무엇이 되려고 열망하는가? 이 물음들을 정체성·행위·의미에 대한 물음들이라고 하자. 그리고 루이스 고든을 좇아 이 물음들이 실존철학이라 불리는 탐구의 영역을 규정한다고 하자.>4 실존주의라고 알려진 철학적 움직임은 이 물음들을 놀라운 깊이로까지 탐구했으며, 그 와중에 중요한 개념적 도구들을 우리에게 제공했다. 그러나 많은 사람들이 이 물음들에 역점을 두어 다루었고 다른 시각으로부터 실존적 반성에 착수했다. 우리는 이를 여느 종교에 대한 조잡한 고찰로부터, 혹은 인간의 문화생활에 대한 다소 덜 조잡한 고찰로부터 관찰할 수 있다.

여느 광범위한 문화형성의 요소들처럼, 근대 인종주의의 제도들과 이데올로기들은 실존 문제들의 해결을 꾀했다. 그러나 그 제도들과 이데올로기들은 흔히 기본적인 물음들을 새로이 제기하는 방식으로 실존의 문제를 해결했다. 개인적 정체성과 사회적 정체성의 인종적 각본들 사이의 긴장관계를 고찰하면서, 우리는 이미 정체성과 행

>4 Lewis Gordon, *Existentia Africana*(New york: Routledge, 2000).

위에 대한 물음들을 얼핏 보았다. 이 절에서는 더 나아가 이 긴장관계의 구체적인 실존주의적 의미를 고찰할 것이다. 그리고 우리는 사회가 인종적 각본에 순종할 것을 강요하고 인종적 위계질서에 복종할 것을 요구할 때 어떻게 의미에 대한 물음이 일어나는지를 고찰할 것이다. 그 도중에 나는 실존주의자들이 제공한 몇몇 도구들을 사용할 것이지만, 오직 인종의 실존주의적 함축들에 대한 상당히 일반적인 그림을 그리기 위해서만 사용할 것이다. (여기에 나는 실존주의적 용어나 절차에 대한 어떤 특정한 접근 방식을 충실히 따를 의무를 가지지 않을 것이다. 많은 접근 방식들이 있지만, 그것은 이 책이 상관할 바가 아니다.)

4.3.1 기본 사항들

인간들은 네 가지의 기본 측면들을 가진 한 실존적 조건 속에서 존재한다고 해보자: 던져짐과 부조리, 자유와 책임. 태어날 때 우리는 우리가 도착하기도 전에 어쩌면 절정에 도달했을, 그리고 어쩌면 우리 없이도 존속했을 관행들과 제도들을 소유한 사회세계를 포함하는, 내가 만들지 않은 하나의 세계에 말 그대로 설명도 없이 던져진다. 여기서 우리의 현존은 부조리한 것이거나 무근한(groundless) 것이다. 왜냐하면 우주는 우리에게 우리의 삶을 살아가기 위한 어떠한 합리적으로 검증할 수 있는 안내나 보증을 제공하지 않기 때문이며, 종교·문화·윤리체계를 가진 사회세계로부터 우리가 대체 어떤 안내를 받는지도 궁극적으로 무근한 것이다. 그래서 우리는 스스로에 대해 책임이 있는 것이며, 루소(Jean Jacques Rousseau)가 말한 것보다도 더 깊은 의미로, 자유를 강요당한다: 우리는 우리 자신으로부터 누구 그리고 무엇을 만들어낼지, 다른 사람들에 의해 우리에게 주어진 길을 받아들일지, 혹은 어떻게 그 길을 수정할지를 결정해야 한다. 우리의 자유는 주로 이렇게 파내려가 사회관습의 영향들을 수용하기에 이르러, 설령 우리가 결국 낡아빠진 행로를 따르기로 결정한다 해도, 맹목적으로가 아니라 진정으로 우리가 무엇에 관여하는지를 인식하면서 우리의 인생행로를 계획할 수 있는 능력으로 구성된다.

자유와 실존이 무근하다는 인식은 마치 ("무근함"의 힘을 뜻하는 은유적 표현으로) 굉장히 높은 곳으로부터 내려다볼 때처럼 현기증을 일으킬 수 있다. 실존주의자들은 이 현기증을 심각하게 받아들여 불안·번민·역겨움과 같은 개념들로 분석했다. 더욱 나쁜 것은, 자기 자신의 실존의 의미를 창조하는 그 두려운 책임이 감당할 수 없는 것일 수 있고, 안내와 확실성이 없다는 것은 소심하게 만들고 방향을 잃게 만들 수 있다는 것이다. 이것이 바로 현기증이 허무주의(nihilism) 혹은 인생은 의미가 없다는 절망적 믿음으로 변하는 방식이며, 또한 실존주의자들이 흔히 우울한 타입으로 묘사되는 이유다.

인간의 문화들과 제도들은 우리를 이러한 현기증으로부터 떼어놓으려하지만, 거기에는 우리가 자신에 대한 책임을 회피하도록 허락한다는 대가가 따른다. 예를 들어 제도화된 종교들은 좋은 삶에 대한 관념들, 그리고 우리가 누구이며 무엇을 해야 하는지에 대한 관념들을 제공한다; 그것들은 우주에서의 우리의 위치를 설명해줌으로써 던져짐의 충격을 완화해준다; 그것들은 우리의 실험들을 — 보장이 없는 상태에서 행동하고 창조하려는 우리의 시도들을 — 신앙으로 떠받쳐준다; 그리고 그것들은 중대한 잘못이나 죄악의 위험성을 강조함으로써 자유를 의미심장한 것으로 만든다. 그러나 인간의 다른 제도들과 마찬가지로 제도화된 종교들은 흔히 우리로 하여금 우리의 인생행로들이 이미 예정되어 있으며 우리의 선호와 야망, 우리의 가치와 욕망들이 여하튼 우리가 선택하지 않은 어떤 것에 의의 결정되어 있거나 최종적으로 비준되어 있다고 믿도록 유혹함에 의해, 그 모든 일들을 수행하는 것이다.

이러한 회피에 대해 두 종류의 우려들을 제기할 수 있다. 획일적이거나 가짜의 삶을 살아가게 될 위험성을 언급할 수 있다. 이러한 삶 속에서 우리는 사회의 손으로부터 우리 자신의 삶에 대한 지배력을 빼앗아낼 수 없다. 혹은 우리는 잘못된 신념으로 행동할 위험성을 — 이 경우에서는 자기창조에 대한 책임을 회피하려고 시도함에 의해 자신의 실존적 조건에 대해 스스로에게 거짓말을 하게 될 위험성을 — 언급할 수 있다.

실존철학은 부조리와 직면하고 있는 정체성·행위·의미에 관여하며, 또한 허무주의·가짜·잘못된 믿음의 위험성들에 관여한다. 이 같은 견해를 근대 인종주의의 상황에 연결하는 두 가지의 분명한 길들이 있다. 첫째, 우리는 백인지상주의의 테러와 지배에 대한 경험 속에서 허무주의의 도전의 위치를 찾아낼 수 있다. 둘째, 정체성과 행위에 대한 물음들이 개인적 정체성과 사회적 정체성 사이의 긴장관계 속에서 일어날 때, 우리는 그 물음들을 계속 탐구할 수 있다.

4.3.2 절망과 테러

자주 주목했던 것처럼, 그 대부분의 역사에서 미국은 형식적으로, 노골적으로, 그리고 심각하게 비백인 종족들의 열망들에 제한을 가했다. 그렇게 하면서 미국은 또한 비백인 종족들이 기본적인 실존의 임무를 달성하지 못하도록 방해했다. 만약 백인 폭도들이 나의 집과 사업장을 (털사에서처럼 나의 이웃을, 또는 로즈우드에서처럼 나의 마을을) 파괴할 수 있고 아무런 처벌도 받지 않고 나에게 린치를 가할 수 있다면; 만약 농장 감독이 나를 죽이고 성폭행하고 내 아이들을 기분 내키는 대로 팔아버릴 수 있다면; 혹은 공허한 조약들이 내가 나의 재산이라기보다는 고향이라고 생각하는 땅에 대한 국가의 욕심을 어찌하지 못한다면, 과연 어떻게 나는 나 자신에 대한 의미를 창조할 수 있겠는가? 이러한 상황들하에서 무력함과 조직화된 테러에 직면하여, 어째서 내가 고민해야하는가? 왜 절망해버려선 안 되는가? 혹은 현재의 상황들에 대해 더욱 직접적으로 언급하는 방식으로 그 요지를 표현하자면 (그러나 이 지점에서 그 상황들에 대한 이러한 기술에 찬성을 주장하는 방식은 아니다): 여러 세대에 걸쳐 축적된 불이익들에 의해서, 혹은 나의 학습 능력이나 법을 준수할 능력이나 영어를 똑똑하게 말할 능력에 대해 널리 퍼져있는 대중적이고 공식적인 불신들에 의해서, 혹은 과잉한 범죄인 판결과 불공평한 공립학교 자금조달에 의해서, 혹은 효과적으로 통제되지 않으며 불균형한 경찰력의 행사에 의해서 나의 노력들이 저지된다면, 어떻게 내가 나 자신에 대한 의미를 창출할 수 있겠는가? 어째서 절망하면 안 되는가?

백인들도 무기력에서 나온 이러한 절망과 유사한 것들을 갖고 있다. 예컨대 보통 자유주의자의 죄책감이라고 풍자되는 것의 배후에 있는 감정에 대해 생각해보자: 이는 한 사람의 하얀 피부는 그 사람이 어떤 식으로든 윤리적으로나 정치적으로 더럽혀져 있음을 다른 사람들에게 암시한다는 의식이다. 때때로 이 의식은 방어적이면서 미리 선수를 치는 어조로 자신의 반인종차별주의적이거나 적어도 비(非)인종차별주의적인 선의를 표명하려는 충동으로 이어질 수 있다. 그러나 이 의식은 또한 절망의 의식과 반인종차별주의 조직에의 참여를 내켜하지 않는 마음으로 이어질 수 있다.

자유주의자의 죄책감은 해방적 인종주의가 비백인의 관점들을 미국의 주류 인종 프로젝트들에 편입시킨 이후에야 우리에게 공개된 현대적 현상이다. 그러나 고전적 인종주의의 공식적이고 상투적인 폭력도 백인들로 하여금 인종과 관련된 무의미와 절망의 감정들을 경험하게 했다. 역사가들은 노예제도의 종말 이전의 남부 백인들이 노예들의 반란에 대해 거의 비이성적인 두려움을 갖고 살았으며, 이 두려움이 잔인한 지배와 권력에의 주장들에 기름을 부었다고 말해준다. 우리는 이 두려움이 깊이 자리 잡은 죄책감이나 윤리적 불확실성의 표현이라고 추측할 수도 있다. 다시 말해서 상당한 앙갚음이나 윤리의 근본적 변화가 정당화되었다는, 이 희미하게 지각된 — 특히 일부 사람들에 의해 더욱 생생하게 지각된 — 진실에 대한 강박적 반응들이라고 추측할 수도 있다. 더 나아가 우리는 심리학의 영역으로부터 철학의 영역으로 이동하여, 이러한 윤리적 불확실성이 점차 무근과 불안이라는 실존주의적 문제들로 변해갔으며, 이때 삶의 전체적인 형태에 대한 윤리적 토대들이 불안정하게 되었다고 추측할 수도 있다. 그러나 이러한 종류의 추측은 역사가들의 방법으로, 즉 일상경험의 기조(基調)를 보여주고 논증을 위한 자료를 제공하는 정기간행물 목록과 문학과 신문사설 등에 근접하여, 더욱 설득력 있게 수행되었다. 그래서 나는 여기서 두 가지의 논평들에만 한정할 것이다. 첫째, 자신의 인생에 대한 오랫동안 지속되는 저급한 두려움은 계속 살아갈 의지를 약화시킬 수 있다. 둘째, 자신의 미래전망에 대한 강렬하고 증대된 두려움도 기력을 빼앗을 수 있지만, 그것은 또한 폭력으로, 인간의 삶과 고통에 대한 총체적 무관심으로, 그리고 권위주의적 정치동원들로 이어질 수 있다.

미국에 있는 영국계가 아닌 유럽인들의 경험은 백인지상주의의 공포하에서 백인이 가지는 불안의 두 번째 사례를 말해준다. 영국계가 아닌 유럽인들이 대규모로 미국으로 건너오기 시작했을 무렵, 우리가 이야기했던 것처럼, 그들은 사실상 그저 간신히 백인 취급을 받았다. 결과적으로 그들 중 상당수는 (초기에) 종종 그들이 결연했던 비백인들과 똑같은 대우를 — 특히 린치와 강제적 배척과 몰수를 — 겪었다. 하지만 백인 지위에 대한 그들의 요구가 얼마나 빈약한 것이었든지 간에, 그들은 공식적으로 백인의 혜택을 받았다; 그리고 이는 그들이 (1600년대 중반 이후로) 결코 노예들이 아니었으며, 재산을 소유할 수 있었으며, 비백인들에게는 닫혀 있는 보다 높은 지위로 움직이기 쉬웠다는 것을 뜻한다. 단지 자기 이름을 (예컨대 미할리나 미카일로부터 마이클로, 코헨으로부터 콘으로, 무엇보다 라쿠엘 웰치처럼 테하다로부터 웰치로)>5 바꿈으로써, 자신의 억양을 부드럽게 만듦으로써, 서부확장의 통로에서 인디언의 제거를 도움으로써, "니그로들"이나 "중국인들"과 일하기를 거부함으로써, 그들은 백인성에 대한 자신들의 주장을 보강할 수 있었다.

그러나 인종차별주의적 테러에의 노출을 최소화하기 위해 위와 같은 수단들을 채택하면서, 판단보류중인 백인들은 부가적인 실존적 시련들을 창출했다. 유럽계 미국인 이민자들의 경험에 관련된 친숙한 화제들을 생각해보라. 말하기를 거부하거나 젊은 세대들에게 물려주기를 거부하면서, 그들이 얼마나 자신들의 언어를 잊어버렸는지를 생각해보라; 그들이 얼마나 전통을 등한시하고 성(姓)을 삭제하고 세계관을 바꿨는지를 생각해보라; 개인들과 가족들이 "미국인"임과

>5 역자주] 라쿠엘 웰치(Raquel Welch)는 60년대에 유명했던 미국의 배우로, 볼리비아인 아버지와 아일랜드계 미국인 어머니 사이에서 태어났다. 원래 이름은 조 라쿠엘 테하다(Jo Raquel Tejada)였으나, 첫 남편의 성을 따라 라쿠엘 웰치가 되었으며 아직도 이 이름으로 기억되고 있다.

예전의 자신 사이의 문화적·경험적 중간지역에서 얼마나 부유했는지를 생각해보라. 이 모두가 위에서 실존적 현기증이라 지칭한 것을 만드는 하나의 조리법이며, 유럽 "소수민족 시민들"은 자신들을 지탱하던 문화적 토대들로부터 떨어져 나와 미국 백인이라는 새롭고 아직 실험해보지 않은 대지 위로 과감하게 나아갔다.

4.3.3 이중의식

나는 우리가 외국계 미국인>6이라 일컫는 사람들과 연계시키는 조건들, 즉 외국계 미국인이 되는 조건들을 가리키는 것이다. 그리고 이는 곧바로 인종이 실존철학과 연관을 맺게 되는 두 번째 측면으로 우리를 안내하며, 그리고 다시 듀보이스의 이중의식 개념으로 인도한다. 이중의식은 에머슨>7과 괴테, 그리고 그 외의 다른 곳에서도 볼 수 있는 철학적 심리학의 한 오래된 개념으로서, 일종의 이중인격이나 내면적 이중성을 뜻한다. 20세기 초 듀보이스는 이 개념을 아프리카계 미국인의 상황에 적용했다. 아마 가장 잘 알려진 사례는 그가 1903년에 쓴 고전인 《흑인의 영혼》에 나온 다음 문단에서 나타날 것이다:

>6 역자주] "외국계 미국인"을 "hyphenated American"이라 하는데, 프랑스계 미국인(French-American)이나 스페인계 미국인(Spanish-American)처럼 외국출신의 미국 이민자들을 나타내는 용어에 하이픈을 넣어서 쓰기 때문에 이렇게 부르는 것이다.

>7 역자주] 에머슨(Ralph Waldo Emerson: 1803-1882)은 미국 보스턴에서 출생한 목사이자 철학자로서 대표적 저작으로는 《자연론》(*Nature*, 1836) 등이 있다. 에머슨은 19세기 미국의 상황에 대한 해석에서 "이중의식"이란 용어를 사용했다. 그에 따르면 당시의 미국은 밝은 미래에 대한 낙관적 기대의 저변에 사회적 불균형으로 인한 비관적 전망이 팽배해지고 있었다. 그의 "이중의식" 개념은 이러한 미국의 낙관주의와 비관주의의 공존을 지시한다.

니그로는 이 미국 세상에서 — 그에게 어떠한 진정한 자기의식도 허락하지 않으면서 그로 하여금 오직 다른 세계의 폭로를 통해서만 자신을 보도록 허락하는 세상에서 — 베일에 싸인 채로 태어나고 투시력을 부여받은 일종의 일곱 번째 아들이다.>8 이 이중의식, 항상 자신의 자아를 다른 사람들의 눈을 통해 바라보고, 즐기는 듯한 경멸과 동정으로 자신을 구경하는 세상의 척도로 자신의 영혼을 측정하는 이 느낌은 특이한 감각이다. 사람들은 늘 자신의 둘임을 — 미국인이고 니그로임을 — 느낀다; 두 영혼들, 두 생각들, 두 화해되지 않은 싸움들을 느낀다; 하나의 검은 육체에서 서로 싸우는 두 이상들을 느낀다. … 미국 니그로의 역사는 이러한 투쟁의 역사다 — 자신의 이중적 자아를 하나의 더 나은 더 진실한 자아로 합체시키려는 … 이 갈망의 역사다.>9

매개된 자기지각(self-perception)의 경험에 대한 이러한 반성은 여러 가정들에 의존하고 여러 중첩된 주장들을 내세우면서 복잡해진다. 이 가정들과 주장들 중의 일부는 미심쩍으며 내가 여기서 찾는 것과 별로 관계가 없다. 한 사람의 니그로임은 독특한 사고들과 투쟁들과 이상들을 동반한다는 생각이 있다(철학자 폴린 하운톤지는 이를 "일체주의"라고 부른다); 흑인성과 남성성이라는 정체성이 있다; 엘리트주의자들은 미국 니그로들이 **진짜** 니그로라고 동일시하는 기색이 있으며, 다른 곳에서 듀보이스는 노골적으로 이를 주장한다. 그러나 다른 가정들과 주장들은 실존주의적 인종철학의 도입에서 몇몇 중요한 지점들로 우리를 더 가까이 데려간다.

>8 역자주] 여기서 "일곱 번째 아들"은 여섯 형제가 모두 살아있을 동안에 태어나는 일곱 번째 아들은 강력한 마술의 힘과 창조자가 될 수 있다는 미국의 민간 설화에서 따온 것이다.
>9 W. E. B. Du Bois, *The Souls of Black Folk*, in Writings (New York: Library of America, 1986), pp. 357-547, pp. 364-5.

첫째, 어떤 행위자가 우리가 종종 말하는 것처럼 자신이 섬기는 두 주인들 사이에서만이 아니라 자신이 누구인가에 관한 두 시각들이나 개념들 사이에서 흔들리게 되는 것처럼, 이 내적인 혼란과 분쟁에는 잠재적으로 마비시키는 성질이 있다. 잠시 윤리적 제거론자의 자아실현 논증으로 되돌아감에 의해서, 이 문제의 한 형태를 가져올 수 있다. 인종주의는 우리로 하여금 우리 자신의 영적·심리적 성장을 마비시키는 원인에 적극적으로 협력하게 하며; 개인적 선호들과 관계없이 우리가 어떻게 행동해야하며 우리의 애착과 충성심이 어디에 놓여야하는지를 말해주는 각본들을 제공한다는 우려가 있었다. 문제들을 더욱 악화시키는 것은, 이 각본들에는 암묵적이거나 명시적인 평가들이 — 예컨대 듀보이스의 인용문에 나온 "즐기는 듯한 경멸"과 같은 평가가 — 으레 따른다는 것이다. 만약 내가 나 자신에 대해서나, 드물게 나의 국적이나 계급에 의해 규정된 것과 같은 어떤 다른 각본에 대해서 상쇄적인 의무를 느끼는 경우, 나는 나의 인종적 각본의 압박들에 대해 화가 날지도 모른다. 그리고 나는 나의 인종적 정체성에 대한 부정적 가치평가와 나 자신에 대한 스스로의 긍정적 가치평가 사이의 충돌을 느낄 수도 있다. 이 모두는 자기창조를 향한 나의 여행에서 나를 다르게 그리고 불안정하게 만들고, 내가 다른 전투들을 치루고 다른 문제들을 푸는 데 사용할 수도 있는 에너지를 확실하게 약화시키고, 어쩌면 더 나아가 "왜 귀찮게 고민하는가?"라는 가장 기본적인 물음에 대해 계속 해답을 구하려는 나의 결심을 흔들리게 만들면서, 어떡해서든 나로부터 실존의 통행료를 뜯어갈 것이다.

듀보이스의 논의에 나온 두 번째 주요 논점은 내면적 이중성의 원천과 관계가 있다. 니그로들은 자신들의 미국적 염원과 초기 듀보이스가 인종적 정체성과 동일시했던 문화적 염원으로 분열되어 있는 까닭에, 듀보이스에게 내면적 이중성이란 부분적으로 문화적인 것이다. 그러나 이러한 문화적 국가주의를 벗겨낸 후에도 더욱 흥미로운 측면이 남아있다. 나는 "항상 자신의 자아를 다른 사람들의 눈으로 바라본다"는 그의 논평을 생각하는 것이다. 앞에서 나는 실존의 조건은 사회관습의 영향에 결국 어느 정도 적응하게 됨을 수반한다고 말했다. 이것이 바로 듀보이스의 논의에서 중요한 문제다. 그 이후의 여러 저술가들은 헤겔, 사르트르, 보봐르와 같은 철학자들부터의 자원을 활용하여 그 생각을 풀어서 설명했지만, 기본적인 주장은 상당히 간단하다. 정체성은 항상 관계적 사건이라는 것이다: 나 자신에 대한 나의 의식은 내가 다른 사람들과의 상호작용을 통해 도달하게 되는 것이다. 나는 다른 사람들이 나를 보게 될 방식으로 나 자신을 보려고 시도한다 — 그것이 바로 공중 화장실에 거울이 있는 이유다. 또한 나는 나에 대한 다른 사람들의 지각을 제약하고 유도하려고 시도한다 — 그것이 바로 우리가 첫 데이트에 무엇을 입을까를 그렇게 열심히 생각하는 이유며, 사업상의 모임에 야구타자 헬멧을 가져가지 않는 이유다. 특히 우리가 관심을 갖고 있거나 우리에게 영향을 미치는 사람들이 연관된 경우에, 항상 우리의 정체성들을 둘러싸고 어느 정도의 주고받음이 있다; 그리고 이 주고받음은 우리가 누구인가를 구체화한다. 이러한 의미에서 정체성은 변증법적이다.

정체성의 변증법적 본성은 인종들이 관련된 경우에 특히 뚜렷하며, 한 사람의 인종 집단에 대한 부정적 관념이 널리 퍼져있을 때에는 더더욱 그러하다. 확실히 근대 서양에는 많은 부정적 관념들이 있다. 비백인의 열등성에 대한 공론들은 백인지상주의적 제도들을 정당화하는 시도에서 핵심적 요소였다; 그리고 백인의 도덕적 타락에 대한 공론들은 일정한 양상의 반인종차별주의적 저항에서 핵심적 요소였다. 그래서 지난 몇 세기 동안 서양 문화들은, 제3장에서 보았던 서양의 지배적 모형처럼, 상징적 가치를 함축한 인종화된 신화들을 만들어냈다. 이 세계관에 의하면, 희다는 것은 합리적이고 지적이고 용감하고 부지런하고 아름답고 문명화되고 온화하다는 것이다; 검다는 것은 변덕스럽고 어리석고 겁이 많고 게으르고 추하고 미개하고 방탕하다는 것이다; 그리고 다른 모든 사람은 이 중간의 어딘가에 떨어진다. 아메리카 원주민은 미개하긴 하나 고상한 미개인으로, 때로는 아름답다고 보였다. 아시아인들은 소심하거나 개인적 창의성이 부족하지만, 근면하고 사람이라기보다 벌이나 개미의 기질을 더 연상시키는, 불가사의한 방식으로 문명화된 인종으로 보였다.

만약 나 자신이 부정적 특성들을 포함한다고 생각되는 어떤 개체군의 한 구성원인 것처럼 보인다는 사실을 내가 알게 된다면, 몇 가지 실존적인 문제들이 따라온다. 나는 자기창조와 의미 만들기를 위한 나의 여정을 그 고정관념들이 나에게 적용되지 않는다는 것을 증명하기 위한, 외부로부터 주어진 임무에 종속시킬 수도 있다. 더 나쁜 것은, 나는 그 고정관념들이 정말로 나에게 적용된다는 생각과 내적으로 싸울 수도 있다는 것이다. 더더욱 나쁜 것은, 내가 나 자신의 목적들을 성취하기 위해 행동하고 있는 것인지, 아니면 단지 나에 대한 일부 사람들의 의견을 바꾸려고 노력하고 있는지에 대한 물음에 의해 마비되어, 구체적인 선택들 앞에서 주저하고 있는 나 자신을 발견할 수도 있다는 것이다. 그리고 아마 최악의 것은, 단순히 과소평가되고 인정받지 못한다는 사실을 끊임없이 의식함에 의해, 절망과 허무주의를 향해 밀려나는 나 자신을 발견할 수도 있다는 것이다. 이러한 변증법이 나중에 되돌아와서 살펴볼 차별수정조치에 반대하는 낙인 논증(stigma argument)의 숨은 뜻이다. 이 견해에 의하면, 인종에 근거한 차별수정조치 프로그램으로부터 혜택을 받는 비백인은 다른 사람들이 자신에 대한 그들의 나쁜 편견들에 대해 승인을 받은 것처럼 느낀다는 사실을 알게 됨으로써 심리적 불구가 된다. 그 비백인은 다른 사람들이 이렇게 생각한다고 느낀다: 만약 그 사람이 열등하지 않다면, 왜 이러한 도움을 필요로 하겠는가? 그리고 낙인 논증은 계속해서 이는 그 사람을 주저하고 분노하고 괴롭게 만들 것이라고 논한다. 그리하여 그 논증은 차별수정조치를 제거해야 할 두 가지의 이유들이 있다고 결론짓는다: 우리는 사람들이 다른 사람들에 대해 자기만 못하다고 생각하도록 조장하길 원하지 않으며, 그리고 현재의 논점과 더 깊이 관련하여, 우리는 사람들이 다른 사람들에 의해 자신들이 경멸당한다는 괴로운 인식과 싸워야하는 상황에 빠지길 원하지 않다는 것이다. (내가 말한 것처럼, 우리는 이 논증으로 되돌아올 것이다. 그러나 그것이 경험적 심리학의 사실들에 의존함을 주목하라고 강조하지 않을 수 없다: 사람들이 정말 이런 식으로 반응하는지는 경험적 물음이다.)

4.3.4 미세 다양성, 제1부

이중의식에 대한 듀보이스의 논의에서 얻어지는 세 번째 요지는 그가 이중의식과 "투시력"을 나란히 놓은 것으로부터 도출된다. 이전처럼 내가 여기서 다루지 않을 이 개념에 대해서도 할 말이 많다. 예를 들어 우리는 "일곱 번째 아들"이라는 용어에 주목할 수도 있다. 듀보이스는 이 용어를 통해 은유적으로 신대륙의 아프리카 전통의 마

>10 역자주] 일반인들은 흔히 부두(voodoo)라고 하면 바늘 꽂은 인형이나 살을 씹는 좀

법이나 부두교를 연상시키고 있다.>10 이는 노예상태의 아프리카인들과 그 후손들이 공동의 유대를 형성하고 서아프리카의 전통을 진척시키는데 도움이 되었던 종교들과 신비한 의식들의 혼합체다. 혹은 오늘날 벨 훅스나 데이비드 뢰디거와 같은 사람들에 의해 체계적으로 조명된 의견, 즉 백인지상주의는 비백인들로 하여금 자신들의 생존확보를 위해 백인들의 습관을 연구하는 숨은 인류학자가 되게끔 했다는 의견을 살펴볼 수도 있다.>11 하지만 당장은 나는 이 투시력 개념을 단지 이중의식의 상태, 즉 인종화에 의해 복잡해진 자기지각의 상태가 약화될 필요는 없음을 나타내는 것으로 간주할 것이다. 이중의식의 상황은 생산적일 수 있다. (그러므로 이중의식 문제에 대한 듀보이스의 "해법"도 유사하다. 내가 인용한 문단 바로 다음에 그는 이렇게 말한다: "이러한 이중적 자아의 합체에서 미국 니그로는 이전의 자아들 중 어느 것도 잃어버리길 원하지 않는다.")>12

우리는 다시 백인성의 상황을 참조함으로써 이중의식의 잠재적 생산성을 발견할 수 있다. 철학자 린다 알코프는 "백인의 정체성은 그 자체의 '이중의식' 설명을 전개할 필요가 있다"고 제안한다.>13 그녀는 백인의 정체성은 한편으로 현대의 상황들을 결정해온 특권과 착취의 역사에 대한 자각과 다른 한편으로 수많은 백인들이 이러한

비나 악마숭배 등을 연상할 테지만, 원래 부두는 노예무역 시대에 서아프리카에 널리 퍼져 있던 아프리카의 전통 종교로서 악의적인 마법의 체계가 아니었다. 인류학자들은 이 종교의 역사가 1만년 이상인 것으로 추측하고 있다.

>11 Bell Hooks, "Representing Whiteness in the Black Imagination," in *Black on White*, ed. David Roediger (New York: Schocken Books, 1998), pp. 38-53.

>12 Du Bois, *The Souls of Black Folk*, p. 365.

>13 Linda Alcoff, "What Should White People Do?," *Hypatia*, 13/3 (Summer 1998), pp. 6-26, p. 21.

역사의 구조에 대항하여 투쟁했다는 자각의 와중에서 생산적으로 일시 정지된 상태에 있을 수도 있다고 논한다. 이러한 이중적 감성의 각 측면은 필수적이다. 만약 특권에 대한 의식이 없다면, 백인의 정체성은 비역사적일 것이며, 백인들을 정상에 올려놓은 현상(現狀)은 수 세기의 사회적 책략의 결과라기보다는 하나의 자연적 사건처럼 보일 것이다. 이는 백인들로 하여금 특권을 하나의 자격으로 이해하고 인종적 정의를 위한 캠페인들을 방해하도록 부추긴다. 다른 한편으로 만약 백인지상주의에 대항하여 투쟁했던 백인 "인종 배신자들"에 대한 의식이 없다면, 백인의 정체성은 완전히 부정적인 것처럼 보이기 시작할 것이고, 그리고 또 다시 죄책감·절망·허무주의의 문제들에 휘말리게 될 것이다.

우리는 알코프의 의견을 백인의 정체성이라는 경계들 너머로 확장하여 — 그리고 그 원천들 중의 하나를 추적하여 — 그녀가 말하는 양식의 이중의식은 우리에게 "근대성의 밑바닥"부터 생각하도록 권한다고 말할 수도 있다. 나는 이 구절을 라틴아메리카의 철학자 엔리케 더셀로부터 빌려왔으며, 그는 일반적으로 근대 백인지상주의의 인종 프로젝트들하에서의 비백인들의 상황에 관해 말하기 위해 이 구절을 사용한다. 비백인들의 상황은 근대성에 대한 특이한 시각, 승리자의 스토리에 있는 생략들과 해석들에 이의를 제기하는 시각을 제공한다. 이는 적어도 두 가지 이유들 때문에 중요하다. 첫째, 이를테면 우리는 예를 들어 평등과 보편적 권리와 수정 가능한 미래를 향한 인간 능력의 지속적 발전처럼, 현재 상황에서의 승리자들이 (그리고 다른 여러 사람들이) 옹호하는 가치들을 실증하는 문제를 심각하게 받아들인다. 더욱 충분하고 포괄적인 스토리들은, 말하자면 승리자의 편파적인 시각에다 피정복자들의 시각을 보충한 스토리들은 어떻게 상황이 지금처럼 이렇게 되었는가를 보다 정확하게 말해줄 수 있으며, 이는 우리가 변화를 가져오는데 도움이 될 수 있다. 둘째, 여러 매우 실재적인 혜택들에도 불구하고, 근대성은 인간의 막대한 고통을 대가로 존재하게 되었다. 이 고통은 근대성의 밑바닥의 기본적인 상황, 즉 기본적인 인간성이 어느 정도 감성을 요구하는 상황을 구성한다.

백인의 이중의식으로부터 더 일반적인 현상으로 다시 옮겨와, 이러한 내적 이중성을 강조하면서 우리는 정체성과 문화의 형성은 어쩔 수 없이 번잡한 과정이라는 사실을 깨닫는다는 점을 주목할 수 있다. 우리는 — 우리 근대인들은 — 자아를 하나의 정합적 존재자라고, 우리의 생활과 활동의 견고한 중심이며 원천이라고 생각해왔다. 그 다음에 프로이트와 마르크스와 다른 여러 사람들이 나와서 그러한 희망사항들을 때려 부수었고, 우리는 결국 보통 알아채지 못하는 온갖 종류의 힘들에 의해 우리가 할 일을 하고 우리 자신이 되는 것이라고 제안했다. 자아는 분열되고 변덕스러운 혼란이며, 삶의 부담들 중의 하나가 바로 무언가를 성취하기 위해 (그리고 성취가 의미하는 바를 판단하기 위해) 자아를 충분히 오랫동안 충분히 자주 세워두는 것이다. 이와 유사하게 우리는 문화를 정합적이면서 순수하고, 독립적이면서 자기 지배적이고, 때로는 인종 집단들과 경계를 접하는 것이라고 생각해왔다. 그러나 순수한 문화란 없으며, 그리고 순수한 인종도 없다: 우리는 완전히 뒤섞여있다. (여기서 우리는 흑인 음악이라고 간주하지만 늘 스코틀랜드·아일랜드·서아프리카 및 다른 여러 음악적 영향들의 혼합물을 탈민족화된 백인 청중들에게 가져다준 엘비스 프레슬리에 대해; 혹은 가늘게 땋아서 곱슬곱슬하게 만든 머리로 클레츠머 재즈를 연주하는 돈 바이런에 대해; 혹은, 신이여 도와

주소서, 샤키라에 대해 생각하지 않을 수 없다.)>14 그리고 우리는 완전히 뒤섞여있으며 우리의 다양한 정체성들로 인해 오직 일시적으로만 고정되는 — 상이한 상황의 상이한 장소에 고정되는 — 까닭에, 우리의 내적 이질성에 대한 의식을 배양함에 의해 순수한 문화도 인종도 없다는 사실을 인지하는 편이 유용할 수도 있다. 나오미 잭은 이와 같은 생각에 "미세 다양성"(micro-diversity)이라는 우아한 명칭을 부여했으며 (정확하게 그녀가 무엇을 의미했는지를 곧 살펴볼 것이다), 이는 우리가 우리의 정체성들의 갈라진 틈들이 보이지 않게 할 수 없음을 강조하는데 딱 적당한 명칭인 것 같다.

4.3.5 미세 다양성, 제2부

잭은 미세 다양성 개념을 또 다른 종류의 내적 이질성을 논의하기 위해 사용하는데, 이는 자아와 사회의 인종화된 긴장관계를 약간 다른 방식으로 표현하고 있다. 그녀는 우리의 가지각색의 사회들의 인종적 복잡성에 대한 자아의 내적인 반영을 고려하고 있다. 잭의 표적은 특히 1890년대 이후에 미국에서 해석한 인종적 순수성 개념이다. 하위혈통(hypo-crescent) 규칙으로 요약되는 이 접근 방식에 의하면, 한 방울의 비백인의 피는 마치 오염에 의한 것처럼 그 사람을 비백인

>14 역자주] 엘비스 프레슬리(Elvis Presley: 1935-1977)는 "로큰롤의 황제"라는 칭호를 얻은 미국의 전설적 대중가요 가수로서 다수의 영화에도 주연으로 출연했다. 일반적으로 그는 흑인 블루스 음악을 백인 10대들에게 전했다고 평가된다. 하지만 저자는 여기서 엘비스가 다양한 민족들의 음악적 영향들을 접목시켰다는 점을 강조하고 있다. 돈 바이런(Don Byron)은 뉴욕의 브롱크스에서 태어나고 자란 흑인 가수로서 다양한 장르들과 문화들을 섭렵하고 있는데, 그 중에는 유대인 전통음악인 클레츠머(klezmer)도 포함되어 있다. 샤키라(Shakira)는 콜롬비아 출신의 대중가요 가수로서, 최근 미국에서도 크게 성공을 거두었다. 여기서 "신이여 도와주소서"란 말은 그녀의 관능적 미모와 춤에 대한 간접적 찬사다.

으로 만들며, 따라서 지금 우리가 백인이라고 생각하는 사람들은 오직 백인 조상만을 가진 셈이 된다.>15 (이 규칙이 모든 사람에게 적용되는 것은 아니다; 그것은 특히 잠시 후에 더 살펴볼 아메리카 원주민에게는 적용되지 않는다.)

실제로 그랬던 것처럼 권력을 가진 사람들이 그 규칙을 실행한다고 가정한다면, 사회적 목적을 위한 분류장치로서 하위혈통 규칙은 웬만큼 잘 작동하고 있다. 그러나 미국 주민에 대한 기술로서는, 그리고 그 주민의 생물학적 성의 역사를 추적하는 방법으로서는, 그 착상은 참담한 실패다. 애정과 사랑, 그리고 생식은 언제나 인종 경계선들을 가로질렀으며, 이는 이러한 위반에 의해 생겨난 가족들과 개인들도 그 경계선을 가로질렀다는 뜻이다. 하위혈통은 이 위반자들을 한쪽으로나 다른 한쪽으로 밀쳐냄을 의미했다 — 그리고 백인의 "피"가 관련된 경우, 하위혈통은 (보통) 비백인 쪽에 머무름을 의미했다. 바로 1890년의 인구조사에서 "흑백혼혈아"(mulatto)라는 카테고리를 가지고 있었던 미국에서, 하위혈통이 언제나 사실은 아니었다. 하지만 곧 이 규칙은 뿌리를 내렸다. 그리고 혼혈 인종의 아프리카계 미국인 운동가들은 이 규칙을 포용하고 분명한(!) 흑인들과 전략적 제휴를 맺은 이후, "순수한" 집단들은 혼혈 인종 개체군을 흡수했다.

>15 역자주] "하위혈통"(hypo-descent) 규칙은 사회적으로 보다 종속적인 부모의 인종을 부여함으로써 혼혈 어린이의 혈통을 결정하는 관행이다. 한 방울이라도 비백인의 피가 섞이면 백인이 아닌 것으로 간주하는 관행을 "한 방울 규칙"(one drop rule)이라 부르기도 한다. 예를 들어, 1924년 미국 버지니아 주의 "인종적 완전무결성의 보존"을 위한 법령에 따르면, 백인 이외의 피가 섞인 흔적이 전혀 없는 사람만을 백인이라고 정의한다. 가장 극단적으로 미국에서는 하위혈통 규칙이 결국 한 방울 규칙이 되었다. 만약 어떤 사람이 단 한 방울이라도 흑인의 피를 가지면 그는 흑인으로 간주되었다.

최근 수십 년 미세 다양성을 위한 어느 정도의 공간을 되찾으려는 소란스럽고 힘찬 움직임이 꽤 성공적으로 출현했다. 우리가 본 것처럼, 현재의 인구조사는 개인들이 하나 이상의 인종으로 신원을 밝힐 수 있게 허락하고 있다. 그리고 혼혈 인종 공동체를 위한 새로운 사회적 네트워크도 있으며, 이는 잡지, 정기총회, "하파"(특히 부분적으로 아시아인의 유전형질을 가진 혼혈인들을 가리키는 하와이식 낱말)와 같은 작위적인 용어들을 갖추고 있다.

혼혈 인종 운동가들은 흔히 명백하게 실존주의적인 맥락의 논증을 채용한다. 그 논증은 때때로 다음과 같이 진행한다: 예컨대 백인과 아시아인 조상을 가진 어떤 사람에게 자신의 유산의 두 측면들 중에서 어느 한 측면을 선택하도록 강요하는 것은 적합하지 않다. 이는 그들에게 부모들 중 하나를 선택하라고 요구하는 것과 비슷하거나, 비슷한 것 이상이다. 이는 그들이 사회의 임의적 테두리에 맞추기 위해 자신이 누구인가의 어떤 부분을 억압하라는 요구다. 어떤 쪽이든 자신의 신원을 밝히기 위해 그들이 선택을 해야 할 필요는 없으며, 그들이 사회나 정부로부터의 압력에 직면할 필요도 없다. 그리고 이러한 압력을 제거하는 유일한 방법은 아마도 공식 문서양식들에 혼혈 인종 표기란을 마련함에 의해서, 아마도 사람들에게 (다소 인구조사국의 해결책처럼) 전통적 표기란들 중에서 하나 이상의 표기란에 표기할 수 있는 선택권을 부여함에 의해서, 아마도 표기란에 표기하는 것을 완전히 폐지함에 의해서 혼혈 인종 정체성에 공식적 지위를 부여하는 것이다.

혼혈 인종 정체성에 대한 이러한 식의 논증은 일부 사람들에게 우려를 자아내는데, 특히 그 논증이 정체성과 의미, 그리고 잘못된 신념에 대한 고찰들로부터 정책에 대한 물음들로 너무 빠르게 옮겨가는 경우에 그러하다. 예를 들어 일부 사람들은 혼혈 인종들을 인정하는 것은 새로운 혼혈 인종 공동체를 창출할 것이고, 이는 미세 다양성을 가진 사람들을 자신들의 구성원들로 간주했을지도 모르는 단일 인종 집단들의 지위와 정치적 힘을 감소시킬 것이라고 우려한다.>16 이는 인종적 정치에 대한, 근대 인종차별주의가 발생시킨 다양한 형태의 배척들에 가장 잘 대응하는 방법에 대한 관심이다. 그리고 나에게는 그것이 오직 인종적 정의실현 작업에 대한 지나치게 편협한 생각에서만 진정한 우려가 되는 것처럼 보인다. 만약 당신이 부정의에 대항하여 사람들을 조직하기 위한 필수적인 선결조건으로서 인종적 결속을 필요로 한다면, 미세 다양성이 한 도전의 대상일 수 있다. 그러나 만약 당신이 인종적 결속을 하나의 출발점으로서, 유용하긴 하지만 상당히 제한되어 있는 도구로서 생각한다면, 여하튼 당신은 인종 경계선들을 가로지르는 연합체를 구성할 필요가 있을 것이다.

다른 우려들은 구체적으로 혼혈 인종 정치운동으로부터 제거론으로, 특히 공적으로 인종적 정체성을 밝힐 모든 책임으로부터 우리를 자유롭게 하기를 원하는 실천적 형태의 제거론으로의 움직임과 연관되어 있다. 일부 인종적 정의실현 운동가들은 이것을 그저 인종 분류에 대항하는 또 다른 후방 활동, 친숙하면서도 독특한 우려들을 일으킬지도 모르는 활동으로 본다. 이 실천적 제거론에 대한 친숙한 우려

>16 역자주] 예를 들어 미국의 흑인 공동체들은 비교적 최근까지 흑인과 다른 인종과의 결합으로 태어난 혼혈 인종들을 받아들였으며 흑인 전체공동체에서 상당한 비중을 차지했다. 그런데 이들이 독립하게 되면 자연히 흑인 공동체는 축소되고, 이들과 순수한(!) 흑인들 사이의 이해관계가 충돌할 경우 흑인 공동체의 정치적 힘은 분산된다. 그러나 저자는 이것이 심각한 걱정거리는 아니라고 본다. 어차피 인종적 정의실현의 작업은 모든 인종이 참여하는 연합체의 구성을 필요로 하기 때문이다.

는 그것이 지속적인 인종차별을 알아차리고 거기에 대응하는 데 필요한 도구들을 우리들로부터 박탈할 수도 있다는 것이다.

또 다른 다소 덜 친숙한 우려는, 미세 다양성에 기초한 하나의 제안과 관련하여 특별하고 더욱 특이한 반향을 일으키는 우려로서, 색깔주의(colorism)를 강화할 것인가 아니면 고삐를 늦춰줄 것인가와 관계가 있다. 색깔주의는 밝을수록 더 좋다는 견해, 말하자면 흑인들을 바닥에 두고 백인들을 정상에 두는, 지금까지 말해 온 인종화된 상징적 가치의 위계질서를 답습하거나 강화하려는 견해의 명칭이다. 인종적으로 정의된 개체군들을 떼어놓을 뿐만 아니라, 색깔주의는 또한 백인지상주의 속에서 성장하고 그 일부 원리들을 자기 것으로 받아들여 온 공동체들 속에서도 작용한다. 예를 들어 한때 아프리카계 미국인 공동체에는 갈색 봉투 실험과 파란 혈관 실험이란 것이 있었다. 이 실험에 의해 갈색 종이봉투보다 더 밝거나 파란 혈관들이 보일 정도로 밝은 피부색은 사회 공공기관에 들어갈 조건이 되었다. 이러한 실험들은 대부분 사라졌지만, 더 밝은 색의 피부가 여전히 중요한 관계 자본을 가져오며, 여러 사회적 환경과 직업적 환경에서 명백하게 이익을 준다. 혼혈 인종 제거론에 대한 비판가는 인종적 범주들을 폐지하는 것이 색깔주의를 폐지하지는 않을 것이라고 우려할 수도 있는데, 이는 덜 백인처럼 보이는 사람들은 여전히 헐뜯어지는 반면에 백인에 가까워진 사람들은 — 혼혈 인종의 사람들은 — 특권적인 인종적 지위에 더욱 쉽게 동화될 수 있을 것이라는 뜻이다. 그 우려를 냉소적으로 표현하자면: 제거론을 위한 혼혈 인종의 논증은 단순히 미세 다양성을 근거로 백인성을 주장하기 위한 방편일 수도 있다.

나는 미세 다양성을 제거론을 위한 논증으로 취하는 모든 접근 방식들의 장점들을 탐구하자고 제안하지는 않는다. 나의 의견은 그 원천이 무엇이든 제거론은 내가 이미 논의했던 일정한 한계들을 가진다는 것이다. 당장 이 접근 방식들과 관련된 흥미로운 사실은 그것들이 미세 다양성과 예컨대 제2장에서 나온 인종 프라이버시 발의 사이에 어떠한 특별한 연결고리도 드러내지 않는다는 것이다. 미세 다양성에 대한 관심은 그러한 발의에 동기를 부여하는 한 방편일 수도 있지만, 당신이 기꺼이 혼혈 인종 정체성이라고 간주할 어떤 것에 대한 관심의 표명은 실제로 인종적 말에의 참여를 전제한다. 예를 들어 잭은 우리는 모두 인종적으로 뒤섞여있다고 옳게 논하고 나서, 이 사실을 인종적 사고에 대항하는 자신의 논증에서 사용한다. 하지만 그런 다음 그녀는 모종의 인종적 사고는 인종에 사로잡인 세상에서 어느 정도 평화를 얻기를 원하는, 특히 미세 다양성을 보여주는 개인들에게 실천적으로 필요한 것일 수 있다고 인정한다.

그러므로 미세 다양성 운동의 실존적 관심들은 곧장 제거론적인 정책으로 환언되지 않는다. 그것들은 인종 분류와 관련된 어떠한 정책으로도 환언되지 않을 수 있다. 왜냐하면 우리는 관료적 범주들을 문화적 혹은 개인적 정체성의 표현으로 받아들일 필요가 없기 때문이다. 정치적 목적으로는 "아시아인"이나 "흑인" 란에 표기하면서, 동시에 국가 관료들의 시야 밖에 놓여있는 나의 생활의 여러 측면들에서는 나는 나의 다면적인 유산을 완전히 포용하고 공표할 수 있다. 여전히 국가의 공인을 원하게 되는 여러 다른 이유들이 있는데, 몇몇 이유들은 현대의 관료화된 국민국가가 시민사회에 미치는 광범위한 영향과 관계가 있다. 그것을 매우 노골적으로 표현하자면: 국가는 매우 심오하게 대중담론의 형태를 결정하며, 그리고 이러한 담론이 널리 퍼뜨리는 국민생활에 대한 공식 해설에 쓸 말이 없어진 자신을 발견하는 것은 사적으로 자신과 자신의 공동체를 세상에 알릴 기회라기보다는 삭제된 것처럼 보일 수도 있다.

이 미세 다양성에 대한 논의는 미국의 인종적 사고의 지배적 모델 속에 있는 수많은 결함들 중의 일부를 지적해준다. 개념적으로 이 모델은 인종적 순수성과 오염된, 그리고 오염시키는 피라는 개념들을 전제하고 있다. 그리고 사회적으로 이 모델은 혼혈 인종들의 가능성을 고려하지 않음으로써 순수성이라는 환상을 유지한다. 요컨대 이는 혼혈 인종들을 이도저도 아닌 상태로, 일종의 사회적·실존적 중간 지역에 갇혀진 채로 내버려둔다. 흑과 백에 강박적으로 집중하는 미국의 인종적 담론은 또한 여러 방식으로 어떤 다른 집단들을 어중간한 상태에 버려둔다. 적당히 중간쯤 되는 다음 절은 인종의 실존주의적·현상학적 측면들에 대한 논의들에 접해있으며, 여기서 나는 이 특이한 간극성(間隙性)의 상황을 탐구할 것이다.

4.4 중간에: 순수성에 대한 환상들과 틈새에 있는 종족들

이 책의 이전 장들은 서양 스타일의 인종적 사고의 미국식 형태를 명료하게 설명하고, 어떤 제한된 목적으로 그것이나 그것과 비슷한 어떤 것을 뒷받침하려고 의도된 것이다. 비록 인종들은 문화집단들의 배양기로 소용될 수 있지만, 내 견해로는, 인종들은 문화집단들이 아니다; 그리고 여느 개체군들과 마찬가지로 인종들은 의식적 이익집단들을 양산할 수 있지만, 그것들이 자의식적인 정치적 존재자들은 아니다. (로비스트들과 정치적 행동대와 비교하여, 암생존자 단체와 걸프전참전자 단체 등의 집단들을 생각해보라.) 나의 견해로는 근대 인종들은 개연적으로 정의된 인간 개체군들이며, 그들의 생활은 백인지상주의적 제도들의 작용에 의해 영향을 받는다.

이것이 근대 인종에 대한 나의 정의이므로, 당신은 인종적 사고의 실존적 제한들에 대해 내가 아무런 환상도 없다는 사실을 알고 놀래서는 안 된다. 확실히 인종적 사고가 한 사람의 온갖 흥미로운 측면들을 우리에게 지시해주지는 않는다; 그것은 오직 우리의 위치를 정해주고 우리의 모양을 결정하는 다른 모든 사회적 힘들과의 결합을 통해서만 그 작용을 수행한다; 그리고 그것은 가끔씩만 우리의 삶에 유용하거나 적절할 뿐이다. 우리는 인종적 정체성의 담지자들이기 전에, 여러 상황들 속에서 훨씬 더 뚜렷하게 다른 어떤 존재다. 그렇게 말했지만, 확실히 나는 여전히 인종적 사고는 그 용도가 있으며, 그리고 인종 개념에 매달리는 것은, 고전적 인종주의와 그것을 동경하는 탈근대적 환기(喚起)의 결과로 존재하는, 사회적 상호작용 및 계층화의 도식들을 확인하고 이해하고 대처하는데 있어서 우리에게 도움을 줄 수 있다고 단언한다. 그러나 나는 또한 우리가 우리의 인종적 담론에서 생략들과 맹점들을 강조할 경우에만 이러한 혜택들을 거둬들일 수 있다고 단언한다.

여기서 내가 초점을 맞출 생략들은 대부분 인종관계를 흑인과 백인의 관계와 동일시하는 미국의 관행으로부터 도출된다. 이 관행은 인종 문제를 니그로 문제와 동일시했고, 미국의 인종적 질서의 드라마에서 다른 인종들이 담당했던 역할을 덮어버렸다. 이러한 근시안적 이항대립론(binarism)에는 적어도 두 가지의 매우 간단한 이유들이 있다. 첫째, 토착 종족들의 대량학살과 강제적 동화, 아시아인 이민자들의 배척, 미심쩍은 유럽인들도 여전히 백인이라는 가정, 그리고 노예화된 아프리카인들의 꾸준한 수입과 "번식" 덕분에, 흑인들과 백인들은 가장 오랫동안 가장 거대한 인종 개체군들을 구성했다. 그렇다면 백인지상주의하에서 흑인들의 문제가 더욱 두드러졌다는 것은 당연했다. 둘째, 미국 흑인들은 사회적·정치적 부랑자들이라는 이상하게 역설적인 위치를 차지했는데, 그들은 막대한 숫자로 국민의 경제적 삶과 적어도 남부에서는 국민의 사적인 삶에서 빠뜨릴 수 없는 요소였다. 경멸당하는 동시에 불가결하고 소외되는 동시에 친밀한 아프리카계 미국인들은 나라의 일부가 되었으며, 여러모로 인디언 전쟁과 아시아인 배척 법령들이 그 개체군들에게는 불가능했다.

그렇다면 흑백 이항대립론의 배후에는 이유들이 있는 셈이다. 그러나 그것들이 이항대립론을 영구화하는 이유들은 아니다. 그래서 나는 여기서 잠시 멈춰서 이러한 이항대립론이 무시하거나 어떻게든 틈새에 끼워 넣은 개체군들에 초점을 맞출 것이다. 그 과정에서 우리는 어떻게 상이한 집단들이 상이하게 인종화되는지를 더욱 똑똑하게 보기 시작할 것이다. 흑인들은 보통 인간 이하의 짐승들로 인종화되었다; 백인들은 인간 성취의 절정으로서, 유덕하고 아름다운 천사들로 인종화되었다. 그리고 다른 인종들은 그 중간에 떨어졌다.

미국의 인종적 사고에서 가장 명백한 생략은, 그것과 밀접한 관련이 있는 미세 다양성에 대한 물음은 제쳐두고, 라티노들과 라티나들을 포함한다. 이 개체군들은 틈새에 놓여있다. 왜냐하면 그것들은 예전 스페인과 포르투갈의 아메리카 식민지들을 지배하고 있는 하나의 대안적 인종주의 모델을 표상하기 때문이다. 이곳들에서는 인종의 혼합이 널리 퍼져있고 개방적으로 받아들여지는 상황이며, 유럽 정복자들과 토착민들과 노예화된 아프리카인들이 어느 정도 자유롭게 섞였다(일부 사람들은 다른 일부 사람들보다 다소 더 자유롭게 섞였다). 아직도 종종 "잡혼(雜婚)"이라 일컫는 것에 대한 개방성에 있어서 이베리아인들과 영국인들의 차이에 대해 여러 상이한 설명들이 있다. 어떤 사람들은 두 집단들의 상이한 역사적 경험에 호소한다 —

한 집단은 어느 정도 다문화적인 로마제국의 중심에 있었고, 다른 한 집단은 그 정치적 독특성을 유지하려하면서 로마제국의 변두리에 있었다. 어떤 사람들은 상이한 정착 수법들에 호소한다 — 한 집단은 정착 가족들을 보냈고, 다른 한 집단은 여성이나 가족이 없이 남성 군인들만 보냈다. 다른 견해들도 있지만, 이 견해들 사이에서 옳은 것을 선택하는 것은 이 기획의 범위를 넘어선다. 당장의 요점은, 작가 리처드 로드리게즈가 매우 설득력 있게 지적한 것처럼, 어떤 의미에서 라틴아메리카는 철저히 **갈색**이라는 것이다. 라틴아메리카는 대부분 인종적으로 혼합된 종족들로 구성되어있으며, 그들은 점점 자신들에 대해 뭐라 생각해야 할지를 전혀 모르는 미국으로 진출했거나 미국에 의해 삼켜져왔다.

현실적으로 이는 미국에 있는 라티노들과 라티나들이 인종화되는 과정이 한결같지 않았다는 뜻이다. 때때로 우리는 그들을 민족 집단처럼 취급한다. 물론 이러한 행동방침은 예를 들어 멕시코인들과 쿠바인들과 푸에르토리코인들 사이에 있는, 상당히 실재적이면서도 상당히 명확한 여러 정치적·문화적 차이들 때문에 실패하게 된다. 그러나 다른 때에는 우리는 그들을 독특한 인종으로 취급한다. 가끔은 백인으로 간주되면서도, 우리가 두 번 정도 언급할 기회가 있었던, 인종화된 상징적 가치척도에서는 다소 더 낮은 위치에 있는 것처럼 보이는 갈색인종으로 취급한다. 이 가치척도는 이처럼 한층 유동적인 인종적 사고의 모델들에서도 적용된다. 예를 들어 어떤 사람들은 브라질과 같은 곳들은 인종적으로 보다 평등주의적이라고 주장해왔다. 왜냐하면 노골적으로 표현해서 나의 가족 구성원이 어떤 인종일지 모른다거나 온갖 인종들의 혼합일지도 모른다는 가능성은 내가 어느 한 인종의 구성원을 악마로 규정할 가능성을 적게 만들기 때문이다.

불운하게도 브라질의 인종적 지형에 대한 미사어구와 현실에 대한 관찰은 이 주장이 거짓임을 드러낸다. 근대 노예제도에 의해 형체를 이룬 모든 장소에서 그러한 것처럼, 백인을 옹호하는 색깔주의적 연속이 있다: 더 밝을수록 더 좋다. 부와 명성은 더 검은 개인들을 "표백할" 수 있다. 그러나 더 밝은 피부색의 어떤 사람과 결혼하는 것이 당신과 당신 자손에게 하나의 축복처럼 간주될 때, 대부분의 경우 색깔의 중요성은 문자 그대로다. 그리고 아마 가장 뚜렷한 사례로 아프리카계 브라질인 개체군은 — 즉 전혀 모호하지 않게 혹은 눈에 띄게 흑인인 그 사람들은 — 빈곤한 사람들 속에서는 지나치게 많이 나타나고, 라틴아메리카의 다른 곳에서와 마찬가지로, 정부와 매스컴에서는 지나치게 적게 나타난다.

그러나 미국으로 돌아와서 현재 라티노와 라티나의 인종화에서의 지배적인 테마는 "외부자의 인종화"라고 일컬어지는 방식이다. 이는 인종 프로젝트가 한 집단을 외국인으로 구성할 때 일어나는 일이다. 현대는 예전에는 없었던 온갖 종류의 가능성들을 나타낸다: 제3장에서 언급했던 (밝은 피부색을 가진) 제니퍼 로페즈의 탈근대적인 돌연변이가능성에 대해 생각해보라; 혹은 그 가장(家長)이 한때 공공연하게 자신의 "약간 갈색인" 손자들에 대해 자랑했던, 부시 정치왕조의 텍사스 기반에 대해 생각해보라. (만약 그 갈색이 흑과 백의 혼합으로부터 나왔다면, 이렇게 자랑하는 것은 상상하기도 어려울 것이다!) 그러나 인구조사를 잠시 살펴본 결과가 보여주는 것처럼, 라티노와 라티나는 대부분 자신들을 흑인들에게 매우 근접하게 하는 일종의 경제적 한계성을 겪는다. 한때 아프리카계 흑인들이 그랬던 것처럼, 지금 그들이 유급 가사노동을 — 청소부, 가정부 등등을 — 전담하고 있다는 것은 우울하게도 딱 맞는 말이다.

아시아인들도 여러모로 라티노들 및 라티나들과 유사하게 하나의 틈새 개체군(interstitial population)을 구성한다. 두 집단들의 운명은, 특히 공식적·비공식적 "초청 노동자" 제도들과 관련하여, 외부인의 인종화·이주·피난민·시민권에 대한 정략들과 단단히 엮여있다. 이 제도들은 민족적-인종적 시민권의 혼합비를 뒤엎지 않으면서 노동수요를 만족시키려하는데, 이러한 시도는 형식적으로는 허가를 받지 않은 노동자의 채용을 금지하면서도 암묵적으로는 그것을 허용함에 의해서, 혹은 자신들이 원하는 노동자들을 특수한 합법적 이주자의 등급으로 바꿔줌에 의해서 수행된다. 그러나 미국의 아시아인들은 또한 하나의 모범적인 소수자 인종화에 해당된다. 이는 한 소수자 집단이 주류나 다수의 가치들을 따르는 삶을 추구하면서 다른 집단들을 위한 하나의 모델, 즉 하나의 본보기를 세워주는 방식으로 인종화되는 경우에 일어나는 일이다.>17 이러한 양식의 인종화가 문제를 일으킨다는 것은 어쩌면 놀라운 일일 것이다. 예를 들어, 그것은 상대적으로 유복한 일본인 이민자들과 상대적으로 불우한 베트남 이민자들 사이의 차이들을 모호하게 하면서, 아시아인 개체군 속에 있는 실재적 분열을 얼버무린다. 또한 그것은 때때로 아시아인의 경제적 복지 수치를 부풀리는 문화적·사회적 차이들을 간과한다 — 평균보다 높은 수입을 가진 가구들이 있다는 것, 주민들의 높은 비율이 노동인구에 속한다는 것, 그리고 외국태생의 전문직 노동자들의 비율이 높다는 것은 가구수입의 통계를 부풀리고 수많은 아시아계 미국인들이 살아가는 때때로 어려운 경제적 환경을 숨기고 있다. 아시아인들은

>17 Ancheta, *Race*, p. 162.

— 여러분도 기억하겠지만 아시아인이란 미국의 인종 정치의 지형에서 어떤 일정한 위치를 차지하는 사람들에 대한 나의 명칭이다 — 틈새에 놓여있다. 왜냐하면 아시아인들의 모범적인 소수자 인종화는 그들을 정확하게 백인과 흑인의 중간에 위치시키기 때문이다. 그들은 흔히 흑인들이 마땅히 수행해야하나 수행하지 못해 온 일에 대한 모범들로 들어진다. 허나 그들은 또한 어쩔 수 없는 외국인들로서 백인들과는 동떨어져 있다고 주장된다.

아메리카 원주민들은 그다지 틈새에 있다기보다는 오히려 변칙적으로 증식한다. 그러므로 그들은 여러모로 미국의 인종적 가치척도의 바깥에 놓여있다. 그럼에도 그들의 특정한 인종화 양식이 그들의 야만성을 완전히 짐승처럼 간주하는 관념형태를 함축한 것은 아니라는 의미에서, 그들은 틈새에 놓여 있다. 이 의견에 따르면, 근대 인류의 원시적 형태로서 아메리카 원주민들은 인간 가능태들의 전조(前兆)인 동시에, 문명에 의해 타락하기 이전의 자연적인 인간의 모습에 대한 실마리이다. 19세기에 이러한 관념은 인디언들의 가치들을 찬양하고 원주민 생활방식의 임박한 종말에 대해 애도하면서도, 또한 빠르게 그 종말을 가져오려 했음을 의미했다. 20세기와 그 이후에 이 관념은 민족학적 스포츠 마스코트로 — 애틀랜타 레드스킨스 미식축구팀, 애틀랜타 브레이브스와 클리블랜드 인디언스 야구팀들 등등 — 원주민의 용감함을 찬양하고, 영화로 —《늑대와 함께 춤을》— 원주민의 고결함을 칭송하는 와중에도, 지속적으로 인디언 부족들을 국가의 보호 대상들로 취급하고 있음을 의미했다.

아메리카 원주민들을 마스코트로 사용하는 관행은, 단지 그들이 흑백 모델로 포착하지 못하는 인종화 양식에 종속되는, 하나의 변칙적인 개체군이 되는 여러 측면들 중의 하나를 가리킬 뿐이다. 이 마스코트 문제에 대해 인디언 집단들과 개인들은 서로 갈라진다; 일부 사람들은 그 마스코트들이 자신들을 짐승처럼 만드는 것으로 느끼고, 다른 사람들은 신경 쓰지 않는다. 하지만 우리가 아직 갖고 있는 다른 두드러진 민속학적 마스코트들은 — 보스턴 셀틱스>18, 시러큐스 오렌지멘, 노트르담 파이팅 아이리시 — 영국인들이 선천적 야만성에 대한 자신들의 관념을 처음으로 적용한 유럽인들, 즉 아일랜드인들을 기념하거나 "찬양하고" 있다는 점은 적어도 흥미롭다. ("셀트(켈트)"는 이 이상을 의미를 가지는데, 현대의 웨일스·아일랜드·스코틀랜드와 다른 여러 지역들에 거주했던 언어문화 집단을 표시한다. 하지만 19세기 미국의 이민정책과 관련하여, 그것은 한 특정한 부류의 비영국계의 이민자, 쉽사리 인종화되고 보통은 아일랜드 "야만인"과 동일시되던 이민자를 나타내게 되었다. 이러한 용법은 낡은 것이 되었으며, 지금은 보스턴과 시러큐스 같은 도시들의 충분히 백인화된 아일랜드인 문화와 공명하고 있다.) 보스턴 사람들은 켈트 사람들과 어느 정도 관계가 있다. 그런데 어느 아메리카 원주민 집단이 클리블랜드 인디언들과 관계가 있는가? 언젠가 흑인 코미디언 크리스 락(Christ Rock)이 물었던 것처럼, 예를 들어 당신은 뉴욕 니그로들이라고 불리는 스포츠 팀을 상상할 수 있겠는가? (락의 언어는 다소 더 원색적이었다.)

>18 역자주] 보스턴 셀틱스(Boston Celtics)는 유명한 미국 프로농구팀의 이름으로서, 여기서 셀틱스는 켈틱스라고 발음할 수도 있으며 "켈트 사람"이라는 뜻이다. 켈트족은 서양 고대의 인도유럽어족의 일파로서, 원주지는 청동기시대의 독일 남동부의 라인강·엘베강·도나우강 유역이며, 기원전 10-8세기 무렵부터 이동을 시작하여, 기원전 6-4세기 무렵에는 갈리아와 브리타니아로 진출하였다. 풍습 및 언어는 아일랜드·웨일즈·브르타뉴 등에 흔적이 남아있다.

미국은 승인된 아메리카 원주민 부족들을 예속된 주권국가들처럼, 약간 자치적이지만 미국 인디언정책의 긴급조치들에 의해 지배를 받는 것처럼 취급한다는 점에서, 아메리카 원주민은 또한 독특한 형태의 인종화를 경험한다. (이 점에서 그들이 철저히 변칙적인 것은 아니다. 왜냐하면 그들은 이 식민지와 유사한 지위를 푸에르토리코와 괌 같은 미국 "속령"의 사람들과 공유하고 있기 때문이다.) 그리고 마지막으로 미국의 인종적 질서의 나머지 부분들은 하위혈통의 한 방울 규칙으로 옮겨가고 있었을 때, 미국 정부는 공무상의 목적으로 인디언으로 간주되려면 적어도 "절반의 피가 섞인" 인디언이어야 — 절반은 인디언이어야 — 한다고 선언했다. 이는 그 규칙이 원래는 인디언 부족의 땅들을 인디언 개인들에게 배분하는 토지할당 정책과 결부되어 있었기 때문이다. 어느 땅이든 판매할 수 있었기 때문에, 가능한 한 적은 수의 인디언들을 찾아냄에 의해 얻게 되는 경제적 이익이 컸었다. (이를 제2장의 병합론을 위한 또 하나의 논증으로서 받아들이자.)

우리는 틈새 개체군들, 혹은 그 구성원들이 미국의 지배적인 인종적 사고의 유형들 속에 있는 갈라진 틈들과 울퉁불퉁한 테두리들의 증거가 되는 식으로 인종화된 개체군들을 살펴보았다. 이 사례들은 또한 인종적 사고에 대한 총체적 설명은 상이한 여러 종류의 인종형성 과정들을 망라해야 하며, 종종 그것들을 동시적으로 그리고 변증법적인 관계로 설명해야 함을 일깨워주기에 적당하다. 마지막 사례로서, 우리는 인종의 말썽 많은 역사뿐만 아니라 그것의 발전하는 미래를 가리키는 사례를 살펴봐야한다. 앞에서 이민정책의 변화들이 판단유보중인 백인들에게 그들의 온전한 지위를 요구할 시간과 공간을 제공하기 전까지, 한때 독특하고 서열이 매겨진 백인 인종들이 있다는 생각이 널리 유포되어 있었음을 관찰했다. 나는 주로 유럽의 백인들을 염두에 두고 그 스토리를 이야기했지만, 여기서 내가 상식적 태도들을 성문화하는 주체로 생각하는 미국 정부는 (당연히 그것은 이 이상의 것이지만) 백인성에 대해 더 넓게 생각한다. 인구조사의 배후 관계자들에 따르면, "중동과 북아프리카 원주민 종족들"도 백인이다. 이 종족들 중 상당수의 형태(形態)는 그들이 자신들의 문화적 차이들을 자신들의 백인성 밑에 안보이게 감추는 것을 가능하게 했다. 그러나 지난 세계무역센터 공격과 제2차 인티파다[19] 이후, 우리는 "아랍인처럼 생긴" 사람들, 특히 그렇게 생긴 남성들의 존재에 대해 점점 민감하게 되었다. 여전히 이러한 민감성은 의복과 아랍식의 이름과 같은 문화적 요소들에 의해 가장 흔하게 매개된다. 그러나 민감한 지역의 출입을 제한하는데 사용하기 위해 테러리스트의 프로파일을 만든다는 결정에서, 우리는 상상적 아랍인의 얼굴들에 더욱 주목하기 시작했다. 그리고《비상계엄》을 비롯하여 테러리스트 공격을 다룬 90년대의 수많은 영화들에서 볼 수 있는 것처럼, 우리는 외부인의 인종화라는 주제로 테러리스트의 한 변종을 계속 다듬었다.[20]

>19 역자주] 아랍어 낱말 "인티파다"(intifada)는 "폭동"을 뜻한다. 여기서 두 번째 인티파다란 2000년 9월부터 시작된 팔레스타인의 아랍인들과 이스라엘인들 사이에 충돌을 지칭한다. 많은 팔레스타인인들은 인티파다를 민족해방운동으로 간주하는데 반해, 이스라엘인들은 그것을 테러리스트들의 군사행동으로 간주한다. 첫 번째 인티파다는 1987년부터 1993년까지 이어진, 역시 팔레스타인인들과 이스라엘인들 사이에서 일어난 일련의 폭력적 사건들을 가리킨다.

>20 역자주]《비상계엄》(*The Siege*, 1998)은 아랍인에 의한 테러를 다룬 대표적 90년대 영화로서, 아랍인들에 대한 지나치게 민감한 미국의 대응과 휴머니즘 사이의 갈등을 그리고 있다.

4.5 경험·불가시성·체화

이제까지 우리는 인종을 실존철학의 관점으로부터 접근해왔다. 이는 우리로 하여금 인종과 관련된 절망의 문제들을 밝히고, 이중의식의 긍정적·부정적 형태들을 모두 발견하게 해주었다. 그것은 또한 백인지상주의하에서의 생활에 대한 경험들의 독특한 성질을 마음에 새기기 시작하게 해주었다: 자신의 자아에 대해 의혹을 품는 경험, 내가 어떤 사람이 될 수 있으며 무엇이 될 수 있는지와 관련하여 사회와 씨름하는 경험.

그 밖에 인종을 진지하게 생각하는 데에는, "현상학"으로 알려진 철학적 운동에 한정되는 것은 아니나 그것에 의해 명확히 표현된다는 의미에서, 현상학적인 측면도 있는 것처럼 보인다. 앞에서 우리는 실존철학이 세 가지의 물음들을 제기함을 보았다: 나는 누구인가? 나는 무엇을 해야 하는가? 그리고 왜 귀찮게 고민하는가? 여기서 내가 그 사고방식을 이용하려는 방식대로, 현상학적인 관점은 네 번째 물음을 추가한다: 그런 상태라는 것은 (그런 일들을 행하고 그런 사람이 된다는 것은) 어떤 것인가? 달리 말해서, 이러한 물음들을 제기할 수 있는 존재자가 되어, 이 존재자가 가지는 경험들을 가진다는 것은 어떤 것인가? 실존철학에 대한 논의에서처럼, 나는 이 사고방식들을 무파벌적으로 인종 현상에 적용하려 한다; 구체적으로 말해서, 나는 무파벌적으로 어떠한 권위자의 도움도 받지 않고 인종 현상학에 대한 의견을 소개하려 한다. 우선 기본사항들을 익히고, 그 다음에 그 활용을 살펴볼 것이다.

4.5.1 기본 사항들

경험 문제의 제기함은 경험철학의 세 가지 주된 요소들로 향하게 한다. 첫째, 우리 경험들의 직접적 느낌들을 향한 방향전환이 있다. 경험이 그러하듯, 이 철학은 실천적 행위자의 선(先)이론적인 시각으로부터 시작된다. 이 시각은 과학이 서술하는 꾸밈없고 추상적인 사물들이 아니라, 우리에게 의미를 가진 일상적 사물들에 의해 이 세계가 채워져있음을 발견한다. 과학은 우리에게 의미 있는 사물들, 우리가 사랑하고 가치를 부여하고 두려워하는 사물들을 (예를 들어, 한 장의 사진과 협주곡 등을) 미립자들과 운동들과 화학적 연관들로 구성된 의미 없는 사물들로 (아교질의 감광액 속에 있는 은(銀) 화합물들의 배열과 유동적 매체 속의 진동들의 복합체로) 바꾼다. 그러나 우리는 과학의 발가벗겨진 대상들과 우리의 가치·목적·두려움에 의해 고안된 기교들을 사용하는 반성을 추구한다. 그리고 우리는 흔히 우리의 두려움들을 사전에 저지하고 우리의 가치들을 지키기 위해 이렇게 하고 있다.

경험 철학자에게 우리 경험들의 의미와 유의미함은 근본적인 것이며 오직 잠정적으로만 제거할 수 있는 것이다. 이 접근 방식은 인식의 오만에 대한 — 혹은 사고(思考)는 세계와 상호작용 하는 수많은 방법들 중의 하나일 뿐이라는 사실과 인식에 의한 상호작용의 방법은 흔히 다른 상호작용 방법들에 편의를 제공할 뿐이라는 사실을 가끔씩 망각하는, 어쩌면 더 나은 표현으로, 인식의 기억상실에 대한 — 유력한 저지도구를 제공한다. 또한 직접성에 초점을 맞춤은 우리로 하여금 경험의 과정에서 실존적으로 무엇이 문제가 되는지를 기억하도록 돕는다: 한 개인의 삶에 의미를 부여할 책임을 기억하도록 돕는다.

남아있는 경험철학의 두 요소들은 환경과 체화(體化)를 강조하며, 직접성에 대한 초점으로부터 매우 직접적으로 도출된다. 경험들은 우리의 기분들에 의해, 우리에게 일어나는 일들을 해석하고 그것들에 반응하기 위해 사용하는 지적·표현적 수단들에 의해, 우리의 지적·표현적 레퍼토리를 형성하는 사회에 의해 구체화되는, 매우 환경의존적인 사건들이다. 혹은 더욱 앞서의 논조에 맞춰 표현하자면: 경험들 자체는 우리의 세계가 형체를 취하게 되는 상황들이다. 경험철학은 우리로 하여금 이 모든 것을 참작하도록 일깨워주며, 그리고 이 점에서 하나의 환경적 초점을 가지고 있다.

또한 경험들은 예컨대 부분적으로 감각기관들에 나타나며, 그리고 우리의 두뇌처럼 육체적인 것들의 상태에 의존하는 (혹은 그 상태와 동일한, 혹은 당신이 가장 좋아하는 심리철학이 여기서 당신에게 뭐라 말해주든) 마음들에 의해 반사된 육체적 사건들이다. 그렇다면 육체는 우리처럼 경험을 소유하는 피조물들에게는 제거할 수 없는 조건인 것처럼 보인다. 이는 앞서 내가 이 책에서 말한 것처럼 육체는 그저 우리의 영혼이 (혹은 마음이, 아니면 무엇이든) 걸터타고 달리는 도구가 아니다; 그것은 "영혼"이 세계와 부닥치는 관점으로서, 마음의 전제조건인 동시에 실현이다. 다소 근본적으로 나의 육체는 나의 자아이며, 이것이 내가 일반적으로 그것을 내가 소유한 어떤 것이라기보다는 나 자신으로 취급하는 이유다. 내가 그것을 객체화할 수 있다는 것은 충분히 사실이며, 그렇게 하는 것이 그다지 생소하지도 않다: 나는 앞의 두 문장들에서 그렇게 해왔다; 내가 어떻게 보이는가를 바꾸기 위해 무거운 물건을 들어 올리고 다이어트를 할 때, 나는 객체화를 수행한다; 그리고 내가 익숙하게 행하던 것들을 행할 수 없게 만드는 나이와 부상에 대해 불평할 때, 나는 객체화를 수행한다. 그러나 우리의 삶에서는 이렇게 친숙한 육체-마음의 거리조차도 우리가 자신을 육체와 동일시하게 되는 무관심하고 본능적인 방식들보다 훨씬 더 작은 역할을 수행한다. (우리는 **나로부터 벗어나라** 라고 말하지; **나의 육체로부터 벗어나라** 라고 말하지 않는다. 우리가 죽은 것이 아니라면 말이다. 죽은 경우에는, 우리는 아무것도 요구할 입장이 아니다.) 이것이 체화에 대해 이야기하면서 내가 뜻하는 바이며, 경험철학의 세 번째 중심점이다.

4.5.2 불가시성과 다른 심신 문제

우리를 직접성·환경·체화로 향하게 함으로써, 경험철학은 실존적으로 함축하는 바가 있는 인종 현상을 검토하는데 유용한 시각을 제공한다. 인종적 사고는 인체들에 의미를 부여하는 문제이고, 고전적 인종주의하에서 이것은 노골적이고 체계적으로 육체적 생김새를 중요한 사회적 선의 분배와 연관시킴을 뜻했다. 그러한 상황들 속에서, 그리고 그 결과로서 일어난 상황들하에서, 그 연관들이 더욱 암시적이고 덜 체계적이게 될 때, 육체는 적어도 두 가지 방식들로 중대하고도 특징적인 의미의 담지자가 된다.

첫째, 고전적 인종주의하에서의 육체는 자아와 세계 사이의 근본적인 실존적 갈등을 나타내는 하나의 결합체가 된다. 만약 나의 육체적 생김새가 나를 내가 원하는 일자리로부터 몰아내고 내가 살고 싶은 곳에서 살지 못하도록 방해하는 것이라면; 만약 나 자신을 바라볼 때 내가 거울에서 보는 것이 사람들이 나를 쳐다보지 않게 만들고 내가 원하는 식으로 나를 대우하지 않게 만드는 가공의 피조물이라면 — 성폭행범, 불법외국인, 백인지상주의자라면; 이 모두가 사실인 경우, 인종차별주의적 배척들은 내 자아와 내 육체 사이의 갈등인 것처럼 느껴지는 것이 되어, 매우 직접적으로 나의 살아있는 경험으로 환언될 것이다. 이 갈등은 흔히 육체적 아름다움에 대한 우리의 영원한 추구에서 드러난다. 다음 장에서 우리는 그것을 다룰 것이다. 이와 관련하여 그것은 내가 다른 곳에서 "반인종차별주의적 미학"이라고 지칭한 지적 활동의 전통을 자극하다. 이 전통은 토니 모리슨의 주목할 만한 소설《가장 푸른 눈》을 그 대표적 저작들 중의 하나로 꼽는다.>21

탈식민지주의 이론가 프란츠 파농은 아마도 육체·자아·인종·세계 사이의 이 충돌에 대한 가장 유명한 분석가일 것이다. 자신의 인종을 공적으로 알림에 대한 1951년의 명상에서 그것을 잘 기술하고 있다.

> "더러운 깜둥이!" 혹은 단순하게 "봐라, 니그로다!"
> 나는 세상에 나왔다 … 그리고 나는 나 자신을 다른 대상들 가운데에 있는 하나의 대상으로 발견했다 … 그런 다음 우리는 백인의 응시와 직면해야 하게 되었다. … 나는 갑자기 나의 육체에 대해 책임을 지고, 나의 인종에, 나의 조상들에 대해 책임을 지게 되었다. 나는 나 자신에 대해 객관적으로 응시했고 나의 흑인성과 나의 민족적 특징들을 발견한다. 그러고 나서 나는 식인 풍습, 지적 결여, 성도착, 인종적 결함, 노예무역선에 의해 귀가 멀어버렸다.>22

여기서 파농은 자아와 육체의 상호침투, 자기개념과 대중적 신화

>21 Paul C. Taylor, "Malcolm' s Conk and Danto' s Colors," *in African American Literary Theory*, ed. Winston Napier (New York: New York University Press, 2000), pp. 665-71.

>22 Frantz Fanon, "The Lived Experience of the Black," in *Race* ed. Robert Bernasconi (Malden, MA: Blackwell, 2001, 184-6.)

들 사이의 부드러운 미끄러짐, 그의 육체에 대한 대중의 반응들이 그의 자기이해를 공박하는 방법을 보고하고 있다. 여기저기서 그는 육체에의 뚜렷한 초점을 더함으로써, 이중의식의 부정적 양식들에 대한 듀보이스의 상황파악을 심화한다. 듀보이스처럼, 파농은 일종의 자신상실 혹은 자기의식을 다른 사람의 눈을 통해 자신을 바라보는 경험으로 추적해간다. 그러나 그는 이를 노골적으로, 그의 용어로, 차이의 "표피화"와 같은 동력과 연관시킨다.[>23]

파농의 충돌은 — 자아와 인종화된 육체 사이의, 체화된 자아와 인종화된 세계 사이의 충돌은 — 육체가 인종화된 의미의 담지자가 되는 두 번째 의미로 인도한다. 위에서 어떻게 인종적 의미들의 소용돌이가 사람들이 나를 쳐다보지 않게 만드는가에 대해 말하면서, 나는 나의 육체와의 내적인 투쟁에 초점을 맞추었다. 하지만 첫걸음이 역시 중요하다: 반인종차별주의적 문학과 예술에서나, 창작적으로 표현된 비판적 인종사고의 부문에서 되풀이하여 일어나는 테마들 중의 하나가 불가시성 개념이다. 나와 다른 사람들 사이에, 혹은 나와 나의 거울에 비친 영상 사이에 인종적 신화들이 끼어들게 되면, 나는 불가시적이게 된다. 명백히 내가 세상에 보여주고 싶었던 "나"는 눈에 띄지 않게 되며, 주변 사람들은 어떤 가상의 화신과 상호작용 하는 것처럼 보인다. 랄프 엘리슨의 고전적 소설인 《보이지 않는 사람》은 확실히 이러한 상황에 관한 것이며, 그 상황에 관한 다음과 같은 기술로 시작한다.

>23 Paul Gilroy, *Against Race* (Cambridge, MA: Harvard University Press, 2000), p. 217.

나는 보이지 않는 사람이다. 아니다, 나는 에드가 앨런 포우를 붙어 다니며 괴롭히던 것들과 같은 유령은 아니다; 나는 당신의 할리우드 영화에 나오는 영기(靈氣)들 중의 하나도 아니다. … 당신도 이해하듯이, 나는 그저 사람들이 나를 보려고 하지 않기 때문에 보이지 않는다. … 오히려 신경을 건드리는 경우가 더 흔하지만, 보이지 않는 것이 때로는 이득이 된다. 당신은 시력이 좋지 않은 사람들과 끊임없이 부딪힐 것이다. 혹은 또 당신은 당신이 정말 존재하는지를 자주 의심한다. 당신은 당신이 그저 다른 사람들의 마음속에 있는 환영이 아닌지를 의심한다. 예컨대 잠자는 사람이 온 힘을 기울여 파괴하고자 시도하는 악몽 속의 한 인물이 아닌지를 의심한다. 분노에 차서 당신이 사람들에게 맞부딪히기 시작하는 시점은 바로 당신이 이렇게 느낄 때다.>24

불가시성에 대해 이야기하는 것은 심히 극적인 방식으로 고정관념화에 대해 이야기하는 것처럼, 혹은 한 사람의 고유한 자질들이나 지나친 일반화의 한계들에 대해 다른 사람들이 충분한 주의를 기울이지 않게 만드는 것처럼 보일 수도 있다. 그러나 경험철학의 문제는 경험의 나타나는 그대로의 의미들로부터 시작하는 것이며, 그리고 존재의 어떤 조각이 직접적으로 실현되는 방식에, 즉 그것이 느끼는 방식에 조심스런 주의를 기울이는 것이다. 그리고 충분히 많은 상점들에서 추적을 당하고 충분히 많은 일자리들에서 별다른 이유도 없이 거절당한 이후, 한 사람의 경험은 고정관념과 일반화에 대한 빈곤한 이야기로는 포착하기 어려운, 하나의 구체적인 현상학적 성격을 전개하기 시작한다. 그 사람은 지워져버리고 묵살당하고 눈에 보이지 않는 것처럼 느낀다 — 그리고 결국에는 기꺼이 되받아치고 싶다고

>24 Ralph Ellison, *Invisible Man* (New York: Vintage Books, 1989), pp. 3-4.

느낀다. 랄프 엘리슨의 소설과 같은 예술작품들이 없었다면 우리가 그저 단순하게 서술하거나 알아차리지 못할 수도 있는 주변 환경에 대한 살아있는 경험을 우리로 하여금 상상할 수 있도록 돕는 것이 그 예술작품들의 기능의 일부다. 미셸 윌리스의 《불가시성의 우울함》과 같은 작품들에서 볼 수 있는 것처럼, 철학적·이론적 작품들도 적절한 은유들을 갖추면 이러한 기능을 수행할 수 있다.

또 다른 종류의 불가시성은 우리를 백인의 인종경험 현상으로 되돌려 보낸다. 백인성에 대해 저술한 여러 비판적 인종이론가들은 지배와 함께 오는 일종의 불가시성을 강조한다 — 엘리슨의 불가시성과 구분하기 위해, 이것을 기만(camouflage)이라고 부를 것이다. 여기서 기본 개념은 백인지상주의하에서의 백인성은 사회적 지형위의 한 특권적 위치로서 중심성의 특권을 가진다. 그것은 다른 모든 것이 그 주위를 공전하는, 세계의 나머지 부분들이 그것의 편의와 혜택을 위해 설정되는 중심이다. 이는 백인성이 정상적인 것이 됨을 의미하며, 때로는 정상적인 것들은 눈에 띄지 않고 아무런 주석도 없이 지나칠 수 있다.

이러한 평균의 불가시성의 기본 개념을 실례를 들어 설명하는 것은 매우 손쉬운 일이다: 그저 당신 자신이 평균에 해당하는 어떤 영역을 생각해보라, 그리고 어떻게 당신이 그 영역 안에서 아무 생각 없이 돌아다닐 수 있는지를 생각해보라, 그런 다음 평균이나 정상이 아닌 사람이 걸어야 할 추가적인 길이에 대해 생각해보라. 평균적인 성인들을 위한 크기로 만들어진 세상에서, 어린이들은 나에게는 딱 적당한 카운터를 힐끗 쳐다보기 위해 발끝으로 서고, 그들의 발은 그들이 기어 올라간 의자에서 대롱대롱 흔들린다; 하지만 내가 만약 초등학교 1학년생 교실을 방문한다면, 학생들에게 딱 맞는 것처럼 보이는 책상들이, 특히 내가 그중 하나에 억지로 나를 집어넣어 보려고 시도할 때, 놀라울 정도로 작게 보일 것이다.

문학 속에는 인종적 형태의 이러한 평균의 기만과 관련된 무수한 사례들이 있다. 단지 미국 작가들이 그들의 공상적 세계에서의 사건들을 기술해온 온갖 경우들을 생각해보라. 그저 갑작스레 진행속도를 바꾸고 장면 속에 들어오는 외로운 니그로나 동양인의 존재를 알리기 위해, 특색이 없는 수십 명의 남자들과 여자들을 낱낱이 열거한다. 여기 워커 퍼시로부터의 사례가 있다. 그에게 인종적 의미들은 우연한 것이 아니다. 화자는 1960년대의 루이지애나에서 시작되는 퍼시의 소설《영화팬》의 주인공이자 내레이터인 빙스 볼링이다.

> 버스는 쇼핑하는 사람들로 붐비고, 거의 모두 여자들이다. 창문에 김이 서려 있다. 나는 앞부분의 긴 의자에 앉아있다. 여자들은 내 옆에 앉아있거나 내 앞에 서 있다. 긴 뒷좌석에는 다섯 명의 여자 니그로들이 앉아있는데, 어찌나 검은지 버스 뒷부분 전체가 어두워진 것처럼 보인다. 바로 내 곁의 첫 번째 가로 의자에 정말 잘생긴 소녀가 앉아있다. >25

빙스는 결코 그의 옆과 앞에 있는 여자들의 인종적 신원을 밝히지 않는다. 계속해서 그는 그 잘생긴 소녀의 여러 장점들에 대해 장황하게 기술하면서도 결코 그녀의 인종을 명백하게 언급하지 않는다. 물론 그는 어느 경우든 우리에게 말할 필요가 없다. (짐작해보자: "바로 내 옆에 정말 잘생긴 소녀가 있다." 그녀의 인종을 말하는 것은 충분히 쉬운 일이며, 이제 충분히 당연한 것이다; 하지만 늙은 빙스에

>25 Walker Percy, *The Moviegoer* (New York: Bard Books - Avon, 1982), p. 17.

게는 완전히 명백한 것이다.) 특히 1964년의 민권법 이전에 남부에서 여자들과 소녀들이 버스의 앞자리에 앉아있다면, 그들은 백인이다. 비백인 여자들은 흑인이거나 동양인이거나 누구든 상관없다. 내가 이것을 지적하는 것은 퍼시나 빙스를 비판하기 위해서가 아니다; 그리고 이러한 기만이 항상 일어난다고 시사하려는 것도 아니다. 요점은 단지 예전보다는 덜하지만 이러한 기만이 어느 정도 규칙적으로 일어난다는 것이며, 그리고 그것이 일어날 때, 그것은 우리가 백인들의 백인성을 보이지 않게 만듦으로써 백인지상주의하에서의 백인들의 중심성을 나타내는 방식을 지적한다는 것이다. 좀 더 아이러니한 방법을 사용하지 않고 이와 같은 문장들을 재현하는, 명성 있는 현대 작가를 구하기는 어려울 것이다. 하지만 다른 온갖 종류의 사례들이 있다. 나는 두 가지로 국한할 것이다. 우리는 여전히 할리우드 영화 속의 사소한 인물들을 이렇게 기술할 수 있다: "배관공 … 은행원 … 여자친구 … 그리고 흑인 사내가 있었다." 그리고 우리는 여전히 "민족요리"(ethnic food) 조달자들의 정체성을 밝히는 레스토랑 목록들을 발견할 수 있는데, 여기서 민족요리란 주류 — 즉, 백인 — 에스타도우니덴스들이 낯설거나 이국적이거나 아니면 어떤 정체성의 표식들에 의해 구별된다고 여기는 음식들을 뜻하게 되어있다. (민족요리가 아닌 것이 어디 있는가? 햄버거? 델리 샌드위치? 애플파이와 아이스크림?)

미국의 인종적 말 속에 있는 전형적 흑백 이항대립론에 대한 논의를 상기한다면, 세 번째 형태의 불가시성이 초점에 들어올 것이다. 예를 들어 뉴스에서 인종에 대해 듣거나 읽을 때, 우리는 보통 흑인들과 백인들 사이의 어떤 충돌에 대한 이야기를 듣는다는 것은 여전히 사실이다. 이것의 일반적 효과는 아시아계 미국인·아메리카 원주민·라티노·라티나·아랍인·남아시아인과 그 외의 많은 사람들을 미국의 인종적 혼합체로부터 제거하고, 그들을 일종의 은폐상태(concealment)에 남겨둔다. 우리가 본 것처럼, 흑인도 백인도 아닌 사람들의 불가시성과 은폐상태에는 여러 이유들이 있다; 가장 좋은 이유들은 흑백 역학이 미국 역사의 인종 드라마에서 특별하게 중심적이었던 면들을 지적하고 있다. 그러나 그 드라마는 확실히 내가 자라는 동안 그렇게 생각하도록 길들여진 만큼 굉장히 중심적인 것은 아니다. 인종에 대해 단지 흑과 백으로 말하는 것은 우리로 하여금 모든 인종의 사람들 사이의 오랜 합작과 협력의 역사를, 점점 냉소적이고 인색해져가는 시대에 고무적이고 격려가 될 수도 있는 역사를 간과하도록 조장한다.

4.5.3 존재로부터 존재론으로

흑백 역학은 광범위하게 적용할 수 있는 구조적 역학이라는 그 역할 때문에 유일무이한 것처럼 보일 수도 있다. 하나의 구조적 역학을 말하면서, 나는 탈구조주의자들(post-structuralist)이 이항대립이라고 일컬었을 수도 있는 성질의 것을 뜻한다: 어떤 영역에 대한 우리의 사고의 형체를 이루면서, 한 쪽이 다른 쪽보다 더 높은 가치를 가지게 되는, 근본적이고 비대칭적인 이분법을 뜻한다. 여러분도 알다시피: 남-여, 명-암, 자연-문화, 종교-과학 등등을 뜻한다.

이러한 종류의 흑백 대립은 백인지상주의라는 개념적 공간의 골격을 형성하는 것처럼 보이며, 여러 면에서 내가 이 책에 반복적으로 부과해온 지리적·정치적 경계들의 한참 바깥으로 우리를 데려간다. 흑백 분할은 오스트레일리아에서 중심적이며, 거기서 흑인들은 아프리카인의 후손들이 아닌 (어쨌든 나머지 인류보다는 결코 많지 않은)

토착민들이다. 그 분할은 또한 영국에서도 중심적이며, 거기서 아시아인 개체군은 대체로 남아시아에서 — 방글라데시, 파키스탄, 인도 등에서 — 왔으며, 이 사람들은 흔히 흑인이라고 간주되고 그렇게 (혹은 어떤 일상회화 상당어구로) 불린다. 그리고 흑백 분할은 서양의 제도들 및 이데올로기들과 연결된, 내가 지금껏 백인지상주의라 일컬어 온 것의 경계선들을 넘어서기도 한다. 우리가 주목한 것처럼, 인도의 카스트 제도는 보다 검은 색의 피부가 낮은 카스트 배경을 표시하면서 어느 정도 인종화된 것처럼 보인다; 그리고 자녀와 잠재적 배우자의 경우에 보다 밝은 색의 피부가 높이 평가되는 라틴아메리카에서 발견한 것과 무척 흡사하게, 적어도 힌두인 개체군에는 모종의 피부색 선입견이 있는 것처럼 보인다.

여기서 흑인의 상황과 관련하여, 사회 조직의 일부 양식들의 밑바탕에 다양한 형태로 굳건하게 세워진 패턴을 발견한다. 이 패턴은 루이스 고든이나 린다 알코프와 같은 분석가들로 하여금 흑인성과 같은 개념들을 기초적인 존재론적 입장들로서 탐구하게끔 고무한다. 이를 이해하려면, 존재론이라는 개념을 우리가 지금까지 생각해온 것과는 다른 의미로 받아들여야 한다. 지금까지 우리는 그 낱말을 분석철학자들의 방식으로, 즉 사람들이 기꺼이 실재적이라고 간주하는 존재자들의 집합을 나타내기 위해 사용해왔다. 철학자 마르틴 하이데거로부터 유래한 새로운 의미의 존재론은 우리가 자기해석적인 존재자들로 받아들이는 이해가능성의 양태들과 관계가 있다: 그것은 인간의 존재방식에 대한 기초적인 해석이다. (그리고 우리가 이전에 행하고 있었던 것은 존재론이 아니라 존재적인 것에 대한 탐구가 된다; 허나 이것은 중요하지 않다. 왜냐하면 우리는 어느 용어든 그다지 오랫동안 다룰 필요가 없기 때문이다.)

이 새로운 의미의 "존재론"에서, 우리는 우리의 색깔로 코드화된 인종관들이 기초적인 존재론적 입장들을 표현한다고 말할 수 있다. 백인성이 그러하듯이, 흑인성은 하나의 존재방식이다; 그리고 그것들은 서양의 사회생활뿐만 아니라, 방금 본 것처럼 그 외의 더 많은 것들을 규정하는 인종적 입장들의 장(場)의 골격을 구성하는 존재방식들이다. 이러한 정신에서 리처드 로드리게즈(《갈색인》의 저자)이나 리처드 다이어(《백인》의 저자)와 같은 저자들은 어떤 인종적 입장이 표상하는 존재양태를 상세히 설명하는 책들을 저술했다.>26

반흑인 감정의 — 이것의 한 지당한 부분집합인 반아프리카인 감정과 대조적으로 — 광범위한 전개는 일부 사람들에게 기본적인 심리적 메커니즘들이 작용하고 있음을 암시한다. 그 의견에 따르면, 우리 인간들은 우리로 하여금 검은 피부를 가진 사람들에게 나쁜 편견을 가지게 하는 방식으로 진화해온 지각적 메커니즘들을 부여받는다. 이것은 경험적인 주장이며, 나는 과학자들이 그것을 철저히 논하게 내버려둘 것이다. 그러나 나의 견해로는, 만약 실제로 그렇듯이 인류의 꽤 큰 덩어리가 검은 피부를 가지고 있다면, 이 메커니즘은 진화론적 혹은 인지주의적 설명이 원하는 것보다는 훨씬 더 지엽적일 것이며, 훨씬 덜 깊이 엮여있을 것이다. 그리고 어느 경우든 그 메커니즘은 대부분의 인간 성향들과 마찬가지로 극히 인위적인 경향일 것이다. 이는 우리는 아직도 인종차별주의와 배척의 사회적 원인들에 우리의 자원을 집중시키는 편이 더 나을 것임을 뜻한다.

>26 Richard Dyer, *White* (New York: Verso, 1997); Richard Rodriguez, *Brown: The Last Discovery of America* (New York: Penguin, 2003).

4.6 결론

이 책의 두 부분들은 상당히 다른 목적들을 가지고 있다. 제1부는 확장된 추상적 반성, 즉 한 형태의 비판적 인종이론의 철학적 내용을 설명하려는 시도로서, 대체로 분석철학의 언어로 수행되었다. 그것이 제1부가 인종적 사고의 의미에 대한, 인종적 담론의 윤리학적·개념적·사회 역사적 맥락들에 대한, 그리고 인종적 말을 심각하게 생각함에 따르는 형이상학적·인식론적 함축들에 대한 장들로 구성되어 있는 이유다.

이제 우리는 제2부의 중간에 있고, 여기서 뭔가 다른 일이 일어나야한다. 이 장은 상당히 추상적인 상태로 남았지만, 일반적으로 인종에 대한 대중적이고 예술적인 다룸을 고무하는 쟁점들에 대한 논의를 시작했다: 이중의식과 정체성에 대한 쟁점들, 불가시성과 체화의 쟁점들, 경험과 간극성(間隙性)>27의 쟁점들, 그리고 시작부분에서는 윤리학의 쟁점들에 대한 논의로 출발했다. 다음 장은 이러한 움직임을 이어갈 것이며, 인종화된 미국의 사회적 배경에서 일어났던 구체적 쟁점들 중의 몇몇을 다룰 것이다.

이 장은 또한 덜 분석적인 언어를 채택했으며, 다른 철학적 자원들에 접촉하려했다. 만약 분석철학-대륙철학-실용주의철학(pragmatism)의 분립이 당신에게 아무런 의미가 없다 해도 상관없다. 여기서 그 세부내용이 결정적인 것은 아니다. 그저 멀리서 변화들이 있다는 사실만 알기를 바란다. 제1부는 상식적 직관들, 어법들, 관행

>27 역자주] 앞에서 사용한 "틈새"에 대한 한자식 표현으로 "간극"을 사용했다.

들을 풀어놓고, "인종"에 대한 수정적 형이상학이나 정확한 정의를 제공하려고 시도했다. 이 장은 인종화된 실존의 양태의 경험적인 역학들 중의 일부를 밝힘으로서 제2부를 꺼냈다. 다음의 마지막 장은 인종화된 실존의 양태의 정치적 역학들 중의 일부를 밝히기 위해 다시 한 번 자리를 이동할 것이다. 그리고 거기서 선호되는 표현방식은 비판으로서의 철학이라는 존 듀이의 사상을 본받을 것이다.

제5장

피부색 문제

제이제이: "보이드, 너는 내가 색맹이 돼야한다고 생각하니?"

보이드: "너에게 그런 선택이 있어? 너는 언제 빨간 신호등이 바뀌는지를 말할 수 있거나 없거나 둘 중의 하나일 뿐이잖아."

제이제이: "내가 말하는 색맹은 내가 파란색 양말과 빨간색 양말을 구분할 수 있는지와 같은 게 아니야. 내가 말하는 색맹은 '사람들을 그들의 피부색이 아니라 인격의 내용으로 판단하라'는 킹 박사>1의 말과 같은 거야. 내가 말하는 색맹은 내가 잉가와 심각해져야 하는가와 같은 거란 말이지."

보이드: "잉가?"

제이제이: "너도 알잖아, 잉가말야. 우리 사귀고 있었어. 영화도 보러가고 이것저것 했지. 내 생각에 나는 그녀를 정말 좋아해. 그리고 내가 알기론 그녀도 나를 좋아해."

보이드: "어떻게 그녀가 너를 안 좋아하겠냐? 그런데 뭐가 문젠데?"

제이제이: "문제는 그녀의 이름이 잉가라는 거야. 좀 이해하려고 해봐, 그녀는 스웨덴 사람이라니까. 너는 내가 푸른 눈에 스웨덴 출신의 금발머리를 내 사랑하는 늙은 어머니와 아버지 셈플에게 보여주러 집에 데려간다고 상상할 수 있겠어? 나는 집에서 쫓겨날지도 몰

라. 그녀의 부모를 만나는 것에 대해서는 아직 생각도 못해봤어. 그리고 설령 그들이 괜찮다고 해도, 난 확신이 서지 않아. 내 말은 킹 박사의 원칙이 중요하고 대단하긴 하지만, 그것도 한계가 있다는 뜻이야. 이렇게 아름다운 자매들이 이쪽에 있는데, 나는 백인 여성에게 구혼을 한다라? 어쩐지 내가 그녀들을 실망시킨 것처럼, 말하자면 그녀들이 나에게 어떤 의무를 부여한 것처럼 느껴왔거든. 게다가 잉가와 나는 절대 외출할 수 없을 거야. 백인 여성들과 교제하는 형제들을 봤을 때, 자매들이 어떻게 변하는지는 너도 알잖아. 나는 평생 위협을 당할걸."

보이드: "평소처럼 너는 지나치게 과장하는구나. 내가 생각하기에, 사람들은 더 이상 인종혼합의 관계에 신경 쓰지 않아. 게다가 언제부터 네가 다른 사람들이 너에 대해 어떻게 생각하는지를 신경 썼냐? 문제가 너한테 있는 것이 아니라고 확신해?"

제이제이: "너 그게 무슨 뜻이냐?"

보이드: "나는 네가 '인격의 내용' 이라는 것을 진심으로 믿지 않는다고 생각한다. 지금까지 나는 확실히 그 어떤 증거도 발견하지 못했어. 지난주 네가 버스에서 일으킨 그 예사롭지 않은 작은 사건을 기억하니?"

제이제이: "흐음, 무슨 예사롭지 않은 사건?"

보이드: "너도 기억하잖아. 너는 49번 버스를 타고 있었고, 터번을 쓴 남자가 버스에 올라탔지. 너는 그가 예를 들어 시크교도가 아니라 아랍인이라고 단정했을 뿐만 아니라, 그가 아랍 테러리스트이고 다른 사람도 아닌 바로 너를 죽이기 위해 다른 장소도 아닌 바로 거기에 와 있는 거라고 단정했잖아. 자살폭탄을 가지고 네가 탄 버스를 날려버리기 위해. 그런 다음 네가 어떻게 했지?"

제이제이: "나는 이성을 가진 어떤 사람이라도 했을법한 행동을 했을 뿐이야. 다음 정거장에서 내렸지."

보이드: "흐음."

제이제이: "그런 식으로 나를 쳐다보지 마. 너 같으면 누군가 버스를 날려버렸다는 말을 듣고 나서 아랍인을 머릿속에 떠올리지 않겠어?"

보이드: "이 점에서 나는 티모시 맥베이[>2]를 머릿속에 떠올릴 거야. 만약 내가 너한테 누군가 나를 강탈했다고 말한다면, 너 같으면 흑인 남성을 머릿속에 떠올리겠니?"

제이제이: "제기랄, 그래. 나는 평생 이 동네에서 살았어. 그리고 나는 이 니그로들이 어떻게 행동하는지도 알아. 쓸데없이 정치적으로 옳게 말하려고 낭비하기에는 내 인생은 너무 소중하거든."

보이드: "이것이 나의 요점이야. 너는 피부색 무차별을 믿지 않아."

제이제이: "이봐, 그건 달라. 앞에서 우리는 사랑과 이것저것에 대해 이야기하고 있었어. 그런데 지금은 우리는 삶과 죽음에 대해 이야기하고 있어. 그리고 그곳이 바로 킹 박사의 원칙이 적용되지 않는 곳이지. 이제 우리는 '우선 살아남고 질문은 나중에 하라' 는 셈플의 원칙의 영역에 있는 거야."

보이드: "그런데 그것이 인종 프로파일링을 정당화하니?"

제이제이: "누가 프로파일링을 한다고 그래? 나는 총이나 경찰배지도 없고, 형제들을 쏘거나 체포한 적도 없어. 게다가 나는 터번을 쓴 모든 사람을 체포해서 감금한 것도 아니야. 나는 그저 버스에서 내렸을 뿐이야."

보이드: "좋다. 그렇다면 차별수정조치는 어때? 그것은 삶이나 죽음에 관련된 문제도 아니고, 그것은 킹 박사의 원칙을 위반하지. 그

리고 여하튼 너는 그 조치를 지지하잖아."

제이제이: "어떻게 차별수정조치가 삶과 죽음에 관련된 것이 아니라고 말할 수 있어? 언제부터 일자리와 학교교육이 삶과 죽음의 문제가 아닌 것이 되었니? 차별수정조치는 네가 어떻게 식탁에 음식을 올려놓을지, 머리위에 지붕을 올려놓을지에 관련된 것이다. 이봐, 그것이 삶과 죽음이야. 그래서 셈플의 원칙이 효력을 발휘하지, 그것은 더할 나위 없이 좋은 거지."

보이드: "여기서 공평성에 대한 물음들은 전혀 없는 거니? 내 말은, 그들 중 몇몇 사람이 저지른 일 때문에 모든 남아시아인들과 아랍인들을 비난하는 것이 공평한 거니? 차별수정조치에 대해서도 마찬가지야. 이봐, 제이제이. 너 지금 뭘 찾고 있니?"

제이제이: "미안해. 잉가하고 여기서 만나기로 했거든. 나는 문에서 눈을 떼지 않으려고 노력중이야. 너도 알다시피, 나는 그 여자를 정말 좋아해."

(제이제이는 사랑에 빠진 남자의 얼빠진 눈을 하고 있었다. 나는 오늘 우리의 논쟁이 거기서 끝이라는 것을 알았다.)

보이드: "그래서 너는 그녀에게 어떻게 할 생각이냐?"

제이제이: "뭐랄까. 만약 그녀가 내가 BET를 시청하는 동안 말을 시키지 않는다면, 그녀가 바로 내 여자다."

>1 역자주] 여기서 "킹 박사"는 침례교 목사이며 흑인의 비폭력저항운동 지도자이며 노벨평화상 수상자인 마틴 루터 킹(Martin Luther King Jr.: 1929-1968)을 지칭한다. 그는 보스턴대학교에서 철학박사 학위를 받았다. 그런 연유인지 이 책의 저자는 계속 킹 박사라고 일컫는다.

>2 역자주] 티모시 맥베이(Timothy McVeigh: 1968-2001)는 1995년 4월 19일 미국 오클라호마 시의 연방정부 건물을 폭파한 테러리스트로서 아일랜드계 백인이다. 이 폭발사건으로 인해 168명이 죽었고 수백 명이 다쳤다. 1997년에 사형이 언도되었고, 2001년에 집행되었다.

5.1 서론

제이제이가 차별수정조치와 인종 프로파일링이 모두 허용할만한 정책들이라고 선언할 때, 그는 옳은 것일까? 피부색 무차별의 이상에 타산적 한계들, 혹은 어떤 종류든 한계를 둔다는데 있어서 그는 옳은 것일까? 그리고 정말 그에게 같은 인종의 여성들과만 데이트를 해야 할 의무가 있는 것일까?

이와 같은 윤리적 물음들은 인종에 대한 철학적 서론의 일부여야 한다. 왜냐하면 이 물음들은 인종을 논란의 여지가 있는 주제로, 즉 때때로 철학이 열망하는 명확성을 향해 밀어붙일 만한 가치가 있는 주제로 만드는 물음들이기 때문이다. 인종 형성의 과정은 증오성 발언에 제한들을 두는 것이 적절한지로부터 새로운 전쟁 기술들과 새로운 전 세계적 이주의 패턴들 속에서 정체성 정치의 역할에 이르기까지 수많은 윤리적 논란들을 산출하거나 함축하고 있다. 이 쟁점들 가운데 어느 것이든 그것에 합당한 주의를 기울여 해결하는 것은 이 보잘 것 없는 책의 의도를 크게 뛰어넘는 것을 요구할 것이다. 그래서 나는 두 가지의 친숙하면서 바라건대 대표적이라 할 수 있는 쟁점들을 단순히 소개함에 있어서 다소 덜 조심스러울 것이다: 그 두 가지 쟁점들은 혼인선택과 차별수정조치이다. 이 쟁점들은 공동으로 다소 사적인 영역과 다소 공적인 영역 모두에서 미국 인종주의의 윤리를 관찰할 기회를 제공할 것이다.

이 대표적인 논란들이 공동으로 우리가 "피부색 문제"라고 일컬을 수 있는 문제를 정의한다. 그것을 이렇게 일컬을 수 있는 것은 단지 우리가 "피부색"을 "근대 인종"의 환유어로 사용하는 습관을 가지고 있기 때문일 뿐만 아니라, 피부색 무차별의 규범이 우리의 윤리적 숙고에서 중심적 위치를 차지하게 되었기 때문이다. 대부분 사람들은 인종이 중요한 고려사항이 아닌 영역들이 있으며, 이 영역들에서 우리는 킹 박사와 제이제이가 추천하는 원칙에 따라 행동해야 한다는데 동의한다: 피부색이 아니라 인격에; 인종이 아니라 개인에 초점을 맞춰야 한다는데 동의한다. 그런데 불행하게도 킹 박사의 원칙의 영역이 얼마나 넓은지에 대해서, 그리고 피부색 의식(color consciousness)이라는 대항적 규범에는 얼마만큼의 윤리적 공간이 가용한지에 대해서는 매우 덜 일치하고 있다. 이러한 의견불일치에 비추어볼 때, 그리고 킹 박사에게도 피부색 무차별은 직접적이고 절대적인 적용규칙이라기보다는 하나의 이상이었을 뿐이라는 사실에 비추어볼 때, 우리는 **'다른 조건이 같다면'** 이란 조건부 항목을 덧붙여야 한다: **다른 조건이 같다면**, 우리는 피부색보다는 인격에 초점을 맞춰야 한다. 이제 피부색 무차별의 의무를 해석하여, 언제 다른 조건이 같은지를 말할 방법을 알아내는 것이 우리의 책임이다.

따라서 피부색 문제를 제기하는 것은 다음과 같은 물음들에 응하는 것이다: 우리는 부, 채용기회, 관계자본과 같은 사회적 선들을 분배하는데 있어서 인종에 호소해야 하는가? 의식적 선택을 통해서든, 제도적 관성을 통해서든, 무의식적 편견을 통해서든, 우리가 이미 어떤 선을 인종 경계선들에 따라 분배하고 있다면, 이러한 패턴은 허용가능한 것인가, 아니면 윤리적으로 문제시되는 것인가? 인종적 사고는 사회적 결속을 굳힘에 있어서, 즉 알맞은 공동체들과 만족스런 관계들을 형성하려는 우리의 시도에서 어떤 역할을 수행할 수 있는가? 그리고 무엇보다도: 피부색 무차별은 무엇을 뜻하는가? 다음에 나오는 이야기에서 나는 이 물음들이 특히 절박하게 다가오는 두 영역들을 탐구할 것이다.

5.2 피부색과 "구애": 잡혼의 윤리학

우리가 제3장에서 본 통계들은 다음을 명백하게 밝힌다: 제이제이가 "구애"라고 일컬은 것에 — 혹은 궁극적으로 결혼에 — 이르렀을 때, 우리는 단호하게 피부색을 의식한다. 여러분도 그 상황을 기억할 것이다: 각 인종의 구성원들은 외부인과 결혼하는 것 보다는 훨씬 더 흔하게 그들의 인종 내에서 결혼한다. 말하자면 동종결혼이 규칙이다. 그리고 비백인들이 자기 인종 외부의 사람과 결혼할 경우, 바꿔 말하면 이종결혼을 할 경우, 그들이 어떤 다른 비백인 인종과 결혼하는 것 보다 훨씬 더 흔하게 — 1990년의 기준으로 30배나 더 흔하게 — 백인과 결혼한다. 말하자면, 백인의 정체성은 중대한 관계자본을 동반하는 것처럼 보인다.

나는 이러한 결혼 패턴들을 내가 "혼인세계(婚姻世界)"라고 칭할 더욱 넓은 영역을 관찰할 기회로 이용하려 한다. 이 세계는 에로티시즘, 로맨스, 성교, 성적 매력, 육체적 아름다움, 가정생활, 출산 등을 비롯하여, 종종 결혼에 이르는 인간 경험의 요소들을 포함한다. 여러 이유로 결혼 통계는 이러한 것들에 대한 우리의 태도의 완벽한 지표는 아니다. 서로에게 전념하는 모든 커플들이 결혼하게 되지는 않는다. 특히 그들 모두가 법적으로 결혼할 수 있는 것은 아니기 때문이다. (여기서 나는 국가가 이성애를 강요하는 것에 대해 생각하고 있다; 예를 들어 이미 배우자가 있는 경우나 어린이와 사랑이든 뭐든 하는 경우처럼, 옹호할 수 있는 어떤 다른 법적 장애를 생각하고 있는 것이 아니다.) 또한 결혼한 모든 사람들이 그 상태로 머물러 있지는 않는다. 그리고 사람들은 서로 다른 이유로 결혼하게 되며, 그들 가운데 오직 일부만이 사랑이나 성적 매력에 관련되어 있다. 여전히 동종결혼과 이종결혼의 패턴들은 어떻게 인종이 우리의 심층적인 삶에 영향을 미치는가에 대해 약간의 인식을 제공한다. (1967년 다른 인종간의 결혼을 금지하는 주의 법률들이 위헌이라고 판결된 이후 다른 인종간의 결혼이 꾸준히 늘어난다는 사실에서 우리가 관찰할 수 있는 것처럼, 인종의 영향은 감소하고 있다. 그러나 만약 바로 1990년에 이를 때까지 백인의 97퍼센트가 백인과 결혼했다면, 동종결혼 규칙은 그것이 우리에게 미치는 영향력의 상당 부분을 아직 잃지 않았다.)

확실히 동종결혼의 패턴들은 다른 인종간의 결혼의 추구를 꺼려하는 모든 사람들이 피부색 의식에 의해 직접적으로 움직여짐을 뜻하지는 않는다. 의식적으로 적용된 개인적 선호들은 아니지만 어떤 역할을 담당할 수도 있는, 적어도 세 가지의 요소들이 있다. 첫째는 확실히 인종적 사고가 무의식적인 단계에서 우리의 관념·선호·선택을 구체화하는 방식이다. 진심으로 자신은 인종적 편견으로부터 자유롭다고 믿는 사람도 단지 자신이 타인종 사람들을 매력적이라고 생각하지 않는다는 사실을 발견할 수도 있다 — **그들이 잘못된 것은 아무것도 없다, 그들에게 아무런 반감도 없다, 그들이 행복하길 바란다,** 라는 식으로 그는 말한다. 그러나 이러한 심미적 판단은 인종화된 환경 속에서 그의 선호들을 길러준 공동체에 대한 그의 경험에 의해서, 혹은 만약 그가 백인이라면, 예를 들어 '검은 것이 아름다울 수 있다'와 같은 사고방식을 여전히 시험해보고 있는 사회에서의 그의 경험에 의해서 (이것이 60년대 운동가들이 그 주장을 그렇게 큰 소리로 외쳐댔던 이유다) 형성된다고 하는 것이 당연하다. 우리는 이 문제로 되돌아올 것이다.

두 번째 요소는 다른 여러 것들에서와 마찬가지로 혼인 관계의 문제들에서 우리는 가족이나 친구, 혹은 그 사람의 의견이 우리에게 중요한 어떤 사람으로부터 나오는 사회적 압력에 굴복할 수 있다는 사실이다. 만약 우리가 승인을 얻고자 열망하는 사람들이 어떤 일정한 종류의 관계에 대해 눈살을 찌푸릴 가능성이 있다면, 그만큼 우리가 그 관계에 들어갈 가능성은 적어진다. 만약 우리들 가운데 1964년(혹은 그 즈음) 이전에 태어난 사람들이 널리 공식적으로 고전적 인종주의에 의해 규정된 세계에서 그들의 삶의 일부를 보냈다고 한다면, 혼인가능하다고 생각되는 나이에 있거나 그 나이에 접어드는 사람들 중에 얼마나 많은 사람들이 다른 인종간의 결혼이라는 생각에 대해 어느 정도 불편해 할 부모나 조부모를 가지고 있는가? (여기 이 물음에 답하는데 약간 도움이 될 만한 자료가 있다: 앨라배마 주는 2000년에 이르러서야 반잡혼법을 법전에서 제거하는데 찬성하게 만들었다. 그 집행 가능하지 않은 법을 폐지하는 투표는 참여 투표자 중 딱 60퍼센트의 찬성을 얻는데 간신히 성공했다. 21세기의 출발점에 앨라배마 투표자들 중의 40퍼센트, 혹은 5분의 2는 다른 인종간의 결혼은 법에 위배되는 것이어야 한다고 믿었다.)

마지막으로, 기회에 대한 고찰들이 있다. 이러한 것들을 연구하는 사회학자들이 결혼시장(marriage market)에 대해서나, 사람들이 잠재적 배우자들을 만나는 환경에 대해서 이야기할 때 우리는 이 고찰들을 발견한다. 미국의 사회생활이 깊은 인종차별적 상태로 남아있는 만큼 상이한 인종들이 상이한 환경에서 일하고 놀고 생활할 때, 결혼시장은 동종결혼 쪽으로 구부러진다. 한 개인은 이 시장에 참여하여, 아름다움과 로맨스에 관련된 어떠한 인종적 전제조건들에 대해 고려하지 않고, 이 시장에 의해 결정된 자신의 혼인을 선택할 수 있다. 계급이나 수입 면에서 자신과 같은 집단에 속한 사람과 데이트를 하거나 비슷한 배경을 가진 어떤 사람을 구하는 것은 매우 흔하게 동종결혼의 선택에 이른다. (여기서 나는 호평을 받은 HBO 텔레비전 시리즈《섹스 인 더 시티》에 대해 생각하지 않을 수 없다. 주요 인물인 네 명의 여자들은 그 프로가 방영되는 동안 수많은 남성들과 연루된다. 그 남성들 중의 극소수만이 백인이나 영국계나 기독교도가 아닌 사람이었다; 그러나 그 여자들은 분명 인종차별주의자들이 아니었다.)

그러나 설령 동종결혼이 이러한 간접적 원인들을 가지고 있다고 해도, 우리는 여전히 인종들을 번식 개체군으로 변질시키는 사회적 조건들을 공공연하게 묵인한다. 우리는 동종결혼이 규칙임을 관찰하며, 그리고 우리는 이 현상에 의해 난처해 하지 않는 것 같다. 구애에 대해 말할 때, 누구도 혹은 거의 아무도 킹 박사의 이상을 불러들이지 않는다. 그러나 왜 그러지 않는가?

우리의 공공연한 피부색 의식과 최근 정치 영역에서 피부색 무차별을 강조하려는 우리의 열망을 비교하는 것은 매혹적이다. 그러나 여하튼 미국에서 한 종교의 승인에 대해 말할 때 정치사회와 시민사회의 차이, 국가와 개인의 (혹은 가족이나 자발적 연합의) 차이가 연관되는 것처럼, 그 차이는 여기서도 연관을 가질 수 있다. 우리는 어떤 경우에 국가가 매우 재빠르게 피부색을 의식하게 되는가라는 물음에 이를 것이다. 당장은 개인윤리의 문제로서 피부색 문제를 묻도록 하자. 어떻게 우리는 혼인의 영역에서 피부색 의식이라는, 다른 점에서는 난처한 이 규범에 대한 우리의 압도적 실행을 정당화할 수 있는가? 여기서 무엇이 그것을 허용 가능하게 만드는가?

나는 어떤 특정한 윤리이론의 — 예컨대 칸트주의나 공리주의의 — 관점에 찬성함이 없이 이 윤리적 물음들을 살펴볼 것이다. 대신에 나는 이 책의 다른 부분에서 가정해왔던 것을 가정할 것이다: 우리는 폭넓은 공통성의 영역을 공유하며, 철학자의 임무는 자신의 안락의자를 떠나지 않고도 자신이 그 공통성을 주장하기에 충분한 표본이라고 가정하는 것이다. 부분적으로 미국과 서양과 근대세계의 사람들을 하나로 묶어주는 공유된 대중문화와 정치문화 때문에, 우리는 윤리적으로 상당히 많은 문제들에 대해 동의하는 경향이 있다. 다음에서 나는 이러한 동의의 영역에서 내가 발견했다고 생각하는 직관들에 의존할 것이다. 제1장에서 말했던 것처럼: 만약 당신은 동의하지 않는다면, 이것을 더 나은 스토리를 말해보라는 하나의 도발로 받아들여라.

5.2.1 동종결혼과 윤리학의 요소들

같은 인종 내에서 데이트를 해야 하는 어떤 의무가 있다는 주장에 있어서, 제이제이는 옳은가? 이 주장을 위해 논하는 상이한 여러 방식들이 있지만, 그것들 중 어느 것도 효과가 없는 것처럼 보인다. 그럼에도 그것들을 살펴봄은 인종이 이 가장 감동적인 인간 경험의 영역과 윤리적 숙고의 프로젝트와 교차하는 방식에 어느 정도 빛을 던져 줄 것이다.

과학적 인종주의의 옹호자는 인종들은 근원적으로 그리고 자연적으로 구별되는 개체군들이며, 이는 인종혼합을 비자연적인 것으로 만들며, 따라서 피부색을 의식하는 동종결혼은 정당화될 뿐만 아니라 의무적이라고 주장할 수도 있다. 그러나 이 논증은 모든 단계에서 실패한다. 인종들은 자연의 산물이 아니라 인간이 고안한 산물이다; 일찍이 관련 맥락에서 듀보이스가 적은 것처럼, 인종들은 순수한 것이 아니라 약 오를 정도로 서로 뒤섞여 있다; 그리고 비자연적인 활동들이 필연적으로 나쁘다는 것은 전혀 당연하지 않다 — 날아다니는 것이나 비아그라를 복용하는 것이나 트윈키[>3]를 먹는 것에 대해 생각해보라.

인종들을 문화집단들이라고 생각하는 누군가는 인종 생물학에 대한 의견들을 불필요한 것으로 만들고 문화적 다원주의의 논증을 전개하려고 선택할 수도 있다. 만약 일반적으로 문화들이 보존될 가치가 있다면, 우리는 이러한 문화들을 존재하도록 영양분을 제공하는 인종들도 보존해야 한다. 그리고 이는 결혼에 관련된 것이든 아니면 다른 것이든 인종적 공동체로부터의 어떠한 성질의 이탈도 차단하는 것을 뜻한다. 그러나 인종들은 문화집단들이 아니다; 게다가 설령 그것들이 문화집단들이라고 해도, 오직 그것들이 산출하는 문화들에만 관심을 갖는 것은 우리들로 하여금, 이 내재적인 가치를 가진 생활방식을 규정하는 관행들을 배우고 그것들에 참여하기 위해, 어떤 피부색을 가졌든 우리가 구할 수 있는 누군가를 고용하게 할 것임에 틀림없다.[>4]

인종들을 정치적 존재자들로 생각하는 어떤 사람은 비슷한 결론을 가진 비슷한 논증을 제기할 수도 있다. 그 논증은 이렇게 나갈 것이다: 예를 들어 우리가 흑인에 대한 억압을 종식하고 싶은 만큼, 우리는 흑인들이 다함께 일어서거나 쓰러지는 상황들을 창출해야 한

>3 역자주] 트윈키(Twinkies)는 미국 호스티스(Hostess)사에서 1930년에 개발한 상당한 역사를 가진 스낵이다. 작고 길쭉한 스펀지케이크 가운데 달달한 하얀 크림이 들어가 있고, 가격이 매우 저렴하여 미국 서민들의 사랑을 받아왔다. 그러나 최근에는 고칼로리·저영양가의 대표적인 정크푸드(junk food)들 중의 하나로 인식되고 있다.

>4 역자주] 인종을 무시하고 문화에만 집중할 경우, 예를 들어 진짜 인디언도 아니고 피부색도 영 다르더라도 인디언 문화와 관습에 대해 어느 정도 알고 있는 사람이라면, 그가 인디언 문화를 사람들에게 가르치고 보존하는 역할로 고용될 가능성도 있다는 뜻이다.

다. 그리고 이는 강한 흑인공동체의 토대를 제공할 강한 흑인가족들의 창출을 뜻한다; 혹은 덜 야심차게 그것은 공동체를 단결시키는데 도움이 되는, 혼인에 의한 결속을 장려한다는 뜻이다. 그러나 이 논증은 흑인들이 흑인지위향상을 위한 운동에 어떤 특별한 접근권리와 연관성을 지녔다고 전제한다. 만약 그러한 가정이 없다면, 어떤 사람은 흑인에 대한 억압을 종식하는 방법은 연합체들을 형성하여 온갖 사람들로부터 가능한 한 많은 지원을 얻어내는 것이라고 결론지을 수도 있다. 그리고 만약 혼인관계가 정치적 결속에 핵심적이라고 생각한다면, 당신은 평등과 윤리적 진보에의 진정한 열쇠는 가능한 한 많은 이종결혼이라고 — 인종혼합 혹은 잡혼이라고 — 논할 수도 있다. 결국 이 견해의 옹호자들이 말해왔던 것처럼, 왜 내가 나 자신의 친척들을 차별하겠는가? 혹은 이러한 고려는 남부 노예소유주들이나 그 후손들에게는 효과적 인상을 주지 못했던 것처럼 보이므로, 이렇게 다시 물을 수 있다: 만약 우리가 모두 똑같은 색조의 갈색인이라면, 어떻게 피부색으로 차별할 수 있겠는가? (이러한 논증은 때때로 인종적 담론에서 다시 수면으로 떠오르는, 아마 가장 최근에는 워런 비티의 《불워스》에서 선명하게 떠올랐다.)>5

지금까지 살펴본 논증들은 동종결혼에 머물러야 할 어떤 의무를 뒷받침하는 데 실패한다. 대체로 그것들은 인종에 대한 미심쩍은 생각들을 전제하기 때문이다. 이러한 실패에 비추어볼 때, 그 논증들은 우리에 대한 다른 어떤 종류의 윤리적 요구도 정당화하지 못 한다.

>5 역자주] 워런 비티(Warren Beatty) 감독·주연의 《불워스》(Bulworth, 1998)에서 백인 상원의원인 제이 빌링튼 불워스(워런 비티 분)는 흔히 흑인의 전유물이라고 여겨지는 힙합과 랩뮤직을 통해 인종주의 문제, 정치가들의 미디어 조작, 기업에 의해 좌우되는 정부 등의 쟁점들을 풍자적으로 다루고 있다.

내가 이렇게 말하는 것은 의무들이 윤리적 영역의 유일한 요소들은 아니기 때문이다. 우리는 우리가 행할 아무런 의무가 없는 일들을 행할 권리를 가지고 있다. 그리고 우리는 그저 우리의 의무를 충족시키는 것 이상을 행함으로써 윤리적 칭찬을 받을 수 있다. 우리의 권리를 행사하는 것은 허용 가능하게 행동하는 것이고, 그리고 의무의 부름을 넘어서는 것은 의무를 초월한 행동에 종사하는 것이다. 지금까지 살펴본 논증들 중의 어느 것도 피부색을 의식하는 동종결혼에 대한 권리를 산출하지 않는다. 왜냐하면 우리는 잘못된 가정에 근거하는 권리를 정당화할 수 없기 때문이다. 당신네 현관에 사는 도깨비의 초대가 나에게 당신 집에 들어갈 권리를 주지 않듯이, 인종 집단들의 자연적인 결속이 인종 윤리학에서의 기준선적인 가정인, 킹 박사의 피부색 무차별의 원칙으로부터 이탈할 권리를 나에게 주는 것은 아니다. 그리고 확실히 인종 집단들은 나로 하여금 그러한 이탈을 칭찬하도록 유도하지 않는다.

또 다른 논증들의 집합은 인종에 대한 미심쩍은 관념들을 필요로 하지 않으며, 의무가 아닌 윤리적 명제들과 관련하여 약간 더 나은 편이다. 아마 이 논증들 중에서 가장 친숙한 것은 하나의 추론적 논증일 것이다. 인종혼합의 관계는 흔히 윤리적으로 문제시된다고 말해진다. 왜냐하면 그것들은 단순히 관련된 사람들의 자기혐오를 드러내기 때문이다. 백인 여성과 결혼한 아시아인 남성은 어떤 인종적 신의(信義)의 의무를 위반한 것은 아니다; 아시아인 여성들이 자신의 가장 유력한 배우자로 정해진 결혼시장에서 벗어날 결심 속에서 그는 아시아인임에 대한 그의 혐오나 싫증, 혹은 아시아인을 멀리하려 함을 드러냈다. 자기혐오라는 공격은, 오직 인종적 신의에 대한 미심쩍은 견해들을 고집할 경우에만, 심리학적 진단과는 전혀 다른, 하나의 윤리적 비난으로서 작용한다. 그러나 그 미심쩍은 견해들과 무관하게, 이 자기혐오라는 시각으로부터 인종혼합의 관계에 빠져든 사람들은 사실 자신들이 인종차별주의자들임을 드러냈다고 말할 수 있다. 동종결혼을 찬성해야 할 의무는 없지만, 어떤 인종에 대한 부정적 판단들을 수반하는 방식으로 동종결혼에 찬성해서는 안 된다는 의무는 있다. 그리고 이렇게 유덕하고 개인적 판단을 피하는 동종결혼은 현재 상황에서는 현실적으로 불가능하다고 사람들은 말할지 모른다. 그러므로 다시 당신 자신에 충실해라.

이 추론적 논증의 한 가지 문제점은 그것이 명확하지 않은 심리적 사실들에 의존한다는 것이다. 어떤 사람이 무언가로부터 달아나는 것인지 다른 어떤 것을 향해 달려가는 것인지는 알기 어렵다; 문제의 어떤 사람이 이것을 탐구하는 사람이라 해도, 때때로 이것을 알기는 여전히 어렵다. 때때로 우리는 이것을 합리적으로 만족할만하게 결정할 수 있다; 그리고 만약 한 사람이 실제로 자신의 인종 구성원들에 대한 혐오에 의해 유도된다면, 그것은 관련된 결혼선택을 인종차별주의적이고 난처한 것으로 만든다. 그러나 정치적 신의와 결속에의 요구로부터 벗어났을 때 (이렇게 보면 그 추론은 더욱 쉬워질 것이다: 문제의 그 개인은 정말로 자신의 추정된 의무들로부터 탈퇴했다), 이 논증은 하나의 경계(警戒)의 요청으로서, 말하자면 인종차별주의의 신호들을 나타내는 우리의 태도들과 동기들을 감시하라는 하나의 충고로서 가장 효과가 있다. 당연히 이 충고는 잠재적 비판들에게 성급하게 판단하거나 결론으로 건너뛰는 것을 피하라는 충고와 결합되어야 한다.

또 다른 접근 방식은, 둘 중의 한 가지 방법으로, 동종결혼을 일종의 전략적 선택으로서 정당화하려 한다. 한 논증은 백인지상주의의 결과로 인해 진행되는 관계자본의 인종화와 더불어 색깔주의의 지속적 영향력을 인정함에 의해 시작된다. 이러한 상황에서 역사적으로 냉대 받아 온 인종의 구성원들 가운데 자기 인종 외부의 사람과 결혼한 사람은 자기 인종의 다른 구성원들에게 합리적으로 가용한 결혼시장을 축소시킨다. 게다가 우리의 결혼시장의 지속적 격리에 비추어볼 때, 그 인종의 나머지 구성원들이 그 "배반자"를 벌충할 누군가를 다른 인종에서 찾을 가능성은 그다지 없다. 이 모두는 특히 사회적 성의 경계선이 불균형하게 분할되어 있거나 분할되어 온, 즉 공급과 수요가 이미 맞물리지 않는 개체군들 사이에서, 잠재적 배반자에게 모종의 요구를 산출하는 것으로 보일 수도 있다. 범죄조직에 있거나 실업상태이거나 그 외의 다른 이유로 "결혼가능하지 않은" 상태에 있을 가능성이 굉장히 높은 아프리카계 미국인 남성들과 아울러, 아프리카계 미국인 여성들에 대해 생각해보자. 혹은 여러 해 동안 아시아계 여성들보다 훨씬 더 많은 숫자로 이민이 허용되었던 아시아계 남성들에 대해 생각해보자.

이 논증은 — "시장결속 논증"이라고 하자 — 동종결혼을 찬성하는 상태로 남아있을 의무를 뒷받침하는데 실패한다는 점에서 다른 모든 논증들과 마찬가지다. 노골적으로 표현해서 만약 목적이 모든 사람에게 배우자를 찾아주는 것이라면, 진정한 해결책은 관계자본을 비인종화하고 결혼시장을 자유화하는 것을 수반한다. 전략적 동종결혼이든 이타적 동종결혼이든, 그 무엇일지라도 뒤틀린 결혼시장의 문제에 대한 일시적 해결책일 뿐이며, 사랑이든 뭐든 그 심히 포착하기 어렵고 예측할 수 없는 선들을 추구하는 개인들을 과도하게 구속하는 것처럼 보이는 해결책이다.

전략적 동종결혼에 대한 두 번째 논증에 — 이 논증을 "위험회피 논증"이라 하자 — 대해서도 같은 반응을 보낼 수 있다. 이 논증에서 우리는 다른 인종의 부부들과 그들이 낳을지도 모르는 자녀들이 여전히 겪을 어려움들을 지적하는데 의존한다. 물론, 이 어려움들은 실재적인 것이다. 여전히 증오성 범죄들이 우리 사회를 괴롭히고 있으며, 일부 백인지상주의적 집단들은 인종혼합의 커플들을 표적으로 삼아 괴롭히는 데에서 특별한 희열을 느낀다; 게다가 혼혈 인종의 개인들은 흔히 상당한 심리적 희생을 치루면서 몇 배로 따돌림을 당하는 자신을 발견한다. 그러나 만약 앨라배마 투표자들의 40 퍼센트를 집행 불가능한 반잡혼법의 폐지에 저항하도록 만든 인종혼합에 대한 적의에 대해서, 혹은 혼혈 인종 어린이들이 한 방울 규칙에 의해 규정된 사회세계에서 직면할 차별에 대해 걱정한다면, 사람들은 진정한 해결책은 적의와 차별의 세력들과 맞서 싸우는 것이지 그것들에게 지고 들어가는 것이 아니라고 말할 수도 있다. 혼혈 인종 정체성 운동에 참여하는 사람들은 바로 이러한 논증을 내세운다.

당연히 우리는 정의를 위해 싸워야 한다고 요구함으로써 시장결속 논증과 위험회피 논증에 대응하는 것은 시장에 의해 영향을 받으며 위험들을 직면하고 있는 당사자들에게는 별다른 위안을 주지 못한다. 자신들의 차별된 결혼시장에서는 퇴짜를 당한다고 느끼고 위험을 무릅쓰고 감히 외부로 나갔을 때에도 그다지 행운이 따르지 않은 (위의 사례들로부터 벗어나서) 흑인 여성들과 아시아인 남성들은 관계자본의 인종화를 파괴하기 위한 장기적 프로젝트들로부터 자신들은 어떠한 직접적 혜택도 얻지 못할 것이라고 정당하게 이의를 제기할 수 있다. 그리고 건강한 자녀들을 안전하게 기르고 싶은 사람은 자신이 혼혈 인종의 어린이들과 가족들이 직면하는 현재의 잠재적 해악을 무시해야 한다는 제안에 대해 갑자기 주저할 수도 있다.

이 장기적 해결책들과 이 절박한 현재적 요구들 사이의 간격은 의무에 대한, 즉 사람들이 어쩔 수 없이 행해야하는 행동들에 대한 우리의 공론을 초월하여, 더욱 예리하게 구분된 윤리적 범주들로 우리를 데려갈 수도 있다. 자녀들을 원하지만, 인종을 의식하는 사회 속에서 (분명하게) 섞여서 커가야 하는 그 이례적인 어려움들에 자녀들이 노출되기를 원하지 않음을 아는 까닭에, 인종혼합의 관계를 추구하지 않으려는 사람을 생각해보자. 마치 그 행위자는 적어도 이러한 경우에는 피부색을 의식할 권리를 가진 것처럼, 이는 비난할만한 선택이 아닌 것처럼 보인다. 이와 비슷하게, 역사적으로 종속적인 인종 개체군의 한 구성원인 한 개인을 살펴보자. 이 사람은 자신이 인종혼합의 관계에 응할 수 있는 상태에 있기를 거부하는데, 왜냐하면 이 사람은 자신이 다른 식으로 행동하는 것은 얼마나 미약하든 자기 인종의 다른 사람들에게 부정적 영향을 미칠 것을 알고 있기 때문이다. 이러한 동종결혼의 경로는, 설령 그것이 어떠한 의무도 낳지 않는다 해도, 막연하게나마 칭찬할 만한 것처럼 보인다. 아마 여기서 의무의 초월(supererogation), 즉 의무의 요청 위에 있거나 넘어서는 행동들을 향한 좁은 창구를 발견할 것이다. 설령 우리가 자원봉사자의 자격으로 노숙자보호소에서 봉사할 의무는 전혀 없음을 인식한다 해도, 우리는 그렇게 봉사하는 사람들을 칭찬한다. 그리고 아마도 그러한 의무가 없기 때문에 칭찬하는 것이다. 만약 다른 인종을 증오하거나 그들에게 부정적 태도를 품고 있기 때문도 아니고, 자신이 어떤 의무를 가지고 있다고 생각하기 때문도 아니지만, 자신과 함께 종속적인 인종적 지위를 공유하는 다른 사람들 중의 몇몇이나 어쩌면 단 한 사람의 상황을 개선시키는 데 도움을 주고 싶다는 이유로 동종결혼을 찬성하는 상태에 남아있다면, 우리는 어쩌면 그 사람을 칭찬할 것이다. 내가 말한 것처럼: 어쩌면 말이다.

일종의 후기 근대 인종주의자의 관점에서, 피부색을 의식하는 동종결혼을 위한 하나의 논증을 시도해보자. 이러한 시각에서 사람들은 고전적 인종주의의 쇠퇴에 대해서만이 아니라, 어느 때보다 기호들과 이미지들에 동조된 세상에서, 인종화된 육체들이 기호들로 작용하는 방식들에 대해 생각할 수도 있다. 구체적으로 사람들은 인간 육체의 아름다움과 바람직함에 대한 우리의 강박관념에 대해서, 그리고 어떻게 이 강박관념이 오랫동안 끌고 있는 백인선호의 편견을 반영하는지에 대해서 생각할 수도 있다. 아름다움은 하나의 필수품이고 미덕이며, 그리고 한 개인으로서 욕망을 받게 되고 가치를 부여받게 되는 열쇠다. 백인이거나 밝은 색 피부를 가진다는 것은 이 필수품 시장을 독점하는 것이며, 자신의 가치를 세우는 어떤 길을 걸어왔다는 것이다. 이는 새로운 사실이 아니다. 인종들을 아름다움의 측면에서 서열을 매기는 백인지상주의적 저술, 그리고 백인들을 천사처럼, 비백인들과 (유대인이나 아일랜드인처럼) 거의 백인 같은 사람들을 짐승처럼 묘사하는 시각예술과 저널리즘, (잭 런던의 거의 모든 작품들처럼) "더 밝은 색의 인종들"의 심미적·윤리적 미덕들을 찬양하는 문학 등의 비난당하기 쉬운 전통이 있다.[>6] 우리의 흑인 및 갈색인 모델들, 영화배우들, 영상문화 인물들 중에 검은 피부를 가진 사

>6 역자주] 잭 런던(Jack London: 1876-1916)은 20세기 초의 미국 작가로서, 40년이라는 짧은 인생에도 50여 권의 책을 썼으며, 저술로 커다란 경제적 성공을 거둔 최초의 미국인이다. 그의 작품에 나타난 인종에 대한 관점과 관련하여, 잭 런던을 인종차별주의자라고까지 말하지는 않지만 적어도 그가 당시 미국의 전반적인 인종주의적 입장을 드러내고 있다고 생각된다. 그의 많은 단편들은 멕시코인·아시아인·하와이인에 대한 극적이고 인종주의적인 묘사를 포함하고 있다.

람들이 상대적으로 결핍된 상황에서, 우리는 아직도 이러한 백인 지향적 신체미학(somatic aesthetics)의 결과들을 관찰할 수 있다.

좀처럼 사라지지 않는 인종차별주의와 색깔주의의 영향력을 생각하면서, 사람들은 역사적으로 냉대 받아 온 인종들이 인종혼합의 관계에 들어갈 때 그들이 서로에게 보내는 메시지를 우려할 수 있다. 사람들은 예를 들어 백인 배우자와 함께 있는 흑인들을 보는 것은 더 밝은 것이 더 좋다는 생각을 영속화시킬 수도 있으며, 철도레일처럼 마른 패션모델들이 어린 소녀들로 하여금 그 믿기 어려운 마름을 갈망하도록 부추기는 것처럼, 이는 다시 흑인들로 하여금 자신들의 검은 얼굴이나 자기 자신을 경멸하게 할 수도 있다고 생각할 수도 있다. 그리고 이 모든 주장은 흑인들은 비흑인 배우자들을 피해야하는 어떤 의무가 있다고 논하도록 사람들을 움직일 수도 있다. 나는 이것을 "혼인의 표현성 논증"이라고 칭할 것이다. 왜냐하면 이 논증은 혼인의 영역에서 우리의 선택들이 가진 표현적이거나 습관화하는 힘들을 두드러지게 밝히고 있기 때문이다.

아마 그 논증에 손상을 가져오겠지만, 혼인의 표현성 논증은 경험적 심리학의 몇몇 사실들에 의존한다. 제이제이와 잉가의 관계는 백인 여성들이 더욱 매력적이라는 믿음들을 긍정하거나 강화하거나, 아니면 그러한 믿음들을 고취하는 것으로 추측된다. 그러나 설령 그 사실들이 옳은 것으로 밝혀진다 해도, 어떻게 이러한 결과의 산출에서 제이제이의 역할이 그를 비난받을만한 사람으로 만드는지는 알기 어렵다. 우리의 문화는 아름다움과 매력적임의 이미지들로 포화상태에 있다. 만약 이러한 이미지들이 또한 백인을 편드는 육체적 아름다움의 기준들 — 백인지향의 신체미학을 — 강화하는 경향이 있다면, 대의를 위한 BET의 공헌에 비하면 상대적으로 아주 하찮은 자신의 공헌에 대해 어째서 제이제이는 그렇게도 무거운 부담을 느껴야하는지를 이해하기 어렵다. 여기서도 이전처럼 전략적 동종결혼은 질병 자체가 아니라 증상들을 표적으로 삼고 있다 — 이 경우에는 육체적 아름다움에 대한 색깔주의적 이데올로기들을 표적으로 삼는다. 만약 제이제이가 유명인이거나 대중적 인물이라서 그의 사적인 선택들이 대중적으로 인식되거나 대중적 결과를 가져온다면, 우리는 모종의 의무에 더욱 가까워질지도 모른다. 일부 사람들은 공공 담론과 시각적인 문화에 거대한 영향력을 끼치며, 우리는 이 사람들이 그들이 투영하는 이미지들에 대해 책임이 있다고 주장하고 싶을 수도 있다. 이와 같은 생각에서 우리는 프로 운동선수들이 역할모델이 될 것을 기대한다. (이것을 표현성 논증의 "역할모델 추론"이라고 부르자.) 그러나 우리들 중에서 이미지와 지식의 생산 집단들을 대표하는 사람들에게는, 제이제이의 선택들에 분쟁적인 의미들을 부여하는 상황들, 혹은 사람들이 그의 선택들에 그러한 의미들을 부여하게 하는 상황들을 표적으로 삼는 것이 더 좋은 해결책인 것처럼 보인다: 즉 전략적 동종결혼을 유용하게 만드는 상황들을 말한다.

이러한 혼인의 표현성 논증에 대해 더더욱 좋지 못한 상황은, 백인지향의 신체미학을 향한 우리의 전체적인 문화적 성향이 상당히 약화되었다는 것이다. 그 역사의 대부분에서, 백인지향의 신체미학은 특히 아프리카계 미국인 공동체에서 상호대립적인 반응들을 불러일으켜왔다. 나는 듀보이스가 편집장으로 있는 NAACP의 매거진 《크라이시스》의 표지들에 대해, 그리고 매거진 《제트》의 "이번 주의 미녀" 특집란에 나오는, 이것만 아니면 다목적 주간신문인 것의 한가운데에 아직도 나오고 있는, 수영복 차림의 젊고 아름다운 여성들의 다소 자극적인 이미지들에 대해 생각하고 있다 (《타임》지와 공통부분이 있고, 거기에 아프리카계 미국인에게 초점을 맞춘 당신네 지역 신문의 "지역소식" 섹션을 여분으로 끼워서 던져진, 《피플》지를 상상해보라.)>7 이러한 이미지들은 흑인 출판계에서 여성들이나 동성애의 남성들보다 이성애의 남성들이 생산수단들을 지배했다는 사실이나, 이 남성들이 자기 독자들의 편에서 남성적 시선을 취했다는 사실보다 더 많은 것을 지적했다. 물론 그 이미지들은 이러한 사실들을 지적했다. 그러나 그것들은 또한 육체적 아름다움의 — 대부분의 경우들처럼 이 경우에는 여성적 아름다움의 — 백인 기준들에 대한 저항의 전통을 가리킨다. 이 전통은 60년대를 지나 계속 이어졌는데, 이는 운동가들로 하여금 "검은 것이 아름답다"고 역설하도록 고무하였고, 작가인 토니 모리슨과 영화감독인 스파이크 리와 시각 예술가이자 철학자인 아드리안 파이퍼, 그리고 누구보다도 남성우월주의적 래퍼인 (불멸의 소곡 "베이비 갓 백"의 작곡가인) 서 믹스 어 랏과 같은 현대 예술가들에게 영감을 주었다.>8

사람들은 아프리카계 미국인들 및 여러 다른 사람들에 의한 이러한 자기긍정의 문화적 전략들이 대체로 다른 경제적 집단에 의해 선동되어 그 역할을 수행해 왔으며, 획일적인 백인의 기준들은 그 통제

>7 역자주] 《피플》(People)은 본격적인 연예가 주간매거진인 반면에, 《타임》(Time)지는 시사뉴스 주간매거진이다.

>8 역자주] 아드리안 파이퍼(Adrian Piper)는 개념 예술가로서 지난 30여 년간 그녀의 작품은 인종차별주의, 인종적 고정관념, 외국인혐오와 같은 문제에 집중되어 있었다. 지금은 그러한 문제들의 원인이 되었던 정신적·이데올로기적 병리에 대해 탐구하고 있다. 서 믹스 어 랏(Sir Mix-a-Lot)은 미국 시애틀의 래퍼이자 프로듀서다. 그의 최고의 성공작은 〈베이비 갓 백〉(Baby Got Back, 1991)으로 랩 음악으로 가장 오랫동안 순위차트에서 1위를 기록한 노래로 기록되어 있지만, 노골적인 성 표현과 여성의 신체를 소비의 대상으로 생각한다는 페미니스트들의 공격을 받기도 했다.

력을 완화해 왔다고 논할 수도 있다. 흑인 여성들이 미스아메리카 왕관이든 티아라든 뭐든 여하튼 그것을 획득했다; 아시아계 여성(루시 리우)이 찰리스 엔젤스에 합류했다; 흑인 남성(테이 딕스)이 주류 동영상산업에서 다른 어떤 남성보다도 더 많은 촬영시간을 웃통을 벗고 지낸다; 그리고 혼혈 인종이면서 흑인으로 간주되는 여자(할리 베리)가 화장품을 선전하고 영화에서 (영화《스워드피쉬》에서) 완전히 벗음으로써 보너스를 받는다.>9 할리 베리는 하나의 관련된 발전의, 최근 우리가 "세련된 혼혈여성"(interracial chic)이라고 부를만한 여성들의 출현의 증거다. 심리학 연구들로부터 실마리를 얻은 주요 뉴스주간지 기사들은 다양한 인종 "유형들"로부터 얼굴 특징들을 빌려와 인간 아름다움의 이상을 대변한다고 추정되는 혼혈의 인간 이미지들을 구성해왔다. 동시에 다양한 색조의 갈색을 띠고 있는 혼혈 인종 패션모델들은 점점 유명해졌으며, 우리는 머라이어 캐리와 타이거 우즈와 같은 인물들이 혼합적 매력의 정점에 도달한 것을 보았다.

새로운 요소들과 예전 요소들을 열거하면서, 나는 신체미학적 백인지상주의의 쇠퇴를 상세하게 계속 설명할 수도 있다: 스타든 아니든, 콜라겐으로 자신의 입술을 부풀리거나 자신의 피부를 검게 만들기 위해 햇볕 아래나 일광욕 침대에 누워있는 백인들; 힙합 스타일들의 혼합적 매력; 이에 대응하는 세련된 아시아계 여성의 출현. 그러나 여러분도 내가 선택한 사례들로부터 말할 수 있는 것처럼, 나는 이 사례들을 결함이 없는 좋은 발전들이라고만 생각하지는 않는다.

>9 역자주] 루시 리우(Lucy Liu)는 중국인 이민자의 2세로, 텔레비전 시리즈에서 인기를 받아오다 국내에서는《미녀삼총사》라는 제목으로 상영된《찰리스 엔젤스》(Charlie' s Angels)에서 세 명의 여주인공들 중의 하나로 출연하여 세계적 특급스타가 되었다.

일례로, 여성의 대상화를 인종적으로 보다 평등하게 만든 것은 여전히 여성들로 하여금 자신들의 개성을 충분히 인정받기 위해 투쟁해야하는 상태로 내버려둔다. 그리고 또 다른 예로, (남자 슈퍼모델 타이슨 벡포드의 신격화처럼) 테이 딕스뿐만 아니라 루시 리우나 할리 베리의 신격화는 흑인 남성을 짐승이나 몸뚱이로 묘사하는 것이나 아시아의 유혹적인 드래곤 레이디나 흑백혼혈의 내연의 처와 같은 (비록 나는 할리 베리의 역할들을 이러한 식으로 해석하지는 않지만) 오래된 인종적 고정관념들과 쉽게 맞물릴 수 있다. 인종적으로 더욱 평등주의적인 심미적 찬양의 분배는, 특히 남성우월주의적·인종차별주의적 고정관념들이 좀처럼 사라지지 않을 때, 개성과 권리의 부정과 완벽하게 양립할 수 있다. 그러나 결함 있는 진보가 아무 진보도 없는 것보다는 나으며, 비백인의 아름다움에 대한 폭넓은 인식은 여하튼 진보이다.

그래도 그러한 결함들이 있으며, 그 결함들은 피부색을 의식하는 결혼선택에 대한 개인의 권리를 산출하기 위해 표현성 논증을 사용할 약간의 여지를 줄 수도 있다. 어쩌면 제이제이는 — 예컨대 자신을 우러러보는 어린 친척들이나 자신이 가정교사나 스승으로서 가르치는 초등학교 학생들과 같은 — 특정한 어린 사람들이 자신의 선택에 의해 영향을 받을 수도 있음을 알고 있으며, 이것이 그가 동종결혼에 끌림을 느낀 이유다. 그는 그들이 자신이 백인이나 비흑인 여성들을 선호한다고 생각하길 원하지 않는다. 왜냐하면 그것은 그들로 하여금 비흑인 여성들이 객관적으로 선호할만하다고 생각하도록 부추길 수도 있기 때문이다. 그에게 이러한 권리가 있는가? 말하자면 그는 이러한 이유로 동종결혼을 선택하고 비난을 받지 않는 상태로 남을 수 있는가? 이것은 킹 박사의 원칙으로부터의 허용될만한 이탈인가? 나는 아니라고 말하고 싶다. 왜냐하면 덜 극단적인 수단들이 가용한 것처럼 보이기 때문이다. 결국 그는 그 어린이들에게 개방적이면서 솔직해질 수도 있다; 그는 그저 그들과 대화하고 그들에게 그의 선택이 무엇을 뜻하는지와 무엇을 뜻하지 않는지를 말해줄 수도 있다.

5.2.2 인종차별주의와 비판

만약 동종결혼을 해야 할 의무를 뒷받침할 수 없다면, 그리고 만약 같은 취지의 권리들도 매우 한정된 사례들에서만 뒷받침할 수 있다면, 우리는 우리가 피부색을 의식하는 동종결혼을 결연하게 실행하고 있다는 명백한 사실을 어떻게 정당화할 수 있는가? 우리는 단지 우리의 행동들과 선택들의 윤리적 상태를 무시하면서 행동하고 있는가? 두 가지 점들에서, 나는 그렇다고 생각한다.

첫째, 우리가 주목했던 것처럼, 혼인의 인종차별에는 많은 간접적 원인들이 있다: 자신이 영향을 미치는 개인적 영역 안에서 꽤 합리적으로 행동하는 개인들은 이러한 인종차별에 대해 생각해본 적이 없이도 이러한 인종차별을 체계적으로 재현할 수 있다. 그리고 미국에서는 우리는 개인적 선택들이 축적되어 일어난 결과들을 윤리적 검토를 받도록 하는 것에 익숙하지 않다. 이것이 부분적으로, 예를 들어, 우리가 천연자원의 방탕한 사용으로 인한 생태학적 결과들에 대해 일관성 있게 논의할 수 없는 이유다. 개인의 욕망들은, 차라리 이익을 위해 움직여지고 공급되는 것이지, 비판될 것이 아니다; 그리고 이는 (대체로 이익이라는 부분을 제외하고는) 혼인선택의 영역으로 확장된다.

또한 우리는 동종결혼의 윤리적 의미를 무시하도록 조장된다. 왜 나하면, 곧 그만 지적하겠다고 약속한 것처럼, 우리는 법률상의 인종차별의 쇠퇴를 거친지 몇 년 되지 않았기 때문이다. 피부색을 의식하는 혼인선택들은, 그 직접적 태도의 원인과 그 간접적 제도의 원인들과 더불어, 이 나라의 백인지상주의 전통의 일부일 뿐이다. 그것에 기여한 거주지의 분리와 마찬가지로, 동종결혼은 우리가 알아채지 못하도록 조용하게 지속되고 있다. 결국 우리는 그것에 익숙하다: 그것은 당연한 것처럼 보이며, 어쨌든 정중한 모임에서 사람들이 끄집어낼 성질의 문제가 아니다.

동종결혼은 계속적으로 자연스러운 것처럼 보이는 반면에, 다른 영역에서의 인종적 선호들은 자연스럽지 못한 것처럼 보이거나 최소한 설명이 필요한 것처럼 보인다 — 그리고 우리는 결국 인종적 선호들에 대해 말하고 있다. 이는 부분적으로 혼인의 영역이 본질적으로 사적인 영역인 것 같은 인상을 주기 때문이다. 확실히 좋은 이유가 없이는, 국가나 시민사회가 사적인 삶에 간섭하는 것을 싫어한다. 관련 주제들에 대한 법정언어로, 우리는 간섭을 위한 강력한 근거들과 지나치게 공격적이지 않은 간섭방식들을 원한다. 또한 우리는 혼인세계에서 인종차별을 폐지해야 할 어떠한 절박한 필요도 느끼지 않는 것처럼 보이는 까닭에, 그리고 여하튼 그렇게 하는 것은 심히 문제시될 정도로 사적인 영역을 침범하는 것처럼 보이는 까닭에 — "당신이 뭔데 내가 누구와 결혼해야 할지를 말하는가?" 라고 우리는 말할 것이다 — 우리는 단지 그것에 전혀 간섭하지 않는다.

인종차별의 역사로부터, 그리고 드물게 온갖 종류의 불관용과 사회정치적 종속관계의 역사로부터 우리가 알듯이, 프라이버시에의 호소는 매우 유감스러운 태도들과 상황들을 감출 수 있다. 사적으로 우리의 어린이들은 지도와 사례에 의해 남성과 여성은 일정한 사회적 역할들에 적합하며, 이러한 역할들을 가진 거주자는 일정한 행태의 성적 욕망과 부부간의 애착에 스스로를 제한시키고, 그리고 이러한 행태들은 우리가 인간의 육체와 혈통에 일반적 의미를 부여하는 방식과 교차한다는 것을 배운다. 이러한 교육은 성인생활로 향하고 그것을 지나가는 과정에서 우리를 인도하며, 프라이버시는 성인인 우리들이 우리의 태도들을 의심하고 우리의 시각들을 넓히지 못하도록 차단한다. 따라서 프라이버시에의 호소는 사실상 확립된 태도들과 기존의 관행들에의 호소다 — 우리의 경우에는 인종적으로 차별되고 계층화된 사회의 태도들과 관행들에의 호소다.

그리하여 이는 윤리적으로 우리를 어디에 놓아두는가? 명백히 인종혼합의 관계들에 대해 체계적으로 할 말이 아무것도 없는 상태로 남겨둔다. 다른 어떤 생활의 영역들과 마찬가지로, 사람들은 여기서 상이한 여러 이유들로 상이한 여러 요소들의 영향하에서 자신의 선택을 결정한다. 아마 우리는 그들이 누구를 그리고 무엇을 선택할지에 대해, 통상적인 페어플레이의 의무들에— 잠재적 배우자들을 정직하게 대하는 것, 속임수나 강제를 삼가는 것 등등에 — 복종하면서, 그들 스스로 선택하게 허락해야 할 것이다.

그렇다면 다시 적어도 두 가지의 광범위한 결론들을 끌어낼 수 있을 것이다. 첫째, 만약 혼인선택들이 직접적인 인종차별적 믿음들을 전제한다면 그 선택들은 유감스럽고 윤리적으로 문제가 있다. 이것은 킹 박사의 원칙을 해석하는데 있어서 쉬운 부분이며, 그것은 여기에도 적용된다. 인종차별주의는 한 인종의 구성원들에 대한 부당한 무시를 내포하고 있으며, 약간 역설적이지만 어떤 사람의 인종적 정체성에 대한 사실이 — 인종적 정체성에 대한 고전적 인종주의의 허구들이 — 그 사람의 개성과 인격을 모호하게 만들도록 내버려둔다면, 우리는 인종차별주의자들이다.

둘째, 인종에 대해 말할 때, 특히 혼인의 영역에서 인종에 대해 말할 때, 우리는 윤리적 섬세함을 더욱 필요로 한다. 대부분 우리는 부지불식간에, 이를테면 배후에서 작용하는 힘들의 영향하에서, 동종결혼을 선택한다. 우리는 "나는 단지 그들에게 매력을 느끼지 못한다"라고 말하는데, 아마 그 이유는 우리가 로맨틱한 상호작용에 도움이 되는 환경에서 다른 인종의 사람들과 함께 있어본 적이 없기 때문이거나, 혹은 "할머니가 뭐라고 생각하실까?" 라는 염려 때문에 그것이 전혀 실제적인 선택사항이 아닌 것처럼 보이기 때문일 것이다. 이러한 경우에 일반적인 윤리적 이론화의 방법들은 우리에게 별로 할 말을 남겨주지 않는다. 우리는 권리들과 의무들에 대해, 일정한 방식으로 행동하거나 행동하지 않을 개인의 자격들과 책무들에 대해 말하는 것에 익숙하다. 그리고 개인을 넘어서 나아갈 때, 우리는 아주 재빠르게 국가에 대한, 어떻게 정치사회가 개인들을 속박하면서도 개인들의 목적추구를 돕는지에 대한 이야기를 시작한다. 그러나 우리는 개인과 국가의 간격에 접근하고, 문화의 전체적 동향과 시민사회의 활동들이 윤리적 검토를 받게 할 필요가 있다. 욕망들, 선호들, 기대들은 윤리적 비판의 적합한 대상들이다. 그러나 때때로 그 심리상태들의 개별적 담지자들 너머로 밀고나가, 우리는 그 심리상태들을 기계적으로 산출하는 사회적 상황들을 바라봐야한다.

그 색깔주의적 편견들을 비판되지 않은 상태로 내버려두는, 아름다움·욕망·결혼가능성에 대한 담론의 인종화에 대해 아무 할 말도 없는 사회는 그 구성원들 속에서 인종차별적인 습관들과 충동들을 배양할 것이다. 또한 그 구성원들이 으레 아무 생각 없이 이러한 차별적 충동들에 따라 행동하는 사회는 애정·로맨스·심미적 찬양의 분배를 목적으로 사람들을 일상적으로 차별할 것이다. 이러한 선들을 이러한 방식으로, 차별될 뿐만 아니라 계층화하고 분리하고 불공평한 방식으로 분배하는 사회는 그 많은 구성원들의 자존을 위협하고 다른 선들의 할당도 왜곡하는 분할들을 영구화할 것이다. 만약 당신이 나의 배우자로나 인척으로 나의 가족에 받아들이기에 충분한 자격이 없다면, 혹은 나만큼 충분하지 않다면, 당신은 나의 윤리적 관심사의 영역에 포함시키기에 충분한 자격이 없거나 나만큼 충분하지는 않을 수 있다. 내가 당신을 의식적으로 배척하지 않을 수도 있으나, 당신에게 — 그리고 당신이 속하고 있는, 그리고 내가 속한 **우리**와는 대립하는 **그들**에게 — 관심을 베풀지 않도록 조장하는 무의식적 혐오와 저항을 나에게 허락할 수도 있다.

내가 이 모든 것을 말한 이유는 **불워스** 논증을 세우려는 것이 아니다. 동종결혼을 완전히 근절해야 한다고 말하는 것이 아니다. 제3장에서 말한 것처럼, 인종 개체군들은 민족 공동체들을 위한 배양기로 소용될 수 있으며, 민족 공동체의 구성원들은 다른 집단들과 보다는 서로 더 가깝게 연관되기를 선택할 수도 있다. 특히 인종분리가 갈라놓을 사람들에 의해 인종분리가 선택될 때, 인종분리가 반드시 문제시될 필요는 없다; 그리고 동종결혼은 어느 정도 온건한 인종격리의 결과와 표식인 동시에, 그 메커니즘일 수 있다.

요점은 단지 우리는 동종결혼으로 끌고 가는 상황들과 그것으로부터 따라 나오는 결과들을 계속 지켜봐야하며, 오직 드물게만 개인적 혼인선택들에 대한 윤리적 비판에 의지해야 한다는 것이다. 만약 나의 혼인선택들이 명백하게 인종차별적 믿음들에서 동기를 부여받은 것이라면, 나는 의문의 여지없이 비난받을 만하다. 그러나 만약 나의 선택들이 나의 사회적 위치에 의해 형성된다면, 윤리적 비판의 기능은 나로 하여금 나의 주위환경과 그것에 대한 나의 관계를 검토하게 하는 것이다. 특히 인종 문제에 이르렀을 때, 우리는 우리로 하여금 우리 자신이 되게 만드는, 그리고 사회제도의 창출과 유지를 위해 우리를 이용하는 힘들을 기꺼이 면밀하게 조사해야 한다.

피부색 의식적인 혼인선택의 쟁점은 우리로 하여금 정착된 태도들과 제도들의 역할에 대해, 그리고 사회적 관성이 이러한 인종의 계층화·차별화 메커니즘들에 대한 비판과 변화를 차단할 수 있게 되는 방식에 대해 고찰하도록 요구한다. 이것들이 여러 사람들로 하여금 차별수정조치를 요구하도록 움직이는 고려사항들이다. 혼인에 관련된 것보다는 덜 사사로운 영역에서는 깊이 뿌리박힌 편견들과 불균형들의 결과들에 저항하거나 차단하기 위해 인종의식적인 수단들을 사용하는 것이 적절할 수도 있다는 것이 그 생각이다. 그러나 그 수단들은 혼인에서의 피부색 의식만큼 피부색 무차별의 이상과 연관되어 있다; 이제 차이점은 국가의 행동이 문제시된다는 것이다. 따라서 인종 논란의 두 번째 대표적인 영역에 착수해보자: 차별수정조치의 쟁점이다.

5.3. 피부색 무차별과 차별수정조치

5.3.1 배경과 논증들

우리는 여러 맥락에서 여러 방식으로 차별수정조치를 이야기한다. 그러나 이 용법상의 변형들의 대부분을 다음과 같은 폭넓은 정의로 포괄할 수 있다: 만약 어떤 실천이나 정책이 (a) 어떤 영역에서의 기회구조를 어떤 집단이나 개체군의 지위를 향상시키는 방향으로 편성한다면, 그리고 (b) 수혜를 받은 개체군이 광범위한 배척과 종속의 패턴들에 지배를 받아왔다면, 그 실천이나 정책은 차별수정조치로 간주된다.>10 중요 동문들의 자녀들이 지원했을 때 특별한 고려를 받게 되는 명문대학의 특례입학을 포함하여 여러 기회향상 메커니즘들이 있다. 그러나 차별수정조치에 대한 우리의 이야기는 주로 노골적으로 불공평한 사회제도들에서 가장 두드러지게 드러나는 사회적 차별의 원리들인 인종과 사회적 성에 관련해서이다.

대통령령으로 케네디가 연방 계약자들에게 인종·교리··피부색·국가적 기원과 무관하게 직원을 고용하고 상호작용 하라고 요구했던 1961년에, 우리는 기회향상에 대해 이런 식으로 이야기하기 시작했다. 그 이후로 우리는 교육·정부계약·고용, 그리고 방송권과 같은 정부혜택의 분배와 관련된 영역들에서 수많은 기회향상의 방법들을 계발해왔다. 신입사원모집에서 실제의 수보다 적게 표시된 개체군들을 대상으로 삼는 것과 같은 구제와 장려의 방법들을 사용한다. 특수학급과 인턴제도로 인적자본에 투자한다. 수치적 목표들을 세우거나, 기관의 노력이 높아진 참여의 궤도에 맞도록 돕는 유연성 있는 지침들을 세운다. 예를 들어 대학입학사정을 진행할 때 후보자가 역사적으로 무시당한 개체군의 구성원인지를 고려하는 것과 같은 가중치 기술들을 채택한다. 그리고 법적으로 문제시되는 곳에서 기회구조 안에 있는 — 의과대학의 입학생과 같은 — 고정된 수의 자리들을 표적 집단의 구성원들을 위해 떼어두거나 그들로 채우는 특별지정제(set-asides)나 할당제(quotas)를 제정할 수도 있다.

이 마지막 방법들은 우대조치(preferential treatment)로서, 차별수

>10 Christopher Edley, Jr, *Not All Black and White* (New York: Hill and Wang, 1996), p. 15.

정조치와 겹쳐지면서도 별도로 정의할 가치가 있는 개념으로 향한다. 우대조치는 기회향상 메커니즘들을 내포하지만, 그것은 할당제를 통해 기회구조를 "인위적으로 조작함"에 의해 기회구조를 향상시키고 견고한 보장을 구체화한다. 이 두 유형의 메커니즘들을 구분하는 것이 중요하다. 왜냐하면 그렇게 함은 우리로 하여금 어쩌면 악의에 불탔을지도 모르는 공공토론 속에서 광범위한 합의의 영역을 밝힐 수 있게 해주기 때문이다. 비록 여론은 곧 더 심층적으로 살펴볼 방향들로 예리하게 나눠져 있지만, 토론에 참여하는 대부분의 당사자들은 다음 세 명제들에 동의한다: 할당제는 문제가 있다; 구제와 장려의 법안들은 인종적 정의의 추구에서 중요한 도구들이다; 그리고 피부색 무차별은 중요한 이념이다. 만약 구제와 장려에 대해 말하기 위해 "차별수정조치"를 사용하고, 할당제에 대해 말하기 위해 "우대조치"를 사용한다면, 그 쟁점은 훨씬 덜 불화를 일으키게 되며, 킹 박사의 원칙의 — 다른 조건이 같다면 우리는 사람들을 그들의 피부색으로 판단해선 안 된다는 원칙의 — 적용은 광범위한 사례들에서 매우 확연해질 것이다. (나는 이것을 최근 워싱턴 주에서 일어난 사건들의 교훈이라고 생각한다. 최근 그 교훈은 전국가적 발의와 국민투표로 차별수정조치 정책들의 금지를 불러왔다. 한편 그 발의 문을 작성했던 사람들은 구제와 장려의 정책들을 제거하려는 의도는 아니었다고 역설했다.)

물론 이런 식으로 논제를 제한하는 것은 여전히 심각한 논쟁의 영역이다. 한편으로 구제활동 및 정책지침과 다른 한편으로 할당제 중간에서, 우리는 어떤 선의 수혜자를 선택함에 있어서 인종을 약간의 가중치 메커니즘이나 "플러스" 요인으로서 채택하는 기회향상 정책들을 발견한다. 상당한 논란의 대가를 치루면서, 우리는 이러한 기술들을 가장 두드러지게는 교육기관들에서, 유치원에서 전문직학교에 이르는 입학허가 정책들에 이용하고 있다. 여기서 피부색 무차별 이념의 범위는 점점 늘어가고 삐걱거리는 격론들 속에서, 그리고 점점 차별수정조치의 반대쪽으로 기울어지는 경쟁 해석들에 휩쓸리면서 불분명한 상태로 남아있다. 1980년대부터 시작해서 연방법원의 판결들은 방법론적으로 인종에 근거한 기회향상 정책들의 적용가능성을 제한하기 시작했으며, 그리고 1990년대에는 캘리포니아와 워싱턴 주의 유권자들이 자신들의 주에서 그러한 정책들을 미리 배제하는 국민투표를 통과시켰다.

이 격론들의 과정에서 우리는 두 광범위한 집합들로 분류할 수 있는 일군의 논증들을 전개했다. 철학자 버나드 복실을 따라서 그것들을 과거 지향적 논증과 미래지향적 논증이라고 부르자.>11 과거 지향적 논증들은 차별수정조치를 어떤 과거의 불공평한 차별의 행동이나 상황이나 조직적 관행의 지속되는 효과들을 치료하고 보상하고 차단하는 방법으로서 불러들인다; 반면에 미래지향적 논증들은 더욱 넓은 다양성과 참여, 혹은 미래의 차별방지라는 어떤 가치 있는 미래의 상황들을 산출하는 방법으로서 차별수정조치를 불러들인다. 만약 우리가 더욱 다양한 의사들이나 교사들의 집합이 점점 다양성을 더해가는 미국의 실정에 더 잘 맞을 것이라고 판단한다면, 과소 표시된 개체군들이 의과대학이나 교사자격 프로그램에 들어갈 기회를 향상시킬 수도 있다. 만약 대조적으로 우리가 과거의 차별적인 관행들이 예를 들어 아시아계 소방관들의 수를 인위적으로 적게 유지해왔다고

>11 Bernard Boxill, *Blacks and Social Justice* (Lanham, MD: Rowman and Littlefield, 1992), p. 148.

결론짓는다면, 우리는 아시아계 지원자들의 수가 적절해 보이는 수에 근접할 때까지 그들의 기회를 향상시키라고 소방서에 요구할 수도 있다.

만약 그것이 차별수정조치가 도달하게 되는 전부라면, 차별수정조치에 무슨 문제가 있을 수 있는가? 세 기본적인 종류의 비판들이 대중적이었다. 한 종류의 비판은 다양한 과거 지향적·미래 지향적 목표들을 달성하도록 되어있는 정책들을 이행하는 방법에 대해 상세한 물음들을 제기한다. 만약 짐 크로우 제도하에서의 고용차별처럼 널리 퍼져있는 역사적 해악을 제거하길 바란다면, 당신은 원래의 완전한 상태를 회복해야 할 적격의 대상들을 밝힐 수 있겠는가? 사람들이 전문직학교에 들어가거나 방송권을 획득하는 것을 돕는 정책들이 정말로 불이익을 당해 온 사람들을 실제로 맞출 수 있는가? 그리고 만약 다양성을 목적으로 삼는다면, 어떻게 당신은 분명 가장 중요한 문제인 의견의 다양성을 확보하는데 인종이 적절한 대리자로서 쓰이리라고 생각하게 되었는가?

또 다른 비판들의 집합은 기회향상 프로젝트들의 성가신 부작용들에 초점을 맞춘다. 우리의 기관들이 인종적으로 사고하는 것, 즉 피부색을 의식하는 것을 금지하는 것은 애당초 차별로 이어졌던 인종적 사고의 패턴들을 단지 견고하게 만들어버릴 수도 있다. 혹은 이 프로젝트들의 수혜자들은 그들이 도움을 받지 않고 성공할 만큼 유능하지 못하다는 가정에 의해 낙인이 찍힌 자신들을 발견할 수도 있다. (이는 다시 그들을 이 미심쩍은 도움이 없이 살았을 때보다 더 좋지 않은 상태에 남겨두면서, 그들의 성공에의 의지를 약화시킬 수도 있다.) 혹은 더욱 나쁜 일은, 어쩌면 그 수혜자들이 실제로 도움을 받지 않고 성공할 만큼 유능하지 못한 것이고, 그리고 우리는 단순히 자격을 갖춘 사람들보다는 자격이 없는 사람들의 지위를 올리는데 성공했다는 것이다. 혹은 마지막으로 우리는 죄 없는 방관자들에게 역차별을 가하고 있을 수도 있다: 자신들의 기회를 상실함에 의해 다른 사람들이 그 기회를 얻을 수 있게 된 사람들은 사실상 자신들이 원인이 되지도 않은 역사적 해악들이나 자신들이 승인하지도 않은 사회개선 정책들에 대한 대가를 지불하고 있는 셈이다.

찬반 논증들을 그저 이렇게 힐끗 살펴본 것만으로도 차별수정조치 문제가 대단히 복잡하다는 것을 보여줄 수 있다. 만약 이 논증들에 대해 한층 더 멀리 나아가려 했다면, 우리는 각 논증이 그 자체의 위성토론을 낳았으며 학문적 토론과 경험적 세부내용의 벽으로 둘러싸여 있다는 사실을 고려했어야 할 것이다. 여기서 우리의 논의의 제한된 범위는 우리가 이 벽들을 기어 올라가거나 부숴버리지 못하게 하며, 이 벽들로 둘러싸인 광범위한 영역의 지도조차 그리지 못하게 한다. 그러나 어떤 의미에서 그다지 그럴 필요는 없다. 이 논증들은 피부색 무차별의 이상에 대한 전혀 상이한 해석들의 맥락에서 펼쳐진다. 그리고 피부색 무차별이 요구하는 것이 무엇인가의 문제에 이르렀을 때, 여기가 바로 차별수정조치에 대한 교전이 실제로 일어나는 곳이다. 앞서 언급한 논증들 중에서 두 가지에 초점을 맞추는 것이 이 점을 분명하게 밝히는데 도움이 될 것이다.

5.3.2 의심스러운 분류들

낙인 논증을 훌륭하게 다룬 한 논문에서 백인 정치분석가인 월터 러셀 미드는 자신이 기회향상 정책으로부터 혜택을 받았다고 선언하면서 시작한다. 한 엘리트 대입예비학교는 남부 주들로부터 온 학생들이 더 필요하다고 결정했고, 그래서 그 학교는 남부에서 신입생을 모집하여 남부 출신임을 입학사정에 고려했다. 이 모든 것은 젊은 미드가, 만약 사정이 달랐다면 아마도 그를 고려하지 않았을, 매우 선택적인 대학예비학교에 들어갈 수 있게 도왔다. 더 나아가 그는 만약 자신의 경험이 어떤 열등의 표식으로 자신을 낙인찍지 않았다면, 왜 인종에 근거한 차별수정조치가 이러한 효과를 가진다고 추측되는지를 잘 모르겠다고 논한다.>12

미드의 논증을 인용한 것은, 통상적인 형태의 낙인 논증은 근본적으로 충분히 전개되지 못했다는 그의 설득력 있는 논증의 주된 결론 때문이 아니라, 그가 우리로 하여금 살펴보게 만드는 유사한 사례들 때문이다. 그에게 혜택을 준 정책과 하나의 인종을 그 표적 개체군으로 삼는 아주 동일한 정책을 구분하는 것은 무엇이겠는가? 인종에 근거한 형태의 정책을 더 나쁜 것으로 만드는 것은 무엇이겠는가? 우리는 미드를 좇아 엘리트 학교에의 특례입학에 대해 동일한 물음들을 제기할 수도 있다.

그 대답은 인종들은 어쨌거나 **문제시되는** 개체군들이라는 것처럼 보인다. 이 점을 주장하기 위해 미국 헌법이 사용하는 언어로 표현하자면: 인종은 의심스러운 분류이며, 어떤 목적으로 사용하든 우리가 지속적으로 특히 경계해야 할 분류다. 잠재적으로 의심스러운 분류들에 비추어보자면, 남부 출신임은 그다지 대단한 것이 아니다; 남부 출신에 대한 고정관념들은 별로 없으며, 그리고 (많은 수의) 좀처럼 사라지지 않는 남부동맹 옹호자들의 과대망상이나 (많은 수의) 생존한 양키 우월주의자들의 편견들에도 불구하고, 남부출신이 극복해야

>12 Walter Russell Mead, "The Bogus Man," *Gentleman's Quarterly* 65/11 (1995), p. 106.

할 지위격하의 역사는 전혀 없다. 이와 대조적으로 인종은 미국의 민주주의 (그리고 자본주의) 실험이 약속한 것을 성취하는 과정에서 발부리에 걸린 주요 장애물들 중의 하나다. 어쩌면 더 나은 표현으로서, 인종은 우리의 민주주의적 이상들을 해석하고 노동과 시장에 대한 자본주의의 굶주림을 만족시키는 열쇠들 중의 하나였다.

여기서 우리는 피부색 무차별을 위한 논증의 특이한 호소를 알아차리기 시작한다. 예를 들어 우리가 반드시 지역을 차별해선 안 될 필요가 없는 경우에도 피부색은 차별해선 안 된다. 왜냐하면 피부색은 의심스러운 분류이기 때문이다. 그러나 어떤 경우에 그 범주에 대한 의혹을 극복하고 우리 자신이 그것을 사용하도록 허락할 수 있는가? 혼인선택에 대한 논의에서 우리의 개인적 삶에는 의식적으로 인종에 초점을 맞출 공간이 있다 해도 상당히 적은 것 같다는 사실을 관찰했다. 정치적 영역에서 우리가 얼마만큼 피부색을 의식하도록 허용되는지를 판단하는데 도움을 얻기 위해 내가 미국 헌법에서 빌려온 언어를 조금 — 아주 조금 — 더 밀접하게 살펴볼 수 있다.

우리의 법정이 차별수정조치와 같은 정책들을 다룰 때, 피부색 문제는 종종 다음과 같은 형태를 취한다: 이러한 피부색 의식적인 정책을 사용할 불가피한 이유가 있는가, 그리고 그 정책은 지나치게 많은 부수적인 손상을 (혹은 헌법의 다른 곳에서 말하는 것처럼, 지나치게 많은 "불필요한 속박"을) 입히지 않고 그 임무를 수행할 수 있을 만큼 충분히 엄밀하게 만들어졌는가? 그러나 법정은 무엇을 불가피한 이해관심으로 간주하는가? 누구를 위한 것인가? 그리고 얼마만큼의 부수적인 손상이 — 방관자에 대한, 자원분배의 기존 패턴들에 대한, 권력과 사회관계들에 대한 기존 생각들에 대한 손상들이 — 지나치게 많은 것인가? 이 물음들을 앞에 내놓자마자, 우리는 우리가 피부색 무차별의 이상을 우리의 다른 현실참여들에 신세를 지는 방식들로 적용하고 해석한다는 사실을 알게 될 것이다.

차별수정조치에 대한 공격에서 작용하고 있는 이 다른 현실참여들을 관찰하기 위해, 역차별에 대한 우려를 살펴보자. 여기 그 우려를 자아내는 표준적인 방식이 있다. 입학지원자들을 평가하는 많은 요소들 중에서 인종을 하나의 요소로 사용하는 법과대학을 상상해보자. 사실상 그런 것처럼, 더 나아가서 만약 동일한 시험점수를 가진 백인과 흑인이 지원을 한다면 흑인이 받아들여질 가능성이 훨씬 더 크다고 상상해보자. 이러한 시나리오가 끝까지 진행된다고 해보자: 흑인 지원자는 들어온 반면에 유사한 점수를 받은 백인 지원자는 들어오지 못한다. 그 거부된 지원자는 어느 정도 자신이 차별의 희생자라고 느낄 정당성을 가지고 있지 않은가? 결국 그녀는 입학생으로부터 배제되었고, 혜택의 수여에서 무시되었다. 왜냐하면 그녀는 부적당한 인종적 정체성을 가지고 있기 때문이다.

만약 우리가 선택적인 학교의 자리들은 상(賞)이나, 더 나은 말로, 고생에 대한 보상이며 입학과정은 개별 수상자들을 찾아내는 경쟁들이나 개인의 공과를 측정하는 시험들이라고 가정하지 않는다면, 이러한 역차별에의 우려가 일어나기는 어렵다. 하나의 문화적인 문제로서, 우리는 확실히 이러한 식으로 사고한다; 미국인들은 흔히 자동반사적인 개인주의자들이며 능력주의사회에 대한 무비판적 옹호자들이다. 그러나 우리가 늘 이런 식으로 사고하는 것은 아니며, 특히 보다 더 깊이 숙고하는 순간들에는 이런 식으로 사고하지 않는다; 그리고 우리는 이런 식으로 생각할 필요가 없다. 우리는 교육기회들을 사회적 수단들로서, 사회가 그것이 필요로 하는 것들을 — 의사들, 법률가들 등을 — 제공하기 위해 사용하는 기관들에 들어가는 지점들로서 생각할 수도 있다. 이러한 접근 방식에 의하면, 학교란 인적자본을 배양하기 위해 사회가 이용하는 메커니즘들이 되는데, 우리는 그 인적자본을 우리의 경제·법률·건강관리 체제처럼 사회생활을 규정하는 집합적 프로젝트들에 투자할 것이다. 대안적으로 우리는 학교를 그 자체의 목표와 목적을 가진 제도들로, 그리고 그 입학과정을 개인들이 제도적 프로젝트에 고용되는 지점으로 생각할 수도 있다. 만약 우리가 인종적 다양성을 증진하는 것이 학교나 사회를 위해 중요하거나 허용될만한 프로젝트라고 판단한다면 — "만약"이라는 표현에 주의하라 — 위의 견해들 중에서 어느 견해에 따르더라도 우리가 그 거부된 지원자들을 배척당했거나 무시당했다고 말해야 한다는 것은 전혀 당연하지 않다.>13

역차별에 대한 우려는 만약 우리가 그 두 지원자들이 유사한 상황에 놓여있다고 가정한다면 더욱 쉽게 일어난다. 그러나 제3장에서 나온 인종적 정체성에 대한 개연적 설명은 주택구입과 자동차구입 융자에 대한 유리한 조건들로부터 세대 간의 재산양도에 이르기까지 백인과 비백인은 사회적 선들에 대한 서로 다른 정도의 접근가능성을 가지고 있다는 사실을 확연하게 밝혀준다. 만약 하나의 사회로서 우리가 모든 사람에게 합당한 성공기회를 주는데 관심이 있다면, 우리가 교육이라는 사회적 자원을 다른 선들의 잘못된 분배를 보상하는 방식으로 분배해선 안 된다는 주장이 당연한 것은 아니다. 덧붙여서 어떤 정해진 방식으로 이해된, 유사한 상황에 놓인 지원자들이라

>13 관련된 논증에 대해서는, Ronald Dworkin, "Reverse Discrimination," in *Taking Rights Seriously* (Cambridge, MA: Harvard University Press, 1978), pp. 223-39.

는 바로 그 착상은 인간들이 남보다 탁월해질 수도 있는 차원들의 배열을 대수롭지 않게 여기고 입학허가에 관해 개인적 노력의 보상이라는 모델을 강화한다. 사유 실험 에서 나는 오직 두 지원자들이 같은 시험점수를 가지고 있다고만 말했다. 그러나 진정한 다요소(多要素) 입학사정 과정에서는 시험점수는 오직 그 이야기의 일부일 뿐이다. 지원자의 프로파일은 점수와 인종을 비롯하여 상당한 양의 정보와 배경을 포함할 것이다. 그 사례를 점수에만 한정한 것은, 내가 말한 것처럼, 그것이 역차별에 대한 우려를 자아내는 한 표준적인 방식이기 때문이다: 다른 요소들로의 문을 여는 것은 학교들이 그저 개인들 간의 손쉬운 비교를 위해 만들어진 — 예컨대 시험과 같은 — 어떤 방면에서 남보다 뛰어난 개인들에게 상을 배분하는 것보다 더 복잡한 목표들을 가지고 있다는 가능성으로의 문을 여는 것이다. (시험에 대한 비판가들의 말이 옳다면, 그것은 너무 쉬운 비교다.)

또한 역차별 비판은 다음의 가정에 의존한다: 피부색 무차별은 백인지상주의에 대한 반응이라기보다 피부색 의식에 대한 가장 현저한 거부다. 이 가정에 따르면, 역사적으로 시민권·토지·일자리 등과 같은 선들을 백인들을 위해 확보해둔 정책들은 수 세기에 걸친 백인지향적 특별대우의 효과들을 차단하거나 교정하도록 되어있는 정책들과 도덕적으로 다를 게 없다. 그것은 모두 불공평한 차별이며 나쁜 것이다. 그러나 확실히 이러한 주장은 너무 성급하다. 설령 그 거부당한 지원자를 배척당했다고 묘사하는 것이 적절하다 해도, 이러한 배척이 짐 크로우 제도의 차별과 윤리적으로 같은 것인 체하는 것은 오해를 불러들인다. 짐 크로우 제도는 어떤 사람들이 열등하다는 가정에 의거하여 그들로부터 권리와 기회를 박탈하면서 일종의 사회적 낙인을 전제하고 법제화한다. 이와 대조적으로 차별수정조치는 조력이나 보상이나 포함에 관한 것이지 명예훼손에 관한 것이 아니다; 또 만약 이것이 차별수정조치를 기술하는 옳은 방향이라면, 이러한 맥락에서의 배척은 유해한 목표를 달성하는 핵심기술이라기보다는 칭찬할만한 목표의 한 부작용이다.

이렇게 윤리적 등가라는 가정에 빠지는 것은 쉽다. 우리는 이미 어떻게 개인주의를 지향하고 집단의 목표로부터는 멀어지려는 문화적 성향이 우리로 하여금 교육기회의 사회적 중요성을 고찰하지 않는 상태로 남겨두는지를 보았다. 또한 이 동일한 성향이 우리로 하여금 백인지상주의의 조직적 성격을 망각하도록 조장한다. 백인지상주의의 조직적 성격은 단순히 개인적 편견과 경멸의 문제가 아니라, 국가통치기술과 매우 세심하게 만들어진 분배도식과 조직적으로 몰수한 자원들에 관련된 문제일 정도다. 우리는 단순히 개인주의를 지향할 뿐만 아니라 문화적 기억상실을 지향하고 있다: 자동차들과 무료간선도로들과 교외지역들 주변에 도시들을 세운 만큼이나 확실하게 현재의 불평등 패턴들을 끌어들인 조직적 사회공학을 망각할 정도로, 우리는 전반적으로 비역사적이다.

이러한 고려사항들 중의 어느 것도 차별수정조치를 뒷받침하는 압도적인 논증이 되리라고 생각하지는 않는다. 나는 그 문제의 세부사항들과 부작용들에 대해 조금 말한 것뿐이며, 더 이상은 말하지 않을 것이다. 그리고 곧 보게 될 것처럼, 다른 측면에서 그 논증들에 대항하여 제기되는 유사한 고려사항들이 있다. 요점은 단지 차별수정조치에 대한 공격은 일반적으로 암시적인 상태에 남아있는 상당히 많은 것들을 전제하고 있으며, 만약 의미 있는 토론을 하고 싶다면, 개체성과 집합적인 사회적 프로젝트들과 역사에 대한 이러한 가정들을 해독해야 한다는 것이다. (우리가 그러길 원하는지는 중요한 물음이다.)

다른 측면에서 차별수정조치에 찬성하는 논증들도 역사와 사회적 프로젝트들에 대한 난처한 가정들을 전제하고 있다. 예를 들어 기회향상을 아프리카계 미국인의 지위향상을 위한 투쟁에서 핵심적 방편으로 다루는 사람들은 흔히 그 정책의 정치적 한계들과 비용들에 대해 얼버무린다. 차별수정조치가 정말 가난한 사람들을 위해 해주는 것이 별로 없고, 흔히 다각적 정의운동이 필요로 했던 인종혼합의 연합체들의 발전을 어렵게 할 때조차, 우리는 차별수정조치가 전체 흑인공동체에 대한 쟁점이며 인종적 정의의 당연한 필수조건이라는 주장을 듣는다.

더 적절하게 말하자면, 그 한계들을 갖고 있는 차별수정조치가 인종적 정의를 위한 20세기 중반의 투쟁들을 해소시킨 인위적 방법이라는 주장은 결코 들을 수가 없다. 물론 어떤 의미에서 이는 너무나 당연해서 말할 필요도 없을 수 있다. 그러나 더 심층적인 의미에서 그것은 우리가 위에서 살펴봤던 역사적 근시안에 대해 말하고 있다. 알다시피 민권운동은 자본주의지향적이고 백인지향적인 현재 상태에 대한 극단적 반대를 차단하려는 국가의 노력들 사이에 끼어있었다. 2차 세계대전 이후 "적색 공포"는 미국의 정치로부터 진보주의와 사회주의 운동가들을 숙청했으며, 그들 중 많은 사람들이 또한 듀보이스처럼 인종적 정의를 위한 국제적이고 다인종적인 캠페인들에서 활동하고 있었다. 그런 다음 60년대 중반에 새로운 법률들의 제정에 성공한 이후, 그 운동을 평탄하지 않게 몰아가던 광범위한 기반의 정치연합은 부분적으로는 내적인 문제들과 외적인 골칫거리들 때문이었지만 부분적으로는 상이한 정도의 야심들 때문에 산산이 부서졌다. 그 운동의 더욱 보수적인 진영들은 백인지상주의에 의한 공식적 배척들을 폐지하여 비백인들이 자유주의적 선거정치와 자본주의적 시장경제에 참여할 수 있는 정도만 원했다. 대조적으로 더욱 급진적인 진영들은 미국 정치경제학의 철저한 방향 재설정을 원했다. 우리는 킹 박사의 평소 동맹들이 1968년 4월 그를 멤피스로 내려가게 만든 청소부들의 파업과 같은 운동들을 포용하려는 그의 결정과 베트남 전쟁에 대한 그의 육성 반대성명을 — 킹 박사에게 이 전쟁은 단지 미국으로 하여금 그가 "미국 니그로들"이라고 불렀던 사람들을 억압하게 만든 인종차별주의적·자본주의적·군사적 범행들의 또 다른 표현이었다 — 당혹스럽게 받아들였다는 점에서 위의 두 진영들 사이의 분열을 관찰할 수 있다

새로이 국제주의적·다인종적인 강령을 포용한 이후, 말콤 엑스가 약간 먼저 살해당했고, 킹 박사는 한창 대중들이 좌익으로 움직이는 와중에 살해당했다.>14(그렇다, 이것은 이슬람국가연합은 급진적이었지만 그 방향에서는 우익이었음을 뜻한다.) 그들의 죽음을 그 운동의 몽상적인 가능성들의 소멸을 나타내는 상징들로서 받아들이자. 이때 정부에 의한 괴롭힘·폭행·투옥에 굴복하거나, 느린 변화속도와 미국 대중의 변화수용 거부와 함께 미몽에서 깨어난 급진주의자들은 다른 나라로 피신하거나 보다 전통적인 견해로 물러났다. 다소 비유적으로 표현해서, 민권운동의 수뇌부에 있었던 이 좌익 킹 박사의 이

>14 역자주] 말콤 엑스(Malcolm X: 1925-1965)는 미국 뉴욕시 맨해튼에서 태어났으며, 이슬람교 성직자인 동시에 이슬람국가연합(The Nation of Islam)의 대변인이었다. 젊어서는 보스턴의 길거리 건달이었다가 나중에는 미국에서 가장 두드러진 흑인자결주의 지도자들 중의 하나가 되었고, 1965년 뉴욕에서 암살당한 이후에는 일부 사람들에 의해 이슬람 순교자이며 평등을 위한 투사라고 찬양되었다. 호전적인 지도자로서 말콤 엑스는 흑인의 긍지, 경제적 자립, 정체성 정치 등을 옹호했다.

전 동지들과 이 사람들 중의 대부분은 튼튼한 중산계급의 감성들과 열망들을 가지고 있었고, 기꺼이 자유주의적 자본주의 선거정치와 권력조정의 소동 속으로 자신을 던질 준비가 되어있는 남성들이었다. 이곳이 차별수정조치가 들어오는 곳이며, 적색 공포가 민권운동에의 다른 끝으로서, 대립을 억제하려는 국가의 다른 시도로서 합류한다. 차별수정조치를 가지고 국가는 대립을 격파하는 대신에 그것을 안으로 억누를 수 있었다; 국가는 어쩌면 더욱 공격적일 수 있었던 대립을 조정하면서 민권운동의 잔존물을 접어둘 수 있었다. (3.2 절에서 적은 것처럼, 오미와 윈앤트는 이것을 지배로부터 헤게모니로의, 강제에 의한 통치로부터 합의에 의한 통치로의 이동이라고 일컬었다.)

그래서 이것이 차별수정조치 논쟁이 무엇에 관한 것인가이다: 조각조각의 정책으로서, 혹은 차라리 잡다한 관련 정책들로서, 그 정책들 중 어느 것도 미국에서의 인종적 불평등의 뿌리를 공격하지 않는다. 우리가 말하는 것처럼, 차별수정조치는 정치적 미식축구다; 선수들은 볼을 던지고 차고 들고 돌아다니며, 그때 그들은 다른 쟁점들에 의해 한정되고 역사적으로 그리고 강압적으로 수립된 미국의 정치적 담론의 한계들로 둘러싸인 경기장에서 힘들게 전진한다. 일단 우리가 경기장 위에 서면, 규칙들과 전략들을 숙지하고 이기는 경기를 하는 것이 중요하다. 그러나 만약 철학이 보다 큰 야망에 따라 사는 것이라면 — 일찍이 존 듀이가 말했던 것처럼,>15 만약 철학이 문화의 기초가 되는 유력한 믿음들에 대한 비판이라면 — 우리는 우리가 맞

>15 John Dewey, "Context and Thought," in *The Collected Works of John Dewey: Later Works*, 1925-1953, vol. 6 (1931; Carbondale, IL: Southern Illinois University Press, 1985), pp. 3-22, p. 19.

는 게임을 하고 있는 것인지, 그리고 차지할 다른 경기장들은 없는지를 묻는 것을 기억해야 한다.

5.4 결론

우리의 인종 논란들은 지나치게 결정되어 있다. 그 논란들은 다양한 원인들을 가지고 있으며 정치적·이데올로기적 충돌의 다양한 축들의 교차점에서 발생한다. 린치에 대해 생각해보자. 인종뿐만 아니라 불가피하게 사회통제, 사회적 성 관계들, 계급, 생물학적 성별에 대한 관념들의 혼란스럽고 무시무시한 표현들과 함께 오는 린치를 생각해보자. 혹은 린치로 이어졌던 후기 빅토리아시대의 남북전쟁 이후의 태도들이 어떻게 아직도 인종과 혼인선택 사이의 관계에 대한 우리의 경험을 형성하는지를 생각해보자.

혹은 제이제이와 그의 친구들의 문제를 청산하기 위해, 인종적 프로파일링에 대해, 그리고 그것이 차별수정조치와 같은 것이라는 제이제이의 주장에 대해 생각해보자. 어떤 의미에서 제이제이는 확실히 도발적이며 중요한 차이들을 얼버무린다. 프로파일링은 철학자들이 "부정적 선"이라고 일컫는 것에 — 이 경우에는 경찰의 감시를 받기 쉬운 상황에 — 관여하는 반면에, 차별수정조치는 일자리와 정부 계약들과 같은 긍정적 선에 관여한다. 프로파일링은 고전적 인종주의의 일부 낙인들을 전제하거나 강화할 우려가 있는 반면에, 차별수정조치는 이러한 낙인들의 지속과 결과를 극복하려고 시도한다. 그러나 다른 의미들에서는 그 두 정책들 혹은 정치적·행정적 기술들은 같은 것이다. 결국 프로파일링은 확실히 기회향상을 함축한다: 그것은 어떤 인종이 경찰의 주목이라는 부정적 선을 받을 기회들을 늘린다. 프로파일링이 그렇게 기회향상을 함축하는 것은 인종은 어떤 다른 사회적으로 그리고 윤리적으로 관련된 특성을 표현하는 합당한 대리자라는 가정에 근거한 것이며, 차별수정조치를 옹호하는 어떤 논증 방식들은 이 가정을 공유한다. 그리고 다른 모든 인종의식적인 조치와 동일한 방식의 비용편익 문제에 지배를 받는다: 우리는 어떤 압도적인 이해관심을 도모하기 위해 인종에 주목하고 있는 것인가? (만약 우리의 안전이나 생명에 관여하고 있다면, 아마 우리는 그렇기 때문에 인종에 주목하는 것이다.) 그리고 불필요하게 우리의 동료 도덕적 행위자들의 권리와 존엄과 개체성을 구속하지 않고 이러한 이해관심에 효율적으로 도움을 줄 방법이 있는가? (범죄자 프로파일링의 경우에, 거의 항상 더 나은 방법이 있으며, 그 방법은 우리가 아마 이미 보유하고 있는 위험요소들에 대한 더 나은 정보에 근거하는 것이다.)

그러나 이 이상으로 인종이 다른 충돌들을 표현하고 그 충돌들의 위치를 정하는 방식을 드러낸다는 점에서, 프로파일링은 차별수정조치와 흡사하다. 위에서 나는 차별수정조치 논쟁에 대한, 그리고 그 논쟁의 양쪽 측면들에 대한 세 가지의 주장들을 논했다: 첫째, 차별수정조치는 미국의 인종 형성 역사의 상당 부분을 무시하는 근시안적 역사이해를 드러낼 수 있다; 둘째, 그것은 흔히 진정한 공공선을 생각하기에는 어림도 없이 부족한, 단절된 형태의 사회생활에 의존한다; 셋째, 그것은 하워드 윈앤트가 "미국의 인종적 질서"라고 일컬은 것이 인종적 정의의 요구를 수용하기 위해 변화했을 때 일어난 정치경제에서의 인위적인 발전들이다. 나는 프로파일링에 대한 논쟁에 대해서도 유사한 주장들을 내세울 수 있다.

미국에서의 경찰활동은 항상 인종적 소수자들을 통제하는 장치로 사용되어왔다는 점, 그리고 형법체계가 흔히 탐탁지 않은 개체군을 다루는 하나의 수단이었다는 점을 잊어버리기 쉽다. 경찰활동이 흔히 낡은 인종 경계선에 따라 선과 악을 분명하게 구분하는 마니교도의 사고방식에 의존한다는 점을 무시하기는 더욱 어렵다.>16 프로파일링 논란은 범죄활동에 대한 증대된 두려움을 함께 나타나며, 인종적 신화들에 의해 형체를 이루며, 마약에 대해 법률로 금하고 군대를 동원하는 전쟁에 의해 가열되며, 우리의 정치 엘리트들이 범죄에 대해 너무 무르다는 비난을 벗어나는 방법으로 표현된다는 사실을 외면하는 편이 편안할 것이다. 그리고 바로 우리가 감옥 건물과 범죄자 수용소를 — 우리는 이것을 "교도소"라고 부른다 — 이윤추구의 성장 산업으로, 그 죄수들을 저임금 노동자로 대여하는 산업으로 변질시켰을 때, 범죄에 대한 우리의 두려움이 극에 달한다는 것은 하나의 공공연한 비밀이다 — 말하자면 모든 사람이 알고는 있지만 그것을 언급하지 않으려고 상당히 열심히 노력하는 것이다.

나는 음모론으로 나아가고 있는 것이 아니다; 누군가 이러한 힘의 집중을 조작했고 이러한 결과를 일으켰다고 제안하는 것은 너무나 쉬운 일이다. 더욱 강한 제안은, 어디서나 정치란 것이 그렇듯이, 미국의 정치도 경제적·이데올로기적·문화적 힘들이 경쟁하는 난장판이라는 것이다; 그리고 이러한 힘들 중의 하나로서 인종은 다른 힘들과

>16 역자주] 여기서 "마니교도의 사고방식"이란 이원론적 사고방식이란 뜻이다. 마니교(Manichaeism)는 3세기에 중동아시아 지방에서 초기 기독교, 조로아스터교, 불교를 절충하여 생긴 종교다. 마니교라는 명칭은 교조(教祖)였던 페르시아의 현인 마니의 이름에서 유래한다. 마니교는 절충주의 외에도 조로아스터교의 이원론과 그노시스의 빛과 어둠의 이원론에 바탕을 두고 있다. 마니교는 3-4세기 매우 빠르게 로마제국의 변경지방에 퍼졌으며, 762년 터키인이 지배하는 위구르지역에서는 — 오늘날 투르크메니스탄에서는 — 공식 종교로 채택되기도 했다.

공생적 관계에 들어가며, 그 다른 힘들을 그것 자체의 용어로 표현하고 그것 자체를 표현하기 위해 그 다른 힘들을 이용한다. 더더욱 강한 제안은 철학자 데이비드 테오 골드버그가 염두에 두었던 것으로서, 인종이 다른 정치적 충돌들을 표출하고 그 위치를 결정하는 방법이라는 제안이며, 그는 인종을 사회적 충돌을 인간의 육체에 새기는 방법이라고 서술한다.>17 이것이 또한 우리가 병합론이라 일컬었던 것이 그렇게 중요한 이유다. 어떤 한 수준에서 그것은 덕윤리학자(virtue ethicist)의 명령이다: 당신의 태도들과 생각들을 감시하고, 사물들을 다양한 시각으로부터 생각하려는 버릇을 길러라. 또 하나의 수준에서, 그것은 사회적 현실의 많은 측면들의 상호침투에 대한 형이상학적 주장이다. 그러나 한층 또 다른 수준에서, 그것은 정치적 진단이며 명령이다; 그것은 상호침투가 우리의 사회세계에서의 권력의 흐름을 결정해왔다는 사실을 우리에게 일깨워준다. 그리고 그것은 만약 우리가 정말로 인종을 이해하고 싶다면, 그것이 어떻게 작용하고 작용해왔는지를 이해하고 싶다면, 우리는 이것과 같은 — 희망컨대 교훈적인 — 논의들로부터 역사·사회학·정치경제에 대한 논의들로 옮겨가야 할 것이다.

>17 Goldberg, *Racist Culture*.

더 읽어 볼 거리

특별히 어떤 책들은 어쩔 수 없이 뭔가를 빠트린다. 개론서들이 넓이와 깊이를 동시에 추구하면서 학제간의 주제들 혹은 아직 지배적 방법론이나 어휘를 형성해야 할 주제들을 다룰 경우, 특히 뭔가를 빠트리기 쉽다. 물론 이 모두가 뜻하는 바는 앞에서 논의된 쟁점들에 대해 할 말이 훨씬 더 많다는 것이다. 각주 참조문헌들은 추가학습을 위해 내가 추천할 텍스트들 중의 상당 부분들을 이미 지적하고 있다 — 사실 나는 그것들 중 일부를 바로 그렇게 추천의 목적으로 언급했던 것이다. 그럼에도 각주에 인용된 텍스트들을 보완하기 위해, 나는 아래에서 몇몇 더욱 유용한 텍스트들을 언급할 것이다.

전후문맥에 매우 잘 들어맞는 논제를 끌어들일 때, 현명한 선택력도 얻을 수 있다. 이는 인종적 사고에서처럼 관련 문맥들이 지리학적이고 문화적일 때 특히 그러하다. 물론 추상적 분석을 위한 공간도 있으며, 그 점에 대해서는 나도 할 만큼 했다. 그러나 내가 반복해서 말한 것처럼, 인종이론은 사람들이 구체적인 사회적 관행들, 제도들, 장치들의 상세한 내용을 마음에 담고 있기를 요구한다. 이 책은 주로 미국의 인종적 사고에 초점을 맞춰왔기 때문에, 아래에서 나는 다른 장소에서의 인종 형성 과정을 탐구하는 몇몇 텍스트들도 언급할 것이다. 첫째, 나는 이 다른 장소들을 대륙적·국가적 경계선들에 의해 밝힐 테지만, 결코 두려워하지 않을 것이다: 그 텍스트들 중의 어느 것도 근대 인종 프로젝트들의 국제적·초국가적·전 세계적 발전가능성을 부정하지 않으며, 그리고 상당수는 이러한 발전가능성을 실현하는 사회적 현상들을 탐구하고 있다. 둘째, 세계는 큰 장소며, 내가 모든 곳의 온갖 인종화 양식들을 포착하는 데 근접할 만한 목록을 작성하기에는 너무 많은 서로 다른 사람들이 그 안에 있다. 다음에 나오는 책들은 내가 특히 유용하다고 생각해 온 텍스트들에 기초하며, 그것들을 하나의 시작이라고 생각해 주길 바란다.

K. Anthony Appiah, I*n My Father' s House* (New York: Oxford University Press, 1992). 아피아는 분석철학과 문학비평, 그리고 인종 형이상학·인종 정체성 정치·인종차별주의의 윤리학·아프리카 철학의 발전가능성과 그 외에 훨씬 더 많은 것들을 탐구하는 에세이 형식을 훌륭하게 결합하고 있다.

Les Back and John Solomos, *Theories of Race and Racism: A Reader* (New York: Routledge, 2000). 만약 여러분이 비판적 인종이론에 대한 기본 텍스트들을 소개해줄 한 권의 책이 필요하다면, 이것이 바로 그 책이다. 백과 솔로모스는 듀보이스와 파농처럼 창시적인 인물로부터 벨 훅스, 스튜어트 홀, 찬드라 모한티(Chandra Mohanty) 같은 현대 저술가들에 이르는, 41명의 주요 인종이론가들을 한데 모았다. 편집인들은 사회학자들이며, 그들은 자신의 분야에서 꼭 필요한 인종이론가들을 포함시킨다: 듀보이스, 루스 베네딕트(Ruth Benedict), 존 렉스(John Rex), 로버트 파크(Robert Park), 등등. 그러나 편집인들은 또한 아피아와 골드버그 같은 철학자들도 포함시킨다. 철학적 관점에서 정리한 유사한 선집을 구한다면, Leonard Harris, ed., *Racism* (Amherst, NY: Humanity-Prometheus Books, 1999)을 고려해보라.

Scott Bennett, *White Politics and Black Australians* (St Leonards, Australia: Allen and Unwin, 1999). 이 책은 오스트레일리아의 법률과 정치하에서 토착민의 대우에 대한 어지간히 상세하면서도 이해하기 쉬운 입문서다. 스튜어트 매킨타이어(Stuart Macintyre)의 더 없이 귀중한 저술이며, 인종의 역학에 대해서도 훌륭하게 다루고 있는, *A Concise History of Australia* (New York: Cambridge University Press, 1999)와 같은 훌륭한 일반 역사서와 함께 이 책을 읽는다면 더욱 좋을 것이다.

Chris J. Cuomo and Kim Q. Hall, eds., *Whiteness: Feminist Philosophical Reflections* (Boulder, CO: Rowman & Littlefield, 1999); Ruth Roach Pierson and Nupur Chaudhuri, eds, *Nation, Empire, Colony: Historicizing Gender and Race* (Bloominton: Indiana University press, 1998). 쿠오모와 홀의 모음집에서 페미니스트 철학자들은 자신들의 삶을 "자료"로 삼아 백인성, 정체성, 사회적 성, 생물학적 성별 사이의 연관을 반성한다. 피어슨과 차우드후리의 선집에 있는 단편들은, 19세기 오스트리아에 있었던 유대인들의 경험, 일본인들의 지배하에서의 한국 여성들의 경험, 순결과 여성성에 대한 오스트레일리아의 지배적 개념들하에서의 토착민과 정착민 여성들의 경험 등을 조사하는 논문들과 더불어, 덜 사적인 연관들을 맺는다.

Yen Le Espiritu, Asian American Panethnicity: *Bridging Institutions and Identities* (Philadelphia: Temple University Press, 1993). 이 책은 또 하나의 고전적 텍스트로서, 이전에는 구별되던 — 한국, 필리핀, 일본 등을 비롯한 — 종족들이 인종화된 사회구조의 압력하에서 새로운 정체성들을 창출하기 위해 함께 할 수 있는 방법을 설명한 것으로 가장 잘 알려져 있다.

Juan Gonzalez, *Harvest of Empire: A History of Latinos in America* (New York: Viking, 2000). 이 모범적인 역사 해설과 분석에서, 저널리스트인 후안

곤잘레스는 라티노/라티나 개체군을 스페인과 포르투갈의 식민화로부터 북아메리카 자유무역협정(NAFTA)과 그것을 넘어서까지 (그 중간에 있었으며 아직도 진행 중인, 다양한 라틴아메리카 국가들로의 미국의 군사적 모험들과 아울러) 추적해간다. 여기서 인종은 주제가 아니지만, 전혀 고려를 하지 않는 것은 아니다. 라티노/라티나 종족들의 인종화를 이해하려는 모든 시도는 곤잘레스가 손쉽게 이해하도록 만든 정보와 함께 시작하지 않을 수 없다.

Stuart Hall, "New Ethnicities," in *Stuart Hall: Critical Dialogues in Cultural Studies*, ed. David Morley and Kuan-Hsing Chen(New York: Routledge, 1996). 영국문화연구의 중심인물로서 현대의 정체성 도전들에 대한 명료하고 사려 깊은 진술을 제공한다.

Anthony Marx, *Making Race and Nation: A Comparison of the United States, South Africa, and Brazil* (New York: Cambridge University Press, 1998). 앤터니 마르크스는 거명된 세 나라들의 인종 궤도에 대한 매우 상세한 분석을 제공하면서, 브라질의 인종적 "민주주의" 신화의 정체를 폭로하는 동시에, 그 나라들의 세 가지 경로들이 갈라지고 한데 모이도록 만든 요소들을 밝힌다.

The North American Congress on Latin America(NACLA)는 자체 저널인《NACLA 보고서》의 모든 호를 "아메리카대륙의 인종과 인종차별주의"에 대한 연재물의 분할출판에 바치고 있다. 각 호는 페루로부터 아이티나 뉴욕시에 이르는 구체적 장소에서 일어나는 수많은 인종관련 현상들을 연구한다. 제1부는 "인종의 사회적 기원들"을 탐구한다(*NACLA Report* 34/6, May-June 2001); 제2부는 "교차하는 국경들"에 초점을 맞춘다(*NACLA Report* 35/2, September 2001); 제3부는 "인종 정치, 인종 정체성"을 검토한다(*NACLA Report* 35/6, May-June 2002).

Peter Ratcliffe, ed., "*Race*," Ethnicity, and Nation (London: University

College London Press, 1994). 사회학적 논문들의 모음집으로서, 사회적 충돌에서 인종·민족·국가의 역할을 탐구하고, 이 역할이 연구가들에게 주문하는 요구들을 고찰한다. 이 책은 이스라엘·폴란드·소비에트연합·나이지리아·남아프리카·오스트레일리아·미국·스리랑카·인도에서의 인종·민족적 충돌에 대한 논문들을 포함한다. (미국에서는 *The Politics of Social Science Research: "Race," Ethnicity and Social Change* (New York: Palgrave, 2001)라는 제목으로 재출판 되었다.)

Richard Siddle, *Race, Resistance, and the Ainu of Japan* (New York: Routledge, 1996). 사이들은 일본인 통치하에서의 홋카이도 사람들의 경험에 인종화 이론을 조심스럽게 적용하면서, 일본인의 동질성과 인종 평등주의라는 신화의 정체를 인상적으로 폭로한다. *Japan's Hidden Apartheid: The Korean Minority and the Japanese* (Brookfield, VT: Ashgate, 1997)에서, 조지 힉스(George Hicks)는 이론적으로는 사이들보다 덜 정확하지만 더 상세한 민족지학적 내용을 가지고 유사한 공헌을 행한다.

Cornel West, "A Genealogy of Modern Racism," in *Prophesy Deliverance!* (Philadelphia: Westminster Press, 1982). 웨스트는 내가 이 책에서 가끔씩 시도했던 종류의 포괄적 역사해설을 위한 인상적 모델을 제공한다. 여기서 우리는 우리의 가장 걸출한 철학자들에 의해 분명하게 표현된, 합리성과 아름다움에 대한 서양적 담론들이 근대 인종차별주의의 출현과 어떻게 연결되는지를 보기 시작한다. 만약 철학자들과의 연관이 여러분의 관심을 자극한다면, Julie Ward and Tommy Lott, *Philosophers on Race*(Malden, MA: Blackwell, 2002)를 살펴보라. 이 책은 플라톤·아리스토텔레스·홉스·사르트르·보봐르·니체·듀이의 작품에 있는 인종적 사고에 대한 논문들을 포함하고 있다.

Howard Winant, *The World is a Ghetto* (New York: Basic Books, 2001).

여기서 윈앤트는 자신이 전에 출판한 어느 책보다도 자신의 전략적 입장을 전환할 더 넓은 공간을 부여하면서, 내가 앞서 이 책에서 시도했던 근대로의 인종 형성 접근 방식에 대해 훌륭한 책자 길이의 설명을 제공하고 있다. 이익과 불이익의 전 세계적 패턴들을 창조하는데 있어서 인종이 담당해왔고 여전히 담당하고 있는 역할에 대한 상세하고 정열적이고 철저한 연구다. 로날드 타카키(Ronald Takaki)의 *Iron Cages*(New York: Oxford University Press, 2000)은 아주 약간 덜 야심차다; 그것은 미국 인종주의의 전개를 공화주의적 자치, 자본주의적 경쟁, 제국주의적 지배에 대한 미국의 관념들 및 관행들과 견주어 추적한다.

Frank H. Wu, Yellow: *Race in America beyond Black and White* (New York: Basic Books, 2001); Vijay Prashad, *The Karma of Brown Folk* (Minneapolis: University of Minnesota Press, 2000); Gloria Anzaldua, *Borderlands/La Frontera: The new Mestiza*, 2nd edn (San Francisco: Aunt Lute Books, 1987). 각주에서 인용한 로드리게즈의 《갈색인》과 다이어의 《백인》과 같은 기조를 갖고 있는 이 텍스트들을 우리가 때때로 간과하는 인종적 입장들을 검토하기 위한 시도들로 간주하길 바란다. 앤잘두아의 절충주의적 걸작은 3세대 페미니즘의 토대적 텍스트들 중의 하나다.

찾아보기

[ㅂ]

[ㅊ]